胡铭 汪世荣 主编

"枫桥经验"史料整理与研究 第十卷

枫桥经验
基层治理数字化史料与研究

郭喨 编著

商务印书馆
The Commercial Press
创于1897

浙江省文化研究工程指导委员会

主　任

王　浩

副主任

彭佳学　邱启文　刘　非　赵　承
胡　伟　张振丰　任少波

成　员

高浩杰　朱卫江　梁　群　来颖杰　陈柳裕
杜旭亮　陈春雷　尹学群　吴伟斌　陈广胜
王四清　郭华巍　盛世豪　程为民　余旭红
蔡袁强　蒋云良　陈　浩　陈　伟　施惠芳
朱重烈　高　屹　何中伟　沈铭权　吴舜泽

浙江文化研究工程成果文库总序

  有人将文化比作一条来自老祖宗而又流向未来的河,这是说文化的传统,通过纵向传承和横向传递,生生不息地影响和引领着人们的生存与发展;有人说文化是人类的思想、智慧、信仰、情感和生活的载体、方式和方法,这是将文化作为人们代代相传的生活方式的整体。我们说,文化为群体生活提供规范、方式与环境,文化通过传承为社会进步发挥基础作用,文化会促进或制约经济乃至整个社会的发展。文化的力量,已经深深熔铸在民族的生命力、创造力和凝聚力之中。

  在人类文化演化的进程中,各种文化都在其内部生成众多的元素、层次与类型,由此决定了文化的多样性与复杂性。

  中国文化的博大精深,来源于其内部生成的多姿多彩;中国文化的历久弥新,取决于其变迁过程中各种元素、层次、类型在内容和结构上通过碰撞、解构、融合而产生的革故鼎新的强大动力。

  中国土地广袤、疆域辽阔,不同区域间因自然环境、经济环境、社会环境等诸多方面的差异,建构了不同的区域文化。区域文化如同百川归海,共同汇聚成中国文化的大传统,这种大传统如同春风化雨,渗透于各种区域文化之中。在这个过程中,区域文化如同清溪山泉潺潺不息,在中国文化的共同价值取向下,以自己的独特个性支撑着、引领着本地经济社会的发展。

从区域文化入手,对一地文化的历史与现状展开全面、系统、扎实、有序的研究,一方面可以藉此梳理和弘扬当地的历史传统和文化资源,繁荣和丰富当代的先进文化建设活动,规划和指导未来的文化发展蓝图,增强文化软实力,为全面建设小康社会、加快推进社会主义现代化提供思想保证、精神动力、智力支持和舆论力量;另一方面,这也是深入了解中国文化、研究中国文化、发展中国文化、创新中国文化的重要途径之一。如今,区域文化研究日益受到各地重视,成为我国文化研究走向深入的一个重要标志。我们今天实施浙江文化研究工程,其目的和意义也在于此。

千百年来,浙江人民积淀和传承了一个底蕴深厚的文化传统。这种文化传统的独特性,正在于它令人惊叹的富于创造力的智慧和力量。

浙江文化中富于创造力的基因,早早地出现在其历史的源头。在浙江新石器时代最为著名的跨湖桥、河姆渡、马家浜和良渚的考古文化中,浙江先民们都以不同凡响的作为,在中华民族的文明之源留下了创造和进步的印记。

浙江人民在与时俱进的历史轨迹上一路走来,秉承富于创造力的文化传统,这深深地融汇在一代代浙江人民的血液中,体现在浙江人民的行为上,也在浙江历史上众多杰出人物身上得到充分展示。从大禹的因势利导、敬业治水,到勾践的卧薪尝胆、励精图治;从钱氏的保境安民、纳土归宋,到胡则的为官一任、造福一方;从岳飞、于谦的精忠报国、清白一生,到方孝孺、张苍水的刚正不阿、以身殉国;从沈括的博学多识、精研深究,到竺可桢的科学救国、求是一生;无论是陈亮、叶适的经世致用,还是黄宗羲的工商皆本;无论是王充、王阳明的批判、自觉,还是龚自珍、蔡元培的开明、开放,等等,都展示了浙江深厚的文化底蕴,凝聚了浙江人民求真务实的创造精神。

代代相传的文化创造的作为和精神,从观念、态度、行为方式和价值取向上,孕育、形成和发展了渊源有自的浙江地域文化传统和与时俱进的浙江文化精神,她滋育着浙江的生命力、催生着浙江的凝聚力、激发着浙江的创造力、培植着浙江的竞争力,激励着浙江人民永不自满、永不停息,在各个不同的历史时期不断地超越自我、创业奋进。

悠久深厚、意韵丰富的浙江文化传统,是历史赐予我们的宝贵财富,也是我们开拓未来的丰富资源和不竭动力。党的十六大以来推进浙江新发展的实践,使我们越来越深刻地认识到,与国家实施改革开放大政方针相伴随的浙江经济社会持续快速健康发展的深层原因,就在于浙江深厚的文化底蕴和文化传统与当今时代精神的有机结合,就在于发展先进生产力与发展先进文化的有机结合。今后一个时期浙江能否在全面建设小康社会、加快社会主义现代化建设进程中继续走在前列,很大程度上取决于我们对文化力量的深刻认识、对发展先进文化的高度自觉和对加快建设文化大省的工作力度。我们应该看到,文化的力量最终可以转化为物质的力量,文化的软实力最终可以转化为经济的硬实力。文化要素是综合竞争力的核心要素,文化资源是经济社会发展的重要资源,文化素质是领导者和劳动者的首要素质。因此,研究浙江文化的历史与现状,增强文化软实力,为浙江的现代化建设服务,是浙江人民的共同事业,也是浙江各级党委、政府的重要使命和责任。

2005年7月召开的中共浙江省委十一届八次全会,作出《关于加快建设文化大省的决定》,提出要从增强先进文化凝聚力、解放和发展生产力、增强社会公共服务能力入手,大力实施文明素质工程、文化精品工程、文化研究工程、文化保护工程、文化产业促进工程、文化阵地工程、文化传播工程、文化人才工程等"八项工程",实施科教兴国和人才强国战略,加快建设教育、科技、卫生、体育等"四个强省"。作为文化建设"八项工程"之一的文化研究工程,其任务就是系统研究浙江文化的历史成就和当代发展,深入挖掘浙江文化底蕴、研究浙江现象、总结浙江经验、指导浙江未来的发展。

浙江文化研究工程将重点研究"今、古、人、文"四个方面,即围绕浙江当代发展问题研究、浙江历史文化专题研究、浙江名人研究、浙江历史文献整理四大板块,开展系统研究,出版系列丛书。在研究内容上,深入挖掘浙江文化底蕴,系统梳理和分析浙江历史文化的内部结构、变化规律和地域特色,坚持和发展浙江精神;研究浙江文化与其他地域文化的异同,厘清浙江文化在中国文化中的地位和相互影响的关系;围绕浙江生动的当代实践,深入解读浙江现象,总结浙江经验,指导浙江发展。在研究力量上,通过课题组织、出版资助、重点研究基地建设、加强省内外大院名校合作、整合各地各部门力量等途径,形成上下联动、学界互动的整体合力。在成果运用上,注重研究成果的学术价值和应用价值,充分发挥其认识世界、传承文明、创新理论、咨政育人、服务社会的重要作用。

我们希望通过实施浙江文化研究工程,努力用浙江历史教育浙江人民、用浙江文化熏陶浙江人民、用浙江精神鼓舞浙江人民、用浙江经验引领浙江人民,进一步激发浙江人民的无穷智慧和伟大创造能力,推动浙江实现又快又好发展。

今天,我们踏着来自历史的河流,受着一方百姓的期许,理应负起使命,至诚奉献,让我们的文化绵延不绝,让我们的创造生生不息。

2006年5月30日于杭州

目 录

导 论 数字赋能社会治理与"枫桥经验"的智慧治理价值 / 001

第一章 "基层治理四平台"建设史料 / **038**

1.1 "基层治理四平台" / 039

1.2 枫桥镇基层治理数字化"四个平台"建设制度 / 046

1.3 枫桥镇基层治理数字化"四个平台"建设经验 / 085

1.4 王家井镇基层治理数字化"四个平台"建设的实践探索 / 088

第二章 网上政务服务"枫桥经验"史料 / **118**

2.1 基于"枫桥经验"的政务服务思想源流、发展历程与
实践路径 / 119

2.2 网上政务服务"枫桥经验"重要史料 / 147

第三章 在线纠纷化解"枫桥经验"史料 / **245**

3.1 嵌入"枫桥经验"的在线纠纷化解史料研究 / 246

3.2 基于"枫桥经验"的在线纠纷多元化解机制研究 / 262

3.3 在线纠纷化解"枫桥经验"重要史料档案 / 281

第四章 "枫桥经验"基层治理数字化的应急管理实践 / **333**

4.1 枫桥式应急管理"绍兴实践"的时代背景 / 334

4.2 枫桥式应急管理"绍兴实践"的探索 / 341

4.3 枫桥式应急管理"绍兴实践"的成效与经验 / 349

4.4 枫桥式应急管理"绍兴实践"的重要创新点 / 351

4.5 枫桥式应急管理"绍兴实践"的深入探索与核心理念 / 355

附　录　数字治理时代"枫桥经验"的创新发展 / **426**

参考文献 / **431**

编写说明 / **433**

导 论
数字赋能社会治理与"枫桥经验"的智慧治理价值

随着时代的进步与互联网的发展,"枫桥经验"的内涵不断丰富,具体做法也得到创新。以"枫桥经验"为精神内核的基层治理现代化建设,逐渐依托信息化、数字化、智能化的发展,进一步丰富和完善,极大地赋能了基层智慧治理。以"枫桥经验"为核心,数字赋能社会治理与"枫桥经验"的智慧治理价值为那些求发展的诸多县、乡、村,乃至海外国家的基层治理,贡献了独特的中国智慧。

发展新时代"枫桥经验"有利于推进国家治理能力与治理体系的现代化,有利于社会主义现代化强国建设,有利于打通广大人民群众过上美好生活的"最后一公里"。就本书而言,章节安排的内在逻辑为:数字基础设施("基层治理四平台"建设运营)—常态服务与常规治理("网上政务服务")—矛盾纠纷化解("在线纠纷化解")—非常态、应急态治理("枫桥式应急管理"),清晰呈现了"日常治理—矛盾治理—危机治理"的完整基层治理数字化链路和体系。"基层治理四平台"的建设运营为基层治理数字化提供了必要的数字平台,是后续数字化网上政务服务、数字化矛盾纠纷化解与数字化应急管理的必要基础;"网上政务服务"为基层治理数字化提供了常态服务与常规治理,体现了"枫桥经验"的精髓,通过有效的常态化服务与治理,化解矛盾、消减矛盾;"在线纠纷化解"为基层治理数字化提供了高效便捷的矛盾解决渠道和共识达成方案,是"网上政务服务"的"常态服务与常规治理"的延伸与"兜底";"枫桥式应急管理"则为基层治理数字化提供了"危机干预与治理"的枫桥经验,在常态的政务服务与矛盾化解之外,"枫桥式应急管理"进一步回答了"枫桥经验"如何应对"危机态"和"应急态"的问题。因此,要依靠新时代各种技术手段、治理方式以及智能平台等,巩固好、落实好、发展好"枫桥经验",以期更好地促进基层智慧治理现代化的实现。

0.1 "枫桥经验"的历史内涵与时代价值[1]

"枫桥经验"诞生于1963年,浙江省诸暨县枫桥区"矛盾不上交,就地解决"的治理方式,成为新中国基层治理进行社会主义教育的典型。后来,习近平总书记将当时枫桥经验"发动和依靠群众,坚持矛盾不上交,就地解决;实现捕人少,治安好"的独特涵义,进一步概括为以下基本内涵,亦即:"发动群众,走群众路线",以及"把基层社会治理的矛盾、困难不上交,就地解决的经验"。[2] 可见,枫桥经验并非是一成不变的,更不是一个符号或一句口号,而是不断面对我们时代发展的新问题,提出新的解决方案,满足人民群众对美好生活的需求。"枫桥经验"是一个"以人民为中心"的动态改革理念,自毛泽东同志批示学习推广"枫桥经验"60年以来,被党中央和各级政府试点与推广,并且不断随着时代的发展而发展,形成其独特的历史内涵与时代价值。

0.1.1 "枫桥经验"的历史内涵

"枫桥经验"发展至今已有60年的历史。"作为中国基层社会治理的一面

---

1 导论的"'枫桥经验'的历史内涵与时代价值"部分由清华大学唐兴华博士、中国人民大学唐解云博士研究撰写。
2 习近平:《习近平谈治国理政》第3卷,外文出版社2020年版,第224页。

旗帜,'枫桥经验'形成于社会主义建设时期,发展于改革开放时期,创新于中国特色社会主义新时代,凝结着一代代中国共产党人带领人民创新社会治理的探索,历经时代淬炼而不朽,迸发出穿越时空的旺盛生命力。"[1]"枫桥经验"是历史发展的产物,具有丰富的历史内涵。"枫桥经验"自1963年提出之后,其内涵不断地在时代背景下发生变化。但不管内涵发生何种变化,其最初的精神一直被传承。枫桥经验的核心理念"以人民为本",随着时代发展不断地被丰富和发展。"枫桥经验"最初的历史背景,是在以毛泽东同志为核心的党中央第一代领导集体所倡导的阶级斗争运动和社会主义建设齐头并进的时期,也是新中国在社会主义改造之后进行政治和经济建设的时期。党中央文件精神的要旨是如何妥善处理"两类不同性质矛盾"。就基层治理而言,基层落实党中央精神时,需要自主决定具体实施方式、力度和形式。这一系列的主张和举措由基层根据当地实际情况自行把握,包括是否参与"阶级斗争",是否进行"社会主义建设"的问题。针对这一历史背景和历史任务,浙江省诸暨县枫桥区干部群众经集体讨论,决定采取发动群众、依靠群众的方式对"四类分子"进行社会主义改造,在社会主义教育运动中取得了良好效果。

　　1963年11月,公安部在枫桥区调查核实后,主持起草了《诸暨县枫桥区社会主义教育运动中开展对敌斗争的经验》,即最初的"枫桥经验"基本做法。这一以"枫桥经验"为主要内容的发言,受到了毛泽东同志的明确批示。他指出:"此件看过,很好。讲过后,请你们考虑,是否可以发到县一级党委及县公安局,中央在文件前面写几句介绍的话,作为教育干部的材料。其中应提到诸暨的好例子,要各地仿效,经过试点,推广去做。"[2]就浙江省的具体做法而言,《诸暨县枫桥区社会主义教育运动中开展对敌斗争的经验》文件及其批语要求浙江省各级地区要不断总结基层治理经验,教育干部、发动群众,用科学合理的方式方法

1　陆健、严红枫、张颖:《"枫桥经验":基层社会治理的中国方案》,《光明日报》2021年3月17日,第5版。
2　中共中央文献研究室编:《建国以来毛泽东文稿》第10册,中央文献出版社1996年版,第416页。

与那些违法乱纪分子进行斗争。党中央向全党全国发出《关于依靠群众力量,加强人民民主专政,把绝大多数四类分子改造成新人的指示》,同时转发了有关"枫桥经验"基本做法的文件。党中央文件指出:"在依靠群众力量制服反革命分子和其他犯罪分子方面,现在我们已有了很成功的经验。……特别是诸暨县社会主义教育运动试点的经验是一个很好的典型。"[1] 随着相关文件的出台以及党的号召倡导,"枫桥经验"以其灵活性、针对性、高效性等特点受到全国各地的学习与效仿。"枫桥经验"的具体做法,也成为当时流行的基层治理智慧。

"枫桥经验"是我国实行人民民主专政的一个基层缩影。毛泽东在与有关负责同志进行口头谈话时指出,"枫桥经验"恰好说明了:一是群众为什么懂得要这样做;二是证明依靠群众办事是个好办法。[2] 中共中央整理并转发了第15次全国公安会议纪要,其中包括毛泽东对"枫桥经验"的重要批示以及周恩来的重要讲话,都明确强调"枫桥经验"的推广在群众专政等方面见效快、作用高,一律"照发"。经过在曲折中不断发展与实践,"枫桥经验"经公安部的蹲点考察、调查研究后被证明是成功的。"依靠群众,对阶级敌人进行有效改造;依靠群众,教育改造有犯罪行为的人;依靠群众,查破一般性案件;依靠群众,搞好防范,维护社会治安。"[3] "文化大革命"之后,全国各地开始"恢复、巩固、提高、推广"由毛泽东反复批示的"枫桥经验",浙江诸暨枫桥区的干部群众不断落实社会主义教育。

改革开放以后,党的路线方针由"以阶级斗争为纲"向"以经济建设为中心"转变,基层治理也随着国家政治、经济、文化的发展而出现了新情况和新课题,社会矛盾的突发性、多发性以及不确定性摆在了国家治理大局面前。在此历史背景中,"枫桥经验"随着社会存在与社会意识的变化,其基本精神也有所扩充

---

[1] 政协诸暨市文史资料委员会、诸暨市公安局编:《枫桥经验实录》,中共党史出版社2000年版,第11页。
[2] 陆健、严红枫、张颖:《"枫桥经验":基层社会治理的中国方案》,《光明日报》2021年3月17日,第5版。
[3] 俞红霞:《"枫桥经验"的形成与发展历程》,《中共党史资料》2006年第2期,第181页。

和丰富。枫桥区干部群众一起探索了新时期基层治理的具体经验。一是总结整顿"三清落实"(即"在对帮教对象查清犯罪行为的事实、查清活动特点和规律、查清违法行为的原因和周围环境的基础上,运用帮教小组落实帮教"[1])的基本工作;二是规定好村民自治的形式,制定村民自律守则、制定治安管理公约,以便在社会意识层面"防微杜渐";三是基层事业单位的安全防范工作以及社会面的治安管理等。

"枫桥经验"的新时期发展呈现出多元创新的特点。在新形势下,枫桥区的干部群众相互配合努力,不断创新"教育人,改造人"的内容和形式,强化社会主义教育,对那些不同类型违法犯罪分子采取不同的教育、帮扶方式,坚持"不推一把拉一把,帮一时更帮一世"的基本精神;在对流动人口进行服务管理和司法救助等方面则既打"情感牌",也打"严格牌",促使其融入枫桥区的社会经济发展,形成了"以稳定促进发展,以发展维护稳定"以及"融打、防、教、管集于一体的社会治安综合治理网络的新经验"。[2] 浙江省委非常重视"枫桥经验"在新时期的发展。"省委希望各级党委参照枫桥区的做法,结合本地实际,抓住'严打'的有利时机,动员全社会的力量,齐抓共管,扎实工作,把我省的社会治安综合治理向前推进一步。"[3]"枫桥经验"在经济稳定发展、基层平安和谐、政治生态向好等方面向党和国家交出了满意的答卷。"'枫桥经验'的新发展,对于我省维护农村社会稳定,加强基层组织建设和民主政治建设,具有普遍的指导意义。"[4]

20世纪90年代是综合治理时代,"枫桥经验"的内涵是"小事不出村,大事不出镇,矛盾不上交,矛盾就地化解"的综合治安、社会治理的经验。时任浙江省委书记的习近平同志再提"枫桥经验",提出要充分珍惜"枫桥经验",大力推

---

1 俞红霞:《"枫桥经验"的形成和发展历程》,《中共党史资料》2006年第2期,第182页。
2 同上。
3 政协诸暨市文史资料委员会、诸暨市公安局编:《枫桥经验实录》,中共党史出版社2000年版,第42页。
4 同上书,第49页。

广"枫桥经验",不断创新"枫桥经验"。新时代背景下,习近平总书记总结发展的"枫桥经验"是"党政动手,依靠群众,预防纠纷,化解矛盾,维护稳定,促进发展"。[1]"枫桥经验"重视党的作用,党成为基层政治治理的政治引领,党在基层的领导成为基层治理的核心力量。依靠群众就是坚持人民民主专政的地位,早发现矛盾,及时化解矛盾。"枫桥经验"开始向更高水平治理转型。

从全面建设小康社会到全面建成小康社会的过程中,"枫桥经验"又融入和谐社会、小康社会的思路。依据党中央文件精神,新时代枫桥区的干部群众在基层社会治理中落实系统治理、依法治理、综合治理、源头治理,全面贯彻落实党的十八大以来国家治理的基本要求。近年来,"枫桥经验"已经写入了《中国共产党农村基层组织工作条例》、国务院《政府工作报告》、党的十九届四中全会审议通过的《中共中央关于坚持和完善中国特色社会主义制度 推进国家治理体系和治理能力现代化若干重大问题的决定》、党的十九届六中全会审议通过的《中共中央关于党的百年奋斗重大成就和历史经验的决议》以及《中共中央国务院关于支持浙江高质量发展建设共同富裕示范区的意见》,成为全国基层治理的重要经验。党的二十大报告《高举中国特色社会主义伟大旗帜 为全面建设社会主义现代化国家而团结奋斗》再次把"枫桥经验"写入其中。"枫桥经验"已经从"一镇之计"上升为"一国之策"。[2]"枫桥经验"是一个不断创新的时代名片,在这个时代名片背后,蕴含着不同时期的国家基层治理体系的时代特征。

0.1.2 "枫桥经验"的新时代价值

"枫桥经验"在全国各地试点、推广,为党和国家全面建成小康社会贡献了

---

1 参见褚宸舸宣讲的《新时代"枫桥经验"的基层社会治理制度体系》第1集。
2 胡坚:《新时代怎样坚持和发展"枫桥经验"》,《社会与公益》2023年第4期,第10页。

基层智慧。全面建成小康社会,是改革开放以来的历史性飞跃。这一伟大飞跃,离不开基层干部与老百姓的齐心协力、离不开基层综合自治的社会治理体系的完善和赋能。"枫桥经验"就是其中的重要典型。"枫桥经验"最初体现了人民民主专政的具体特点,体现了党的群众路线、群众方法。这些具体的方式方法,后来在"以人为本"以及"以人民为中心"的治国理政实践中得到了充分贯彻,体现了中国特色社会主义道路的优势,在中国具体实际中坚持了历史唯物主义的群众史观。正所谓"人民群众创造历史",以"枫桥经验"为主要代表的基层治理建设,旗帜鲜明地突出了这一历史特点。更为可贵的是,"枫桥经验"所倡导的"小事不出村,大事不出镇,矛盾不上交"的综合治理理念,一如既往地坚持"为了群众、依靠群众,从群众中来,到群众中去"的工作思路,为新时代中国特色社会主义的基层建设赋能。

其一,"枫桥经验"提倡本地矛盾事件大小矛盾不出村、不出镇,充分发挥基层民主治理智慧,灵活处理基层各项大小事。"'枫桥经验'是以人民为中心的共建共治共享的基层社会治理经验,强调自治、法治、德治融合,其基本做法是发动和依靠群众化解人民内部矛盾。"[1] 可见,"枫桥经验"基层治理既是多元的、共同体的治理,也是德法兼治的模式。其中最重要的方面,是这一模式所强调的基层综合自治的能力,在社会治安和社会管理等方面释放出活力。"枫桥经验"强调了人民的主体地位,认为应当以人民利益为价值导向,将人民的利益置于治理工作的核心,从而使得开展的工作拥有了广泛的群众基础。而在强调人民群众重要性的同时,对于党建引领的重视也是"枫桥经验"成功的关键,只有在党的领导下,才能实现面向群众、依靠群众开展治理的方针,并保证治理工作的有效性和可持续性,还体现了根据不同的社会背景和问题因地制宜的特点,提倡灵活应用治理手段,坚持矛盾不上交,就地解决,不断探索适合本地区的治

---

[1] 陆健、严红枫、张颖:《"枫桥经验":基层社会治理的中国方案》,《光明日报》2021年3月17日,第5版。

理模式。这种路径创新的实践特质,为智慧治理的发展提供了启示,在实践中具有重要的意义。一方面,"小事不出村,大事不出镇",内在说明"枫桥精神"所体现的基层自治的总体要求,锻炼基层干部群众同心协力一起处理好身边事情的业务能力。这种矛盾不出村、不出镇的基本精神,也表明基层治理的信心与决心,体现了基层人民群众的历史力量。另一方面,"矛盾不上交"则是基于基层治理诸多条件而实现的一种目标、一种状态,集中体现了基层治理的现代化。

其二,"枫桥经验"适应人民对美好生活的需要,适应社会治理手段的高效、便捷与创新的需要。枫桥经验内涵随着治理需求不断增加,更加重视人民群众的诉求,保障群众利益和增加公共服务供给,发展社会组织和创新社会管理,提高基层治理能力。新时代中国社会的主要矛盾已经转变,这一转变反映了国家总体实力以及人民生活水平的提高,同时也反映了人民群众对美好生活的强烈愿望与不平衡不充分的发展之间的矛盾关系。首先,"枫桥经验"作为基层社会改革创新的典型,其成为全国性经验实际上也表明国家治理正是着眼于社会主要矛盾,着眼于发展不平衡、不充分的问题。"枫桥经验"强调了以群众为核心,从群众中来,到群众中去,重视群众的主体地位和作用,将群众力量作为问题解决的主要力量。通过发动群众,加强群众的参与和支持,有效地预防纠纷、化解矛盾,并维护社会的稳定。其次,"枫桥经验"注重从源头上预防纠纷的发生,主张通过加强社会管理、提高公众素质、改善社会环境等手段,减少社会矛盾和冲突的产生,避免问题升级和扩大化。"枫桥经验"还务实地提出了通过协商、调解和谈判等方式,将解决问题的主动权交给当事人,促使双方达成共识与和解,从而化解矛盾。最后,"枫桥经验"认为维护社会稳定是治理工作的核心任务,应当着力于通过法治管理、公正执法、维护社会秩序等手段,保持社会的安定和有序。无数个"枫桥经验"汇聚成建设社会主义现代化的滚滚洪流,有利于形成人民群众共建共治共享的良好局面。围绕治理体系的现代化要求,"枫桥经验"与时俱进,推进了一系列重大工程,如"全科网格建设规范提升工程""自治、法治、德治、智治'四治融合'基层社会治理体系建设推广工程""社会组织参与社会治理规范提升工程""'互联网+'社会治理深化提升工程""社会心理服务体系建设推广工程"以及"流动人口服务管理提升工程"等,凸显新时代基层治理的实践创新精神。

其三,"枫桥经验"体现"小镇"与"大国"之间的鱼水联系。"枫桥经验是在地方治理实践创新过程中产生的,枫桥经验是中国基层社会治理现代化进程中的重要组成部分,二者相辅相成,共同推动中国治理能力的提升。这种互动关系遵循一个反复循环的模式:发现问题、解决问题、总结经验、不断完善理论、不断优化实践,从而不断推动治理水平的提高。"[1] 在体现党中央团结领导人民群众进行基层治理的同时,也体现基层为实现"人民安居乐业、社会安定有序、国家长治久安"而努力打开的治理局面。习近平总书记早在2013年谈及创新群众工作方法时就着重强调要将"枫桥经验"与党的群众路线相结合,并作出重要指示:善于运用法治思维和法治方式解决涉及群众切身利益的矛盾和问题,要把"枫桥经验"坚持好、发展好,把党的群众路线坚持好、发展好。充分发动群众、组织群众、依靠群众,推进基层社会治理创新,努力建设更高水平的平安中国。[2] "枫桥经验"之所以可以由地方性治理对策向全国性治理方案推广实行,其原因在于其不断适应于社会转型变迁以及随着新形势新时代不断丰富与拓展,是坚持和发展中国特色社会主义的全国性经验,而不只是地方性经验。从这个意义上来说,"枫桥经验"不断与时俱进,不断研究新情况、把握新规律,不断提高新形势下群众工作能力和水平,解决涉及群众切身利益的突出问题。

---

[1] 宋美贤:《"枫桥经验"与基层社会治理现代化》,山东大学硕士学位论文,2020年。
[2] 习近平:《坚定不移走中国特色社会主义法治道路 为全面建设社会主义现代化国家提供有力法治保障》,《求是》2021年第5期。

总之,"枫桥经验"的新时代发展具有的一脉相承的特点,是为了群众、依靠群众、服务群众。无论时代如何发展变化,"以人民为中心"一直是"枫桥经验"的核心所在,各种社会自治组织、各种科技平台系统等强化了这一理念所表现的民主原则。这一基层建设经验所取得的历史成就以及时代创新机制,离不开基层干部群众团结一致,更离不开党的领导。实际上,中国特色社会主义事业,就是党团结带领全国各族人民不断干出来的。"枫桥经验"尤其体现了这一特色。"枫桥经验"的时代化,也意味着枫桥精神的持续彰显,以及"枫桥经验"内涵的创新性实践。在这一过程中,新时代的"枫桥经验"的智慧治理尤其具有旺盛生命力。

0.2 "枫桥经验"的时代创新:基层智慧治理

随着网络的兴起和大数据的发展,数字技术在人民群众生活中日益发挥更为重要的作用。在广大人民群众中,互联网的普及率极高,他们的时代角色也增加了网民身份这一项。网络时代到来之后,大量基层信息、数据不断被网络共享、共建,形成了基层大数据的模型,一方面为人们的出行、生活、工作获取相关信息提供了极大的便利;另一方面,大数据泄露、不当管理、网络攻击等问题日益严重,给社会治理增加了复杂动态的变量隐患。面对社会治理领域海量的信息流,我们要积极探索利用现代科技为社会治理服务,因为为基层社会治理提供科技支撑是新时代基层社会治理现代化的要求。显然,在构建基层治理共同体的过程中,科技支撑可以打破治理主体互动的时空限制、降低互动成本,也能更好地发掘治理需求和提升国家治理效能。[1]"枫桥经验"借助科技的发展,尤

---

1 孟德辉:《新时代"枫桥经验"化解基层社会矛盾的四重逻辑:理念、关系、技术和目标》,《上海法学研究》2023年第4卷,第54页。

其是互联网和大数据的协助,获得了新的内容,传统治理模式也逐渐转变为数字治理模式。这一转变紧紧围绕"以人民为中心"的精神,进一步借助网络实现"小事大事不出户,矛盾在线解决"的人性化、个性化服务。"枫桥经验"在各领域开创出"互联网+社会治理"的新模式,创新发展了具有时代特色的"枫桥经验",优化了社会治理效率、满足了提升智能时代社会治理效能的迫切需求。"枫桥经验"的基层智慧治理既具有一定的历史性,也具有一定的实践性。需要强调的是,不管是传统治理,还是智慧治理,都要回答"矛盾不上交、平安不出事、服务不缺位"的问题。其中,时代发展所带来的新特点、新面貌、新挑战值得注意。

0.2.1 矛盾不上交:借助数字化技术预防和化解矛盾

"矛盾就地解决"一直是"枫桥经验"的精神内涵。随着时代发展与进步,新兴的数字化技术也为基层智慧治理带来新契机。借助智能智慧,新时代的基层治理不仅可以利用互联网和大数据实现矛盾不上交,更能够借助数字技术预防不安定事件发生。"数字化技术被广泛应用于国家治理中,通过大数据、云计算、人工智能等数字技术赋能社会治理,提升基层矛盾治理能力。"[1]数字化技术的赋能,使"枫桥经验"在新时代发展下得到必要的科技支撑,并释放出新的时代活力,提高了相应的基层治理能力。

一方面,借助数字化技术,推进以"雪亮工程"为载体的智慧治理模式。依托互联网和大数据的发展,各村镇根据本地区的情况,对重点路段和区域进行部署,力求对各复杂场所和监控薄弱地区进行公共监控的覆盖。也即"按照'无盲区布点、非接触采集、弱人工处理、零感知管控、超视距作战'的要求……在全区范围内搭建基于视频监控……等前端感知设备的多维感知网络"[2],借助高清

---

[1] 孟德辉:《新时代"枫桥经验"化解基层社会矛盾的四重逻辑:理念、关系、技术和目标》,《上海法学研究》2023年第4卷,第54页。
[2] 姚远、杨继划:《以科技为引领,践行新时代"枫桥经验"——专访温州市公安局龙湾区分局党委委员、副局长陈建武》,《派出所工作》2019年第6期,第18页。

摄像头对有需要的区域进行24小时无休监控,打造"智安村镇""智安小区"。"智安小区"拥有的防盗、防火、自动识别和监控技术等,给安全装上智慧的防护。同时,借助信息的共通和共享,在重要路口和点位安装能够及时共享信息的大屏幕,及时标识有效信息和进行安全提醒,全方位利用信息反馈的及时性和即时性特点,为民众提供预警和服务。借助信息搭建社区安全网络,有利于提升防控水平,防止不安定因素出现和减少事故矛盾纠纷。借助网络大数据的收集、反馈和处理,预防基层治理中出现的种种矛盾问题。例如,桐庐县依托"互联网+社会治理"的模式,搭建全县的超大信息库,能够将全县的所有信息都汇集到这个数据库。将智慧安防、智慧消防、智慧出行融为一体。在智慧中心,桐庐用由36块小屏幕组成的屏幕墙展示各类实时监控画面和大数据云图。桐庐全县8000多个视频监控点的信息都会在此展示。[1]此外,人脸识别系统的使用为民众的生活带来极大便利。但与此同时,隐私泄露、数据被盗用以及网络诈骗的风险也在增加。此时,政府需要规范数据使用,加强信息数据平台的管理,对数据的使用进行监管,从而减少数据泄露的问题,进而保障人民的财产和人身安全,降低电信诈骗的发生概率。

另一方面,借助技术的发展,搭建矛盾解决的数字化平台。优化矛盾处理一直是"枫桥经验"的核心涵义。随着互联网时代的到来,"枫桥经验"在处理矛盾化解课题上充分利用互联网的特点与优势,尝试在矛盾调解中运用信息化技术,通过线上与线下相结合的新型治理方式,实现"矛盾不上交",为民众创造足不出户的解决方法和模式。运用大数据技术以及人工智能技术等助推建构具有系统性与集成性特点的"线上+线下一体的矛盾纠纷调处化解体系",实现网上反馈、网上立案、网上调解、网上处理等智能司法服务,创建了"枫桥法庭""枫桥派出所"及其多元调解新模式,真正体现了"足不出户,解决纠纷和矛盾"的理

---

[1] 张亚、陈东升:《枫桥经验:五十五载的变与不变》,《浙江人大》2018年第5期,第37页。

念。浙江省在新时代治理方式中提倡将数字化技术应用于各种基层矛盾处理与预防的业务当中,实现数据共享共治,提高工作效率,如"解纷码"数字应用平台的应用等。江苏省还建立了"微解纷"数字平台整合纠纷调解的案件及资源,在涉及人们生活的各个方面都有相应的调解办法。以上两种数字化平台都是为了提高办事效率与调解水平而推出的智慧治理方式。随着这些数字化平台的出现与应用,一种基层智慧治理的"枫桥经验"也应运而生。其中,依托数字化技术的"集成治理",亦即"一站式接收、一揽子调处、一链条解决"的智慧治理模式,通过数据共享、平台共建、服务共享等方式切实提高了基层治理能力,并且在协同创新工作方面效果明显。可见,"技术治理打破了基层政府传统的治理方式和手段,克服了地域和信息上的限制,实现了线上和线下多元主体的共同治理"[1]。"枫桥经验"的基本特质便是发动和依靠群众化解矛盾,尽可能满足人民对美好生活的期待。新时代"枫桥经验"依靠技术治理使得"诉调充分衔接""小事大事不出户,矛盾在线解决"成为可能,提升了基层治理的效能。

无论是预防矛盾还是化解矛盾,都离不开网络信息数据。新时代"枫桥经验"善用网络信息系统,推动其从传统治理向"传统方式+智慧治理"转变。"用数据说话、用数据决策、用数据管理、用数据创新"[2]成为网络化基层智慧治理机制的重要依靠。新时代基层治理更加注重主动适应"互联网+"时代趋势,加大"智慧调解"系统运用力度,推动社情民意在网上了解、矛盾纠纷在网上受理,鼓励引导群众将各种苗头性、倾向性问题通过微信群、小程序、网络平台等方式"一键"直达调委会和司法所,努力打造网上"枫桥经验",把矛盾纠纷第一时间控制在萌芽状态,构建基层治理网络化模式。进一步健全完善人民调解信息系统,尽快实现信息互通、数据共享,不断放大人民调解综合效应,通过大

---

[1] 孟德辉:《新时代"枫桥经验"化解基层社会矛盾的四重逻辑:理念、关系、技术和目标》,《上海法学研究》2023年第4卷,第55页。
[2] 孟天广:《政府数字化转型的要素、机制与路径——兼论"技术赋能"与"技术赋权"的双向驱动》,《治理研究》2021年第1期,第9页。

数据、云计算为基层党委、政府科学决策提供参考依据,有效防范各种易发多发矛盾纠纷。[1] 2018年,浙江省推出了"在线矛盾纠纷多元化解"平台(简称ODR平台),该平台不仅将线下的纠纷解决模式搬到线上,还拓展了法律咨询、法律评估领域,向在线调解、在线仲裁、在线诉讼层层递进,打破传统线下时间空间的局限,使矛盾纠纷处理更加便捷高效,大大降低了诉讼案件的数量。[2] 同时,依托省级社会治理业务协同平台,对市、县、乡、村四级的矛盾纠纷数据进行收集、汇总和梳理,整合矛盾纠纷网络热线平台,探索建立网上研判、网上调解、网上信访等矛盾纠纷多元化解新途径,提升对矛盾纠纷的预防、研判与化解能力。[3] 这些智慧治理机制取得了实际成效。

可见,数字化技术治理的根本不在于数字化技术本身的发展,而在于人本身,就"枫桥经验"而言,即数字技术如何应用于人民美好生活的需要当中。利用技术发展,更好地实现"早预防、早控制""线上+线下治理"以及"利用网络,矛盾不上交"的治理理念。随着新时代"枫桥经验"不断使基层治理现代化,"小事不出村、大事不出镇,矛盾不上交"的案例越来越多,基层人民群众的矛盾纠纷、社会风险等得到了进一步解决与控制,"最后一公里"的居民安全感得到进一步增强。基层治理正在向美好生活之"大平安"目标迈进。简言之,当技术治理转化为治理效能时,才能进一步凸显"枫桥经验"的时代价值。

0.2.2 坚持共建共享:夯实信息化工作格局

数据和信息成为新时代的显著特征,新时代的我们,无时无刻不在生产大

---

[1] 杨政国:《坚持和发展新时代"枫桥经验"为护航陕西高质量发展贡献人民调解力量》,《人民调解》2023年第1期,第7页。

[2] 朱继萍、梁凯凡:《"诉调对接"的"枫桥经验"及其在新时代的创新发展》,《人民法治》2019年第4期,第50—51页。

[3] 刘树枝:《打造"枫桥经验"升级版——新时代"枫桥经验"内涵的思考》,《人民论坛》2018年第28期,第61页。

量的数据和信息。信息的生产和收集统计、公共服务的信息整理公开、群众意愿的表达、个人的身份信息等均体现了大量的数据流和信息流。这使得对数据的管理和信息的整合成为一项重要且必须的任务。对于新时代的基层治理而言,数据的收集和信息的共享共建成为一项重要举措。随着"枫桥经验"的智能化,基层治理向智慧治理的转型,离不开科学技术的赋能,更离不开参与治理过程的多元主体的智慧。"枫桥经验"依靠广大干部群众参与共建,其建设成果由人民群众共享,同时也体现了多方协同发展的要求,以期实现"治理资源、治理利益和治理秩序'红利',由社会成员共同保有和转化"[1]。其中,完善的信息化建设格局有利于新时代"枫桥经验"的创新转型,将信息化优势转化为民生优势,在智慧治理过程中持续不断地注入活力。

新时代"枫桥经验"在推动数字智能化治理基础建设以及治理深度应用上"加足马力",这重点表现在推动数据的共享和信息的打通方面。只有数据和信息实现共享和上下级、同级之间的贯通,才更有利于调动数据、管理数据,从而更好地对民众需求进行分析总结,对潜在的危险进行预判,进而根据需求推出相应的政策和服务。"枫桥经验"正在探索"以村(社区)、机关事业单位、重点行业领域为单元,规划建设智慧防控体系,实现对各类要素的精准管控"[2]。在依托信息化平台实现各级、逐级处置网格事项的过程中,"枫桥经验"通过信息化新契机,力求达到"矛盾不上交、平安不出事、服务不缺位"的现代化基本水平,实现基层社会治理的创新与高效能。其中,"互联网+"打造智慧治理的经验体现了与时俱进的时代精神,其要义就在于信息化、智能化。比如,枫桥镇在综治工作、市场监管、综合执法、便民服务"四个平台"应用中全部融合信息化技术,旨在准确掌握和了解人民群众的诉求、意见、纠纷,将干部值班办事、民事调

---

[1] 江必新、王红霞:《论现代社会治理格局:共建共治共享的意蕴、基础与关键》,《法学杂志》2019年第2期,第53页。
[2] 梁民强:《组织、制度与工具:以新时代"枫桥经验"创新基层社会治理的路径探析》,《发展》2023年第3期,第28页。

解、平安建设落实到位,进一步实现"网格化管理、组团式服务"的工作新局面。另外,"大联动指挥中心、基层治理信息系统、网格电子地图、手机APP,各种智能化应用,配上全科网格,让社会治理像绣花一样精细"[1]。通过这些技术赋能,能够有效提升基层服务水平,在涉及公共安全、执法司法、基层自治、诚信体系等重点领域,释放出"互联网+"在社会治理领域的新效能,推动全社会预测预警预防能力进一步提升。[2]

在当前的信息时代,数据和信息成为支撑我们生活的重要方面。我们必须努力提升信息管理意识和管理能力,从而利用信息造福人民。若要实现对信息的管理,必须保证信息获取的即时性和全面性,打破"信息鸿沟",兼顾老年人和青少年的信息获取,从而实现信息收取的及时性和准确性。在对信息进行收取之后,经过挖掘、整理和提炼,从而筛选出真实有效信息。只有对信息进行分析和研判,这些信息才会对我们有用。此后,将大量的有用信息依托信息综合平台进行管理,从而确保信息传输的无障碍、信息的公开共享以及对信息的安全进行保护等。"诸暨市以镇乡(街道)综合信息指挥中心为中枢,建立了信息收集—分流交办—执行处置—日常督办—信息反馈—督查考核的运行机制,实现'受理、执行、督办、考核'闭环管理,整合有关各部门信息系统,建立起集中统一、信息共享、功能完善的信息平台,实现基层治理信息'一个口子进、一个口子出'。"[3]

当前,我们正处在一个数字化、全球化、技术化的信息时代。随着互联网的发展,人人都在不停地创造信息、生产信息。我们生活在一个信息网中,大量的信息爆发式地围绕在我们身边,基层治理的难度和复杂度增加了。因而,对信

---

[1] 张亚、陈东升:《枫桥经验:五十五载的变与不变》,《浙江人大》2018年第5期,第37页。
[2] 刘树枝:《打造"枫桥经验"升级版——新时代"枫桥经验"内涵的思考》,《人民论坛》2018年第28期,第61页。
[3] 冯卫国、苟震:《基层社会治理中的信息治理:以"枫桥经验"为视角》,《河北法学》2019年第11期,第76页。

息的收集和管理是基层治理的重要能力。在"网络空间治理同样经历了技术失灵、市场失灵与国家失灵"[1]的背景下,"枫桥经验"依靠"法律多元"与"多元解纷"等方法论优势,积极发挥基层智慧自治的社会效果,保证国家治理"最后一公里"的良好效能。各地创造的信息共建共享平台有助于防止信息垄断、信息传输渠道不畅、信息滥用以及信息造假等问题。这对于提升社会治理能力和治理水平有很大助益。以浙江衢州、桐庐等地为典型,新时代"枫桥经验"借助互联网大数据、智慧云计算以及智能化平台等信息科技成果实现干部群众的信息共享,城乡空间的信息共享也使得"人人参与、人人尽责"得以可能。更为重要的是,在处理各种矛盾冲突以及平安问题时,这些信息化平台能够快速有效地进行处理,扎实配合线下基层治理的要求,做到不推诿、不拖尾、不拖延的及时响应效果。此外,在社会风险预防方面,新时代"枫桥经验"通过健全"人防、物防、技防、心防"等预防策略,通过开发服务网站、开通服务热线、开发微信小程序,为基层医院、学校、社区中心、村部等所展开的群众路线提供技术支持,尽可能扩大基层群众在信息沟通与信息处理等方面的受益面。这一系列的信息化工作布局,其价值旨归都是满足人民群众对美好生活的需要,是人民的获得感、安全感和幸福感的提升。

0.2.3 新时代"枫桥经验":提升人民获得感和幸福感

新时代"枫桥经验"所代表的基层智慧治理,反映了党领导下的国家治理体系与治理能力的现代化,特别体现了新时代"以人民为中心"的实践理念。历史证明,伟大事业的成功必须为了人民、依靠人民。习近平总书记在基层代表座

---

[1] 李拥军、李瀚正:《网络空间治理重构的法理探索——以"枫桥经验"为方法》,《法治社会》2023年第3期,第15页。

谈会上的讲话指出:"民心是最大的政治。"[1]"枫桥经验"无论是传统治理还是智慧治理,都有赖于人民群众全方位参与、全力支持、全力保障。或者说,人民群众对美好生活的需要,如获得感、幸福感和安全感,是这些经验成功与否的试金石。基层智慧治理围绕国家治理的"制度化、科学化、规范化、程序化"的工作要求,通过智慧治理中心进一步推进干部群众的鱼水联系,并且整合基层各村、各镇的信息资源,提升网络管理能力,真正实现便利人民。

在基层群众自治方面,"枫桥经验"所面临的基层大事、小事,都通过干部群众同心协力妥善解决。"枫桥经验"的灵魂在于以人民为中心,其本质在于人民主体性。[2] 围绕人民获得感的提升,"枫桥经验"发展至今不断巩固人民当家做主的主体地位,发扬人民历史首创精神,不断在基础设施建设、基层自治包括德治和法治等方面巩固社会和谐、安定的局面,调动人民群众的积极性。在智慧治理中,一是通过网络宣传动员广大人民群众,在实际工作中通过互联网、物联网、区块链等媒介平台,将国家治理现代化的基本精神切实传达到基层,同时开放基层商谈沟通渠道,确保基层群众的治理主体地位;二是通过多媒体技术继续发扬"枫桥经验"形成之初的"文斗摆事实、讲道理,以理服人,才能斗倒敌人"[3] 的濡化作风,在智慧治理中则是通过媒体平台的实例推送,宣传"枫桥经验"历来通过"文服"而不是"武服"的方式,达到情感治理;三是"枫桥经验"体现了基层智慧治理结构的多元主体化、数据便捷化、办事高效化等特点。这一秩序的形成很大程度上需要通过年复一年、日复一日的基层秩序的构建和维系,与时俱进实现好人民群众的生活需要和基本保障。总之,这些治理方式,都不是空口无凭、敲锣打鼓就能得来的,而是在干部群众团结一致的奋斗中干出来的,由此保证人民获得感的"质地"。"枫桥经验"集中体现了国家所进行的普

---

[1] 习近平:《习近平谈治国理政》第4卷,外文出版社2022年版,第58页。
[2] 张文显:《新时代"枫桥经验"的核心要义》,《社会治理》2021年第9期,第5页。
[3] 吕剑光:《"枫桥经验"的前前后后》,《人民公安》1997年第19期,第47页。

惠性、基础性、兜底性民生建设。在基层智慧治理中,则是通过"送智下乡""数字惠民"以及建立"智治中枢"等举措,切切实实地让基层老百姓放心、安心,对未来有信心。例如,网上开党会、网上表决等都是人民群众借助技术手段实现自治的体现。

在人民生活安定幸福方面,新时代"枫桥经验"借助技术发展为民众全方位搭建便民服务。这不仅提升了人民的获得感和安全感,更进一步提升了人民的幸福感。"枫桥经验"60年发展一脉相承的基本精神就在于不断提升人民群众的幸福感,涵盖社会治安、经济发展、村民生活以及风土民情等各个方面。在国家基层治理历史进程中,"枫桥经验"由最初的阶级斗争背景下的一种政治斗争和社会改造的经验,转变发展为社会治安综合治理的经验和基层民主法治建设的经验,不断解决各类基层的矛盾纠纷,不断通过各种治理手段维护基层稳定,不断调动基层人民群众的主观能动性从而促进经济发展。[1]

借助互联网和大数据技术的发展,能够有效促进在线办公和学习。线上模式在疫情期间为居民提供极大便利,保障了人民正常生活的同时也保障了人民的健康;借助大数据信息搭建智能小区快递服务,利用信息实现便民服务和管理,进一步优化物流配送和快递收发的智慧管理;线上医疗平台的搭建,有助于调动医疗资源,进行远程医疗,解决新时代看病难、医疗资源分配不均衡的情况;依托城乡社区公共服务综合信息平台,实施"互联网+"养老工程。以失能、独居、空巢老年人为重点,整合建立居家社区养老服务信息平台、呼叫服务系统和应急救援服务机制。支持社区、养老服务机构、社会组织和企业利用物联网、移动互联网和云计算、大数据等信息技术,开发应用智能终端和居家社区养老服务智慧平台、信息系统、APP应用、微信公众号等,重点拓展远程提醒和控制、自动报警和处置、动态监测和记录等功能,协助老人过上幸福晚年生活;利用互

---

[1] 汪世荣主编:《枫桥经验:基层社会治理的实践》第2版,法律出版社2018年版,第2页。

联网搭建网上直播平台,帮助使用者借助网络平台多样化展现自己,赚取收益,丰富居民的生活等。借助一系列智慧化手段,秉承"以人民为本"的理念,为人民提供便利和服务,进而将智慧治理的便利渗透到城市运行和人民生活的方方面面。

由此可见,"枫桥经验"根据自身的历史特征与时代变化,在涉及人民群众的政治治理和幸福感提升工程上下足真功夫,也在面临各种不确定性的风险与挑战中创新治理方式。"2017 年,肇始于浙江的'最多跑一次'改革,极大地方便了群众和企业,'浙里办'APP 已经让许多事项在手机上办、在电脑终端办,既快又准,人民群众的即时体验感和尊荣感增强。"[1] 基层智慧治理的基本精神、基本方式以及基本目标,也是在各种科技手段与应用伦理中发挥人民主体作用,紧紧围绕"以人民为中心""小事大事不出户,矛盾在线解决"等理念,在共建、共治、共享中提升民众的获得感和幸福感。

总之,随着时代发展与科技进步,"枫桥经验"也由最初"村子看院子,院子看班子,班子看班长,一层做给一层看,一级带着一级干"的传统治理方式,逐渐向智慧治理转变,突出网络化、信息化以及智能化的技术优势,充分发挥干部群众的协力效能。"枫桥经验"向智治的转变给人民开辟了足不出户解决问题的途径。在这一转变的过程中,应时刻牢记"以人民为中心"的服务理念,进一步借助网络实现"小事大事不出户,矛盾在线解决"的治理效果,为人民生活生产提供便利和安定环境,提升人民的获得感和幸福感。与此同时,"智慧治理新模式不断冲击和挑战着居民长期形成的相对稳定的生活习惯和组织形态,并试图改变既有的生活模式和治理方式"[2]。为了保证人民群众的幸福感,需要进一步确保人民主体地位在新时代新发展环境下良好的存在状态。换言之,"枫桥经验"不是典型的专家治国论,而是群众治理论。这一方法论要素,凸显人民群众

---

[1] 沈秋伟:《"枫桥经验":风险社会背景下弹性治理的中国化方案》,《浙江警察学院学报》2022 年第 5 期,第 12 页。

[2] 周波:《城市社区治理现代化:内涵、困境与行动策略》,《中共石家庄市委党校学报》2021 年第 7 期,第 39 页。

的幸福是靠干部群众在基层治理中不断摸索干出来的。新时代基层智慧治理方式方法的形成，也是围绕着人民群众的幸福感而进行的。这一治理方式同时也作为新时代"枫桥经验"的幸福感提升工程，不断将国家基层治理体系与治理能力的现代化水平推向前进，不断提高社会主义现代化在基层发展的质量，不断满足基层人民群众对美好生活的需要。

0.3 数字赋能社会治理：途径与方式[1]

0.3.1 智慧治理在社会生活中广泛应用

对于智慧治理的定义，学界目前尚没有统一明确的界定标准。就其功能而言，智慧治理是指应用信息技术、数据分析等智能方式，对社会进行全面、高效、智能化的管理和治理。通过"互联网+"的技术赋能，整合和配置各项智能服务，提供实时数据分析和决策支持，以解决社会问题、提升治理效能、改善公共服务，实现社会的可持续发展并致力于提升公众福祉。在当代社会，智慧治理的应用十分广泛，遍布了日常生活的各个方面。

城市管理层面，智慧治理能够通过对智能交通系统、智慧环境监测、智慧能源管理等现代化管理方式的整合，有效推动"一网统管"的实现。现代城市作为一个复杂系统，实现精细化治理与统管需要各个部门的协调合作。智慧平台能够打通各个平台，为各个智能服务系统的数据分享与互通提供可能，从而显著提高城市的交通便利性和运输效率、改善城市的环境质量、有效减少能源消耗，推动城市的可持续发展。在更为宏观的公共安全领域，智慧治理可以通过对智能识别系统、警务监控平台以及大数据分析平台等智能技术的调控，实现对犯

---

[1] 本章的"数字赋能社会治理：途径与方式"部分，由北京大学博雅博士后隋婷婷研究撰写。

罪行为的实时监测和预测,提升警务效能,节约警力,最大限度地维护社会的安全稳定。同时,智慧治理还可以加强防灾减灾的能力,提高公众的安全意识和应急响应能力。通过智能环境监测和预警系统,实时监测自然灾害的迹象,提前预警并采取相应的措施,减少灾害造成的损失。

在医疗与教育等民生领域,智能健康监测、电子医疗记录以及远程医疗等技术的出现,大大提高了医疗资源的利用效率,优化了医疗资源的配置,提供了更为便捷、精准的医疗服务。同时,智能医疗设备和移动医疗应用程序,能够在一定程度上提供个性化的医疗服务和健康管理,提升患者的参与感和医疗体验。在教育方面,智能教育平台、在线学习系统以及教师研修系统等数字平台的建立,为学生提供了个性化的学习资源和学习路径,让学生在任何时间、任何地点都能够接受教育,打破了传统教育的时间和空间限制,提高了教育的灵活性和普及率。更重要的是,教育资源的数字化和在线共享,拓宽了教育资源的获取渠道,打破了地域限制,让学生和教师能够获得更广泛、更优质的教育资源,推动了教学资源的共享和优化,为实现教育公平提供了可能。

智慧治理除了对于社会民生问题有着积极意义,对于环境保护也具有现实意义。通过智能监测和分析技术,智能系统可以实时监测和评估环境状况,一方面可以实现与智慧城市的联动,及早发现并预警空气污染、水源污染、自然灾害等环境问题,以便及时采取应急响应措施。另一方面,通过实时对能源、水资源、土地利用等方面的智能管理,通过监控和优化资源的使用情况,提供数据支持和智能决策,可以有效减少资源的消耗,促进可持续发展和生态保护。而以上内容的数字化材料还可以服务于智能信息与教育平台,提升公众对环境问题的认知和理解,加强环保教育的普及,培养公众的环境保护意识和行动能力。同时,智慧治理也提供了公众参与环境决策的机会,能够提升民众的参与感和责任感,形成全社会共同推动环境保护的合力。

总体而言,智慧治理标志着社会治理模式从单向的管理模式转向双向的互动模式,从单纯的线下服务向着线上线下相结合的多元组合方式转变。同时,智慧治理还带动了治理效率的提升。有赖于网络的提速,智慧中枢在信息存储、提取、传输、算力支持和数据传导等方面已经迈入了5G时代。政府智慧治理平台采用云计算、大数据、区块链以及物联网等技术,理论上能够实现对信息、事、物全方位的传输、存储、运算和分析。此外,智慧平台作为一种媒介,不仅提供了各种由智能技术带来的便利服务,还发挥了沟通纽带的作用,为治理主体之间的联络、治理主体和治理对象的沟通以及治理对象间的互动搭建了桥梁。通过相应智慧平台,公众可以便捷、高效地获取政府提供的信息和服务,实现对社会治理的全面参与和互动。在多层次协同治理的大背景下,政府在治理能力、公共服务、政务服务等方面的立体化连接和交叉得以实现,为构建更高效、智能、透明的治理模式提供了新的机遇和可能性。

0.3.2 智慧治理面临的挑战

在社会由信息化、数字化向智能化、智慧化迈进的背景下,智慧治理是当前的重要课题,但必须注意的是,智慧治理为社会治理升级赋能的同时,也面临着诸多风险。

首先是人类自主权缺失的风险。智慧治理代表着相应智能技术在社会事务中的大规模应用和普及,但过度依赖智能技术可能导致人类失去对决策和行动的主导权。瑞士科学家戈尔德·莱昂哈德在对人机关系的探讨中曾不无忧虑地指出,智能技术使很多事物被自动化了,算法、软件、智能数字助理和人工智能驱动的云服务或机器人接管了人类的大半日常活动,人类自身也被技术自动化了。[1] 换言之,智能技术的发展正在慢慢地塑造人类的行为模式。在技术发

---

[1] 戈尔德·莱昂哈德:《人机冲突》,张尧然、高艳梅译,机械工业出版社2019年版。

展史中,技术对人类自身心智能力的弱化一直存在,一个例子是随着手机的普及和智能化,人们逐渐丧失了记忆大量电话号码的能力。尽管单就这个案例而言,手机电话簿更多地是充当了人类记忆的认知延展工具,将一部分人类的认知负荷转移给手机等外部工具,从而为人类释放出更多的脑力空间,让人们可以专注于更复杂的思考工作,这对于人类的发展利大于弊。然而,当智能技术进一步发展,人们开始更多地依赖智能机器提供的信息,并且更加习惯于接受智能系统提供的建议和指导,甚至开始逐渐放弃自主思考,将决策的权力让渡给机器,这将是非常危险的。

智慧治理还面临着数字空间的主体异化风险。在智能技术打造的数字时代,人逐渐被异化为一组数据。当人们与赛博世界对接,每个人的行为、习惯以及偏好等均被各种智能引擎所记录、存储和分析,最终成为网络云空间中构建个体数字画像的基石。必须看到的是,人的数字化为个性化服务和专业化治理提供了数据支撑,但其潜在风险一方面在于,个人隐私数据可能在泛数字化中被泄露和滥用;另一方面,基于数据和算法的分析可能会导致对特定对象推送单一类型的信息,造成信息茧房的形成。[1] 同时,数据化还会导致对个人的刻板印象和偏见,当某个人被纳入某个特定的数据模型和类别中,可能会受到本不应该受到的歧视和区别对待,一个例子即大数据杀熟。同时,数字化也使得技术和算法成为主导互动和交流的力量,人类之间的社交和情感互动可能被冷漠和疏离取代。人们越来越倾向于与技术互动,而忽视了真实的人际交流和社交互动,这可能削弱社会凝聚力以及人际关系的深度和质量。

此外,智慧治理还面临着数字鸿沟问题。数字鸿沟的概念最早被用来指代能够使用信息时代智能工具的人与不能使用的人之间存在的鸿沟。[2] 在智慧治

---

[1] L. Terren, R. Borge-Bravo, "Echo Chambers on Social Media: A Systematic Review of the Literature", *Review of Communication Research*, Vol. 9, 2021, p. 100.

[2] J. A. Van Dijk, "Digital Divide Research, Achievements and Shortcomings", *Poetics*, Vol. 34, Iss. 4-5, 2006, p. 222.

理中,数字鸿沟涉及不同群体在技术接入、数字素养、信息获取和媒介利用等方面的差异。一些地区或社区可能由于经济条件、地理位置的限制,缺乏适当的网络连接类基础设施;而即使基础设施完备,智慧治理还需要人们具备一定的数字素养和技能,包括接连互联网、使用软件以及搜索信息等方面的知识和能力。然而,由于教育水平、文化背景和年龄等因素,一些人可能缺乏必要的数字素养,难以从智慧治理当中获益。从社会公平的角度而言,受限于基础设施和数字素养的人群无法获取与个人和社会发展相关的重要信息,也难以充分参与到数字化时代的发展中,这将导致社会不平等的进一步加深。

面对智慧治理的各项风险与问题,寻找有效的措施,借鉴先前的成功经验是寻求问题解决的应有之义。因此,从"枫桥经验"的既有社会治理案例中汲取思想,不失为一种节约时间和资源、避免重复犯错、加快解决问题进程的有效途径。同时,"枫桥经验"业已经过长期的实践验证,其可行性和有效性得到了证明。通过学习经验、传承精神,我们可以确保问题解决方案的可行性,并能够在相当程度上保证方法的可持续性和强适应性。

0.4 枫桥经验的智慧治理价值

0.4.1 依靠群众的原则在智慧治理中的意义和应用

0.4.1.1 提升大众对智慧治理的认知和参与度

依靠群众,发动群众,从群众中来,到群众中去,坚持群众在社会治理中的主体地位是"枫桥经验"重要的理论内核,也是解决当前智慧治理中数字鸿沟等问题的有效路径之一。

智慧治理不仅是一个自上而下的决策过程,也是一个立足群众,充分倾听和尊重大众意见与需求的自下而上的协调过程。"枫桥经验"的群众内核强调了将群众视为智慧治理的主体,充分发挥大众的智慧和创造力。一方面,倾听和尊重大众意见能够反映人民的需求和利益,提高政策的可行性和有效性,有助于避免信息不对称和权力不平衡,确保决策过程的公正性和社会正义。另一方面,广大群众具有不同的知识背景、经验和观点,他们既是智慧治理的服务对象,也是治理过程中的重要参与者和贡献者。依靠群众,鼓励群众发挥主观能动性的理念能够充分利用公众的多元知识和经验,提供更全面、多角度的问题解决方案,从而提高智慧治理的质量和效果。同时,哲学家阿尔文·戈德曼还从数理逻辑的层面肯定过大众意见的可靠性,认为基于孔多塞提出的"陪审团定理",大众意见总体的准确率通常高于单个主体做出判断时的准确率。[1]

因而,提升群众对智慧治理的认知和参与度十分重要。其中,认知作为行为的前提,指人们对相应事物的知觉和理解,人们需要意识到某物的存在、特点和用途,才能采取相应的行动。人的认知受到主观因素、信息获取的限制和认知偏差等影响,可能存在认知上的局限性。这意味着当人们没有意识到某些物品或服务的存在或其潜在价值时,它们很可能被人们所忽视或不能被充分地使用。

简而言之,为了让公众有效参与数字化社会,通过多种渠道让人们理解并具备必要的数字技能和数字素养是必不可少的。通过加大宣传力度和鼓励群众之间的相互帮扶,让公众掌握数字技术、加强信息获取能力、共享信息和资源,有助于解决信息不对称的问题,从而消解数字鸿沟,并进一步提高公众参与智慧治理的积极性。同时,公众对智慧治理的认知还可以推动更加透明的决策和管理,因为当公众了解智慧治理的原理、数据的收集和使用方式以及决策的依据时,可以更好地评估智慧治理的效果并做出相应的配合。

0.4.1.2 建立以人为本的数字治理体系

依靠群众,以群众为中心,本质上是一种以人为本的实践观。以人为本一

---

[1] 阿尔文·戈德曼:《哲学直觉的证据地位——认知科学是否有一席之地》,《厦门大学学报》(哲学社会科学版)2014年第5期,第5页。

直是人工智能领域的重大关切。自1987年起,哲学家麦克·库利便指出,相比传统设计理念中"以机器为基础的系统",设计"以人为本的系统"更为必要。[1]

在人工智能被广泛应用的数字时代,人工智能的目标是为人类提供更好的生活和服务。以人为本意味着将人的需求、愿望和福祉放在首位,通过人工智能技术来满足人的需要,提高人的生活质量和幸福感。

在智慧治理的层面,这代表了一种以用户为中心的人工智能设计思路,按照人工智能设计学家米利拉·里贝拉的观点,设计人工智能互动系统时,应当更多地考虑系统的可解释性和用户的使用便捷性,在人工智能使用过程中提供解释时应考虑信息的质量、数量、关联性和方式。同时,还应该根据用户的不同使用要求给予更具体、更有针对性的解释。[2] 同时,以人为本的数字治理体系还应致力于提供个性化的服务和定制化的体验。利用大数据和人工智能技术,了解和分析人们的需求和偏好,为其量身定制服务,满足其个性化需求,提高治理的效果和满意度。

在关注用户体验的同时,以人为本还强调尊重人的尊严和价值,确保人的自主权、隐私和公平得到尊重和保护,防止人的权益受到侵犯和滥用。这就指出了在保障个性化定制的同时保障用户隐私等方面的重要性,这其中相关的措施依然涉及群众的参与,首先是治理方要保证充分的信息透明度,让公众了解一些智能平台的个性化服务的工作原理、数据使用方式以及隐私保护措施。加强对公众隐私保护的教育,提高用户的隐私意识和知识水平,使他们能够做出相应的决策和选择,并鼓励公众参与智能平台的设计过程,献言献策,确保人们能够加强对自己事务的参与,减少由单纯依靠算法系统带来的隐含偏见和不公正性。

---

[1] M. Cooley, "Human Centred Systems: An Urgent Problem for Systems Designers", *AI & Society*, Vol. 1, 1987, p. 42.
[2] M. Ribera, A. Lapedriza, "Can We Do Better Explanations? A Proposal of User-centered Explainable AI", *IUI Workshops*' 19, March 20, Vol. 2327, 2019, p. 38.

在依靠群众之外,政府的监管功能也是必不可少的,其措施主要包括加强对个性化定制和数据使用的监管和审查机制,确保相关组织和平台遵守隐私保护法律和准则。建立独立的监管机构,对个人数据的收集、使用和共享进行监督和管理,对违规行为进行处罚,保护用户的隐私权益。以此确保个人数据的隐私得到充分的保护,并通过透明的数据管理和用户授权机制,确保个人信息的合法和可控使用。

多措并举确保人们平等地获得和使用智慧治理的智能服务,可以最大限度地弥平甚至消除数字鸿沟,从而促进社会的包容和公平。

0.4.2 预防纠纷原则在智慧治理中的价值和应用

0.4.2.1 降低智慧治理的社会成本

"枫桥经验"对于预防风险的重视表达了防微杜渐的危机管理思想,危机管理理论强调在应对危机和灾难时重视事前的准备和预防,通过提前进行风险评估、建立危机应对机制和培训人员,提高对危机的应对能力和反应速度,减少潜在的损失和影响。因为事后补救通常更为困难和昂贵,并且可能导致更大的社会成本和不可挽回的人员伤害。哲学中的道德两难困境便是一个例子,在"电车难题"等道德两难中,无论决策者如何抉择,都必须面对情境中特定个体的牺牲,换言之,在困境形成时已经不存在完美的、不伤害任何人的可行选项了。对此,一种医学伦理的观点是通过预防最大限度地避免两难困境产生。

因而,在公共政策制定中,事前预防原则被广泛应用。预防性政策包括健康教育、犯罪预防、环境保护等方面,旨在提前识别问题并采取措施,以减少潜在的负面影响和社会成本。通过制定预防性政策和措施,可以有效地避免一些社会问题的产生和扩大,从而增进社会的整体福祉。

在智慧治理领域,数字网络的存在使危机预防有了更多的可行性。神经网络与深度学习的发展使得大数据分析可以帮助智慧治理系统及时识别和分析潜在的问题和风险。通过对大规模数据的收集、整合和分析,可以发现隐藏在数据背后的模式、趋势和异常情况。这使得治理机构能够及早预警并采取相应的措施来防止问题的发生。

大数据分析还可以提供实时的数据更新和反馈,使智慧治理系统能够快速响应不断变化的情况并进行及时调整。通过对大数据的监测和分析,决策者可以了解到社会动态和民众的需求变化,及时调整政策和措施,以适应不断变化的环境。同时,大数据分析还可以提供更全面、准确的信息基础,为智慧治理的决策提供科学依据。通过对大量数据的分析,可以发现相关因素之间的关联性和影响程度,从而更准确地评估政策的效果和预测可能的结果。这有助于决策者做出更明智、有效的决策,降低决策风险。而通过大数据预计算,智慧治理可以更好地了解资源的利用情况和需求趋势,从而进行合理的资源配置和规划。这有助于提高资源的利用效率,减少浪费,节约成本。

总的来说,通过智慧治理可以提前识别问题、快速响应、提高决策准确性,并优化资源利用,从而降低社会成本。大数据分析为决策者提供了更全面、准确的信息,使他们能够更加科学地进行决策和规划,以满足社会的需求,并在问题发生前采取相应的预防措施,降低潜在风险和后续处理的成本。这有助于提高智慧治理的效率、质量并推动可持续发展。

0.4.2.2 防治不可控风险

除了降低社会治理的成本,预防原则更大的作用在于对某些不可控风险的防治。不可控风险指那些无法完全预测、控制或避免的风险,其发生和影响难以预测或干预。这些风险可能源于自然灾害、全球经济波动、恶劣的市场环境、技术故障等各种因素,其特点是无法完全预见并对其进行有效干预。不可控风险在人工智能语境下的一个表述是"不存在绝对安全和零事故的机器",因为不可能完全杜绝硬件故障、软件漏洞、知觉错误以及推理错误等四大类造成机器本身出现事故的原因。[1] 能够最大限度解决这些问题的方案,便是依靠人类设计者和使用者,做出相应预案随时维护修整。

从原理层面而言,不可控风险的统计学解读涉及长尾区间的分布问题。长尾区间是统计学分布(如正态分布、帕累托分布等)中的一种数据构成,代表了统计分布样本中的尾部案例。[2] 长尾分布特指频数或概率分布以尾部逐渐减小的方式延伸的分布形态。这意味着在某个现象或事件中,少数高频的情况或事件占据了大部分的总体,而大量低频的情况或事件分布在尾部。尾部案例通常指那些在分布的尾部或极端部分发生的事件或情况,它们可能是罕见的、复杂的、突发性的。这些尾部案例往往具有较高的不确定性和不可控性,因为它们难以被事先预测和准确评估。

尾部案例对于不可控风险的管理具有重要意义。尽管这些案例发生的概率较低,但它们可能对个体、组织或社会产生持久的负面影响,因此需要采取相应的风险管理策略。通过事前预防措施,在不可控风险发生之前降低其对个人、组织或社会所造成的损失。同时,不可控风险往往由群体的恐慌情绪以及非理性行为引起,比如银行的挤兑、大型活动的踩踏事件等等。通过预防原则,采取预防措施可以有效地减少风险事件发生的概率和危害,这有助于提升公众对风险的理性认知和对风险管理机制的认知,能够避免不必要的恐慌和过度反应产生的不良后果,增加公众对风险防治的信心,从而增强社会的稳定和凝聚力。

此外,预防不可控风险的原则还能够在潜移默化中塑造一种风险意识。这种意识能够使公众更加注重风险预防,培养预见性和主动性,提高风险管理的效能和可持续性。通过建立健康的风险意识,公众会更容易接受和理解风险管理措施,进而增强对智慧治理的信心和支持。

1　T. Fraichard, J. J. Kuffner, "Guaranteeing Motion Safety for Robots", *Autonomous Robots*, Vol. 32, Iss. 3, 2012, p. 174.

2　E. Brynjolfsson, Y. J. Hu, D. Simester, "Goodbye Pareto Principle, Hello Long Tail: The Effect of Search Costs on the Concentration of Product Sales", *Management Science*, Vol. 57, Iss. 8, 2011, p. 1373.

0.4.3 矛盾就地化解原则在智慧治理中的意义和应用

0.4.3.1 加强问题解决的即时性

"枫桥经验"对矛盾就地化解的主张,强调了在问题发生的地方由相关部门进行即时处理,而不是将问题推诿或转移给其他部门或机构,造成行政管理当中"九龙治水"的困境。这种做法可以避免问题处理的延迟和繁琐的程序,提高问题解决的效率。通过即时、有效的处理,可以避免问题的扩大和恶化,缩短问题解决的周期,从而更快地恢复社会秩序和稳定。"枫桥经验"对于问题解决的即时性主张对于当前智慧治理有着深远的意义。

客观层面上,许多社会问题可能涉及紧急情况,如自然灾害、突发事件、公共卫生危机等。在这些情况下,及时的响应和解决问题至关重要。时效性意味着能够迅速采取行动,减轻问题的影响并保护公众的安全和福祉。同时,对于问题进行即时反馈和解决可以避免问题持续存在造成的资源浪费和成本增加,有助于优化资源利用,提高社会治理的效率和可持续性。例如,及时解决公共设施故障可以避免进一步损坏和维修费用的增加,及时应对经济危机可以减轻对社会经济的冲击等。而从公众的主观角度而言,对社会治理的期望是能够及时解决问题并改善社会状况。如果问题没有得到即时的反馈或者解决过程较为拖延,可能会逐渐恶化并扩大影响范围,引发进一步的舆情问题,公众对相关治理机构的信任也会受到影响。时效性的提升可以提高公众的满意度,增强公众对治理机构的信心。

这种时效性原则在智慧治理领域中较有代表性的案例是一站式服务,即将不同的服务集中在一个平台或机构中,使公众可以在同一个地方办理多项业务,避免了多次跑腿、排队和提交重复材料的繁琐过程,可以有效解决办事难的问题。一站式服务要求不同部门和机构之间进行信息共享和协同工作,确保信息的一致性和流通性。智慧治理时代,信息技术和数据分析技术的飞速发展,使得实时获取和处理大量的信息,完成信息的共享和协同成为可能。通过信息共享和协同工作,决策者可以更准确地了解个人或企业的情况,避免信息的重复收集和核对。这样不仅减少了公众提交材料的次数,也降低了信息的错误率,提高了业务办理的准确性和效率。

同时,即时有效的反馈可以让决策者及时了解决策效果和结果,以便根据反馈信息进行调整和改进。当决策产生预期之外的结果或者遇到新的情况时,即时的反馈能够助力决策者进行灵活的调整和优化,以实现更好的治理效果。而通过与公众的信息互通,智慧治理可以快速整合和优化服务,从而更好地满足公众的需求,提升社会治理的效能和公信力。

0.4.3.2 提供地域化的智慧治理解决方案

除时效性以外,矛盾就地解决的原则还包含了问题解决方案的地域化需求,这对于智慧治理的开展具有积极意义。在智慧治理的背景下,互联网的普及和信息技术的发展缩小了地域之间的距离,信息的流动更加便捷,人们能够跨越地域限制进行交流和互动。这在某种程度上淡化了地域特征,使得人们能够共享信息和资源,促进了全球范围内的合作和交流。然而,地域特征仍然广泛地存在于社会治理当中,在具体的问题解决与政策制定中发挥着不可忽视的作用。

从文化层面看,不同的地区可能具有独特的社会文化背景和价值观念,在社会治理以及政策制定方面通常需要考虑不同地区的教育传统、语言特点、宗教信仰等因素,以满足当地居民的需求和契合其价值观。从经济层面看,不同地区的经济发展水平存在较大差异,无论是传统社会治理还是智慧治理,均需要根据地区的经济状况制定相应的方案,考虑地区的产业基础、优势和特点,因地制宜地引导和支持各地的产业发展,促进经济的均衡和可持续增长。自然环境层面,不同地区的自然环境条件各异。适应地方差异性需要针对地区的自然环境特点制定相应的环境保护和资源管理政策。例如,在应对气候变化和自然灾害方面,需要考虑地区的气候、地形、水资源等因素,制定针对性的应对措施和规划,确保地区的可持续发展和居民的生活安全。社会需求方面,不同地区的社会需求也会存在差异。以医疗卫生领域为例,适当的医疗政策显然需要考虑当地人口结构、健康状况、医疗资源等因素,提供符合地方需求的医疗服务和健康政策,才能切实地解决具体问题,满足当地居民的健康需求。

忽视这些地域化差异可能会使得智慧治理沦为空有形式、不切实际的模式化网络平台。对此,智慧治理可以有针对性地发挥智能系统的数据分析优势,基于对地区数据和信息的分析,实现对治理目标和问题的精准定位和识别。通过深入了解特定地区的情况,制定针对性的政策和措施,更好地解决地方性问题,提高治理的准确性和有效性,优化资源配置和服务分配,实现资源的合理配置,确保服务的公平性和效益最大化。同时,通过提供地域化的智慧治理方案,可以激发地方居民的积极性和责任感,使其成为治理过程的参与者和决策者,增强地方自主解决问题的能力,推动地方社会的发展和进步。

0.4.4 维护稳定原则在智慧治理中的意义和应用

0.4.4.1 保障公共安全与社会和谐

"枫桥经验"对于维护稳定的追求在当代智慧治理技术中具有重要的意义。维护稳定的前提首先在于对公共安全的维护。公共安全在通常的意义上是指社会当中人民的生命、财产和合法权益不受威胁、不受侵犯的状态。公共安全是保障人民生命安全和财产安全的基础。当人民感到安全并且不受威胁时,才可以更积极地投入到社会活动中,促进社会的和谐发展。相反,如果公共安全得不到保障,人们处于恐惧与不安的情境,社会矛盾和冲突可能加剧,社会和谐也将受到威胁。公共安全与社会和谐是相互促进的,当社会成员之间相互信任、相互合作,并且对公共安全问题保持关注和参与时,公共安全才能得以提升,社会和谐也更容易达成。

对公共安全的维护在智慧治理中尤为重要。因为相比传统的社会治理,智慧治理不仅带来了治理方式的更新,还通过网络的万物互联将公共空间扩展到了更广阔的赛博空间。赛博空间提供了人们进行信息交流、知识共享以及社交互动等活动的平台空间。在当今数字化时代,网络已经成为人们日常生活中不可或缺的一部分,具有广泛的参与性和公共性。因此,除了维护现实世界的公共空间安全,维护网络的公共安全也成为智慧治理中的重要任务之一。随着数字技术的快速发展,网络空间也面临着各种安全风险和挑战,例如网络犯罪、信息泄露、网络欺凌等。这些安全问题尽管产生于虚拟空间,但却直接影响到现实生活中的公众利益和社会秩序。

在智慧治理中,网络的公共安全通常被归类为信息化治理的一部分。它涉及网络安全技术、法律法规、政策制定、公共意识等多个方面。具体来说,智慧治理需要通过制定相关法律法规和政策,加强网络监管和执法力度,推动技术创新和应对措施的研发,提升公众的网络安全意识和素养,以及建立跨部门、跨领域的合作机制来保护网络的公共安全。在这一前提下,线上与线下配合的综合治理依然十分重要,因为网络世界是现实生活的延伸和反映,人们在网络中表达自己的观点、交流信息、参与社交活动等。网络不仅是信息的传播和交流平台,还是呈现社会关系、价值观念和行为习惯的公共场所。因此,很多网络事件往往是现实生活中某种现象、事件或观点在网络中的反响和投射。

对网络公共空间安全的维护有助于维护公共利益和社会秩序。网络上的恶意行为、虚假信息、网络犯罪等不仅对个人造成危害,也会对整个社会造成负面影响。通过维护网络空间的安全与和谐,可以减少这些不良行为的发生,从而保护公共利益和社会秩序的稳定。

0.4.4.2 助力社会可持续发展

可持续发展作为一种综合性的发展模式,旨在满足当前世代的需求,同时不损害子孙后代满足其需求的能力。可持续发展需要长期的规划和坚实有力的政策,这其中的一个关键前提是社会的稳定。

稳定作为社会发展和良好治理的基石,是社会和谐和安定的前提,也是社会发展和经济发展的基础。一个稳定的社会能够提供人民生活的基本保障,是人们正常生活和工作的前提。稳定的制度环境还能够为企业提供可预测性和安全性,有助于吸引外来企业的投资与落户,推动经济产业发展并提供更多就业机会。相反,制度不稳定将使公众内心的不确定性增加,公众可能会采取过度保守或过度激进的生活方式,从而抑制社会健康可持续的发展。

社会稳定还有助于维护社会的公平和公正,防止社会不平等现象和社会冲突的发生。稳定的社会秩序和法治环境能够保护人民的权益和利益,提供公正的司法和社会保障体系,促进社会的和谐和公共利益的实现。在这一社会氛围中,社会成员之间更容易达成信任和合作关系。稳定的社会关系和社会信任是社会组织和社会团体发展的基础,有利于形成良好的社会网络和互助机制。这种信任和合作能够促进资源的共享和协同,推动社会资源的优化配置和利用。同时,在稳定的社会环境中,各个社会成员和组织会更愿意参与到可持续发展的讨论、决策和实践当中,这有助于形成广泛的共识,并为可持续发展提供多元化的资源和力量。

在实现可持续发展目标的奋斗过程中,智慧治理可以发挥十分积极的作用。政府决策方面,智慧治理平台能够通过应用大数据分析和数据挖掘技术,收集、整合和分析大量的数据,为政府和决策者提供更准确、全面的信息,助力可持续发展战略的制定和调整。经济方面,通过推广数字化、物联网、人工智能等技术的应用,智慧治理可以提升资源利用效率,促进产业转型升级,推动新兴产业的发展,提高经济效益和竞争力。城市管理方面,通过推广智能交通、智慧能源、智能建筑等领域的应用,智慧治理可以提高城市的交通效率、能源利用效率和环境质量,改善居民生活品质,推动城市的绿色、智能、可持续发展。宏观治理方面,智慧治理还有着信息综合性和治理协同性的特点,能够将各个领域的治理措施和资源进行整合和协调。这有助于在可持续发展的框架下,平衡社会、经济和环境的需求,实现资源的有效利用和可持续利益的最大化。

0.5　结语:以人为本的智慧治理

"依靠群众、预防纠纷、化解矛盾和维护稳定"作为对"枫桥经验"成功案例的精辟总结,对于当代的智慧治理有着积极意义。在智慧治理的危机中,无论是人类失去自主权或是主体异化或者是数字鸿沟,大致都可归为技术时代人类的生存与发展问题。因而在解决智慧治理的技术问题和基础设施之前,最重要的依然是将人放在最重要的位置,而这种以人为本、切实面向人民群众的人文精神正是"枫桥经验"在社会治理的实践淬炼中所提倡与强调的。

随着人工智能的迅猛发展,常常存在一种物化人类,将技术和机器的发展置于人类需求之上的倾向。这种倾向可能导致过度依赖技术,忽视人类需求,从而导致人类自主性的丧失,并逐渐沦为技术的附庸物。因此,在广泛运用人工智能技术的智慧治理中坚持人文精神,将人类需求置于技术和机器的发展之上十分必要。而如何在智慧治理中将以人为本的宏大叙事转换为具体措施,让智慧治理能够切实落地、造福人民群众,这涉及人民群众参与、风险防治、地域化治理以及公共安全保障等全方位的工作。对此,"枫桥经验"给予了丰富的实践案例和成功经验,为智慧治理的以人为本提供了可参考的方案。

"枫桥经验"依靠群众、预防纠纷、化解矛盾和维护稳定的主张,通过强调将人民群众置于决策和治理的中心,坚持预防和化解矛盾,充分发挥人民的主体性和创造力,维护社会的和谐,能够有效地为社会治理提供指导思想。结合智能时代的先进技术,智慧治理可以进一步实现广泛的群众参与,使公众能够表达意见、参与决策并监督执行,确保决策和措施更贴近人民群众的需求和期望。同时,通过智能化的技术手段和数据分析,以及相应的预测和预警机制,智慧治理还可以更有效地预防纠纷和化解矛盾,从而维护社会的稳定和和谐。

总而言之,"枫桥经验"的智慧治理方式能够最大限度地坚持以人为本,注重对社会稳定和公共利益的维护,避免智能技术带来的弊端,更好地满足人民的需求和利益,推动社会的进步和发展,为人民提供安全和稳定的生活环境。

第一章
"基层治理四平台"建设史料

提要：基层治理是"枫桥经验"的"源与汇"，也是本书最为关心的主题。数字化治理对平台的依赖和要求都比较高，数字化平台是基层治理的基础设施，同时其制度建设也是"枫桥经验"制度重要的文明成果。就全书而言，"基层治理四平台"的建设运营为基层治理数字化提供了必要的数字平台，是后续数字化网上政务服务、数字化矛盾纠纷化解与数字化应急管理的必要基础，是"枫桥经验"基层治理数字化的必要"数字基础设施"。

"基层治理四平台"以制度化、规范化为原则，构建了清晰的行政体系内部权责关系、技术标准和基本运行制度框架。推进"基层治理四平台"建设，对于深化新时代"枫桥经验"具有重要实践意义。同时，对作为数字化治理基础设施的"四平台"的日常运营之观照，有助于我们更加具体地把握基层数字治理的特征，避免治理领域常见的"重建设轻管理"的痼疾。因此，研究部分概述了"基层治理四平台"体系架构与"基层治理四平台"建设情况，搭建了理解"基层治理四平台"的整体框架。鉴于此，本章的文献史料主要分为两大部分。

首先，是枫桥镇基层治理数字化"四个平台"建设制度与经验相关史料。枫桥镇基层治理数字化"四个平台"建设制度与经验相关史料是最生动的样本，是基层治理数字化之"枫桥经验"最直接的来源。具体史料包括《关于枫桥镇"四个平台"建设完善基层治理体系的实施方案》《枫桥镇基层治理"四个平台"工作职责》《枫桥镇基层治理"四个平台"工作制度》《枫桥镇驻镇站所单位考核管理办法》《关于枫桥镇综合信息指挥中心建设的实施方案》《枫桥镇"四个平台"综合信息系统功能简介》《关于深化基层治理综合网的实施方案》,以及《枫桥镇网格信息分析研判通报制度》《枫桥镇网格管理基层问题分类与职能部门对应表》《关于印发2017年枫桥镇机关干部实绩考核办法的通知》等史料,另有枫桥镇基层治理数字化"四个平台"建设经验档案史料,内容丰富,生动呈现了枫桥镇"四个平台"建设与运行的整体样态与具体细节。

其次,是王家井镇基层治理数字化"四个平台"建设的实践探索相关史料。具体包括《关于加强"四个平台"建设完善基层治理体系的实施意见》《关于王家井镇综合信息指挥中心建设的实施方案》《关于深化基层治理综合网的实施方案》《王家井镇"四个平台"建设联席会议制度》《王家井镇"四个平台"协调小组工作制度》《王家井镇综合信息指挥中心运行管理制度》《王家井镇"四个平台"运行管理制度》《王家井镇网格长、网格员考评制度(试行)》等史料。聚光灯下的"枫桥镇"与聚光灯外的"王家井镇",二者各自的"四个平台"建设运营情况均具有良好的代表性,构成了"基层治理四平台"建设与运行的完整拼图。

1.1 "基层治理四平台"[1]

1.1.1 "基层治理四平台"体系架构

所谓"基层治理四平台",是践行"枫桥经验"的重要抓手之一,是指通过整

---

[1] 本章的"'基层治理四平台'"部分,由苏州大学刘书文博士研究撰写。

合资源力量,在乡镇(街道)搭建综治工作、市场监管、综合执法、便民服务等四个功能性平台,是功能集成、县乡协同、运行高效的新型基层治理载体[1]。其中综治工作平台是以乡镇综治办为依托,统筹乡镇及派驻机构相关力量,主要承担基层综合治理、矛盾化解、社区矫正、安置帮教、禁毒戒毒、司法调解、维护稳定、平安建设、反邪教和流动人口服务管理等方面功能。市场监管平台是以乡镇食安办为依托,统筹乡镇及派驻机构相关力量,主要承担面向企业和市场经营主体的行政监管、行政执法功能。综合执法平台是以乡镇综合行政执法办公室为依托,统筹乡镇及派驻机构相关力量,主要承担一线日常执法巡查、现场监管和组织开展联合执法等功能。便民服务平台是以乡镇便民服务中心为依托,按照应进尽进的原则,把直接面向基层的各类事项纳入乡镇便民服务中心,并延伸至社区(村),同时统筹基层站所及社会服务组织相关力量,完善社会服务体系,主要承担基层各类公共服务、便民服务等功能。

"基层治理四平台"以制度化、规范化为原则,构建了清晰的县乡权责关系、技术标准和制度框架。一方面,有助于推动县乡权责重构、资源重配和体系重整,重新梳理县乡权力和责任边界,建立清单化的权责体系和清单动态调整机制,并通过规则程序的标准化,为平台上县乡部门间业务快速流转和处置提供可靠依据;另一方面,有助于推动县级部门机构、人员和资源下沉,理顺乡镇政府与县级部门的关系,增强乡镇政府"块块"统筹和对民众诉求的整体性回应能力。推进"基层治理四平台"建设,对于深化新时代枫桥经验具有重要实践意义。回顾我国基层治理的改革之路可以看出,尽管地方政府多年来持续进行各种探索创新,但在基层治理体系方面仍然存在一些深层次问题,如乡镇权责不一致、基层治理条块分割等等。

---

[1] 根据绍兴市政府"政府工作名词解释"的正式表述,"基层治理四平台"是指"通过整合资源力量,在乡镇(街道)搭建综治工作、市场监管、综合执法、便民服务等四个功能性平台,是功能集成、县乡协同、运行高效的新型基层治理载体"。

1.1.2 "基层治理四平台"的建设

2015年3月4日,浙江省行政体制和机构编制工作会议在杭州召开,会上首次提出了"四个平台"概念。"四个平台"是指运用矩阵化管理理念,把乡镇(街道)和部门派驻机构承担的职能相近、职责交叉和协作密切的日常管理服务事务进行归类,从而形成的综治工作、市场监管、综合执法、便民服务四个功能性工作平台。

2015年6月,浙江省委十三届七次全会明确提出要转变县级政府工作方式,明确不同乡镇(街道)功能定位,实行分类管理,优化行政资源配置,提升乡镇(街道)统筹协调能力,积极探索建设乡镇(街道)综治工作、市场监管、综合执法、便民服务四个功能性工作平台。《中共浙江省委关于全面加强基层党组织和基层政权建设的决定》明确指出了"四个平台"的基本要求和作用:综治工作平台主要发挥乡镇(街道)社会服务管理中心的统筹协调作用,推进基层平安建设;市场监管平台主要以市场监管所为主体,承担面向企业和市场经营主体的行政监管和执法职责;综合执法平台主要通过县(市、区)综合行政执法向乡镇(街道)延伸,将乡镇(街道)所需的执法职权一并纳入;便民服务平台主要依托乡镇(街道)便民服务中心,拓展服务功能,并将浙江政务服务网络延伸至乡镇(街道),提高办事服务效率。自此,"四个平台"成了激活基层治理新能量的新载体。

2016年9月,浙江省委办公厅、省政府办公厅下发了《关于加强乡镇(街道)"四个平台"建设完善基层治理体系的指导意见》,并根据当前浙江省乡镇(街道)普遍发展水平,于12月由省委编办统一部署,制定下发《乡镇(街道)"四个平台"建设工作导则》并在全省推行,《导则》明确提出,基层政府要借助信息化手段畅通群众反映诉求、参与治理、加强监督的渠道,形成社会共治的模式。浙江省政府在全省基层治理体系"四个平台"建设推进会上强调,基层政府要建立政府治理与村居自治有机融合的新型治理模式,形成政社共治的基层治理新格局。由此可见,上级政府在政策中对"基层治理四平台"中的社会参与作出了明确规定。同时,《导则》要求各个乡镇结合实际,勇于探索,开展集成创新,总结经验做法,形成富有地方特色的基层治理体系,从而指导、组织全省各地推进,让浙江省在试点的基础上全面推进基层治理体系"四个平台"建设。同时,将"四个平台"这项工作纳入"最多跑一次"改革整体推进,因为平台的出现,县乡断层、条块分割这些基层治理中存在的全国性难题有了新的破解模式,浙江省各地"四个平台"建设进展顺利,已有近一半乡镇(街道)完成建设,宁波、绍兴已相继实现全覆盖。根据浙江省政府网站,2017年初,浙江共有乡镇929个,连同街道、乡级行政区共1 378个。它们在基层治理中起着主力军作用,直接服务近5 600万群众,截至年底,全省所有乡镇(街道)已经全面完成"四个平台"建设,是基层治理的一大突破。

2017年11月,浙江省人民政府发布《浙江省社会治安综合治理条例》,进一步发展了"四个平台"建设的具体内容,针对综治组织明确提出了具体职责和相关要求,指出由省、设区的市、县(市、区)、乡(镇)、街道社会治安综合治理委员会,负责组织、协调、指导、监督本行政区域内的社会治安综合治理工作。社会治安综合治理委员会由相关成员单位组成。各成员单位应当根据本系统、本行业的特点,加强社会治安综合治理工作,定期组织开展社会治安综合检查,及时督促整改社会治安隐患,落实社会治安综合治理责任和措施,还要整合现有资源、人员、设施,运用信息技术,创新社会治理方式,为提高社会治安综合治理能力提供支撑。《条例》第九条指出县(市、区)社会治安综合治理委员会根据地域面积、人口分布、产业布局、社会发展等因素,制定网格划分和管理的具体办法,明确相应标准、程序和管理措施,网格管理人员协助做好网格管理区域内的基础信息收集、社会治安巡防、安全隐患排查、矛盾纠纷化解、有关法律法规和政策宣传等工作。

以杭州市和诸暨市为例,2017年杭州市确定了29项重点改革任务,确立了到2017年6月底,全市所有乡镇(街道)综治工作、市场监管、综合执法、便民服务"四个平台"基本建成;9月底,"四个平台"有效运转取得重要的阶段性成果的工作目标。在重点改革任务中涵盖了"杭州今年力争全面完成全市所有乡镇(街道)'四个平台'建设,健全基层社会治理体系"。杭州建设"四个平台"将重点完善"1"个服务管理中心,整合"1"个综合指挥室,建立"4"个平台工作机制,深化"1"张基层社会治理网,打造具有杭州特色的"1141"社会治理体系,实现信息来源多元化、上报流转信息化、指挥调度扁平化、管理服务精细化、事件处理专业化、绩效考核制度化,确保第一时间发现问题、第一时间处置问题、最大限度解决问题,全面提升基层乡镇(街道)社会治理、服务群众的能力和水平。杭州推进基层治理体系"四个平台",就是要推动县乡之间职责重构、资源重配、体系重整,推动更多的资源向乡镇倾斜,使职权、力量等围着问题转、贴牢一线干。

2018年诸暨市成立了社会矛盾纠纷调处化解中心,可以为群众排忧解难提供"一窗式受理、一站式接待、一条龙服务、一揽子解决"方案。为全力推进平台建设提标工程,诸暨构建标准化体系,建立了"基层治理四平台"标准化建设体系,出台《标准化手册》《品牌识别系统》《宣传折页》《典型案例汇编》等规范标准,建立健全以工作制度、信息平台、指挥运作、全科网格、属地管理、便民服务、标识标牌、工作台账等八方面为主要内容的"8+X"标准化体系,打造集中统一、信息共享、功能完善的工作平台。同时致力于实施规范化评价,在完成"四平台"标准化建设的框架上,实施《诸暨市"基层治理四平台"有效运行评价指标体系》,设定了"2+6+40"评价指标体系基准。诸暨按照《政府部门派驻乡镇机构管理办法》要求,围绕促进派驻机构和属地乡镇(街道)工作双融合、力量双提升目标,壮大乡镇工作力量,提升乡镇治理能力。一是推动执法力量下沉。出台《关于重新明确部分政府部门派驻镇乡(街道)员额的通知》,对派驻人员进行重新明确。二是协同推进问题处置。建立"受理、交办、执行、督办、考核"闭环管理机制,实现基层治理"一个口子进,一个口子出",出台派驻机构管理办法和实施细则,明确派驻机构职责清单和工作清单,将综合执法、自然资源、生态环境、应急管理、市场监管等部门派驻机构人员纳入镇乡(街道)日常管理和考核。联合气象局、公安局等部门分别出台《诸暨市紧急恶劣天气"预警+应急+网格"叫应实施细则(试行)》《诸暨市110报警服务台与"基层治理四平台"联动处置工作规定》等文件,显著地提高了"基层治理四平台"的运行成效。

2019年,《浙江省基层治理综合信息平台数字化建设指南》和《浙江省"基层治理四平台"数字化应用建设指南》坚持顶层设计,对"基层治理四平台"今后工作的方向作了科学规划,并提出了具有可行性与操作性的现实路径,指出要按照"四个平台"的建设标准,开展应用落地工作研究,适当对"四平台"进行个性化定制和扩展延伸,还要加强网格员管理,将"四平台"和"网格化"工作有机结合起来,同时要完成对原有"四平台"的升级改造,实现日常事件处置、任务下派、业务协同、信息汇总、综合指挥、分析研判、管理决策、督查考核等功能。

2021年9月10日,浙江省迭代升级"基层治理四平台"现场推进会在宁波召开,在认真学习贯彻全省数字化改革推进会、县级矛调中心互学互比历次会议精神的基础上,按照推进"县乡一体、条抓块统"改革,持续擦亮"基层治理四平台"品牌的总体要求,总结交流经验,研究部署迭代升级"基层治理四平台"工作。会上总结了近年来浙江省推进"四个平台"建设的基层治理成果,基层治理构架持续优化、综合指挥体系逐步完善、基层智治能力大力提高、共建共治格局不断形成。会议也强调,在今后推进"四个平台"建设过程中要稳步拓展平台功能,紧密对接数字化改革5大综合应用,采取"先装满、再突破"分步走的办法,将原有的综治工作、市场监管、综合执法、便民服务"四个平台"调整为综治工作、监管执法、应急管理、公共服务"四个平台",增设党政综合业务模块,发挥其在基层治理中的主干功能和枢纽作用,为构建整体智治格局夯实基础。

2021年2月,浙江省委召开全省数字化改革大会,在全国率先开启数字化改革探索实践。3月,浙江省全面深化改革委员会印发了《浙江省数字化改革总体方案》,《方案》提出了建设数字浙江的目标,要求对省域治理的体制机制、组织架构、方式流程、手段工具进行全方位、系统性数字化、一体化、现代化重塑。同时要围绕"管"和"服",立足企业群众的政务服务需求和办事获得感、满意度,以数字化手段推进政府治理全方位、系统性、重塑性变革,构建整体高效的政府运行体系、优质便捷的普惠服务体系、公平公正的执法监管体系、全域智慧的协同治理体系。

2023年,《关于深化"县乡一体、条抓块统"改革推进基层治理系统建设的实施意见》和《关于深化"县乡一体、条抓块统"改革推进基层治理系统建设的实施方案》等文件指出要聚焦党建统领、综合集成、赋权赋能、实战实效,优化"141"体系组织架构,拓展机构运行功能,建强最小作战单元,建立平战结合工作机制,发挥数字化智能化支撑作用,实现基层治理质量变革、效率变革、动力变革;突出权责清晰、扁平一体,迭代完善"基层治理四平台",将基层治理"四个平台",统一迭代升级为"党建统领、经济生态、平安法治、公共服务""四个平台",将街道相关职能办公室、派驻站所等对应纳入平台管理,整合工作力量,协调解决重大事项。每个平台确定相应的分管领导,牵头发挥平台功能,统筹协调平台内多跨业务。

总的来说,"基层治理四平台"的建设以深化行政体制改革为抓手,以网格管理为手段,以信息技术为支撑,以制度机制为保障,推动建立职能清晰、权责统一、功能集成、扁平一体、便民高效、执行有力的综合服务管理体制和运行机制,从而优化行政资源配置,增强政府管理服务功能,有助于全面提升基层社会治理水平。

1.2 枫桥镇基层治理数字化"四个平台"建设制度

1.2.1 枫桥镇"四个平台"建设完善基层治理体系的实施方案[1]

为贯彻落实《中共浙江省委关于全面加强基层党组织和基层政权建设的决定》(浙委发〔2015〕10号)精神,根据省委办公厅、省政府办公厅《关于加强乡镇(街道)"四个平台"建设完善基层治理体系的指导意见》(浙委办发〔2016〕69号)和诸暨市委办公室、诸暨市政府办公室《关于加强镇乡(街道)"四个平台"建设完善基层治理体系的实施意见》(市委办发〔2017〕34号)要求,结合我镇实际,现就加强综治工作、市场监管、综合执法、便民服务等"四个平台"(以下简称"四个平台")建设、完善基层治理体系提出如下实施意见。

一、指导思想及目标要求

坚持以邓小平理论、"三个代表"重要思想和科学发展观为指导,深入贯彻党的十八大、十八届三中、四中、五中、六中全会精神,以提高基层治理水平为核心,改革镇级组织框架,接收市级部分职权,强化属地管理,着力构建权责一致、运转高效、条块结合、以块为主、运作顺畅、方便群众的基层治理体系,切实增强镇党委、政府的凝聚力和战斗力,全面提升社会管理和服务群众水平,全面提高群众获得感和满意度。目标在2017年3月底前,全面完成"四个平台"构建;2017年9月底前,"四个平台"运行顺畅并卓有成效。

二、工作任务

(一)构建"四个平台"

1.综治工作平台。承担社会治安综合治理、维护稳定、平安建设等功能。具

---

[1] 中共枫桥镇委员会、枫桥镇人民政府:《关于枫桥镇"四个平台"建设完善基层治理体系的实施方案》,2017年3月27日印发,枫委发〔2017〕41号文件。

体包括:

(1)创新发展"枫桥经验"。依靠、发动和组织群众,充分发挥政府、社会组织、群众协同治理作用,加强矛盾纠纷源头治理,将矛盾化解在基层。

(2)加快推进信息治理。推进"互联网+源头治理",依托浙江省平安建设系统,构建网上网下整体作战工作体系,提高事件受理、流转、交办、反馈能力。

(3)健全完善工作机制。健全完善矛盾联调、治安联防、事件联处、问题联治、平安联创的"五联"工作机制,开展社会治安和公共安全突出问题排查整治工作,推动基层平安创建落到实处。

建立综治工作平台协调组,由党委副书记蔡天军担任组长,综治办、派出所、检察室、法庭、司法所、人武部等负责人为成员,日常管理协调工作由镇综治办负责。

2.市场监管平台。承担面向企业和市场经营主体的行政监管和执法功能。具体包括:

(1)实现基础信息共享。统筹市场监管、卫生监督、质量监管等管理服务资源,汇聚形成来自村(社区)和市场主体的"一网信息",实现动态监管信息共享。

(2)提升市场监管实力。推进基层市场监管队伍规范化建设,全面提升基层市场监管能力和水平,切实做好市场监管的统筹协调、风险排查、专项整治、联合执法和指导督查工作。

(3)规范事中事后监管。建立和完善"双随机"抽查监管制度,推进随机抽查与社会信用体系相衔接,强化重点领域治理和日常监管。

建立市场监管平台协调组,由党委委员、社会事业副镇长邵宏英担任组长,食安办、市场监管、卫计、质监、农业畜牧等负责人为成员,日常管理协调工作由镇食安办负责。

3.综合执法平台。承担一线日常执法巡查和现场监管功能。具体包括:

(1)统筹行政执法资源。以村镇建设管理办公室、行政执法分局为主体,统筹村镇办、国土、建设、环保、安监、水利等相关条线的行政执法力量,经常性开展联合执法和综合整治。

(2)落实执法信息公开。依托浙江政务服务网,及时公开执法职权和依据、执法程序和标准、执法人员信息和案件办结情况等内容,畅通数据公开和交换渠道。

(3)建立联合执法机制。加强与市级部门行政执法的协作配合,厘清职责边界,消除监管盲区,实现执法资源充分整合、执法队伍统一指挥,增强基层行政执法工作的整体威慑力。

建立综合执法平台协调组,由党委委员、常务副镇长柴锦担任组长,村镇建设管理办公室、行政执法分局、国土所、环保所、安监站等负责人为成员,日常管理协调工作由镇村镇建设管理办公室负责。

4. 便民服务平台。承担基层各类公共服务和便民服务功能。具体包括:

(1)拓展窗口服务功能。积极探索"一窗受理、集成服务",在镇便民服务中心建设的基础上,进一步整合和拓展公安、市场监管、国土、民政、人力社保、水务、广电等领域的行政审批和公共服务事项,实行"一门式办理""一站式服务"。

(2)提升便民服务质量。按照"最多跑一次"的要求,依托浙江政务服务网,完善镇网上服务站和村(社区)网上服务点建设,推行行政审批和公共服务网上办理,最大限度方便群众办事。

(3)推行清单式管理。梳理公布镇公共服务事项清单,明确办事依据、办事流程和标准,并在浙江政务服务网和镇便民服务中心全面公开。

建立便民服务平台协调组,由人大副主席王建勋担任组长,便民服务中心、进驻窗口部门(站所)及学校、卫生院等公共服务机构负责人为成员,日常管理协调工作由镇便民服务中心管理机构负责。

(二)完善三项机制

1. 统筹协调机制。发挥镇党委、政府的统筹领导作用,统筹、协调、监督区域内社会管理服务和各行政主体的执法活动。镇建立"四个平台"管理协作联席会议制度,由镇党委书记、镇长担任联席会议召集人,一般每月召开一次会议,协调解决"四个平台"建设和运行过程中遇到的各种问题。"四个平台"各协调组,一般每周召开例会,分析上周工作情况,做好本周工作安排。

2. 工作闭环管理机制。以镇综合信息指挥中心为中枢,建立信息收集—分流交办—执行处置—日常督办—信息反馈—督查考核运行机制,实现"受理、执行、督办、考核"闭环管理,逐步整合部门信息系统,打造集中统一、信息共享、功能完善的信息平台。

3. 条块力量融合机制。强化镇对派驻机构刚性调控,将行政执法、国土、司法、人力社保、建设、环保等部门派驻机构人员纳入镇日常管理和考核,区域设置的派驻机构和人员由派驻镇联合评价。对纳入镇日常管理和考核的派驻机构,其编制人事管理在派驻部门,基本工资和其他考核奖金发放等全部在镇。未经镇党委书面同意,不得任免派驻机构负责人。

(三)落实两"网"支撑

1. 深化网格化管理,建立全科网格。由镇综治办牵头推进各类网格整合,拓宽网格功能,实现多元合一,推进基层社会治理"一张网"建设。按照"一格一员"或"一格多员"的管理服务模式,进一步整合镇、村各类协管人员,建立健全网格长、专职网格员和兼职网格员队伍,明确网格员工作职责,实现一员多用。整合各条线上的网格经费,由镇统筹安排,实行奖补资金与网格员实际工作相挂钩的考核办法。

2. 依托"互联网+"推动智慧治理。依托社会治理综合指挥室,按照"四有"(有专门场地、有大屏幕或显示屏、有2名以上专职人员、有完善工作机制)标准建立综合信息指挥中心,负责收集汇总浙江政务服务网、平安建设信息系统、"12345"政务咨询投诉举报平台、智慧城管、微信和APP等各类渠道信息,统一分析研判、分流交办、指挥调度、反馈督办,实现基层治理信息"一个口子进、一个口子出"。

三、保障措施

（一）加强组织领导。成立由镇党委书记、镇长任组长，党委副书记任副组长，相关班子成员为组员的工作领导小组，切实加强对"四个平台"建设工作的组织领导和协调。镇机关各职能办（中心）和驻镇站办所要解放思想，提高认识，加强协调，确保相关权利接收到位，相关资源保障到位，全力确保改革创新工作顺利有序开展。

（二）明确工作责任。各职能办（中心）、驻镇各站办所要围绕本实施方案，根据各自职责，抓紧时间、明确目标，加快工作推进力度，确保各项改革措施落到实处。要健全运作机制，完善内部管理，整合各种资源，加强业务培训，主动做好与上级部门衔接工作，各项改革确保在3月底前落实到位，并投入运转。

（三）严格考核问责。要切实把"四个平台"建设工作作为当前中心工作来抓，进一步加大工作保障力度，落实经费、装备、人员、场所等保障。要及时开展检查、督查，确保各项工作任务在规定时间内落实到位，取得实效。

附件：一、枫桥镇基层治理"四个平台"工作职责

二、枫桥镇基层治理"四个平台"工作制度

三、枫桥镇驻镇站所单位考核管理办法

附件一

枫桥镇基层治理"四个平台"工作职责

（一）综治工作平台职责

综治工作平台是在镇党委、政府的组织领导下，按照"党委领导、政府负责、社会服务管理中心牵头协调、职能部门各司其职"的领导体制和工作机制，集综合治理、平安建设、维护稳定、综合指挥等于一体的综合性工作平台。

1.贯彻落实上级有关推进综合治理、平安建设、维护稳定等决策部署,定期分析形势、报告工作、提出工作建议。

2.牵头组织开展"平安乡镇"、"枫桥式"乡镇等创建活动。

3.组织、协调、指导、检查、督查、考核辖区内行政村、企事业单位开展综合治理、平安建设、社会稳定、安全生产等工作及行政村、企业综治工作站日常运行工作。

4.指导协调"网格化管理、组团式服务"工作,推进网格实体化运行,加快平安建设信息系统与"网格化管理、组团式服务"两网融合,建立健全事件处理网上网下联动机制。

5.扎实开展信息采集上报"以奖代补"工作,充分应用"平安通"和平安建设微信公众平台,受理、交办、处理、反馈、督促信息流转处置。

6.组织开展社会不稳定因素和矛盾纠纷排查调处工作,摸排重点人员、重点场所、矛盾纠纷、安全隐患、民生服务等各类社会信息,有效整合相关力量资源,协调处理辖区内复杂社会矛盾纠纷和突出社会风险隐患问题。

7.牵头组织、统筹协调抓好综治、信访、司法行政、"网格化管理、组团式服务"、安全生产、公共安全、反邪禁毒、警务、人民调解、法律援助、流动人口管理服务、劳动仲裁、妇女维权、平安宣传等各项工作。

8.完成镇党委、政府交办的其他工作。

(二)市场监管平台职责

市场监管平台在镇党委、政府和上级主管部门的领导下,依法行使市场监管职能。

1.负责辖区内市场监管日常工作。

2.承担辖区内食品药品安全监督管理工作。

3.依法查处市场监管方面违法行为。

4.依法指导、服务和规范管理辖区内行政相对人的经营行为。

5. 承担辖区内市场交易、商标使用、广告活动和经济合同的监督管理工作。

6. 受上级委托,依法承担辖区内从事经营活动的市场主体的行政许可、注册登记等其他工作。

7. 承担辖区食品、药品和消费者的申诉(投诉)举报处理及消费者权益保护工作。

8. 组织开展辖区内市场监督管理相关法律、法规和有关政策的宣传、培训和咨询服务工作。

9. 指导本辖区内各民协分会、消保委分会及其他相关组织的工作。

10. 落实党风廉政建设主体责任,抓好作风纪律、行风效能、党风廉政建设和反腐败工作。

11. 法律、法规规定的其他市场监督管理职责。

12. 完成镇党委、政府交办的其他工作。

(三)综合执法平台职责

综合执法平台在镇党委、政府的领导下,依法行使综合行政执法职能。

1. 宣传和贯彻执行国土资源、环境保护、建设规划等行政管理的法律、法规、规章和方针政策,依法实施巡查、执法,及时纠正违法行为。

2. 履行辖区内国土资源管理方面法律、法规、规章制度的行政处罚权。

3. 履行辖区内建设、规划管理方面法律、法规、规章规定的行政处罚权。

4. 履行辖区内环境保护方面法律、法规、规章规定的行政处罚权。

5. 履行辖区内公路路政方面法律、法规、规章规定的行政处罚权。

6. 履行辖区内环境卫生和市容市貌管理方面法律、法规、规章规定的行政处罚权。

7. 履行辖区内安全生产方面法律、法规、规章规定的行政处罚权。

8. 履行法律、法规、规章规定的其他职责。

9. 履行各相关行政主管部门委托执法的行政处罚权。

10. 完成镇党委、政府交办的其他工作。

(四)便民服务平台职责

便民服务平台是由镇党委、政府直接领导,便民服务平台协调组牵头协调,镇有关部门共同参与、协作联动的综合便民办事服务平台。

1. 制定并组织实施行政审批事项服务工作各项规章管理制度、管理办法。

2. 贯彻并监督实施上级行政审批制度改革的政策、制度和方案。

3. 组织协调进驻中心的部门(单位)办理行政审批、政策咨询、便民服务等事项。

4. 协调、处理中心运作中存在的问题,协调联络重大项目的联审和部门之间的业务衔接。

5. 负责窗口工作人员的日常管理、监督、检查和考核。

6. 完成镇党委、政府交办的其他工作。

附件二

枫桥镇基层治理"四个平台"工作制度

为进一步提高我镇基层治理水平,确保综治工作、市场监管、综合执法、便民服务"四个平台"顺畅、高效、协调运转,结合枫桥实际,制定以下工作制度:

一、联席会议制度

建立由镇党委书记、镇长牵头,四大平台分管领导及负责人参加的枫桥镇基层治理联席会议制度,一般每月召开一次例会。分析研判辖区社情、民情动态,及时研究解决重大问题,协调安排重要工作。需要多个平台共同参与的工作,经联席会议协调后,各平台及时通报,相互配合,确保工作顺利推进。一个平台涉及多个班子成员的,明确一名牵头领导,负责平台内部和平台之间的联系协调。四大平台每周或每两周各自召开工作例会,总结分析前阶段工作情况,安排部署下阶段主要工作。

二、工作闭环管理制度

1. 社会服务管理中心牵头负责协调综治工作平台日常工作,统筹抓好社会治安综合治理、司法调解、法律援助、流动人口管理服务、群众来信来访、平安法制宣传教育等工作。

2. 社会事业办负责协调市场监管平台的日常工作。牵头做好工商行政管理、食品药品监督管理、质量技术监督管理、税收征管、环境卫生监管等工作。

3. 村镇建设办牵头负责协调综合执法平台日常工作,强化日常巡查和执法,及时发现问题隐患,快速固定证据,及时处理各种违法行为,根据"四个平台"综合信息指挥中心指令开展相关执法行动。

4. 行政服务中心牵头协调便民服务平台日常工作。做好发改局、经信局、民政局、人力社保局等各市级部门委托下放事项的办理;落实民政局、国土资源局、住建局、农林局等审核转报的服务事项;加强29个行政村便民中心的管理。实行"一站式办理、一条龙服务",切实方便企业群众办理各种事项。

以镇"四个平台"综合信息指挥中心为中枢,建立信息收集—分流交办—执行处置—日常督办—信息反馈—督查考核运行机制,实现"受理、执行、督办、考核"闭环管理,逐步整合部门信息系统,打造集中统一、信息共享、功能完善的信息平台。镇考核领导小组和纪委加强对四大平台运转机制推进情况的监督、检查、考核,督促相应职能办(中心)按要求完成各项工作。

三、市镇信息共享制度

依托浙江政务服务网、浙江平安建设信息系统,整合优化综合执法信息系统、智慧城管系统等,加快网络搭建,健全运作机制,打造集中统一、信息共享、功能完善的信息平台,实现市镇之间的信息共享以及行政执法、行政服务的上下联动。镇本级能办理的事项,及时进行办理,镇本级不能办理的事项,通过信息共享上报至市级平台,由市级平台协调办理,切实提高工作效率。

四、执法协调联动制度

社会服务管理中心、村镇建设办、社会事业办和站办所之间加强信息通报与反馈,在条线执法的基础上,镇联席会议有效调度资源,协调相关部门开展联合执法行动,切实增强综合行政执法工作合力和整体威慑力,进一步提高执法效率。

五、网格管理制度

按照"一张网"建设要求,统一将组织、市场监管、安监、消防、流动人口管理等整合纳入一张网,实现全网覆盖,发挥综合性功能。通过"平安通"手机终端和平安建设信息系统电脑终端,加强对信息的收集、录入、流转、交办、处置、反馈等,实现平安建设信息网上网下的联动处理,不断提升社会治理工作效能和为民办事服务质量。

附件三

枫桥镇驻镇站所单位考核管理办法

一、考核管理范围

综治工作、市场监管、综合执法、便民服务四大平台中涉及的基层站、所、队和办事窗口纳入考核管理范围,包括:派出所、市场监管分局、广电站、水务集团、供电所、法庭、检察室、交警中队、公路管理站等。

二、考核管理方法

(一)对驻镇站所的考核

以一年为考核周期,时间为每年的1月1日至12月31日,一年公布一次。

考核按照百分制,分别是:业务考核成绩A占比20%,镇社会管理服务中心专项考核成绩B占比20%(指令办结率),各村评议成绩C占比20%,群众满意度测评成绩D占比20%,镇班子领导工作评价成绩E占比20%。

考核管理工作由镇社会服务管理中心牵头实施。其中,业务考核成绩由我镇有业务联系的职能办(中心)对站所考核,考核内容及评分标准参考上级主管部门考核办法,并折算打分;镇社会服务管理中心专项考核由指挥中心按照指令办结率进行考核;各村评议由村填写评议表后计算平均分;镇班子考核评估由镇班子领导填写评议表后计算平均分。最后,再由镇社会服务管理中心按照每项20%的占比计算出分数,最终形成年度考核成绩,具体评分细则见下文。

考核成绩计算方法:

A、B、C、D、E均为百分制成绩。

A为与站所工作相关的镇职能办(中心)打分,取平均分。

B为指令办结率得分,例:办结率为85%,得85分。

C为各村(社区)评议成绩平均分。

D为群众满意度测评平均分。

E为镇班子领导工作评价平均分。

考核最终成绩=(A+B+C+D+E)×20%

所涉及的站所考核结果按照成绩高低排序,对排名第一的站所进行通报表扬。

(二)对在镇机关办公的驻镇站所工作人员的考核

参照枫桥镇机关干部绩效考核办法进行管理。对个人成绩突出的站所负责人、站所工作人员进行通报表扬。

三、工作要求

(一)提高认识,加强领导。开展驻镇站所单位考核管理工作是巩固基层治理现代化建设成果,治理规范基层执法和服务行为,推进基层政风行风建设,优化发展环境的重要举措。各驻镇站所要充分认识这项工作的重要性和必要性,严格按照考核管理办法,建立健全领导机制和工作机制,明确主抓领导、落实责任部门和联络员,形成一级抓一级、层层抓落实的工作格局。要结合实际,抓紧制定工作计划,明确考核管理的重点。

(二)严格责任,强化督查。驻镇站所单位考核管理工作列入工作重点。各站所要抓好总体规划和任务部署,组织发动所属人员自觉规范服务质量,自觉履行工作职责。各站所作为考核管理的主体,要坚持"一把手"负总责,坚持高标准、严要求,做到全面发动、全员参与,扎扎实实将各项考核工作做到标准化、优质化。指挥中心要发挥牵头抓总作用,加强对各站所的检查和指导,对标准化、优质化服务建设积极参与、成效明显、群众满意的站所予以表彰推荐。

(三)注重结合,务求实效。各驻镇站所要将考核管理工作与各类文明创建活动、满意度测评等评创活动结合起来。要加大宣传力度,让群众知情、让群众参与、让群众监督。要畅通群众参与、监督渠道,及时受理群众投诉,认真整改存在的问题。要始终把问题解决得是否到位,基层群众满意与否作为衡量工作的重要标准,让广大群众特别是基层群众充分感受到基层治理体系考核管理的新成效。

附件:1. 枫桥镇驻镇站所单位业务考核细则

2. 枫桥镇驻镇站所工作实绩评议表

3. 枫桥镇驻镇站所单位考核成绩汇总表

附件1

枫桥镇驻镇站所单位业务考核细则

(供镇相关职能办[中心]考评使用)

项目	考评内容	标准分	考评分
服务质量[1] (25)	有健全完善的内部管理制度,办事程序规范	5	
	推行即办制、限时办结制	5	
	建立告知引导工作标准,统一法规政策、业务问题的解释内容和口径	5	
	政风行风建设领导责任制和教育、监督、考核、奖惩等制度落实到位,对工作人员违反规章制度及有关规定的,有具体的处罚措施,做到奖惩分明、处罚有力	5	
服务公开 (25)	建立党务、政务、事务公开制度,按规范公开	9	
	服务依据、收费标准、服务流程、服务时限、服务结果,以及服务承诺等公开在醒目位置	9	
	设立意见箱、举报电话,畅通民意诉求渠道	7	

---

[1] 我们注意到这里的分值统计存在一些问题,但在实践中一般可以找到可接受的变通方案。——编者注

续表

项目	考评内容	标准分	考评分
服务文明（25）	建立重大事项集体决策制度,会议记录完整规范	6	
	认真组织开展从政道德教育、职业道德教育和政治业务学习	6	
	建立健全内部管理制度,并有效执行	6	
	建立群众投诉举报处理机制,上级交办任务和督办件按时办结率达100%	7	
服务规范（25）	能够切实加强与乡镇(街道)、上级主管部门的配合和衔接	5	
	具有行政执法权的站所单位,在执行时规范文明,程序完善;其他站所单位	5	
	建立行政执法责任制、过错责任追究制和评议考核制	5	
	行政处罚依据、裁量标准等向群众公开	5	
	杜绝公共事务管理中"越位、缺位"、"管理扯皮、责任推诿"、"视而不见、见而不管、管而不力"等现象	5	
总分		100	

附件2

枫桥镇驻镇站所工作实绩评议表

（供镇班子领导、村考评使用）

序号	站所	业务能力 25分	工作效率 25分	配合衔接 25分	中心工作完成情况 25分	总分 100分	备注
1	派出所						
2	市场监管分局						
3	广电站						
4	水务集团						
5	供电所						
6	法庭						
7	检察室						
8	交警中队						
9	公路管理站						
	得分						

注:具体的驻镇站所根据评议当时实有情况填写。

附件3

枫桥镇驻镇站所单位考核成绩汇总表

（供社会服务管理中心汇总使用）

序号	站所	业务考核得分20%	指令办结率得分20%	各村、社区评议得分20%	群众满意度测评得分20%	镇班子领导工作评价得分20%	总分100分
1	派出所						
2	市场监管分局						
3	广电站						
4	水务集团						
5	供电所						
6	法庭						
7	检察室						
8	交警中队						
9	公路管理站						
	得分						

注：具体的驻镇站所根据评议当时实有情况填写。

1.2.2 枫桥镇基层治理数字化综合信息指挥体系建设制度

关于设立枫桥镇综合信息指挥室的通知[1]

镇机关各办公室（中心），各行政村（社区）、企事业单位：

根据省委、省政府《关于加强乡镇（街道）"四个平台"建设完善基层治理体系的指导意见》（浙委办〔2016〕69号）和省、绍兴市、诸暨市关于镇乡（街道）"四个平台"建设的工作要求，经研究，决定设立枫桥镇综合信息指挥室，为我镇内设机构，蔡天军同志兼任指挥室主任，周宇驰同志兼任指挥室副主任。综合信息指挥室主要职责：承担信息汇总、综合研判、流转督办、绩效评估

---

[1] 中共枫桥镇委员会、枫桥镇人民政府：《关于设立枫桥镇综合信息指挥室的通知》，2017年4月20日印发，枫委发〔2017〕51号文件。

等工作职能,代表镇党委、政府统筹协调指挥"四个平台"及辖区内各条块的管理服务力量。

关于枫桥镇综合信息指挥中心建设的实施方案[1]

根据区"四个平台"建设的部署和要求,为构建镇村(居)联动、功能集成、反应灵敏、扁平高效的综合信息指挥体系,经镇党委、政府研究,决定建立枫桥镇综合信息指挥中心。现将有关事项通知如下:

一、中心设置

镇综合信息指挥中心设在镇政府2号楼二楼,是负责全镇"四个平台"信息系统运行的综合性指挥平台。主要履行信息汇总、分析研判、流转督办、绩效评估等工作职能,主要受理转办事权不在村(居)或村(居)难以解决,需要镇级层面协调解决涉及"四个平台"的问题,并对职能部门和村(居)事项处理情况进行监督检查。

二、主要职责

1. 受理、交办、督办、反馈村(居)上报和职能部门流转的"四个平台"信息事项。

2. 组织、协调、督促部门和村(居)涉及"四个平台"建设的有关工作。

3. 负责对全镇"四个平台"信息数据的分析研判,定期对"四个平台"信息的受理、办理情况进行通报。

4. 负责依托"四个平台"加强对突发性案(事)件进行实时监控和协调指挥,推动重大疑难或跨部门、跨村(居)、跨条块的"四个平台"事项联动处置。

5. 负责加强对"四个平台"综合指挥中心工作人员和网格员的业务培训和指导。

---

[1] 中共枫桥镇委员会、枫桥镇人民政府:《关于枫桥镇综合信息指挥中心建设的实施方案》,2017年4月20日印发,枫委发〔2017〕53号文件。

6. 负责对"四个平台"综合指挥中心运行情况进行监督,推动问题发现、分析、分流、处置、督办、考核的工作闭环管理机制落到实处。

7. 负责配合做好与区综合信息指挥中心的信息共享、对接、互联等工作。

三、建设标准

镇综合信息指挥中心按照有办公场地、有大屏幕、有接入系统、有操作台、有统一标识的"四有"标准进行建设,主要由"智慧天网"监控系统、镇村视联网系统、"最多跑一次"便民服务事项查询系统、综合信息指挥平台四大系统构成。设立综合指挥室,配备领导1名,工作人员3名,承担日常工作。

四、运行机制

1. 工作闭环机制。以镇综合信息指挥中心为中枢,建立信息收集—分流交办—执行处置—日常督办—信息反馈—督查考核的工作机制。实现"受理、执行、督办、考核"工作闭环管理。

2. 协调指挥机制。加强与村(居)、相关部门涉及"四个平台"建设方面的协作联动,统筹协调需由镇级层面解决的"四个平台"建设有关事项。

3. 督查反馈机制。对各部门、村(居)"四个平台"事项办结情况进行督查汇总,实时反馈,并定期进行通报。

五、工作要求

1. 高度重视,统一认识。镇综合信息指挥中心的建设运行工作坚持主要领导要亲自抓,分管副书记具体抓,及时研究解决建设过程中出现的问题。实行专人专管,确保指挥中心的正常运行。

2. 健全机制,规范运行。按照规范化、标准化要求,健全工作机制,规范工作流程,推动镇综合信息指挥中心规范运行,并切实发挥作用。

3. 各方配合,形成合力。镇相关部门要主动配合支持镇综合信息指挥中心运行,特别是对镇综合信息指挥中心交办的事项及时处置,及时反馈。镇财政要保障镇综合信息指挥中心软、硬件投入经费和日常运行经费。

枫桥镇"四个平台"综合信息系统功能简介[1]

枫桥镇"四个平台"综合信息系统依托浙江政务服务网、互联网、广播电视网三个网覆盖移动端、PC端、电视端等多种终端,实现综治工作平台、市场监管平台、综合执法平台、便民服务平台四大平台应用功能集成,初步形成了"大体系、大联动、大数据"的格局,实现了镇与村之间的无缝衔接。

一、系统整体架构

系统整体架构如下图：

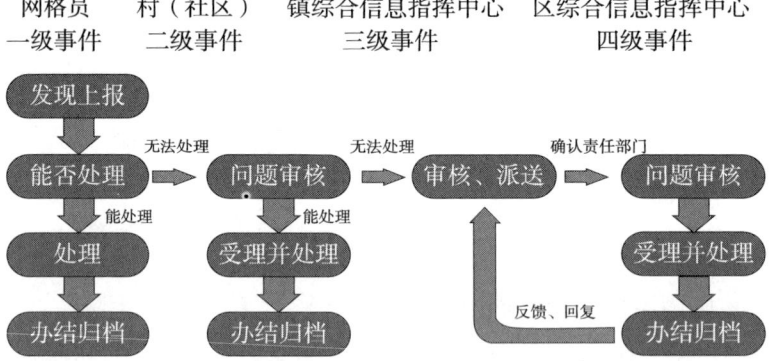

二、事件处置流程

事件流转是"四个平台"信息系统的主线,网格员、网格长发现的问题都将上报到平台,由平台侧产生一条事件记录,根据十大类37小类的事件定义自动流转到对应的职能部门进行处置,处置完成后自动归档结束。如事件属于本镇无法独立处置的,则可以由平台上报到区级平台处置。通过"发现、上报、处置、核查、归档"五步闭环流程,对全过程可以进行跟踪、督办,评价各层级、职能部门的事件处置情况。事件流转图如下：

---

[1] 《枫桥镇"四个平台"综合信息系统功能简介》为文件《关于枫桥镇综合信息指挥中心建设的实施方案》(枫委发〔2017〕53号)之附件,2017年4月20日印发。

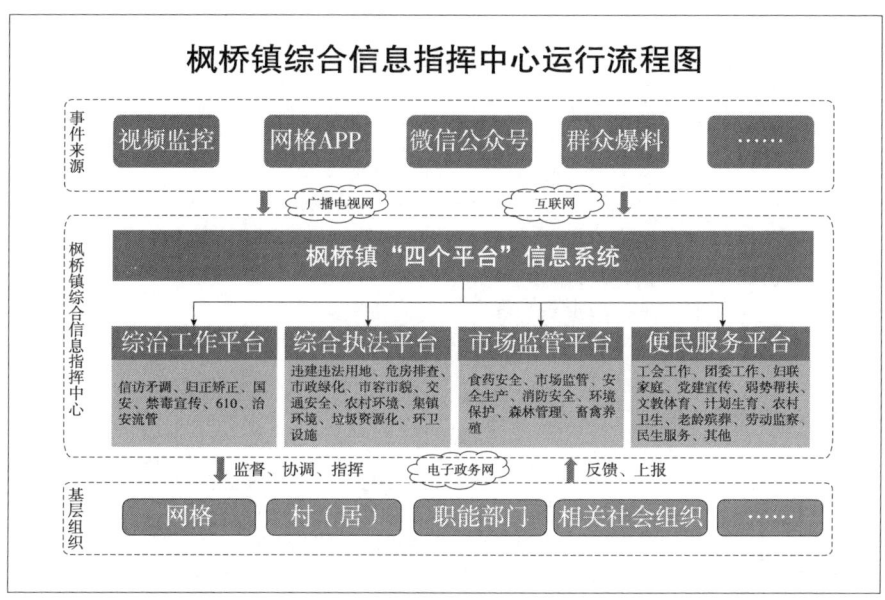

三、系统功能列表

序号	模块	功能描述	扩展应用
1	综治工作平台	整合综治工作的信访矛调、归正矫正、国安、禁毒宣传、治安流管的5类事件,实现事件的自动流转	预留了平安通、流管通等系统的接口
2	市场监管平台	整合了市场监管的食药安全、市场监督、安全生产、消防安全、环境保护、森林管理、畜禽养殖的7类事件,实现事件的自动流转	系统预留了与食药监系统的接口
3	综合执法平台	整合了综合执法的违建违法用地、危房排查、市政绿化、市容市貌、交通安全、农村环境、集镇环境、垃圾资源化、环卫设施的9类事件,实现事件的自动流转	系统预留了数字城管的接口
4	便民服务平台	整合了便民服务工会工作、团委工作、妇联家庭、党建宣传、弱势帮扶、文教体育、计划生育、农村卫生、老龄殡葬、劳动监察、民生服务、其他的11类事件,实现事件的自动流转	
5	五水共治模块	系统整合了农村生活污水、河道整洁、河道沿岸、水利设施、剿灭劣V类水的5类事件,实现了重点工作的有效管理	系统可以根据不同时期的重点工作,进行针对性的设定
6	巡查走访模块	详细记录各个网格员的巡查走访的记录,包括巡查走访的GPS轨迹及起止时间等信息	系统预留了与民情通系统的接口

续表

序号	模块	功能描述	扩展应用
7	基础数据管理模块	系统提供了网格信息管理、房屋管理、人口管理,并且可以提供管控对象、服务对象、骨干对象等重点人群的标签式管理功能	
8	统计分析模块	系统可以提供按周、按月、按季等多种时间跨度,实现对区域(网格、村[居])、对网格员等多种维度的报表展现	系统后续可以根据大数据的建模分析,为各级领导提供预警、研判功能
9	移动终端模块	适配安卓,iOS 终端	系统后续将开发微信应用模块,以更简单的方式满足网格人员的日常使用
10	视频监控系统集成模块	视频监控系统有效整合了枫桥镇的"天网监控"、"村级监控"等 700 多路监控资源,使指挥中心能全面实时监控主要道路情况、村(居)情况。视频监控按位置属性(如学校、主要道路、河道、市场、行政部门等场所)进行分类查询、轮询	后续可以接入社会面监控资源,实现视频资源的共享应用
11	视频会议系统模块	视频会议系统实现了镇村间一对多、多对多的可视化沟通。视频监控和视频会议系统的有效结合,在应对自然灾害、突发事件等事件处置中可以发挥重要的作用	后续可以与区级指挥中心联网,实现区、镇(街)、村(居)的三级联动
12	机顶盒信息发布系统	通过遍及千家万户的机顶盒,实现政府信息的有效发布以及信息查询,目前已完成了与行政审批局的系统的对接,老百姓可以在家通过遥控器输入身份证号码或办理编号,方便查询自己的事项办理进度、状态等信息	后续可以进一步整合信息发布的资源,满足区、镇(街)、村(居)信息发布的需要

1.2.3 枫桥镇基层治理数字化综合网建设制度

关于深化基层治理综合网的实施方案[1]

为认真贯彻落实中央和省市区委关于深化平安建设、创新基层治理的总

---

[1] 中共枫桥镇委员会、枫桥镇人民政府:《关于深化基层治理综合网的实施方案》,2017 年 4 月 20 日印发,枫委发〔2017〕54 号文件。

体要求,推进"四个平台"建设,不断提升基层社会治理能力水平,决定在全镇进一步深化"网格化管理、组团式服务"工作模式,着力构建"管理网格化、服务全程化、参与社会化、运行信息化"的基层治理综合网新格局,现提出如下实施方案。

一、指导思想

以党的十八大和十八届三中、四中、五中、六中全会精神为指导,以加强基层建设、优化基层服务、完善基层治理为主线,以枫桥镇综合信息指挥中心和"四个平台"为依托,通过整合资源、搭建平台、健全机制、强化保障,推进全镇网格化管理,形成"网格全覆盖、工作无缝隙、服务零距离、管理无漏洞"的基层网格化管理新局面,全面提升全镇基层社会治理能力。

二、主要内容

(一)科学划分整合网格

将全镇基层网格统一定位为党委政府的网格,使网格成为党委政府由村(居)向下延伸一级的基层社会治理工作的单元、党委政府管理服务的平台、政策传播宣传的前沿、信息采集收纳的触角、服务人民群众的窗口,着力改变过去"条线各自为政、网格分门别类"的现状,解决各级各部门因网格设置重叠、功能重复造成的资源浪费、效率低下和增加基层工作负担等问题。

全镇基层网格按照住户数量、地域特点进行统一划分、统一编码,明确一个区域只有一个网格。按照"界域范围清晰、职责任务明确、管理服务便捷"的要求,根据区域实际合理设置网格,对网格内的事务事项事件进行综合管理服务。各村(居)一般以150户为一个网格,网格划分要做到横向到边、纵向到底,不留空白区域,不交叉重叠,各村(居)区域内所有主次干道、背街小巷、公共场所、居民小区等全部纳入村(居)网格,实现区域全覆盖。在此基础上,根据辖区特点创新设置以工业区块、商业区块、外来人口集中聚居区等特定行业、特别区域、特殊对象为主体的专门性网格。网格设立后,镇、村、网格三级均设立网格公示牌,公示网格概况、网格地图、网格队伍情况和相关工作制度,公示牌由镇统一制作并发放。目前全镇共划分网格186个。(详见附件1)

(二)明确网格职责任务

网格管理服务实行"定格、定人、定责",整合村(居)、基层站所和社会组织等各类力量,按照"1+1+1+X"模式配置网格工作管理服务力量,实行网格指导员"兼管多格"和网格长、网格员"专管一格"相结合的工作运行办法。

网格指导员由各驻村(居)指导员和联企干部担任,主要负责指导督促网格长、网格员开展管理服务工作,参与相关工作在网格内的落实,协助处置本网格内的各类事件。

网格长由各村(居)干部或企业行政人员担任,主要负责相关工作在网格内的落实。重点做好四项工作:

1. 每周组织召开一次网格工作例会,交流工作情况,汇总情报信息,部署下步工作。

2. 了解和掌握本网格内的人口、家庭、单位等基本情况,重点了解掌握"三类对象"(骨干对象、服务对象、管控对象)的基本情况,建立居民信息档案,做到家家有登记、户户情况明。

3. 协调组织网格员开展工作,履行上下联络、信息采集、隐患排查、矛盾调解、民生服务等职责。

4. 每周开展不少于三次网格巡查。

网格员由各类协辅人员、村(居)自聘人员、党员志愿者、村(居)民代表、"两代表一委员"、退休职工、退休教师、楼道长等热心公益事业的人士担任,按照"一岗多职、一员多能"要求,重点做好五项工作:

1. 熟悉本网格内的人口、家庭、单位等基本情况,重点了解掌握"三类对象"的基本情况。

2. 做好入户走访工作,每日对本网格区域进行全方位走访巡查,及时收集社情民意和各类动态信息,做到"六必到"(一是村民思想波动必到;二是社区志愿服务必到;三是村民困难病重必到;四是社区突发事件必到;五是邻里矛盾纠纷必到;六是邻里守望互助必到)。

3. 社会动态信息处理做到报送及时、处置及时和回复及时,其中对于安全隐患、违法行为、异常情况和急难问题必须急事急报,并在工作手册中记录。

4. 积极向本网格内群众开展宣传教育工作,及时了解群众的思想情况和舆论情况。协助做好党建、低保、计生、救助、老龄、就业、农业和环境卫生等事务的信息收集、登记、审核、报备工作。

5. 对村(居)工作进行监督,提出意见和建议,积极承担公民道德监督义务。

(三)明确信息报送任务

网格长、网格员在走访过程中收集到的各类社会动态信息,通过"智慧枫桥APP"及时进行报送。镇综合信息指挥中心将发挥数据综合分析、事件预警功能,督促各村(居)及时、准确录入信息,建立实施信息分析、研判、通报制度。(具体内容详见附件2)

信息报送范围主要涉及本辖区内综合治理、公共安全、经济管理、农业管理、城建管理、党群文化、社会事务、统筹管理、五水共治、环境卫生等10大类36小类。(具体内容详见附件3)

(四)规范事件流转处理

1. 网格指导员、网格长、网格员发现网格内的各类事件,应及时录入"智慧枫桥APP"。

2. 网格员对网格内的一级事件,自行处理完毕,事件流转结束。

3. 网格员对网格内的二级事件,无法自行处置的,将事件上报至网格长,网格长处置完毕,事件流转结束。

4. 网格员对网格内的三级事件,将事件上报至网格长后,网格长无法处置的,网格长将事件上报至镇综合信息指挥中心,镇综合信息指挥中心协调、分派相关责任单位,处置完毕,事件流转结束。

5. 网格员对网格内的四级事件,镇综合信息指挥中心无法处置的,由镇综合信息指挥中心上报至区综合信息指挥中心,处置完毕后事件流转结束。

(五)建立考核激励机制

加强对网格化管理工作的考核奖励,制定实施网格信息以奖代补和管理服务绩效考评办法,最大限度地激励激发基层网格化管理服务工作的积极性、参与性,推动该项工作真正长效有序运行。具体考核奖励办法另行发文。

三、工作要求

全镇上下要把深化网格化工作作为推进"四个平台"建设的有力举措,将其纳入全局工作之中,加强领导,统筹谋划,共同努力,报抓落实。

(一)强化组织领导。各村(居)要把实施网格化管理服务工作作为当前加强和创新基层社会治理的重要内容,提升平安建设水平的重要手段,摆到突出位置,切实抓紧抓好。各部门、基层站所要积极参与推进,要借助基层网格管理服务模式,深化落实平安建设的各项职责,要加强与各村(居)协调配合,在创建"平安枫桥"、创新社会治理的工作框架内,精心部署、统筹推进。要加大网格管理服务工作力量保障、资金投入力度,重视信息运行平台建设,要按照"费随事转"原则承担落实涉及本部门的基层网格工作事务保障经费,要制定实施网格信息以奖代补和管理服务绩效考评办法,最大限度地激励激发基层网格化管理服务工作的积极性、参与性。

(二)强化宣传教育。各级各部门要通过发放宣传单和服务联系卡等形式,多渠道、全方位开展网格化宣传,使网格管理服务工作家喻户晓。要建立网格管理服务公示制度,在每个网格区域内醒目设置网格公示牌,公布网格主要管理服务人员姓名、联系方式、工作内容和监督电话等内容,自觉接受社会和群众监督。要结合实际,编制《网格工作手册》,做到有关人员人手一册,要组织开展对网格人员的政策法规、业务知识等方面培训,提高管理服务的能力素质。

(三)强化统筹推进。要加快工作推进力度,在已有网格化工作成效的基础上,认真总结,深入研究,着重在管理服务的精细化、制度化、人性化等方面进一步创新和拓展,探索建立长效机制,树立全区网格化工作示范样板。要结合试点工作经验,结合本地实际,抓紧推进工作实施方案和具体流程规范、制度办法,统筹安排、全面启动,实现基层组织建设、社会治理、平安建设与网格化工作同步推进,同时抓出成效。各部门站所要积极参与、融入、推进基层网格化工作,以网格工作一体化推进社会治理立体化、平安建设现代化,延伸基层职能工作于网格管理服务之中。

(四)强化法治引领。充分发挥法治在网格管理服务工作中的引领作用,增强依法执政、依法管理的意识,把法治理念、法治思维贯穿网格管理服务、基层社会治理的全过程、各方面,确保公共管理在法治范围内有序落实、矛盾纠纷和问题隐患在法律框架内有效解决、公共服务在法治轨道上有力推进。要深化完善德治、法治、自治相结合的基层社会治理机制建设,引导群众尊法守法,在恪守法律的前提下参与社会治理。要发挥信息整合共享的优势,拓宽信息采集来源,提升信息处理能力,以大数据引领社会治理,运用现代信息技术进行数据分析预警,为社会治理、平安建设提供科学支撑、决策参考。要增强信息技术的安全防范意识,把信息安全、数据保密工作落实在网格化的各个运行环节。

附件:1. 枫桥镇网格划分图表(略)
  2. 枫桥镇网格信息分析研判通报制度
  3. 枫桥镇网格管理基层问题分类与职能部门对应表

附件1

枫桥镇网格划分图表（略）

附件2

枫桥镇网格信息分析研判通报制度

为切实增强"网格化管理、组团式服务"工作水平，深化"四个平台"建设，进一步发挥枫桥镇综合信息指挥平台的数据综合分析、事件预警功能，督促各村（居）及时、准确录入信息，决定建立实施信息分析、研判、通报制度。

一、通报内容

1.日常信息录入情况。各村（居）枫桥镇综合信息指挥平台账号登录使用情况；辖区基本信息、社会组织、群防群治队伍、志愿者组织等各类组织录入情况；刑释解教人员、社区矫正人员、精神病人、重点信访人员等重点人员信息录入情况；学校、医院、重点生产场所、重点消防场所等重点场所信息录入情况；各类矛盾纠纷、治安安全隐患、民生服务等事件录入情况。

2.存在工作问题通报。账号使用率不高、存在长期不登录账号等不正常现象。事件处理不及时，部分事件只有上报没有处置等不正常现象。文件资料未正常录入，工作开展台账不齐、情况不清楚等不正常现象。

3.急重特大事项通报。在镇乃至全区具有一定影响的自然灾害事件；工矿企业较大安全生产事故、交通运输事故、环境污染事故等事故灾害事件；民族宗教事件、较大影响的刑事案件、群体性事件、矛盾纠纷冲突等公共安全事件。

二、通报方式

1.电话通报。对重特大事件、突出问题、急难险重任务等，采用电话通报的方式,及时将情况通报给镇、市相关部门主要领导及相关人员,事后采用书面形式通报。

2. 简报通报。将各村(居)录入信息进行梳理汇总,对苗头性、趋势性、隐患性的各类问题,通过数据分析、汇总预警,以书面简报的形式通报给镇、市相关部门主要领导及相关人员。

3. 文件通报。对枫桥镇综合信息指挥平台数据进行梳理汇总,对各项信息增减、事件发生、情况处置进行统计,以文件形式向镇、市相关部门主要领导进行通报。

三、运作机制

1. 信息采集上报制度。网格长(员)应按照相关工作规程,及时将各类数据录入镇综合信息指挥平台,为党委、政府及时了解基层工作情况提供数据支撑。

2. 信息分析研判制度。镇综合信息指挥中心根据录入的信息,会同各职能部门,分析研判,梳理出各类苗头性、隐患性、趋势性问题,以大数据为支撑,为党委、政府决策提供必要依据。

3. 重要信息会商制度。对可能造成严重后果、一时难以预测的突发事件信息,镇综合信息指挥中心做好牵头协调工作,在职能范围内做好各职能平台和网格长的会商工作。

四、奖惩措施

1. 信息通报作为年度综治考核重要内容,纳入镇对村岗位目标考核。

2. 在村(居)评选优秀网格化管理先进集体、先进个人时,将信息工作情况作为基本依据。

3. 连续两次通报排名末位的村(居),要向镇党委书面说明情况及下一步整改措施。

具体考核奖励办法参照《枫桥镇网格长、网格员考评制度》。

附件3

枫桥镇网格管理基层问题分类与职能部门对应表

对应问题十大类	基层问题分类(36项)	详解	职能部门
综合治理	信访矛调	突发事件信息、重点信访户动态、不稳定因素、精神病人异常、政府咨询投诉、网络舆情	综治中心
	归正矫正	社区归正矫正人员异常动态	综治中心
	国安、禁毒宣传、610	反动宣传行为、社区戒毒人员动态、传播邪教和疑似邪教人员聚集信息	综治中心
	治安流管	流动人员异常动态、涉疆涉藏人员的异常动态;公共场所聚集赌博、打架斗殴、需警力介入纠纷、火警等	综治中心
公共安全	交通安全	交通设施破损情况,僵尸车、交通安全隐患等信息	城建办
	食药安全	持证持照情况、变质过期食品药品	市场监督分局
	安全生产	设备使用安全、作业场所电气安全、企业培训情况、企业事故后续处置、打非治危	经发办(工口)
	消防安全	三合一场所、群租企业群租房、消防设施、消防通道	经发办(工口)
经济管理	市场监管	证照情况、经济纠纷、企业运行、企业意外事故	经发办(工口)
	环境保护	工业污染、工业垃圾堆积焚烧、噪音、废水、废气	经发办(工口)
农业管理	森林管理	有无明火使用	经发办(农口)
	畜禽养殖	已关闭畜禽户重新复养、新增养殖(有一定规模)现象	经发办(农口)
城建管理	违建、违法用地	违建违章建筑和新发生的违法用地	综合执法中队
	危房排查	目测可见的危房情况和群众反映的危房动态	城建办
	市政绿化	市政设施(路灯、道路、窨井等)、绿化	城建办
	市容市貌	占道经营、"六乱"(乱堆放、乱张贴、乱吊挂等)、建筑垃圾偷倒	综合执法中队
党群文化	工会工作	会员权益、典型诉求	党政办
	团委工作	青少年重大活动、典型诉求	党政办
	妇联家庭	妇女儿童权益保护、家庭突发状态等	党政办
	党建宣传	宣传线索、爱心人物、好人好事、坊间热议、文化需求、信仰点异常情况	党政办

续表

对应问题十大类	基层问题分类(36项)	详解	职能部门
社会事务	弱势帮扶	残疾人家庭、求助需求、低保户、高龄空巢老人、居家养老求助对象家庭动态	社事办(民政口)
	文教体育	体育健身设施情况、义务教育,流生情况、非法办学动态	社事办(民政口)
	计划生育	胎儿性别鉴定、计划外怀孕现象	社事办(民政口)
	农村卫生	农村除"四害"(二级问题)、H7N9防控、非法行医信息	社事办(民政口)
	老龄殡葬	损害老人合法权益的信息、遗体土葬和偷运的信息、违建坟墓	社事办(民政口)
	劳动监察	用工单位信息;企业、工地欠薪信息	社事办
环境卫生	农村环境	乱堆乱放、建房现场占道堆放、道路及两侧有垃圾、散养家禽、公厕保洁到位等	新农办
	集镇环境	道路环境卫生	新农办
	垃圾资源化	再生资源(破烂王[1]成堆)、垃圾车清运车未密闭化改造	新农办
	环卫设施	露天垃圾坑、环卫设施破损	新农办
五水共治	农村生活污水	主要河道两侧生活污水直排河道、接户管道破损等	新农办
	河道整洁	河道内及两岸垃圾堆积、渔网设置及沉障、大片漂浮物、水质变差等	经发办(农口)
	河道沿岸	河道两岸违章建筑等	综合执法中队
	水利设施	水利设施破损情况	经发办(农口)
统筹管理	其他	不属于上述分类的问题	党政办
	民生服务	工作动态、工作信息	党政办

1.2.4 枫桥镇基层治理干部考核管理制度

枫桥镇"四个平台"相关机关干部实绩考核办法[2]

为深入贯彻落实科学发展观,深化党的群众路线教育实践活动,正确评价

---

1 "破烂王"为方言,指回收废品、拾荒的人员。
2 中共枫桥镇委员会、枫桥镇人民政府:《关于印发2017年枫桥镇机关干部实绩考核办法的通知》,2017年4月20日印发,枫委发〔2017〕15号文件。

机关干部德才表现和工作实绩,促进勤政廉政,提高工作效能,根据《浙江省公务员考核实施细则》《诸暨市行政事业单位工作人员实绩考核实施办法(试行)》和《2017年镇乡(街道)工作目标责任制考核意见》等有关规定,结合我镇实际,制定本办法。

一、考核对象

本办法适用对象为镇机关在编在岗行政事业干部。

二、考核原则

1. 目标明确,导向清晰。紧扣《2017年镇乡(街道)工作目标责任制考核意见》,进行针对性考核。对尽职敬业、成绩突出的,在年终考核中提交班子会议讨论给予特别贡献奖励;对责任心不强、现实表现不佳、业绩较差,甚至造成工作失职的,严肃责任追究,扣发相应绩效奖金,直至待岗、交流。

2. 精细管理,三考合一。围绕"发展、管理、稳定"三大要务,实行过程性考核和结果考核并重,月考排位、季考竞赛、年考评绩,精细管理,精准发力,比学赶超,考出干部精气神,打造枫桥铁军。

3. 鼓励一线,责任联动。根据行政村人口规模、难易程度设置驻村难度系数,鼓励干部一线驻村。加大对重点工作、刚性任务以及突击性工作的督查考核力度,对关联性工作实行办公室人员与驻村指导分中心捆绑考核。

三、考核内容及分值设置

实行月考排位、季考竞赛、年考评绩"三考合一"。

(一)月考排位

月度考核总分为100分,实行加扣分,结果排位。考核内容主要包括效能作风、常规工作、排位工作三部分。

1. 效能作风:主要考核机关干部上下班、请销假、值班住勤、参加会议、干部形象等内部制度执行情况,如有违规行为,根据《机关内部管理制度》等相关规定酌情扣分。

2.常规工作:机关干部按职能线工作、镇工作任务函告书内容履行岗位职责。业务线分管领导负责对干部履职情况进行督查,考核结果报考核办。信访维稳、"四违"管理、社会事业、安全生产等工作由各业务线制订单项考核办法,提交班子会议讨论后另行发文。

3.排位工作:根据全镇实际,对工作量大、涉及面广、全局性、阶段性的重点工作实行月度排位考核,每月确定相应重点工作项目,由分管领导提出,考核办审核,经班子会议讨论确定后由分管线组织实施。具体办法另行下发。

(二)季考竞赛

切出专项资金,设立季度"优秀团队奖",开展季考竞赛。根据各线工作完成实绩、月度排位情况,以各职能办、分中心为单位(党政办、财政所划为一个团队),每季度开展"比学亮晒",对优秀团队授予流动红旗,并给予专门奖励。具体由每个办公室(分中心)季末申报,填报《枫桥镇优秀团队奖申报表》(附件3),写明工作实绩、申报理由,再由镇党委确定。

(三)年考评绩

年度考核由月考(50分)、民主评议(50分)、重点项目奖、特别贡献奖四部分组成。根据年考成绩,评定机关先进工作者及确定年底考核等次,并给予相应职务职级系数享受待遇。

1.机关干部个人年度考核得分=平时分+民主评议分。平时分50分,由月考平均得分乘以50%折算计入。年终民主评议50分,评议对象为除领导班子成员外的其他机关干部。评议分中领导班子成员打分占30分,其他机关干部打分占20分。

2.班子成员年度考核得分=所分管办公室(中心)成员得分的平均分×70%+所包村驻村指导员平均得分×30%。

3.重点项目奖。驻村干部主要按《驻村干部重点任务考核办法》(附件1)实施。职能办人员根据市对镇工作目标责任制考核情况,村镇办、农办、经发办按得分情况分档考核,其他职能办按排位并参照得分综合考评,由年终班子会议讨论决定。班子人员按所有机关干部重点项目奖的平均数执行。

4. 特别贡献奖。年终由实绩考核领导小组结合全年工作情况,对在重点工作中有突出表现、对枫桥镇经济社会发展有特殊贡献(如资金、土地指标等要素争取、"大好高"项目引进、重大税源回归项目招入、信访化解、负责矛盾处置等)的机关干部给予特别奖励。

5. 待岗交流。按照综合评分、双向选择等,确定1名以上机关干部为年终考核"基本称职"或"不称职"对象,实行待岗交流。

四、计算方法

(一)考核系数设置

1. 月度考核3 000元/月,不设系数。

2. 年终考核设难度系数,25 000元作为考核基数1,难度系数分配见《驻村指导中心干部难度系数表》(附件2)。

3. 职级系数:职级系数根据市《2017年度镇乡(街道)年终绩效考核奖发放工作的意见》和相关操作细则执行。纪委副书记、人武部副部长、妇联主席、团委书记职级系数享受中层正职档次。评定"当年度业绩突出的一般干部",根据全体机关干部民主测评和工作实绩,由班子会议讨论决定。

(二)奖金计算方式

1. 个人月度考核奖 = 3 000元 ± 月度奖扣金额。

2. 个人年终考核奖 = 个人年度考核得分×镇年度考核分值+25 000×难度系数+个人重点项目奖-个人实绩考核奖预发部分奖金。

3. 镇年度考核分值 = (年底剩余总奖金-难度系数奖-重点项目奖+实绩考核奖总预发部分奖金)/总年度考核得分。具体根据年终实际情况,由考核领导小组明确。

五、组织设置和操作方式

（一）镇成立实绩考核领导小组和办公室，办公室牵头负责实绩考核工作的具体实施，办公室设在党政办。

（二）考核实行督查通报量化制度。党政主职领导全年督查批评通报不少于8次，副书记、常务副镇长、分管工业副镇长不少于6次，其他党政班子人员不少于4次。每位班子人员表扬通报次数和总加分值不超过本人当年所发批评通报次数和总扣分值的50%。通报内容须明确事件、责任人和加（扣）分分值。原则上要通报到事件相关的每位责任人，并根据主次责任，合理设置连带加（扣）分。

（三）考核办抽查中发现的问题，如果是因未落实好日常督查考核导致的，分管领导、职能办（分中心）主任（责任人）均以主要责任人应扣的同等分值连带扣分。

（四）所有检查和抽查结果业务办公室（中心）需填报《2017年__月机关干部考核情况反馈表》，于次月5日前报考核办，考核办于8日前完成反馈和汇总，报镇财政所，10日前兑现考核奖。

六、其他说明

（一）所有考核细则（除年底的镇年度考核分值需计算确定外）中1分对应金额为100元，奖扣不封顶，月度扣不足部分可在年度绩效考核奖中兑现。机关干部同一工作内容被市级通报的或市级以上媒体曝光的，市有明确处理意见的按市意见执行（因业务线工作或驻村工作导致班子人员被市通报的，责任人员相应作出处理），如无具体处理意见的，按照《诸暨市效能责任追究办法》，第一次，相关责任人员视情节轻重扣除5分至1个月月度考核奖，再次通报的，加倍扣除。被市通报表扬的，相关人员视情加3—10分。

（二）工资、车贴、津补贴按市政府规定发放，不列入考核。

（三）根据"四个平台"建设有关要求，综合执法、国土、司法、人力社保、建设、环保等部门派驻机构人员纳入镇日常管理，按照本办法考核。

（四）本办法未尽事宜由镇实绩考核领导小组讨论决定。

（五）本办法由镇实绩考核办负责解释。

（六）本办法中月度考核自 2017 年 4 月起实施，年度考核自 2017 年 1 月 1 日起计算。

附件：1. 驻村干部重点任务考核办法

2. 驻村指导中心干部难度系数表

3. 枫桥镇优秀团队奖申报表

附件 1

驻村干部重点任务考核办法

为更好地发挥考核的目标引导和工作激励作用，体现激励先进、争创先进，以干与不干、干多干少和干好干坏为总体评判标准，根据市对镇工作目标责任制考核意见，结合枫桥实际，特制定重点任务考核办法。

一、考核对象和方式

对象为驻村指导中心干部。考核方式为驻村干部和分中心主任（负责人）按 1∶0.1 系数连带考核。

二、考核内容

对重点任务实行结果性考核。每项重点任务完成（未完成）的，加（扣）基本分。

三、重点任务及分值设置

1. 五星级党组织创建 5 分。

2. 招商引资 5—10 分。

3. 农村生活污水运维 5 分。

4. 精品村创建 10 分。

5. 农村生活垃圾分类处理 3—5 分。

6. 土地开发、复垦。完成任务 3—10 分。

7. 零上访村5—10分。

8. 新建文化礼堂5分。

9. 村干部任期承诺完成2—5分(镇级工程除外)。

10. 重大项目政策处理5—10分

11. 环境卫生5分。

12. 五水共治、河道清理(含河长制)5分。

13. 民情通走访工作5分。

附件2

驻村指导中心干部难度系数表

干部姓名	岗位(所驻村)	难度系数	干部姓名	岗位(所驻村)	难度系数
何永明	主任	0.3	吴丽英	西奕村	0.1
赵成光	综治	0.18	黄锦标	杜黄新村、副主任	0.05+0.05
石徐伟	梅苑村、副主任	0.3+0.05	黄锦标	三江村	0.1
钱春天	新东坞村	0.1	陈钱根	先进村	0.2
俞碧霞	全堂村	0.2	楼赵勇	泗村	0.2
蒋洲洋	大干溪村	0.2	石娅婵	魏廉村	0.15
楼仁浩	四联村	0.1	骆鸿斌	主任	0.3
王向奋	屠家坞村	0.1	周关穆	综治、副主任	0.17+0.05
张侯菲	东三新村	0.1	朱关忠	枫一村	0.3
张侯菲	马岭村	0.1	傅建萍	枫源村、副主任	0.15+0.05
梁国良	乐山村	0.2	陈宝林	海角村	0.2
陈 瑶	齐东村、副主任	0.3+0.05	周小海	钟山村	0.1
杨仲方	大溪村	0.3	吴凤球	栎桥村	0.1
宣雪平	主任	0.3	郭春娣	新择湖村	0.15
楼仲本	综治	0.17	郭振虎	永安新村	0.1
冯绍成	陈家村	0.25	郭振虎	永宁村	0.2
骆玉英	霞朗桥村	0.15	楼亦文	阳春村	0.2
傅鑫炜	楼家村、副主任	0.15+0.05			

说明:1. 中心副主任在驻村系数上再加0.05。
2. 行政村排位居全镇前三名的,驻村干部分别奖800元、500元、300元;全镇排位居末三位的,分别扣300元、500元、800元。
3. 分中心书记(驻村指导中心主任)、联片领导难度系数分别为0.1、0.05,包村领导难度系数为所包村难度系数的50%,可多村累加。

附件3

枫桥镇优秀团队奖申报表

申报办公室(中心)		申报时间	
申报理由			
备注			

分管领导签字:

1.2.5 诸暨市镇乡(街道)"四个平台"规范化建设实施方案[1]

各镇乡党委、政府,各街道党工委、办事处,市级机关各部门:

  为进一步推进镇乡(街道)"四个平台"规范化建设,提升镇乡(街道)统筹协调能力,实现基层治理体系现代化,根据省委办、省政府办《关于加强乡镇(街道)"四个平台"建设完善基层治理体系的指导意见》(浙委办发〔2016〕69号)和市委办、市府办《关于加强镇乡(街道)"四个平台"建设完善基层治理体系的实施意见》(市委办〔2017〕34号)要求,结合我市实际,特制定本实施方案。

  一、指导思想

  以党的十八大、十八届三中、四中、五中、六中全会精神和习近平总书记系列讲话精神为指导,围绕构建权责清晰、功能集成、扁平一体、运行高效、执行有

---

[1] 诸暨市基层治理体系"四个平台"建设工作领导小组办公室:《关于印发〈诸暨市镇乡(街道)"四个平台"规范化建设实施方案〉的通知》,市"四个平台"办〔2017〕1号文件。

力的基层治理体系,加强镇乡(街道)"四个平台"规范化建设,确保镇乡(街道)"四个平台"规范运行,切实发挥有效作用,推动经济社会和谐发展。

二、工作目标

按照机构设置扁平化、场地建设标准化、管理模式网格化、平台运作智慧化、事项办理高效化、人员管理属地化和公共服务便捷化的"七化"要求,全面实现"四个平台"规范运行,并取得明显成效,确保"四个平台"建设走在省市前列。

三、主要内容

(一)机构设置扁平化

1. 建立综合信息指挥室

各镇乡(街道)要建立综合信息指挥室,作为镇乡(街道)内设机构。落实人员力量,统筹协调指挥"四个平台",负责信息收集、综合研判、流转督办、绩效评估等工作。

2. 搭建"四个平台"

(1)综治工作平台。各镇乡(街道)要依托综合治理办公室,整合派出所、检察室、法庭、司法所、人武部和信访维稳等工作力量,构建综治工作平台。综治工作平台主要承担社会治安综合治理、维护稳定、平安建设等功能。综治工作平台协调组组长一般由镇乡(街道)分管领导担任,综治办、派出所、法庭、司法所、人武部等负责人为成员,镇乡(街道)综治办承担日常管理协调工作。

(2)市场监管平台。各镇乡(街道)要以食安办、市场监管分局为依托,整合卫生、农业畜牧等工作力量,构建市场监管平台。市场监管平台主要承担面向企业和市场经营主体的行政监管和执法功能。市场监管平台协调组组长由镇乡(街道)分管领导担任,镇乡(街道)食安办、市场监管、农业畜牧等站所负责人为成员,镇乡(街道)食安办承担日常管理协调工作。

(3)综合执法平台。各镇乡(街道)要以镇乡(街道)综合行政执法中队(分局)为主体,整合国土、建设、环保、安监、水利等力量,构建综合执法平台。综合执法平台主要承担一线日常执法巡查和现场监管功能。综合执法平台协调组组长由镇乡（街道）分管领导担任，综合行政执法中队（分局）、国土所、环保所、安监站等与综合执法关系密切的站所负责人为成员，镇乡（街道）综合行政执法中队（分局）承担日常管理协调工作。

（4）便民服务平台。各镇乡（街道）要依托便民服务中心，统筹医疗卫生、文化广电、法律服务、农经农技、学校、人力社保等基层站所力量，以及家政、养老、志愿者等社会服务组织，通过开展协作联动，构建便民服务平台。便民服务平台主要承担基层各类公共服务和便民服务功能。便民服务平台协调组组长由镇乡（街道）分管领导担任，镇乡（街道）便民服务中心、进驻窗口部门（站所）及学校、卫生院等公共服务机构负责人为成员，便民服务中心承担日常管理协调工作。

（二）场地建设标准化

1. 落实平台场地。各镇乡（街道）要按照"四个平台"功能定位，落实好相关场地，做到分块明确、布局合理、直观形象，满足"四个平台"功能需要。

2. 落实指挥场所。各镇乡（街道）要围绕"有场地、有屏幕、有人员、有机制"的要求，建立综合指挥室，指挥室要有一定的面积，并配备专用的显示屏、电脑和操作台等硬件设备。

3. 明确标识标牌。各镇乡（街道）应将"四个平台"的职责、架构、运行图和流程，设计成统一的标识标牌，并在"四个平台"办公场所醒目位置，进行上墙公布。

（三）管理模式网格化

1. 建立全科网格。各镇乡（街道）要按照全科网格、一网覆盖的要求，全面整合各类网格，形成一张综合网，并使之固化。

2. 配好网格人员。严格按照"多元合一、一格多员"网格管理模式，配齐配好网格长和网格员。网格员由镇乡（街道）统一管理、调配和发放报酬。

3. 制作网格标识。镇、村、网格三级均应设立网格公示牌，公示网格概况、网格地图、网格队伍情况和相关工作制度。

4. 建立健全网格综合管理机制。各镇乡（街道）要围绕构建"一张网"体系，制定网格信息采集、分析研判、考核奖补、工作规程等一系列制度，推动网格员定期走访巡查、及时解决问题。对网格员的工作情况要按月进行通报，确保网格化管理有效落到实处，真正发挥作用。

（四）平台运作智慧化

1. 推进功能集成。将浙江政务服务网、平安建设信息系统、"12345"政务咨询投诉举报平台、公共安全视频监控、智慧城管系统等纳入"四个平台"信息系统，拓展系统功能，突出功能集成。

2. 加快数据对接。市有关部门要配合做好综合信息系统与平安建设信息系统、"12345"政务咨询投诉举报平台、智慧城管系统的对接，实现数据联通、信息共享，最大限度推进智慧治理。各镇乡（街道）要根据全市统一部署做好具体落实工作。

3. 实行智能考核。各镇乡（街道）要按照科学、高效的原则，以综合信息系统为依托，准确掌握涉及"四个平台"各事项的交办、处置、反馈等情况，实现考核的智能化、透明化。

（五）事项办理高效化

1. 实行工作闭环管理。以综合信息指挥室为中枢，建立信息收集—分流交办—执行处置—日常督办—信息反馈—督查考核的运行机制，实现"受理、执行、督办、考核"闭环管理。

2. 规范事项办理流程。各镇乡（街道）对网格员、广大群众通过微信公众号及投诉举报电话等报送的信息，镇乡（街道）综合受理信访、反映诉求或要求调解等事项，以及市级综合信息指挥中心交办的事项，由镇乡（街道）综合信息指挥室负责汇集各类信息，根据事项类别及时分派给"四个平台"办理，实行统一受理、统一分流、统一督办、统一反馈、统一考核。

3. 明确限时办结要求。要求各镇乡（街道）根据"四个平台"分类事项的难易程度,明确办结事项的时限要求,原则上做到"即事即办",对疑难复杂事项最多不超过七个工作日。对市综合信息指挥中心分流交办的办理单,各镇乡(街道)应当在2小时内签收并及时处理。对不属于职责范围的,应当在1个工作日内退单,并向市综合信息指挥中心提交盖有单位公章的书面说明,逾期视为受理,不得退单。

(六)人员管理属地化

1. 加强日常管理。派驻机构实行派出部门和属地镇乡(街道)"双重管理、属地为主"的管理体制,业务指导由派出部门负责,人员日常管理以镇乡(街道)为主。跨区域的派驻机构工作人员以其日常工作所在镇乡(街道)管理为主。

2. 规范人事任免管理。派驻机构负责人的任免,派出部门应事先征求镇乡(街道)党(工)委意见,未经书面同意,不得任免。跨区域派驻机构的正副职,除征得驻地镇乡(街道)党(工)委同意外,还应征求其他镇乡(街道)党(工)委意见。派驻机构负责人一般由派驻机构工作人员担任,也可由镇乡(街道)干部担任或兼任。

3. 实施属地考核。派驻机构工作人员年度考核由属地镇乡(街道)负责,纳入镇乡(街道)考核体系和范围,考核结果由镇乡(街道)党(工)委抄送派出部门。派驻机构工作人员的工资福利待遇,由属地镇乡(街道)发放,并按有关规定享受镇乡(街道)工作人员同等待遇。相关经费由市财政局拨付给镇乡(街道)。

(七)公共服务便捷化

1."一窗受理、集成服务"。各镇乡(街道)要结合"四个平台"建设,在便民服务中心推行镇乡(街道)"一窗受理、集成服务",实现"一门式办理""一站式服务"。

2. 延伸拓展公共服务事项。各镇乡(街道)要依托浙江政务服务网,加快建设镇网上服务站和村网上代办点,并配备专职网上管理员和网上代办员,依托镇村两级便民服务中心,开展网上代办、联动办理等,打造网上网下相结合的服务新模式。

四、工作要求

1. 高度重视。"四个平台"规范化建设事关"四个平台"的规范运作、作用发挥,各镇乡(街道)和市有关部门必须充分认识"四个平台"规范化建设的重要意义,切实把"四个平台"规范化建设作为一项重点工作,负起责任、抓好落实。

2. 精心实施。各镇乡(街道)和市有关部门要对照"七化"要求,明确目标,集中精力,有序推进,一项一项抓落实,高标准高质量推进"四个平台"标准化、信息化、规范化建设。

3. 加强指导。"四个平台"业务指导,市编委办要牵好头,加强统筹协调、监督指导;市委政法委(综治办)、市综合行政执法局、市市场监督管理局、市公共服务中心和信访局要切实加强业务指导;其他部门要主动配合,大力支持,推动"四个平台"规范化建设落到实处。

诸暨市基层治理体系"四个平台"建设工作领导小组办公室

2017 年 4 月 25 日

1.3 枫桥镇基层治理数字化"四个平台"建设经验[1]

枫桥镇位于会稽山脉西麓、诸暨市东北部,镇域面积 165 平方公里,总人口 8 万(常住人口 7.2 万人、流动人口 0.8 万人),辖 29 个行政村、2 个社区。枫桥是诸暨的人口地域大镇、经济政治重镇,以"枫桥经验""枫桥衬衫""枫桥香榧"闻名全国,是全国重点镇、全国文明镇、中国历史文化名镇,被列入浙江省千年古镇地名遗产名录和第三批小城市试点,连续三次捧得全国综治最高荣誉"长安杯"。至目

---

[1] 节选自枫桥镇党委书记金均海关于枫桥镇"四个平台"建设的经验汇报材料《合力推进"四个平台"建设切实提高服务效率》。

前,全镇共有在编干部105名,含行政编制干部57名(编制数59名),事业编制干部48名(编制数54名);派驻机构干部27名(市场监管分局10名,国土所6名,司法所3名,执法分局3名,建设所2名,环保所2名,人社所1名)(编制数32名,空编5名[市场监管分局2名,执法分局1名,建设所2名])。其中男82名,女51名,35周岁以下年轻干部63名,占比47%,2018年将退休干部5名。

按照省委、省政府加快"最多跑一次"改革和建设基层治理"四个平台"的部署要求,枫桥镇按照建设"四个平台"就是创新发展新时代"枫桥经验"要求,致力以党建引领基层治理,突出大下沉、大服务、大执法、大综治,拉高标杆、细化标准,加快推进基层治理体系和能力现代化,提升了群众的获得感和满意度。

一、主要做法

(一)以问题为导向,全面改革治理体系架构

以破题基层治理中的突出问题为导向,对内设机构和派驻机构承担的职能相近、职责交叉、协作密切的管理服务事务进行梳理整合,构建"一室三中心一张网"体系框架。强化综合信息指挥室信息中枢作用,深化全科网格的基础作用,调整行政审批服务中心、综合执法中心和综治中心。一是深化大服务平台。重组行政审批服务中心,将国土所、市场监管分局、建设所等7名工作人员派驻至中心,试行无差异化受理,前台一窗受理,共梳理"最多跑一次"事项408项,前台受理直接办结事项占66%,实现"中心之外无权力,群众最多跑一次"。二是推行大执法平台。根据业务整合、分片负责、组团执法的原则,按照"1+4+X"的运行模式,建立综合执法中心。下设1个协调指挥室、4个执法中队和其他执法力量,包揽全镇违法建设、集镇秩序管理、环境保护、食品药品安全和市场监管的综合行政执法工作,真正实现无死角、无盲区大执法。三是统筹大综治平台。将司法所干部全员纳入综治中心,分片设立分中心,配备专职综治干部、司法干部,每个分中心内设警务站,做到一村一民警一村警。配强村级综治中心力量,明确由村支部书记和村主任担任治保、调解主任,主动担当,确保处置不过夜,矛盾不隔周。

(二)以融合为导向,全面整合治理资源力量

一是优化行政资源配置。全面推进派驻机关机构、人员、职责整合下沉,强化属地管理,一揽子归并司法所、环保所、市场监管分局、建设所、人社所、国土所、执法分局等7个基层站所,27名干部打破原身份,全部划并到内设科室上班,促进身心融合,避免"身在曹营心在汉"和"死抱职权不肯放"的现象。二是延伸服务管理末梢。以"'四个平台'结成网,全科网格站好岗"的要求,在原有网格化管理的基础上,推进"专科网格"向"全科网格"转变,将之前的七网八网和七员八员进行融合,对上级拨付资金进行统一调配。重新招聘专职网格员197人,配备兼职网格员490人,网格警长31人,并将267名社会组织和"两代表一委员"相关人员纳入到兼职网格员队伍之中。突出网格员作为镇党委、政府的"触角""耳目"作用。

(三)以实效为导向,全面提升治理能力水平

一是提高思想认识摆正方位。不断强化建设基层"四个平台"就是创新发展新时代"枫桥经验"的思想认识,让镇村干部和全体网格员认识到"四个平台"是基层治理创新的必由之路,是基层机构改革的必然选择。枫桥镇2003年在全省率先成立综治中心,2012年组建行政服务中心,现在的工作是延续也是使命职责。"四个平台"建设用干部的辛苦指数换来了群众的幸福指数,实现了"干部下去多了,群众才能上来少了,干部跑得多了,群众跑得少了"的效果。二是按全科要求加强业务培训。对于派驻干部,乡镇的工作是陌生的。对于平台整合,许多业务对于干部个体也是陌生的,特别是行政审批服务的"无差别化受理"和综合执法,通过利用休息时间全科培训、工作时间轮岗培训等手段,使干部快速进入角色,真正发挥了"四个平台"资源整合的实效。三是以归零姿态打通堵点痛点。全面梳理存在的问题和制约性因素,根据实际,在细节上逐一突破。为实现行政审批"中心之外无权力",将前台受理和后台审核、现场踏勘涉

及的干部全入驻,强化中心职责,实现审批闭环。对综合执法各中队的执法区域和职责进行详细梳理,差异化设立集镇、镇东、镇南、镇西和机动中队,并制定详细的联动机制。

(四)以考核为导向,全面压实治理职责任务

一是明确考核内容。强化属地管理机制,根据《诸暨市派驻镇乡(街道)机构管理办法(试行)》,出台《市级部门派驻机构及其工作人员管理办法》,全面压实新归并站所人员的职责,做到管理有章可循。二是严格考核奖惩。落实奖惩措施,派驻机构工作人员"无差异化"纳入镇日常管理和考核,其工资、奖金和福利按照镇工作人员标准发放。重视派驻干部培养使用,在评优评先、非领导职务晋升、后备干部选拔任用时予以优先考虑,已有9名干部任科室中层、1名驻村锻炼、4名干部担任综合执法中心中队长、1名干部担任驻村指导分中心主任。同时,建立健全责任追究机制,对协作配合不到位、不作为、乱作为的派驻机构干部,进行严格问责。

1.4 王家井镇基层治理数字化"四个平台"建设的实践探索

1.4.1 王家井镇加强"四个平台"建设完善基层治理体系方案[1]

为贯彻落实《中共浙江省委关于全面加强基层党组织和基层政权建设的决定》(浙委发〔2015〕10号)精神,根据省委办公厅、省政府办公厅《关于加强乡镇(街道)"四个平台"建设完善基层治理体系的指导意见》(浙委办发〔2016〕69号)和绍兴市委办公室、绍兴市政府办公室《关于加强乡镇(街道)"四个平台"

---

[1] 中共王家井镇委员会:《关于加强"四个平台"建设完善基层治理体系的实施意见》,2017年3月30日印发,王委发〔2017〕35号文件。

建设完善基层治理体系的实施意见》（绍市委办发〔2017〕11号）要求,结合我镇实际,现就加强综治工作、市场监管、综合执法、便民服务等"四个平台"（以下简称"四个平台"）建设、完善基层治理体系提出如下实施意见。

一、指导思想及目标要求

坚持以邓小平理论、"三个代表"重要思想和科学发展观为指导,深入贯彻党的十八大、十八届三中、四中、五中、六中全会精神,以提高基层治理水平为核心,改革镇级组织框架,接收市级部分职权,强化属地管理,着力构建权责一致、运转高效、条块结合、以块为主、运作顺畅、方便群众的基层治理体系,切实增强镇党委政府的凝聚力和战斗力,全面提升社会管理和服务群众水平,全面提高群众获得感和满意度。目标在2017年6月底前,全面完成"四个平台"构建;2017年9月底前,"四个平台"运行顺畅并卓有成效。

二、工作内容

（一）健全组织框架

深化镇级行政体制改革,按照责权利相统一、人财事相配套的原则,推动"四张清单一张网"向基层延伸,理顺与市级部门关系,依法接收必要的行政职权。根据上级要求,结合我镇实际,镇机关机构设置及其职责明确如下：

1. 党委政府办公室。负责承办党委、政府日常事务;负责后勤接待、文秘档案、信息调研、财务审计、保密等工作;负责做好党的组织人事、工青妇等工作;承担人事任免、考核奖惩等工作;负责会议组织和综合协调工作;完成镇党委、政府交办的其他工作。

2. 经济发展办公室。负责编制经济发展计划;协调工业、农业、水利、商贸、旅游、服务等发展中的突出问题,招商选资、技术改造、进出口、安全生产等工作,指导工商企业生产经营管理;组织引导农村富余劳动力转移,促进农民增加收入;负责农村集体资产的监督管理工作;负责科技、人才开发引进、安监站、统计等工作；完成镇党委、政府交办的其他工作。

3. 村镇建设办公室。负责土地开发、利用、保护，村镇规划、建设、管理和招投标工作，以及拆违控违、通道绿化、环境保护、环境整治、镇容村貌、污水处理长效运维等管理工作；协调交通、电力、邮政、电信等基础建设工作；完成镇党委、政府交办的其他工作。

4. 社会事业办公室。负责教育、文化、卫生计生、宣传统战、食品药品、体育、广播电视、环境卫生等工作；完成镇党委、政府交办的其他工作。

5. 民生保障办公室。负责社会保险参保、就业失业、职工基本养老保险、企业退休人员社会化管理、殡葬管理、低保边缘户办理、城乡最低生活保障对象认定等工作；完成镇党委、政府交办的其他工作。

6. 社会服务管理中心。负责组织、协调、指导、检查、督查、考核社会管理和平安建设工作；牵头组织、统筹协调抓好社会治安综合治理、司法调解、法律援助、流动人口管理服务、群众来信来访、平安法制宣传教育等工作；完成镇党委、政府交办的其他工作。

7. 行政服务中心。行政服务中心是政府面向基层、服务企业、服务群众的综合便民办事服务窗口。其主要职责是办理审批登记、证照证明、政策咨询、计生服务、劳动就业、技能培训、民政优抚、社会保障、科技信息服务等事项；完成镇党委、政府交办的其他工作。

8. 驻村指导中心。主要承担联系23个行政村的工作，以及协调、督促上级方针政策和各项工作在村的落实；完成镇党委、政府交办的其他工作。

9. 财政所。负责财政收支管理，包括预（决）算编制、预算执行、财政转移支付和专项资金监督和管理、各项补贴资金发放和监管、乡镇公益服务资金的投入和兑付管理；监督管理、统发工资、国有资产管理和政府债务管理，行政事业性票据管理等；完成镇党委、政府交办的其他工作。

(二)构建四个工作平台

1.综治工作平台。承担社会治安综合治理、维护稳定、平安建设等功能。具体包括:

(1)创新发展"枫桥经验"。依靠、发动和组织群众,充分发挥政府、社会组织、群众协同治理作用,加强矛盾纠纷源头治理,将矛盾化解在基层。

(2)加快推进信息治理。推进"互联网+源头治理",依托浙江省平安建设系统,构建网上网下整体作战工作体系,提高事件受理、流转、交办、反馈能力。

(3)健全完善工作机制。健全完善矛盾联调、治安联防、事件联处、问题联治、平安联创的"五联"工作机制,开展社会治安和公共安全突出问题排查整治工作,推动基层平安创建落到实处。

2.市场监管平台。承担面向企业和市场经营主体的行政监管执法功能。具体包括:

(1)实现基础信息共享。统筹市场监管、卫生监督、质量监管等管理服务资源,汇聚形成来自村和市场主体的"一网信息",实现动态监管信息共享。

(2)提升市场监管实力。推进基层市场监管队伍规范化建设,全面提升基层市场监管能力和水平,切实做好市场监管的统筹协调、风险排查、专项整治、联合执法和指导督查工作。

(3)规范事中事后监管。建立和完善"双随机"抽查监管制度,推进随机抽查与社会信用体系相衔接,强化重点领域治理和日常监管。

3.综合执法平台。承担一线日常执法巡查和现场监管功能。具体包括:

(1)统筹行政执法资源。以村镇建设办公室为主体,统筹国土、建设、环保、安监、水利等相关条线的行政执法力量,经常性开展联合执法和综合整治。

(2)落实执法信息公开。依托浙江政务服务网,及时公开执法职权和依据、执法程序和标准、执法人员信息和案件办结情况等内容,畅通数据公开和交换渠道。

(3)建立联合执法机制。加强与市级部门行政执法的协作配合,厘清职责边界,消除监管盲区,实现执法资源充分整合、执法队伍统一指挥,增强基层行政执法工作的整体威慑力。

4.便民服务平台。承担基层各类公共服务和便民服务功能。具体包括:

(1)拓展窗口服务功能。积极探索"一窗受理、集成服务",在现有镇行政服务中心建设的基础上,进一步整合和拓展公安、市场监管、国土、民政、人力社保、水务、广电等领域的行政审批和公共服务事项,实行"一门式办理""一站式服务"。

(2)提升便民服务质量。按照"最多跑一次"的要求,依托浙江政务服务网,完善镇网上服务站和村网上服务点建设,推行行政审批和公共服务网上办理,最大限度方便群众办事。

(3)推行清单式管理。梳理公布镇公共服务事项清单,明确办事依据、办事流程和标准,并在浙江政务服务网和镇行政服务中心全面公开。

(三)完善三项机制

1.统筹协调机制。发挥镇党委、政府的统筹领导作用,统筹、协调、监督镇域范围内的社会管理服务和各行政主体的执法活动。建立"四个平台"管理协作联席会议制度,由党委书记、镇长担任联席会议召集人,一般每月召开一次会议,协调解决"四个平台"建设和运行过程中遇到的各种问题。"四个平台"各协调组,一般每周或每两周召开例会,分析前阶段工作情况,做好下阶段工作安排;一个平台工作涉及多个班子成员的,明确一名为牵头领导,强化协作配合,重大问题报请党政主职协调。需多个平台协作配合的事项,一般经联席会议协调安排。事权不在本级或本级难以处置的事件,及时上报上级部门并由市级平台分派给相关部门处置。

2.工作闭环管理机制。以镇"四个平台"信息指挥中心为中枢,建立信息收集—分流交办—执行处置—日常督办—信息反馈—督查考核运行机制,实现

"受理、执行、督办、考核"闭环管理,逐步整合部门信息系统,打造集中统一、信息共享、功能完善的信息平台。具体由行政村网格收集上报信息、上级交办的有关事项以及镇微信公众号收集到的信息均汇总到"四个平台"信息指挥中心分流交办、日常督办,由相应平台或驻镇站办所具体落实执行,处置信息及时反馈给村和网格。镇纪委加强对行政运转机制推进情况的监督、检查。

3.条块力量融合机制。完善站所之间执法合作、信息通报等制度,在强化条线执法协调配合的基础上,镇联席会议有效调度资源,会同有关部门开展联合执法,形成镇统一领导、部门协作的良好格局,增强行政执法工作合力和整体威慑力。根据市级文件精神,强化对派驻机构的刚性调控,将国土、司法等部门派驻机构人员纳入镇日常管理和考核,区域设置的派驻机构和人员由派驻镇联合评价。对纳入镇日常管理和考核的派驻机构,其编制人事管理在派驻部门,基本工资和其他考核奖金发放等全部在我镇。

三、保障措施

1.提高认识,加强领导。成立由党委书记、镇长任组长,党委副书记任副组长,相关班子成员为组员的工作领导小组,切实加强对"四个平台"建设工作的组织领导和协调。镇机关各职能办公室和驻镇站办所要解放思想,提高认识,加强协调,确保相关权利接收到位,相关资源保障到位,全力确保改革创新试点工作顺利有序开展。

2.明确责任,强化落实。机关各职能办、驻镇各站办所要围绕本实施方案,根据各自职责,抓紧时间、明确目标,加快工作推进力度,确保各项改革措施落到实处。要健全运作机制,完善内部管理,整合各种资源,加强业务培训,主动做好与上级部门衔接工作,各项改革确保在6月底前落实到位,并投入运转。

3.加强保障,确保实效。要切实把"四个平台"建设工作作为当前中心工作来抓,进一步加大工作保障力度,落实经费、装备人员、场所等保障。要及时开展检查、督查,确保各项工作任务在规定时间内落实到位,取得实效。

附件：1. 市级部门委托下放事项权限明确表

2. 王家井镇审核转报的审批服务事项目录

3. 市级部门驻镇站所事项目录

附件1

市级部门委托下放事项权限明确表

部门	序号	事项类别	事项名称	承诺期限	办理窗口
民政局	1	行政许可	建设殡仪服务设施、公益性骨灰安葬（放）设施审批	即办	民生保障窗口
人力社保局	2	行政许可	特殊工时制度审批	3	民生保障窗口
	3	行政征收	社会保险参保人员个人缴费	即办	民生保障窗口
	4	行政给付	就业创业各类补贴补助核定发放	即办	民生保障窗口
	5	行政确认	参保单位职工基本养老保险待遇资格确认	15	民生保障窗口
	6	行政确认	社会保险参保登记	即办	民生保障窗口
	7	行政确认	职工工伤认定	45	民生保障窗口
	8	行政确认	企业录用未成年工（16—18周岁）用工登记	即办	民生保障窗口
	9	其他行政权力	就业失业登记	即办	民生保障窗口
	10	公共服务	社会保障卡核发		民生保障窗口
	11	公共服务	企业退休人员社会化管理登记	即办	民生保障窗口
国土资源局	12	行政许可	农村村民住宅用地审核	4	村镇建设窗口
	13	行政许可	临时用地审批	7	村镇建设窗口
	14	行政许可	土地开垦（土地整治）审核	5	村镇建设窗口
建设局	15	行政许可	乡村建设规划许可	5	村镇建设窗口
	16	行政许可	建设用地（含临时建设用地）规划许可	即办	村镇建设窗口
	17	行政许可	建设工程（含临时建设工程）规划许可	即办	村镇建设窗口
	18	行政许可	污水排入排水管网许可证核发	6	村镇建设窗口
农林局	19	行政许可	动物及动物产品检疫证明核发	即办	经贸发展窗口
	20	行政许可	征收、占用林地许可	即办	经贸发展窗口

续表

部门	序号	事项类别	事项名称	承诺期限	办理窗口
卫生和计划生育局	21	行政许可	公共场所卫生行政许可	即办	社会事业窗口
	22	行政许可	再生育审批	3	社会事业窗口
	23	其他行政权力	非医学需要的终止妊娠手术批准	即办	社会事业窗口
	24	其他行政权力	生育登记	即办	社会事业窗口
服务业务发展办	25	其他行政权力	酒类经营者备案登记	即办	经贸发展窗口

附件 2

王家井镇审核转报的审批服务事项目录

部门	编号	事项类别	事项名称	办理窗口
教育局	1	行政许可	民办学校审批	社会事业窗口
民政局	2	行政给付	60周岁农村籍退伍军人老年生活补助金发放	民生保障窗口
	3	行政给付	部分烈士子女(含错杀平反人员子女)优待金发放	民生保障窗口
	4	行政给付	养老服务补贴给付	民生保障窗口
	5	其他行政权力	伤残等级评定和补换伤残证审核转报	民生保障窗口
	6	行政确认	老年人优待证办理	民生保障窗口
	7	其他行政权力	农村五保供养待遇认定	民生保障窗口
	8	行政确认	城乡最低生活保障对象认定	民生保障窗口
	9	其他行政权力	特困人员供养设立、终止	民生保障窗口
	10	行政确认	临时救助对象认定	民生保障窗口
	11	行政确认	医疗救助对象认定	民生保障窗口
	12	行政确认	低保边缘户办理	民生保障窗口
国土资源局	13	行政许可	乡(镇)村公共设施、公益事业建设用地审核	村镇建设窗口
建设局	14	行政许可	乡村建设规划许可	村镇建设窗口
	15	行政给付	公共租赁住房(含廉租住房)配租	村镇建设窗口
农林局	16	公共服务	农业机械购置补贴	经贸发展窗口

续表

部门	编号	事项类别	事项名称	办理窗口
卫生计生局	17	行政确认	病残儿鉴定	社会事业窗口
	18	行政给付	计划生育家庭奖励扶助金	社会事业窗口
	19	行政给付	计划生育特别扶助金核发	社会事业窗口
	20	行政给付	计划生育公益金核发	社会事业窗口
残联	21	公共服务	重度残疾人护理补贴审核	民生保障窗口
	22	公共服务	困难残疾人生活补贴审核	民生保障窗口
	23	公共服务	残疾人康复工程审核	民生保障窗口

附件3

市级部门驻镇站所事项目录

序号	事项名称	事项类别	办理窗口
1	边境管理区通行证	行政许可	派出所
2	居民身份证签发(含临时身份证)	其他行政权力	
3	户口登记	其他行政权力	
4	有线数字电视安装、报停、移址和恢复	公共服务	广播电视站
5	有线数字电视节目包订购	公共服务	
6	供水申请(新立)	公共服务	水务集团
7	供水申请(变更)	公共服务	水务集团
8	政策性农业保险	公共服务	人民保险

1.4.2 关于王家井镇综合信息指挥中心建设实施方案[1]

各行政村、企事业单位,各办(中心):

根据市"四个平台"建设的部署和要求,为构建镇村(居)联动、功能集成、反应灵敏、扁平高效的综合信息指挥体系,经镇党委、政府研究,决定建立王家井镇综合信息指挥中心。现将有关事项通知如下:

---

[1] 中共王家井镇委员会、王家井镇人民政府:《关于王家井镇综合信息指挥中心建设的实施方案》,2017年5月17日印发,王委发〔2017〕56号文件。

一、中心设置

镇综合信息指挥中心设在镇政府行政服务大楼一楼,是负责全镇"四个平台"信息系统运行的综合性指挥平台。主要履行信息汇总、分析研判、流转督办、绩效评估等工作职能,主要受理转办事权不在村(居)或村(居)难以解决,需要镇级层面协调解决涉及"四个平台"的问题,并对职能部门和村(居)事项处理情况进行监督检查。

二、主要职责

1. 受理、交办、督办、反馈村(居)上报和职能部门流转的上"四个平台"信息事项。

2. 组织、协调、督促部门和村(居)涉及"四个平台"建设的有关工作。

3. 负责对全镇"四个平台"信息数据的分析研判,定期对"四个平台"信息的受理、办理情况进行通报。

4. 负责依托"四个平台"加强对突发性案(事)件进行实时监控和协调指挥,推动重大疑难或跨部门、跨村(居)、跨条块的"四个平台"事项联动处置。

5. 负责加强对"四个平台"综合指挥中心工作人员和网格员的业务培训和指导。

6. 负责对"四个平台"综合指挥中心运行情况进行监督,推动问题发现、分析、分流、处置、督办、考核的工作闭环管理机制落到实处。

7. 负责配合做好与市综合信息指挥中心的信息共享、对接、互联等工作。

三、建设标准

镇综合信息指挥中心按照有办公场地、有大屏幕、有接入系统、有操作台、有统一标识的"四有"标准进行建设,主要由"智慧天网"监控系统、镇村视联网系统、"最多跑一次"便民服务事项查询系统、综合信息指挥平台四大系统构成。设立综合指挥室,配备正股级领导1名,工作人员2名,承担日常工作。

四、运行机制

1. 工作闭环机制。以镇综合信息指挥中心为中枢,建立信息收集—分流交办—执行处置—日常督办—信息反馈—督查考核的工作机制。实现"受理、执行、督办、考核"工作闭环管理。

2. 协调指挥机制。加强与村(居)、相关部门涉及"四个平台"建设方面的协作联动,统筹协调需由镇级层面解决的"四个平台"建设有关事项。

3. 督查反馈机制。对各部门、村(居)"四个平台"事项办结情况进行督查汇总,实时反馈,并定期进行通报。

五、工作要求

1. 高度重视,统一认识。镇综合信息指挥中心的建设运行工作坚持主要领导要亲自抓,分管副书记具体抓,及时研究解决建设过程中出现的问题。实行专人专管,确保指挥中心的正常运行。

2. 健全机制,规范运行。按照规范化、标准化要求,健全工作机制,规范工作流程,推动镇综合信息指挥中心规范运行,并切实发挥作用。

3. 各方配合,形成合力。镇相关部门要主动配合支持镇综合信息指挥中心运行,特别是对镇综合信息指挥中心交办的事项及时处置,及时反馈。镇财政要保障镇综合信息指挥中心软、硬件投入经费和日常运行经费。

1.4.3 王家井镇关于深化基层治理综合网的实施方案[1]

为认真贯彻落实中央和省市委关于深化平安建设、创新基层治理的总体要求,推进"四个平台"建设,不断提升基层社会治理能力水平,决定在全镇进一步深化"网格化管理、组团式服务"工作模式,着力构建"管理网格化、服务

---

[1] 中共王家井镇委员会、王家井镇人民政府:《关于深化基层治理综合网的实施方案》,2017年5月10日印发,王委发〔2017〕57号文件。

全程化、参与社会化、运行信息化"的基层治理综合网新格局,现提出如下实施方案。

一、指导思想

以党的十八大和十八届三中、四中、五中、六中全会精神为指导,以加强基层建设、优化基层服务、完善基层治理为主线,以王家井镇镇综合信息指挥中心和"四个平台"为依托,通过整合资源、搭建平台、健全机制、强化保障,推进全镇网格化管理,形成"网格全覆盖、工作无缝隙、服务零距离、管理无漏洞"的基层网格化管理新局面,全面提升全镇基层社会治理能力。

二、主要内容

(一)科学划分整合网格

将全镇基层网格统一定位为党委政府的网格,使网格成为党委政府由村(居)向下延伸一级的基层社会治理工作的单元、党委政府管理服务的平台、政策传播宣传的前沿、信息采集收纳的触角、服务人民群众的窗口,着力改变过去"条线各自为政、网格分门别类"的现状,解决各级各部门因网格设置重叠、功能重复造成的资源浪费、效率低下和增加基层工作负担等问题。

全镇基层网格按照住户数量、地域特点进行统一划分、统一编码,明确一个区域只有一个网格。按照"界域范围清晰、职责任务明确、管理服务便捷"的要求,根据区域实际合理设置网格,对网格内的事务事项事件进行综合管理服务。各村居一般以150至200户为一个网格,网格划分要做到横向到边、纵向到底,不留空白区域,不交叉重叠,各村(居)区域内所有主次干道、背街小巷、公共场所、居民小区等全部纳入村(居)网格,实现区域全覆盖。在此基础上,根据辖区特点创新设置以工业区块、商业区块、外来人口集中聚居区等特定行业、特别区域、特殊对象为主体的专门性网格。网格设立后,镇、村、网格三级均设立网格公示牌,公示网格概况、网格地图、网格队伍情况和相关工作制度,公示牌由镇

统一制作并发放。目前全镇共划分网格88个,其中村(居)网格83个,企业网格5个。(详见附件1)

(二)明确网格职责任务

网格管理服务实行"定格、定人、定责",整合村(居)、基层站所和社会组织等各类力量,按照"1+1+1+X"模式配置网格工作管理服务力量,实行网格指导员"兼管多格"和网格长、网格员"专管一格"相结合工作运行办法。

网格指导员由各驻村(居)指导员和联企干部担任,主要负责指导督促网格长、网格员开展管理服务工作,参与相关工作在网格内的落实,协助处置本网格内的各类事件。网格长由各村(居)干部或企业行政人员担任,主要负责相关工作在网格内的落实。重点做好四项工作:

1. 每周组织召开一次网格工作例会,交流工作情况,汇总情报信息,部署下步工作。

2. 了解和掌握本网格内的人口、家庭、单位等基本情况,重点了解掌握"三类对象"(骨干对象、服务对象、管控对象)的基本情况,建立居民信息档案,做到家家有登记、户户情况明。

3. 协调组织网格员开展工作,履行上下联络、信息采集、隐患排查、矛盾调解、民生服务等职责。

4. 每周开展不少于三次网格巡查。

网格员由各类协辅人员、村(居)自聘人员、党员志愿者、村(居)民代表、"两代表一委员"、退休职工、退休教师、楼道长等热心公益事业的人士担任,按照"一岗多职、一员多能"要求,重点做好五项工作:

1. 熟悉本网格内的人口、家庭、单位等基本情况,重点了解掌握"三类对象"的基本情况。

2. 做好入户走访工作,每日对本网格区域进行全方位走访巡查,及时收集社情民意和各类动态信息,做到"六必到"(一是村民思想波动必到;二是社区志愿服务必到;三是村民困难病重必到;四是社区突发事件必到;五是邻里矛盾必到;六是邻里守望互助必到)。

3. 社会动态信息处理做到报送及时、处置及时和回复及时,其中对于安全隐患、违法行为、异常情况和急难问题必须急事急报,并在工作手册中记录。

4. 积极向本网格内群众开展宣传教育工作,及时了解群众的思想情况和舆论情况。协助做好党建、低保、计生、救助、老龄、就业、农业和环境卫生等事务的信息收集、登记、审核、报备工作。

5. 对村(居)工作进行监督,提出意见和建议,积极承担公民道德监督义务。

(三)明确信息报送任务

网格长、网格员在走访过程中收集到的各类社会动态信息,通过"平安通APP"及时进行报送。镇综合信息指挥中心将发挥数据综合分析、事件预警功能,督促各村(居)及时、准确录入信息,建立实施信息分析、研判、通报制度。(具体内容详见附件2)

信息报送范围主要涉及本辖区内综合治理、公共安全、经济管理、农业管理、城建管理、党群文化、社会事务、统筹管理、五水共治、环境卫生等10大类36小类。(具体内容详见附件3)

(四)规范事件流转处理

1. 网格指导员、网格长、网格员发现网格内的各类事件,应及时录入"平安通APP"。

2. 网格员对网格内的一级事件,自行处理完毕,事件流转结束。

3. 网格员对网格内的二级事件,无法自行处置的,将事件上报至网格长,网格长处置完毕,事件流转结束。

4. 网格员对网格内的三级事件,将事件上报至网格长后,网格长无法处置的,网格长将事件上报至镇综合信息指挥中心,镇综合信息指挥中心协调、分派相关责任单位,处置完毕,事件流转结束。

5.网格员对网格内的四级事件,镇综合信息指挥中心无法处置的,由镇综合信息指挥中心上报至市综合信息指挥中心,处置完毕后事件流转结束。

(五)建立考核激励机制

加强对网格化管理工作的考核奖励,制定实施网格信息以奖代补和管理服务绩效考评办法,最大限度地激励激发基层网格化管理服务工作的积极性、参与性,推动该项工作真正长效有序运行。具体考核奖励办法另行发文。

三、工作要求

全镇上下要把深化网格化工作作为推进"四个平台"建设的有力举措,将其纳入全局工作之中,加强领导,统筹谋划,共同努力,抓抓落实。

(一)强化组织领导。各村(居)要把实施网格化管理服务工作作为当前加强和创新基层社会治理的重要内容,提升平安建设水平的重要手段,摆到突出位置,切实抓紧抓好。各部门、基层站所要积极参与推进,要借助基层网格管理服务模式,深化落实平安建设的各项职责,要加强与各村居协调配合,在创建"平安王家井"、创新社会治理的工作框架内,精心部署、统筹推进。要加大网格管理服务工作力量保障、资金投入力度,重视信息运行平台建设,要按照"费随事转"原则承担落实涉及本部门的基层网格工作事务保障经费,要制定实施网格信息以奖代补和管理服务绩效考评办法,最大限度地激励激发基层网格化管理服务工作的积极性、参与性。

(二)强化宣传教育。各级各部门要通过发放宣传单和服务联系卡等形式,多渠道、全方位开展网格化宣传,使网格管理服务工作家喻户晓。要建立网格管理服务公示制度,在每个网格区域内醒目设置网格公示牌,公布网格主要管理服务人员姓名、联系方式、工作内容和监督电话等内容,自觉接受社会和群众监督。要结合实际,编制《网格工作手册》,做到有关人员人手一册,要组织开展对网格人员的政策法规、业务知识等方面培训,提高管理服务的能力素质。

（三）强化统筹推进。要加快工作推进力度，在已有网格化工作成效的基础上，认真总结、深入研究，着重在管理服务的精细化、制度化、人性化等方面进一步创新和拓展，探索建立长效机制，树立全区网格化工作示范样板。要结合试点工作经验，结合本地实际，抓紧推进工作实施方案和具体流程规范、制度办法，统筹安排、全面启动，实现基层组织建设、社会治理、平安建设与网格化工作同步推进，同时抓出成效。各部门站所要积极参与、融入、推进基层网格化工作，以网格工作一体化推进社会治理立体化、平安建设现代化，延伸基层职能工作于网格管理服务之中。

（四）强化法治引领。充分发挥法治在网格管理服务工作中的引领作用，增强依法执政、依法管理的意识，把法治理念、法治思维贯穿网格管理服务、基层社会治理的全过程、各方面，确保公共管理在法治范围内有序落实、矛盾纠纷和问题隐患在法律框架内有效解决、公共服务在法治轨道上有力推进。要深化完善德治、法治、自治相结合的基层社会治理机制建设，引导群众尊法守法，在恪守法律的前提下参与社会治理。要发挥信息整合共享的优势，拓宽信息采集来源，提升信息处理能力，以大数据引领社会治理，运用现代信息技术进行数据分析预警，为社会治理、平安建设提供科学支撑、决策参考。要增强信息技术的安全防范意识，把信息安全、数据保密工作落实在网格化的各个运行环节。

附件：1. 王家井镇镇网格划分图表（略）

2. 王家井镇镇网格信息分析研判通报制度

3. 王家井镇镇网格管理基层问题分类与职能部门对应表

附件1

王家井镇镇网格划分图表（略）

附件2

王家井镇镇网格信息分析研判通报制度

为切实增强"网格化管理、组团式服务"工作水平,深化"四个平台"建设,进一步发挥王家井镇综合信息指挥中心的数据综合分析、事件预警功能,督促各村(居)及时、准确录入信息,决定建立实施信息分析、研判、通报制度。

一、通报内容

1. 日常信息录入情况。各村综合信息指挥平台账号登录使用情况;辖区基本信息、社会组织、群防群治队伍、志愿者组织等各类组织录入情况;刑释解教人员、社区矫正人员、精神病人、重点信访人员等重点人员信息录入情况;学校、医院、重点生产场所、重点消防场所等重点场所信息录入情况;各类矛盾纠纷、治安安全隐患、民生服务等事件录入情况。

2. 存在工作问题通报。账号使用率不高、存在长期不登录账号等不正常现象。事件处理不及时,部分事件只有上报没有处置等不正常现象。文件资料未正常录入,工作开展台账不齐、情况不清楚等不正常现象。

3. 急重特大事项通报。在镇乃至全市具有一定影响的自然灾害事件;工矿企业较大安全生产事故、交通运输事故、环境污染事故等事故灾害事件;民族宗教事件、较大影响的刑事案件、群体性事件、矛盾纠纷冲突等公共安全事件。

二、通报方式

1. 电话通报。对重特大事件、突出问题、急难险重任务等,采用电话通报的方式,及时将情况通报给镇、市相关部门主要领导及相关人员,事后采用书面形式通报。

2. 简报通报。将各村(居)录入信息进行梳理汇总,对苗头性、趋势性、隐患性的各类问题,通过数据分析、汇总预警,以书面简报的形式通报给镇、市相关部门主要领导及相关人员。

3. 文件通报。对王家井镇镇综合信息指挥平台数据进行梳理汇总,对各项信息增减、事件发生、情况处置进行统计,以文件形式向镇、市相关部门主要领导进行通报。

三、运作机制

1. 信息采集上报制度。网格长(员)应按照相关工作规程,及时将各类数据录入镇综合信息指挥平台,为党委政府及时了解基层工作情况提供数据支撑。

2. 信息分析研判制度。镇综合信息指挥中心根据录入的信息,会同各职能部门,分析研判,梳理出各类苗头性、隐患性、趋势性问题,以大数据为支撑,为党委政府决策提供必要依据。

3. 重要信息会商制度。对可能造成严重后果、一时难以预测的突发事件信息,镇综合信息指挥中心做好牵头协调工作,在职能范围内做好各职能平台和网格长的会商工作。

四、奖惩措施

1. 信息通报作为年度综治考核重要内容,纳入镇对村岗位目标考核。

2. 在村(居)评选优秀网格化管理先进集体、先进个人时,将信息工作情况作为基本依据。

3. 连续两次通报排名末位的村(居),要向镇党委书面说明情况及下一步整改措施。具体考核奖励办法参照《王家井镇镇网格长、网格员考评制度》。

附件3

王家井镇镇网格管理基层问题分类与职能部门对应表

对应问题十大类	基层问题分类（36项）	详解	职能部门
综合治理	信访矛调	突发事件信息、重点信访户动态、不稳定因素、精神病人异常、政府咨询投诉、网络舆情	综治办
	归正矫正	社区归正矫正人员异常动态	综治办

续表

对应问题十大类	基层问题分类（36项）	详解	职能部门
	国安、禁毒宣传、610	反动宣传行为、社区戒毒人员动态、传播邪教和疑似邪教人员聚集信息	综治办
	治安流管	流动人员异常动态、涉疆涉藏人员的异常动态；公共场所聚集赌博、打架斗殴、需警力介入纠纷、火警等	综治办
公共安全	交通安全	交通设施破损情况，僵尸车、交通安全隐患等信息	村镇建设办
	食药安全	持证持照情况、变质过期食品药品	食安办
	安全生产	设备使用安全、作业场所电气安全、企业培训情况、企业事故后续处置、打非治危	经发办（工业）
	消防安全	三合一场所、群租企业群租房、消防设施、消防通道	经发办（工业）
经济管理	市场监管	证照情况、经济纠纷、企业运行、企业意外事故	经发办（工业）
	环境保护	工业污染、工业垃圾堆积焚烧、噪音、废水、废气	经发办（工业）
农业管理	森林管理	有无明火使用	经发办（农业）
	畜禽养殖	已关闭畜禽户重新复养、新增养殖（有一定规模）现象	经发办（农业）
城建管理	违建、违法用地	违建违章建筑和新发生的违法用地	村镇建设办
	危房排查	目测可见的危房情况和群众反映的危房动态	村镇建设办
	市政绿化	市政设施（路灯、道路、窨井等）、绿化	村镇建设办
	市容市貌	占道经营、"六乱"（乱堆放、乱张贴、乱吊挂等）、建筑垃圾偷倒	村镇建设办
党群文化	工会工作	会员权益、典型诉求	工会
	团委工作	青少年重大活动、典型诉求	团委
	妇联家庭	妇女儿童权益保护、家庭突发状态等	妇联
	党建宣传	宣传线索、爱心人物、好人好事、坊间热议、文化需求、信仰点异常情况	组织办
社会事务	弱势帮扶	残疾人家庭、求助需求、低保户、高龄空巢老人、居家养老求助对象家庭动态	民政办
	文教体育	体育健身设施情况、义务教育、流生情况、非法办学动态	社会事业办
	计划生育	胎儿性别鉴定、计划外怀孕现象	社会事业办
	农村卫生	农村除"四害"（二级问题）、H7N9防控、非法行医信息	民政办

续表

对应问题 十大类	基层问题分类 （36项）	详解	职能部门
	老龄殡葬	损害老人合法权益的信息、遗体土葬和偷运的信息、违建坟墓	民政办
	劳动监察	用工单位信息；企业、工地欠薪信息	经发办（工业）
环境卫生	农村环境	乱堆乱放、建房现场占道堆放、道路及两侧有垃圾、散养家禽、公厕保洁不到位等	社会事业办
	集镇环境	道路环境卫生	社会事业办
	垃圾资源化	再生资源（破烂王成堆）、垃圾车清运车未密闭化改造	社会事业办
	环卫设施	露天垃圾坑、环卫设施破损	社会事业办
五水共治	农村生活污水	主要河道两侧生活污水直排河道、接户管道破损等	经发办（农业）
	河道整洁	河道内及两岸垃圾堆积、渔网设置及沉障、大片漂浮物、水质变差等	经发办（农业）
	河道沿岸	河道两岸违章建筑等	经发办（农业）
	水利设施	水利设施破损情况	经发办（农业）
统筹管理	其他	不属于上述分类的问题	党政办
	民生服务	工作动态、工作信息	党政办

1.4.4 王家井镇"四个平台"建设联席会议制度

为确保"四个平台"正常运行，解决协同配合中遇到的问题，特制定本联席会议制度。

1. 联席会议每月召开一次，必要时可临时召集会议。

2. 联席会议由镇党委书记或镇长召集，也可委托分管副书记召集。组织综治工作、综合执法、市场监管、便民服务等平台分管领导和负责人参加会议，根据实际情况可扩大到相关职能部门、村（居）企负责人。

3. 分析研判辖区社情、民情动态，及时研究解决重大问题。

4. 组织协调处理综治工作、综合执法、市场监管、便民服务工作中遇到的重要事项、重大事件，明确解决或协调处理问题的责任单位、责任人及完成时间，落实领导包案制度。

5. 汇报交流综治工作、综合执法、市场监管、便民服务等平台运行情况,协调安排重要工作。

6. 协调落实督办上级及镇党委、政府交办的其他事项。汇报、抽查自查、情况通报等相关制度。各平台之间要加强沟通,在完善内部管理、整合各种资源的基础上,建立健全协调配合机制,逐步形成镇统一领导、平台相互协作的良好格局。

1.4.5　王家井镇"四个平台"协调小组工作制度

为进一步提高我镇基层治理水平,确保"四个平台"顺畅、高效、协调运转,结合本镇实际,制定王家井镇"四个平台"协调小组工作制度。

一、主要职责

1. 做好计划总结。各平台要结合自身实际,立足于发现问题,探索规律,制定年度工作计划,搞好年度工作总结。

2. 定期分析研判。各平台协调小组应每周召开一次会议,分析上周工作情况,做好本周工作安排。具体分析研判本平台的办理事项、民情动态、重大问题等。

3. 加强督查考核。各平台组长应对本平台办理的未完成事项尤其是重要工作内容,保持动态跟进,加强工作督查。同时,由镇纪委负责各平台运行情况的考核督查工作。

4. 坚持月报制度。在每月召开的镇"四个平台"联席会议上,各平台组长要及时通报本平台运行的工作情况。各平台要各司其责,加强协作配合,相互联动,进一步建立健全联处联调联治机制。

二、工作要求[1]

1. 强化认识,明确责任。各平台要解放思想,提高认识,坚持高标准,严要

---

[1] 诸暨档案馆藏原始档案显示此处为"三、工作要求",似为笔误。——编者注

求,明确工作职责,精心组织,周密安排,认真按照制定的年度工作计划将工作任务细化、量化到日常工作中,全力确保本平台顺利有序运行。

2.完善制度,加强沟通。进一步坚持和完善镇"四个平台"协调小组工作机制,根据各平台工作实际,不断完善周研判、月汇报、抽查自查、情况通报等相关制度。各平台之间要加强沟通,在完善内部管理、整合各种资源的基础上,建立健全协调配合机制,逐步形成镇统一领导、平台相互协作的良好格局。

3.抓好落实,提升服务。"四个平台"建设是一项系统工程,涉及方方面面,各平台要在协调好本平台内事项的基础上,切实树立"一盘棋"思想,不断提升服务水平,助力推进王家井镇基层治理体系和基层治理能力现代化。

1.4.6　王家井镇综合信息指挥中心运行管理制度[1]

第一条　王家井镇综合信息指挥中心(以下简称镇指挥中心),是负责镇"四个平台"信息系统运行的综合性指挥平台。

第二条　指挥中心主要履行信息汇总、分析研判、流转督办、绩效评估等工作职能,统筹协调指挥"四个平台"及辖区内各条块的管理服务力量。

第三条　按照属地管理、分级负责的原则,切实解决镇"四个平台"综合信息系统有关问题。

第四条　对事权不在村或村难以解决,需要镇级层面协调解决涉及"四个平台"的问题,实行分流交办。对镇指挥中心分流交办的办理单,职能部门应当在2小时内签收。

第五条　事权部门对签收的事项经确认由本部门办理的,应当及时受理。

---

[1]《王家井镇综合信息指挥中心运行管理制度》等相关文件,系我们根据诸暨市档案馆文件复印件扫描识别后生成的文档,由于复印件部分折角处不清晰,存在个别文字错讹、缺漏,有待进一步查证,特此说明。——编者注

对不属于本部门职责范围的,应当在1个工作日内退单,并向镇指挥中心提交盖单位公章的书面说明,逾期视为受理,不得退单。收到事权部门退单书面说明后,镇指挥中心应当在2个工作日内完成会商,并根据会商结果明确事权部门予以再次转发,事权部门应当在2小时内签收。

第六条 对受理事项的事权部门实行日常督办,促使事权部门在规定时间内按正常流程办理事项。

第七条 对无法确认事权部门的疑难办理件,由镇指挥中心召开协调会提出处理意见,并形成一事一表,专题呈报镇主要领导,根据领导意见,事权部及时进行转办。事权部门应当在5个工作日内向镇指挥中心反馈落实情况。

第八条 镇指挥中心无法处置的信息应及时报送至区综合信息指挥中心,并做好跟踪工作。

第九条 镇指挥中心对镇"四个平台"信息系统事项办理情况进行督查考核,并定期进行通报。

1.4.7 王家井镇"四个平台"运行管理制度

(一)王家井镇综治工作平台运行管理制度

第一条 王家井镇综治工作平台(以下简称综治平台)设在镇政府行政服务大厅,具体由分管领导开展协调指挥,主要以镇综治办为依托,联合镇派出所、司法、信访办等方面力量。

第二条 综治工作平台主要是牵头组织、统筹协调抓好综治、信访、司法行政、反邪禁毒、警务、人民调解、法律援助、流动人口管理服务、平安宣传等各项工作。

第三条 坚持发展"枫桥经验",依靠、发动和组织群众,充分发挥政府、社会组织、群众协同治理作用,探索和总结基层社会治理的典型经验和做法。

第四条 不断完善全科网格建设,强化网格员队伍管理,发挥网格员信息收集、隐患排查、矛盾调解和民生服务等作用,平台对辖区内网格工作落实情况与网格员履职情况每季度考评一次。

第五条 每日落实专人,收集汇总省平安建设信息系统、"12345"政务咨询投诉举报平台、平安浙江APP等各类渠道的信息。每半天向镇综合信息指挥中心报送一次,遇到重大事件与紧急风险隐患,第一时间向镇主要领导报送。

第六条 每周定期召开工作例会,主要分析上周工作任务的推进情况,做好本周工作安排。

第七条 对涉及本平台的工作事项,一般的在3个工作日内办理、处置和回复完毕;较为复杂的在7个工作日内办理、处置和回复完毕。对涉及其他平台的事项,要在第1个工作日内分流转交至相应平台,由对口平台抓好落实,本平台要及时跟进反馈情况。对事权不在本级或本级难以处置的事项,要在第1个工作日内上报给区综合信息指挥中心。

第八条 对本平台办理的事项进行全程跟踪及绩效通报,对未及时受理或未按时反馈处理结果的进行督查通报。

第九条 每月定期向镇"四个平台"联席会议汇报本平台工作近况,做好本平台工作的同时,要按照镇"四个平台"建设的统一部署,积极加强与其他平台的交流沟通与协作配合。

(二)王家井镇市场监管平台运行管理制度

第一条 王家井镇市场监管平台设在镇政府大楼一楼,由镇食安办和市场监管局合署办公,实行双重管理。由镇分管领导负责牵头,食安办(市场监管分局)[1]承担该平台的日常管理协调工作。

第二条 市场监管平台主要承担面向企业和市场经营主体的行政监管和执法职责,重点加强对食品安全的日常巡查和违法案件的处置。

---

1 我们注意到"食安办和市场监管局"以及"食安办(市场监管分局)"这两类表述,实践中并无问题且都是规范的。——编者注

第三条　建立并实施网格化管理工作机制,发挥网格员信息收集、隐患排查、矛盾调解和民生服务等作用,平台对辖区内网格工作落实情况与网格员履职情况每季度考评一次。

第四条　对涉及其他平台的事项,在第1个工作日内分流转交至相应平台,由对口平台抓好落实,本平台要及时跟进反馈情况。对事权不在本级或本级难以处置事项,在第1个工作日内上报给区综合信息指挥中心。对镇综合信息指挥中心分流交办的办理单,本平台要在2小时内签收。

第五条　每周定期召开工作例会,主要分析上周工作任务的推进情况,做好本周工作安排。

第六条　每日落实专人,收集汇总平安通 APP 及其他渠道的各类信息。每半天向镇综合信息指挥中心报送一次,遇到重大事件与紧急风险隐患,第一时间向镇主要领导报送。

第七条　每季度至少开展一次市场监督管理相关法律、法规和有关政策的宣传培训及咨询服务现场会等活动。

第八条　在接到辖区内食品、药品和消费者的申述(投诉)举报后,一般的在3个工作日内办理、处置和回复完毕;较为复杂的在7个工作日内办理、处置和回复完毕。

第九条　对本平台办理的事项进行全程跟踪及绩效通报,对未及时受理或未按时反馈处理结果的要进行督查通报。

第十条　每月定期向镇"四个平台"联席会议汇报本平台工作近况,及市场监管执法过程中遇到的各类问题与矛盾。按照镇"四个平台"建设的统一部署,积极加强与其他平台的交流沟通与协作配合。

(三)王家井镇综合执法平台运行管理制度

第一条　王家井镇综合执法平台设在镇政府大楼二楼,主要以村镇建设办为依托,统筹国土、规划、环保、安监、交通、文化等相关条线的行政资源,开展联合执法。

第二条　综合执法平台主要是通过相应站所联合实施环境卫生管理、规划土地资源管理及环境保护等方面的行政处罚权。

第三条　充分发挥网格员发现和报告违法行为的作用,提高行政执法的有效性和针对性,每季度由平台对辖区内网格工作落实情况与网格员履职情况进行考评。

第四条　对涉及其他平台的事项,在第1个工作日内分流转交至相应平台,由对口平台抓好落实,本平台要及时跟进反馈情况。对事权不在本级或本级难以处置的事项,在第1个工作日内上报给区综合信息指挥中心。对镇指挥中心分流交办的办理单,本平台要在2小时内签收。

第五条　每周定期召开工作例会,主要分析上周工作任务的推进情况,做好本周工作安排。

第六条　每日落实专人,收集汇总来自平安通APP等各类渠道的违法行为信息。每半天向镇综合信息指挥中心报送一次,遇到重大事件与紧急风险隐患,第一时间向镇主要领导报送。

第七条　在接到辖区各类违法行为的投诉、举报后,一般的在3个工作日内办理、处置和回复完毕;较为复杂的在7个工作日内办理、处置和回复完毕。

第八条　对本平台办理的事项要进行全程跟踪及绩效通报,对未及时受理或未及时反馈处理结果的要进行督查通报。

第九条　每月定期向镇"四个平台"联席会议汇报本平台工作近况,及综合执法过程中遇到的各类问题与矛盾。按照镇"四个平台"建设的统一部署,积极加强与其他平台的交流沟通与协作配合。

(四)王家井镇便民服务平台运行管理制度

第一条　王家井镇便民服务平台设在镇行政服务大厅一楼,设有综合代办、经济发展、社会事业、民生保障、村镇建设、农业、公安等7个窗口。

第二条　按照"一窗受理、集成服务"的要求,对涉及上述7个领域的行政审批和公共服务事项,实行"一门式办理""一站式服务"。

第三条　按照"最多跑一次"的要求,梳理公布镇行政审批和公共服务事项清单,明确办事依据、办事流程和标准,并在浙江政务网、美丽王家井公众微信平台和镇便民服务中心全面公布。

第四条　开展"服务优胜窗口"评比活动,每月在大厅公布"服务优胜窗口"。

第五条　设立公众投诉电话(89088839),群众对办理事项不满意等可以向镇综合服务窗口反映,镇综合服务窗口对群众反映的问题应在1个工作日内向当事人进行反馈。

第六条　工作人员应履行和遵守首问负责制、政务公开制度、限时办结制度、服务承诺制度、一次性告知制、AB岗工作制、责任追究制度等各项规章制度。

第七条　建立每周例会制度,由镇分管领导召集,通报各个窗口办结情况和服务态度、群众投诉等事项。

1.4.8　王家井镇网格长、网格员考评制度(试行)

为加强对网格长、网格员的考核激励,最大限度地激发基层网格化管理服务工作的积极性、参与性,推动该项工作真正长效有序运行,特制定本考评制度。

一、考核对象

考核对象为"网格化管理、组团式服务"工作中参与网格服务管理过程的网格长、网格员。

二、信息奖励标准

对网格组成人员因上报信息产生的手机流量予以一定的保障。对基层网格上报的各类事件,经镇综合信息指挥中心办公室确认有效,按照提供事件的重要程度,对事件提供者原则上分四个档次给予相应奖励。

1. 一级事件(指不具有稳定风险,网格员可以当场处理完毕的事件)。各网格员每月需上报有效事件信息 20 条以上,符合要求的,每月每人次补贴 100 元。每月上报有效事件信息不足 20 条的,不予补贴。

2. 二级事件(指网格员无法独立处置完毕,需要上报至网格长,由网格长协助处置完毕的各类事件)。按最高 20 元/条给予奖励,所得奖励由网格长、网格员各得 50%。

3. 三级事件(指网格长无法处置完毕,需要上报至镇综合信息指挥中心,由镇综合信息指挥中心协助处置完毕的各类事件)。按最高 100 元/条给予奖励,所得奖励网格长、网格员各得 50%。

4. 四级事件(镇综合信息指挥中心无法处置完毕,需要上报至区综合信息指挥中心,由区综合信息指挥中心协助处置完毕的各类事件),按最高 500 元/条给予奖励。所得奖励网格长、网格员各得 50%。特别重大信息,可实行"一事一议",予以 1000 元以上奖励,所得奖励具体情况具体对待。

三、信息奖励方式

1. 信息奖励经费由镇综合指挥中心对上报信息的有效性、数量等进行统计核对后,报镇"四个平台"建设领导小组批准同意,按标准统一发放到村(居),并及时奖给信息提供者。

2. 一、二级事件奖励一季度考核发放一次,三、四级事件奖励半年度考核发放一次,特殊情况也可"一事一奖"即时奖励。

3. 同一信息有两个以上人员上报的,以最先上报者确定为考核对象。

4. 对于工作表现优秀的网格长、网格员,镇党委政府将对其进行年终表彰奖励。

5. 严肃奖惩纪律,严禁弄虚作假,一旦发现,不予奖励,并追究相关人员责任。

四、有关经费保障

1. 按照"分级奖励、有报必奖"原则,建立网格信息采集上报专项资金,由镇财政予以保障。

2. 奖励经费实行专款专用,接受上级部门审计监督。

五、其他说明

对不宜录入信息系统的信息,可在及时上报镇有关职能部门处置的同时,书面上报镇综合信息指挥中心备案,并采取"一事一议"办法,酌情予以奖励。本办法由镇"四个平台"建设领导小组负责解释。本办法自发文之日起实施。

1.4.9 《王家井镇"四个平台"建设完善基层治理体系资料汇编》目录

《王家井镇"四个平台"建设完善基层治理体系资料汇编》[1]

中共王家井镇委员会

2017 年 5 月

目录

一、政策文件

1. 关于加强镇乡(街道)"四个平台"建设完善基层治理体系的实施意见(市委办〔2017〕34 号)

2. 关于印发《诸暨市镇乡(街道)"四个平台"规范化建设实施方案》的通知(市"四个平台"办〔2017〕1 号)

3. 关于镇乡(街道)"四个平台"建设的考核意见(市"四个平台"办〔2017〕2 号)

---

[1] 这是关于"四个平台"具体制度建设的生动记录。本书收录了其中较具典型性和代表性的部分文件,并在此呈现目录以利读者窥其全貌。——编者注

4. 关于加强"四个平台"建设完善基层治理体系的实施意见（王委〔2017〕35号）

5. 关于成立加强"四个平台"建设完善基层治理体系领导小组的通知（王委〔2017〕34号）

6. 关于建立王家井镇"四个平台"建设工作协调小组的通知（王委〔2017〕55号）

7. 关于王家井镇综合信息指挥中心建设的实施方案（王委〔2017〕56号）

8. 关于深化基层治理综合网的实施方案（王委〔2017〕57号）

二、运行机制

1. 王家井镇"四个平台"建设联席会议制度

2. 王家井镇"四个平台"协调小组工作机制

3. 王家井镇综合信息指挥中心运行管理制度

4. 王家井镇综治工作平台运行管理制度

5. 王家井镇市场监管平台运行管理制度

6. 王家井镇综合执法平台运行管理制度

7. 王家井镇便民服务平台运行管理制度

8. 王家井镇网格长、网格员考评制度（试行）

9. 关于印发《驻镇站所单位考核管理办法》的通知（王委〔2017〕36号）

10. 关于2017年度行政服务中心窗口及工作人员的考核评比意见

三、工作流程

1. 王家井镇"四个平台"组织架构图

2. 王家井镇综合信息指挥中心运行流程图

3. 王家井镇综治工作平台运行流程图

4. 王家井镇市场监管平台运行流程图

5. 王家井镇综合执法平台运行流程图

6. 王家井镇便民服务平台运行流程图

第二章
网上政务服务"枫桥经验"史料

提要: 网上政务服务是数字技术与政务服务的深度融合,以"枫桥经验"为基础的网上政务服务实现了治理方式、治理效益与治理内容的时代创新。"网上枫桥经验"是"枫桥经验"的重要创新,也是其必要组成,是"枫桥经验"和我国网上政务服务的概念性结合。中央提出,"要总结推广'网上枫桥经验',推动社情民意在网上了解、矛盾纠纷在网上解决,努力使社会治理从单向管理向双向互动、线下向线上线下融合、单纯部门监督向社会协同转变"。就本书而言,"网上政务服务"为基层治理数字化提供了常态服务与常规治理,通过有效的常态化服务与治理,化解矛盾、削减矛盾,体现了"枫桥经验"的精髓。随着我国网上政务服务的推行和信息化的发展,基层治理更需要与"枫桥经验"相融合,为我国治理体系与治理能力现代化的发展进步注入新动力。

本章的文献史料主要包括两大类。第一类是基层治理数字化网上政务服务建设相关史料。具体史料包括:规定了政府数字化转型的"四横三纵"七大体系("四横"包括全面覆盖政府职能的数字化业务应用体系、共建共享的应用支撑体系、数据资源体系和基础设施体系;"三纵"包括政策制度体系、标准规范体系、组织保障体系)的《绍兴市深化"最多跑一次"改革推进政府数字化转型工作实施方案》,作为"最多跑一次"改革向医疗卫生服务领域的延伸、颇具可操作性和突破性的《绍兴市人民政府办公室关于加快推进医疗卫生服务领域深化"最多跑一次"改革的通知》,有助于呈现数字化治理全景的《2020年绍兴市政府数字化转型工作要点》等史料。第二类则是"诸暨基层治理数字化探索成果选编"与"'浙里兴村治社'基层治理数字化典型成果选编",呈现了"基层、细碎且日常"视角的史料,这类史料对于促进网上政务服务"枫桥经验"拼图的完整性、真实性,具有不可或缺的价值。

2.1 基于"枫桥经验"的政务服务思想源流、发展历程与实践路径[1]

"枫桥经验"是在中国共产党的领导下,由人民群众积极发挥首创精神并在现实实践中逐步积累起来的宝贵治理经验,网上政务服务是互联网技术与政务服务的深度融合,以"枫桥经验"为基础的网上政务服务实现了治理方式、治理效益与治理内容的时代创新。随着第四轮科技革命浪潮席卷全球,各种互联网信息技术迅猛发展,深刻影响甚至改变着人类的生产生活方式,不断推动人类社会治理向多维化、空间化、智能化发展。

"枫桥经验"与我国网上政务服务的融合发展是新时代我国基层社会治理的重要着力点之一,也是"枫桥经验"中"智治"概念的深化和提炼,是治理领域向立体化空间进行扩展的创新,具有重要的理论价值与现实意义。

2.1.1 基于"枫桥经验"的我国政务服务思想源流

我国的政务服务是各级政府及相关部门在中国共产党的领导下,始终坚持

---

[1] 本章的"基于'枫桥经验'的政务服务思想源流、发展历程与实践路径"部分,由苏州大学刘书文博士研究撰写。

以人民为中心的发展思想与基本原则,并依据法律法规为社会团体、企事业单位和个人提供的以便民、利民、惠民为主要目标的行政服务。"枫桥经验"是我国政务服务思想在实际政法工作中的生动实践。基于"枫桥经验"的我国政务服务思想在社会主义建设时期、改革开放时期和中国特色社会主义新时代三个不同历史阶段展现了不同的工作重点,集中体现了社会治理领域的发展和创新。

2.1.1.1 社会主义建设时期基于"枫桥经验"的我国政务服务思想

20世纪60年代,我国社会主义建设面临复杂严峻的国内国际形势。国际方面,中苏关系恶化、中印边境冲突加剧、台独势力滋生暗长;国内方面,我国经历了较为困难的三年建设时期,文化思想领域受到影响。在这样特殊且复杂的时代背景下,如何调动积极因素,化解消极矛盾,实现对"四类分子"的教育和改造成为了我国各级政法机关的重大课题。1963年2月,在党的八届十中全会精神指导下,中共中央决定以抓阶级斗争为中心,在全国农村开展社会主义教育运动,并针对城市和农村分别展开"五反""四清"运动。同年,毛泽东在杭州主持召开有部分中央政治局委员和各大区书记参加的会议,并制定了《关于目前农村工作中若干问题的决定(草案)》和《关于农村社会主义教育运动中一些具体政策的规定(草案)》,简称"双十条"。"双十条"中规定了对"四类分子"实行"一个不杀,大部不捉"的基本方针,让社教运动在全国范围迅速扩展开来。诸暨县枫桥区也在这一历史时期同步开启了社会主义教育运动。根据史料记载,在诸暨县枫桥区开展试点的7个公社中,"四类分子"达900余名,围绕对这一群体的改造和治理问题,部分基层干部根据"双十条"的精神引领,引导群众敞开思想、提高认识,首创"少捕,矛盾不上交,依靠群众,以说理斗争的形式把绝大多数'四类分子'改造成为新人"的宝贵治理经验,是我国政务服务在社会主义建设时期的重要突破和创新。

1963年11月21日,毛泽东亲笔批示:对枫桥的经验"要各地仿效,经过试点,推广去做"。[1] 1964年1月,中共中央转发了《诸暨县枫桥区社会主义教育运动中开展对敌斗争的经验》并向全党发出了《关于依靠群众力量,加强人民民主专政,把绝大多数四类分子改造成为新人》的指示,明确指出:"在依靠群众力量制服反革命分子和其他犯罪分子方面,现在我们有了很成功的经验","特别是诸暨县社会主义教育运动试点的经验是一个很好的典型"[2]。由此,"枫桥经验"开始走向全国。1970年12月,周恩来总理在第十五次全国公安工作会议上再次肯定了"枫桥经验"依靠群众专政的典型作用,对于我国政务服务水平的全面提升具有深刻的理论与实践价值。1973年6月,在纪念毛主席批示"枫桥经验"10周年的重要历史时期,浙江省掀起了大力推广"枫桥经验"的热潮,"枫桥经验"宣讲团纷纷到全省各地宣讲治理经验。7月,在公安部与浙江省公安厅和诸暨地区公安局的联合指导与调查下,形成了有关基层社会治理的《"枫桥经验"在前进》调查报告以及《对一般流窜犯就地改造比矛盾上交好》等多个典型材料。"枫桥经验"是我国基层干部与群众集体智慧的首创之举,不仅巩固和加强了社会主义建设时期的我国人民民主专政建设,有力打击了国内外敌对势力的破坏活动,促进了"四类分子"的教育改造,保障了人民群众生产生活各方面的顺利发展,同时也为我国基层社会治理增添了宝贵实践经验,为推进我国政务服务能力水平的全面提升提供了丰富的理论资源。

2.1.1.2 改革开放时期基于"枫桥经验"的我国政务服务思想

1978年,《光明日报》发表了《实践是检验真理的唯一标准》一文,有关真理标准问题的大讨论在全国范围内展开,拨乱反正和恢复发展生产工作逐步展开。我国政务服务思想在这一时期也亟待改革和突破。十一届三中全会召开后,全党确立了"坚持实事求是、一切从实际出发、理论联系实际"[3]的原则,实现

---

1 中共中央文献研究室编:《毛泽东年谱(一九四九——一九七六)》第5卷,中央文献出版社2013年版,第283页。

2 中共中央文献研究室编:《建国以来重要文献选编》第18册,中央文献出版社1998年版,第36页。

3 《中国共产党第十一届中央委员会第三次全体会议公报》,生活·读书·新知三联书店1978年版,第12页。

了全党全国工作重心向社会主义现代化建设的转移，我国政务服务发展也开启了社会主义现代化建设的全新步伐。在这一时期，关于"四类分子"的摘帽问题研究成为了一项典型课题。1979年2月，《人民日报》发表了《摘掉一顶帽，调动几代人——记浙江省诸暨县枫桥区落实党对四类分子的政策》，在再次肯定"枫桥经验"对政务服务的重要作用的同时，也为全党工作重心的逐步转移提供了现实确证。为"四类分子"摘帽不仅为在我国停止"以阶级斗争为纲"作出了独特的开创性贡献，也从政治上将"四类分子"的家属后代解放出来，使他们不再受到政治生活等多方面的歧视，有助于充分发挥他们的主观能动性并为社会主义现代化建设所用，是我国政务服务思想转变的一个重要实践。以党的十一届三中全会为起点，在实行对外开放政策的同时，我国正式迈入了社会主义现代化建设时期。但由于国内外各种复杂因素的影响，我国基层社会治理涌现出了许多新的问题，其中刑事违法犯罪问题最为明显，迎来了改革开放以来的第一个犯罪高峰。在如此复杂的历史变革时期，我国政务服务如何进行改革，如何及时调整社会治安治理方式，维护社会主义现代化建设时期的社会和谐稳定，成为了党和人民群众的共同关切，这一时期"枫桥经验"为我国政务服务发展提供了新的思考方向。

1980年，诸暨县枫桥区委起草了《进入新的历史时期后，我们是怎样坚持"枫桥经验"的》文章，文中观点认为，在目前阶级状况与社会条件发生历史性变革的情况下，坚持"枫桥经验"需要根据时代与社会要求进行重点聚焦，要从以往改造"四类分子"向帮助改造违法犯罪、维护社会治理治安方面转移，并在《关于枫桥区治安情况的调查报告》中提出了五项具体措施。1986年，枫桥区成立社会治安综合治理领导小组，并分级设立了乡镇级综合治理办公室以调解处理各项治安纠纷，同时全面调整了各地基层治保调解组织，有效提高了政务服务的能力水平。据史料统计，从1986年到1990年，枫桥区乡镇级和村级调解处理矛盾纠纷的社会治安事件9 800余件，就地教育挽救违法犯罪人员600余人，从根本上减少了违法犯罪情况,有效维护了社会治安稳定。1991年,全国人大作出了《关于加强社会治安综合治理的决定》,明确肯定了"枫桥经验"对于政务服务水平提升和社会综合治理能力提升的重要作用。1998年,我国政务服务重点关注农村地区,不仅要以"枫桥经验"为基础维护农村稳定,更要促进农村地区发展,切实加强农村地区基层组织建设工作。进入21世纪,在经济高速增长、社会利益格局发生深刻变化、基层社会矛盾尤其是民生矛盾与经济发展矛盾急剧增加的背景下,枫桥地区首先开展了"平安枫桥"建设,首创了乡镇级综合治理工作中心,创新发展了矛盾纠纷化解机制,总结出了"五个推进、五个最大"的"枫桥经验"新内涵,最大程度地减少了社会矛盾,推动了我国政务服务的现实运用。

2.1.1.3 中国特色社会主义新时代基于"枫桥经验"的我国政务服务思想

2012年,党的十八大召开,以习近平同志为核心的党中央领导全国各族人民接续奋斗,创立了习近平新时代中国特色社会主义思想。随着中国特色社会主义进入新时代,"枫桥经验"与我国政务服务的深度融合也得到了进一步发展。2013年,在纪念毛泽东同志批示"枫桥经验"50周年大会召开前夕,习近平总书记强调:"各级党委和政府要充分认识'枫桥经验'的重大意义,发扬优良作风,适应时代要求,创新群众工作方法,善于运用法治思维和法治方式解决涉及群众切身利益的矛盾和问题,把'枫桥经验'坚持好、发展好,把党的群众路线坚持好、贯彻好。"[1] 以"枫桥经验"为引领,我国政务服务建设以便民、利民和惠民为基本服务目标,逐步确定了新时代政务服务工作的新方向,并以建立政务服务中心、组建行政审批局和构建政务服务网等方式,不断提升我国政务服务能力水平。政务服务中心建设是我国政务服务建设的一项创举,打破了过去各职能部门分散式、封闭式的行政审批模式,形成了一站式集中受理审批格局,实现

---

[1] 《习近平就创新群众工作方法作出重要指示 坚持好发展好"枫桥经验"》,《人民日报海外版》2013年10月12日。

了政务服务模式的创新；行政审批局的建立，推动了我国行政审批权从以往简单的空间集中向各级政府职能整合、资源集约的转变；政务服务网的构建形成了线上线下互动融合的政务服务集成集群体系，从根本上改变了政务服务工作机制。这三项举措在与"枫桥经验"进行深度融合的基础上，始终适应时代要求，不断创新工作方法，有效促进了我国政务服务建设在新时代的发展。

新时代"枫桥经验"在全面贯彻落实党的十八大、十九大、二十大指示精神的前提下，顺应了经济社会发展的历史新变化，始终紧抓群众工作这条主线，大胆探索与我国政务服务建设的深度融合模式，真正实现了社会由管理走向治理，再从治理走向服务的深刻转变，基本达到了"矛盾不上交、平安不出事、服务不缺位"的工作目标。我国政务服务建设是在改革环境下全面发挥政府职能效力的一项关键工作，是一个长期的、动态的、发展的演进过程，在新时代的具体实践中，不断根据社会历史条件和社会矛盾特点丰富"枫桥经验"内涵，推动我国政务服务普惠化、均等化、现代化发展，并构建多个政务服务平台，实现我国政务服务工作与新时代"枫桥经验"的深度融合。2017年，中共浙江省委政法委通过调研得出习近平新时代中国特色社会主义思想孕育发展了新时代"枫桥经验"的基本结论。2018年6月，诸暨市创立"1963法润"直播平台，旨在通过"互联网+"实现在线普法教育、直播互动答疑，推动"枫桥经验"向网络延伸，形成新时代网上"枫桥经验"，帮助老百姓更多地了解法律知识，将更多的矛盾纠纷化解在基层。在新的历史条件下，"枫桥经验"具有时代意义的创新，是以党建为引领、多元主体共同参与治理，由"政治、智治"与"自治、法治、德治"融合发展的推动政务服务能力水平全面提升、促进基层社会治理体系与治理能力现代化的宝贵经验。基于新时代"枫桥经验"的我国政务服务也必然根据时代要求和社会需要，进一步调整具体的工作方向，积极探索具有时代特色的政务服务模式，不断促进我国基层社会治理由"管理型"向"服务型"转变。

2.1.2　基于"枫桥经验"的网上政务服务发展历程

从"在政府管理中使用计算机"到"最多跑一次",从政务上网到政务服务,电子政务的不断优化发展之路,也是我国推进服务型政府的建设之路,事实上早在"六五"时期(1981—1985),我国已经明确提出要在政府管理中使用计算机,当时的国家计委、财政部等中央政府部门开始建立数据中心并开始进行电子数据处理。自1998年我国政府上网工程启动至今已有25年,回顾我国网上政务服务建设的历史进程,主要经历了初探、起步、发展和深化四个历史阶段。2018年1月,中央政法委在中央政法工作会议上提出了"网上枫桥经验",这是"枫桥经验"和我国网上政务服务的首次概念性结合。会上指出:"要总结推广'网上枫桥经验',推动社情民意在网上了解、矛盾纠纷在网上解决,努力使社会治理从单向管理向双向互动、线下向线上线下融合、单纯部门监督向社会协同转变。"[1] 随着近年来互联网信息技术的发展,我国网上政务服务如何在融入新时代"枫桥经验"的同时与信息技术实现深度融合,推动"互联网+政务服务"实现创新,成为了我国网上政务服务建设工作的重要内容。

2.1.2.1　初探阶段:1998—1999年

网上政务服务是我国政府职能转变的一项关键举措,也是推动构建服务型政府的重要方式之一。电子政务充分体现人民政府全心全意为人民服务的宗旨,使民众充分了解政府机关的各项情况,方便获取政府所掌握的各种有价值信息,更便捷地到政府机关办理有关事项,并在网上行使对政府的民主监督权利。[2] 基于"枫桥经验"的网上政务服务建设在党的领导下,始终遵循以人民为中

---

[1] 《中央政法工作会议总结:推广新时代"枫桥经验"促进城乡基层社会治理现代化》,2018年6月18日。
[2] 吴爱明:《中国电子政务——技术与应用》,人民出版社2004年版,第620页。

心的发展思想和为人民服务的基本宗旨。在互联网时代,政法机关运用信息化手段满足群众多样化的司法需求,已成为坚持和发展"枫桥经验"的一项重要内容。[1]

20世纪80年代中期至90年代初,我国政务服务工作初步形成办公信息化模式,期间,我国政府从"纸质化"办公逐步向使用计算机、传真、软件等现代化工具办公的"信息化"模式过渡,这一转变让政务事务处理效率得到有效提升,也开启了我国网上政务服务的初级探索阶段。1997年,我国信息化工作领导小组拟定《国家信息化"九五"规划和2010年远景目标(纲要)》,启动了"三金工程"。该阶段电子政务最大特点是通过计算机代替部分人工进行数据和文档处理,政务办公逐步实现电算化。20世纪90年代中期以来,以"三金工程""政府上网工程"及"三网一库"为代表的基础建设不断推进,在"三金工程"中,金桥工程建设了政府专用基础通信网,实现了不同政府部门之间的互联互通,进而服务了国家宏观经济调控和决策。由此我国逐步重视并实施重大电子信息工程,为网上政务服务建设工作奠定了技术基础。信息化发展推动网上政务服务体系不断健全,也让电子政务的服务范围得以扩大,质量和效率均得以大幅提高,同时有效提升了网上政务服务能力。可以看出,国民经济信息化建设的开展为我国网上政务服务建设奠定了一定基础,而网上政务服务建设则在党的领导下与"枫桥经验"核心要义进行了思想融合并进行了初步实践。1994年,我国正式接入国际互联网。这为我国电子政务发展创造了良好的客观条件。从历史上看,过去我国提供政务服务的范围主要聚焦于政府部门内部,随着改革开放以来对外开放政策的不断推进,我国国民经济信息化建设开始萌芽,政务服务重心开始向以政府上网为代表的服务导向转变。

改革开放以来,随着经济发展的需要,我国在招商引资过程中设立了集中

---

[1] 中国法学会"枫桥经验"理论总结和经验提升课题组:《"枫桥经验"的理论构建》,法律出版社2018年版,第152页。

审批制度。1995年,深圳市成立了对外投资服务中心,率先对外资项目进行联合审批,进一步提高了审批效率,优化了投资环境,提高了深圳招商引资的吸引力,实现了政务服务提供模式的创新;1998年4月,青岛市建立了我国第一个标准意义上的政府网站——青岛政务信息公众网,以方便市民群众了解青岛市网络政府的整体形象,并以此对政务信息进行资源整合从而提高政府办公效率。1999年,我国网络已呈现出中国科技网、中国公用计算机互联网、中国教育和科研计算机网、中国金桥网以及中国联通公用计算机互联网"五网奔腾"的局面。1999年1月,我国多个信息主管部门共同倡议发起"政府上网工程",以此推动我国各级政府部门构建"电子政府",为广大人民群众提供信息共享与便民服务,并以此为契机推动我国政府职能转变的深化改革。"政府上网",从本质上来说是政府职能上网,即在互联网上实现政府的职能工作,将线下政府职能拓展到互联网领域,借助信息技术平台在网上公开政府职责并行使政府权力,从而充分发挥政府服务效能。"政府上网工程"启动一年以后,便有超过3 000个政府网站正式成立,同时有70%以上的地级市政府在网站平台设立了服务栏。尽管限于技术水平原因服务栏的设置较为简易,但这些网站仍然为市民提供了基本的服务诉求渠道,是网上政务服务的一次突破性实践。同年,浙江金华将46个部门集中起来提供柜台式审批服务,设立了金华市政府集中办事大厅,在整合政务资源信息的同时为社会民众提供了便捷的办事服务平台,是我国政务服务模式创新的生动实践。

2.1.2.2 起步阶段:2000—2005年

2000年,党的十五届五中全会通过的《中共中央关于制定国民经济和社会发展第十个五年计划的建议》确立了加快国民经济和社会信息化以及持续推进行政管理体制改革作为"十五"时期的重要任务。这一决策为我国在行政审批制度改革和电子政务建设方面开启了新阶段。以全面推行行政审批制度改革实施为标志,我国网上政务服务从机制体制、基础支撑、制度保障等方面由局部探索进入起步阶段。一方面,电子政务建设成为我国全面推进国家信息化工作的重点,开始紧密结合政府职能转变和管理体制改革的需要,积极推行网上公共服务。另一方面,各地行政服务中心开始以信息化为手段,探索对传统政府形态和管理模式的优化和改变,积极构建适应信息化时代的新型管理服务体系,满足社会管理和公共服务的需要。《中共中央关于制定国民经济和社会发展第十个五年计划的建议》的实施对于我国的信息化发展具有重要的意义和影响。这一计划的通过反映了党和政府高度重视信息化建设,将其纳入国家发展的全局中,并确立了明确的发展目标和方向。随着全球信息技术的迅猛发展和互联网的普及应用,信息化已经成为推动社会进步和经济发展的重要力量,对于提高国家综合竞争力、推动产业升级、改善民生福祉具有重要意义。网上政务服务以信息技术为基础,通过整合政府资源、优化政务流程、提高办事效率,实现了政府与公民、企业之间的互动和信息共享,在信息化的背景下,电子政务建设成为我国在全面推进国家信息化工作中的重要环节。

2001年,国务院信息化工作办公室成立,全国政府网站建设范围也已经延伸到乡镇级政府,并开始向社会发布政府部门信息,有的还尝试提供在线服务,"数字福州"等具有典型创新性的电子政务发展模式开始涌现,政府专网、业务系统建设开始铺开。国务院办公厅还成立了国务院行政审批制度改革工作领导小组,该小组的主要任务是指导、协调和推动国家行政审批制度的改革工作。2001年10月,国务院批转了监察部、国务院法制办、国务院体改办、中编办联合起草的《关于行政审批制度改革工作的实施意见》,旨在合理划分和调整各部门的行政审批职能,简化程序,减少环节,加强并改善管理,提高行政审批的效率,并强化服务意识。这一文件的出台标志着我国行政审批制度改革工作进入了实质性的推进阶段。2002年5月,国家标准委和国务院信息化工作办公室联合印发了《电子政务标准化指南》总则部分,标志着我国电子政务标准化工作正式启动。7月,国家信息化领导小组第二次会议召开,会议审议通过了《国民经济和社会发展第十个五年计划信息化重点专项规划》以及《国家信息化领导小组关于我国电子政务建设的指导意见》。

2002年8月,中共中央办公厅、国务院办公厅联合下发《国家信息化领导小组关于我国电子政务建设指导意见》,这是首次以中共中央办公厅、国务院办公厅名义印发的电子政务全局性指导文件,其中规划的"两网四库十二金"成为后续一段时期重点建设的信息化工程。同年,国务院办公厅将"积极推进公共服务"[1]列为"十五"期间的重大任务之一,并指出行政审批制度改革的目标是简政放权、减少行政干预,促进市场活力和社会创新。通过合理划分和调整行政审批职能,精简审批程序,优化管理方式,行政审批的效率和透明度得到了显著提升。这些举措和指示共同推动了我国行政审批制度改革和电子政务建设的快速发展。同时,在党的领导下,政府部门积极开展网上政务服务建设,致力于提供更好的公共服务。网上政务的推进使得政府与公民、企业之间的互动更加顺畅,信息的共享和交流更加迅捷高效,并通过不断扩大服务内容和范围,更好地满足企业和群众的需求,促使政府更加透明、负责、高效地履行职能。2003年7月,国家信息化领导小组第三次会议召开,会议指出,当前的信息化建设要大力推广应用信息技术,加强信息资源开发利用,抓紧推行电子政务,切实加强信息安全保障工作。2004年,《中华人民共和国行政许可法》的正式颁布施行标志着我国行政审批制度改革迈入了法制化的新阶段。作为一部以规范政府行政许可行为为核心内容的法律,《行政许可法》具有重要的意义和影响力,不仅为行政审批制度改革的深入推进提供了坚实的法律基础和指导,明确了行政许可的基本原则,也为行政机关行使行政许可权限提供了明确的法律依据。通过推行网上政务服务,政府部门能够更好地整合资源、优化流程,提

---

[1] 吴爱明:《中国电子政务——法规与案例》,人民出版社2004年版,第15页。

高办事效率。同时,行政机关公开行政许可事项,不仅增加了透明度和监督性,也有利于防止行政权的滥用。随着我国网上政务服务的推行和信息化的发展,网上政务服务必然与现代信息技术进行深度融合,不仅需要加强制度建设和技术支持,更需要将其与"枫桥经验"的核心要义相融合,二者互通有无以确保取得良好的服务效果,为我国治理体系与治理能力现代化的发展和进步注入新的动力。

2.1.2.3 发展阶段:2006—2012 年

2006 年,党的十六届六中全会在构建社会主义和谐社会的全面战略部署中特别强调了建设服务型政府的重要性。全会指出了网上政务服务发挥社会管理和公共服务职能的重要意义以及加快电子政务建设的必要性。这是首次在党的文件中明确提出建设服务型政府的要求。2006 年 1 月,中央人民政府门户网站正式开通。中央人民政府门户网站(www.gov.cn)是国务院和国务院各部门,以及各省、自治区、直辖市人民政府在互联网上发布政务信息和提供在线服务的综合平台。中央人民政府门户网站的开通,对于促进政务公开、改进公共服务、提高行政效能,具有重要意义。2006 年 3 月,国家信息化领导小组发布《国家电子政务总体框架》,明确了构建国家电子政务总体框架的要求与目标,描绘了我国电子政务总体结构形态,指出了我国电子政务发展方向。同年 5 月,中共中央办公厅、国务院办公厅联合下发《2006—2020 年国家信息化发展战略》,进一步谋划了此后 15 年我国电子政务发展的整体方向、基本路径、基本框架、重点领域。在构建服务型政府的指导思想下,我国的网上政务服务开始着重实现在线处理的目标,积极推动信息技术与审批业务的有机结合,大规模建设审批业务信息化系统,从而推动网上政务服务进入全面发展的阶段。2007 年,海南省全面推行了审批事项、审批人员、审批职能"三集中",设立了多个中直部门和审批事项进驻省政务中心进行集中办理。2008 年,国务院批准建立了行政审批制度改革工作部际联席会议制度并组建了行政审批局,发布了《关于深入推进行政审批制度改革的意见》,推动集中受理向集约办理转变,强调了要充分运用现代信息网络技术来推进行政审批制度改革的重要意义,并对行政审批制度的相关事项受理提出了指导性意见,进一步推动了我国网上政务服务的深入发展。同年,成都市武侯区在全国率先成立了行政审批局,开始了"一枚印章管审批"的创新探索,我国网上政务服务开始了由空间集中向政务服务职能整合转变的发展阶段。

全国各地对于网上政务服务积极探索,形成了各具特色的政务服务模式,为开辟网上政务服务新格局提供了实践参考。一方面,我国政府积极引进先进的信息技术,优化和完善网上政务平台的功能和性能,以提供更加便捷、高效的在线政务服务,并加快与网上"枫桥经验"的融合,始终秉持自治、德治、法治与智治的基本治理原则。另一方面,政府加强对行政审批流程的规范和优化,通过信息化手段实现审批业务的在线办理,减少传统繁琐的纸质手续,提高审批效率和用户满意度。网上政务服务的建设一定程度上推动了各级政府部门之间的信息共享和协同工作,通过建立统一的数据平台和信息系统,政府部门可以实现信息资源的互通互联,避免了信息孤岛的问题,提高了政务处理的整体效能,对于实现服务型政府建设具有重要意义。

我国网上政府服务以构建服务型政府为关键,坚持以人民为中心的发展思想,以人民群众的需求为导向,通过信息化手段提供更加便捷、高效、贴近民生的公共服务,不仅有助于塑造我国政府良好的网络形象和公信力,也推动了政府与社会各界的良好互动,增进了政府与人民群众之间的信任和合作。同时,网上政务也逐步向智慧型政府发展,以智慧民生、智慧产业、智慧化基础设施等为建设内容的"智慧城市"项目遍地开花,我国网上政务布局逐步形成了多元尝试、多样创新的新格局。总的来说,这一时期的我国网上政务建设总体上向着更加开放、便利、高效的方向迈进,通过加快电子政务建设和推进网上政务服务的全面发展,不断为构建社会主义和谐社会做出积极贡献,进一步提升网上政务服务的能力和管理水平。

2.1.2.4　深化阶段:2013年至今

党的十八大以来,党中央高度重视网上政务服务工作,《国务院机构改革和职能转变方案》的颁布标志着我国政务职能转变序幕的拉开。在政策方面围绕"简政放权、放管结合、优化服务"的整体推进,陆续开展了相关政务工作。2014年,国务院办公厅颁布《国务院办公厅关于促进电子政务协调发展的指导意见》。《指导意见》指出电子政务建设作为今后一个时期我国信息化工作的重点,政府先行,带动国民经济和社会发展信息化。[1]强调了要逐步形成网上服务与实体大厅服务、线上服务与线下服务相结合的一体化新型政务服务模式。"互联网+政务服务"一系列政策的出台,推动了我国网上政务服务向数字化、信息化、智能化方向发展,利用新兴技术,整合信息资源、实现数据共享,构建省市"数治"科学化、现代化体系成为网上政务的主要内容。网上政务服务智能化的关键在于优化政府职能,确保政府的权力行使符合法律规定,并且明确界定政府和市场的边界,通过简政放权,减少行政审批环节,降低市场准入门槛,有助于为企业和民众提供更便捷、高效的政务服务。在以人民为中心作为发展思想,并积极借鉴和深入理解"枫桥经验"核心要义的前提下,我国网上政务服务应该紧密围绕人民群众的需求展开,将最广大人民群众的利益作为根本出发点和落脚点,通过调研和市场反馈,不断优化服务内容和形式,并建立用户反馈机制和数据分析,及时了解公众需求,改进服务模式,提升用户满意度。2015年,我国提出了"互联网+"行动计划,发布了《国务院关于积极推进"互联网+"行动的指导意见》,首次提出了"创新政府网络化管理和服务",旨在鼓励地方政府充分运用互联网等信息通信技术,推动网上政务服务智能化发展。网上政务服务智能化的

---

[1] 中华人民共和国信息产业部编:《2002—2003年电子信息产业经济运行状况与发展趋势》,人民出版社2002年版,第121页。

关键在于创新服务模式和技术手段,包括建立一体化的在线政务平台,提供全程电子化的政务服务流程,实现跨部门、跨地区数据共享,提高办事效率,并通过引入人工智能、大数据分析等先进技术,提供个性化、智能化的服务。

2016年,我国政府工作报告中出现了"互联网+政务服务"的新提法。然而,实现政务服务的智能化发展并非一蹴而就,也不仅仅是将传统政务服务迁移到互联网上那么机械简单。"互联网+政务服务"需要清晰的权力边界,面向用户需求,并追求创新绩效,即"简政放权、放管结合、优化服务"。浙江省在执法司法信息化建设方面起步比较早,率先建立了全国首个平安建设信息网、首个网络公安局,发布了首份司法透明指数,进行了首次网络司法拍卖。为进一步推动我国网上政务服务的发展,2016年4月,习近平总书记在网络安全和信息化工作座谈会上指出,加快推进电子政务,鼓励各级政府部门打破信息壁垒、提升服务效率,让百姓少跑腿、信息多跑路,解决办事难、办事慢、办事繁的问题。[1] 国务院办公厅转发了国家发展改革委等多个部门发布的《推进"互联网+政务服务"开展信息惠民试点实施方案》,并印发了《关于加快推进"互联网+政务服务"工作的指导意见》,该文件明确提出要加快推进"互联网+政务服务",深入实施信息惠民工程,构建方便快捷、公平普惠、优质高效的政务服务体系,我国网上政务服务随即进入深化发展阶段。9月,国务院发布《政务信息资源共享管理暂行办法》,用于规范政务部门间政务信息资源共享工作,包括因履行职责需要使用其他政务部门政务信息资源和为其他政务部门提供政务信息资源的行为,提出2017年底前,各省(区、市)人民政府、国务院有关部门建成一体化网上政务服务平台,2020年底前建成覆盖全国的整体联动、部门协同、省级统筹办理的"互联网+政务服务"体系目标。10月,习近平总书记主持中共中央政治局第三十六次集体学习时强调,我们要深刻认识互联网在国家管理和社会治理中

---

1 中共中央党史和文献研究院编:《习近平关于网络强国论述摘编》,中央文献出版社2021年版,第19页。

的作用,以推行电子政务、建设新型智慧城市等为抓手,以数据集中和共享为途径,建设全国一体化的国家大数据中心。[1]11月,国务院发布了《关于全面推进政务公开工作的意见》,提出要推进网站集约化建设,将没有人力、财力保障的基层网站迁移到上级政府网站技术平台统一运营或向安全可控的云服务平台迁移。打通各地区各部门政府网站,加强资源整合和开放共享,提升网站的集群效应,形成一体化的政务服务网络。

2017年,十九大报告指出,转变政府职能,深化简政放权,创新监管方式,增强政府公信力和执行力,建设人民满意的服务型政府。2017年1月,国务院发布了《国务院办公厅关于印发"互联网+政务服务"技术体系建设指南的通知》,围绕"互联网+政务服务"业务支撑体系、基础平台体系、关键保障技术、评价考核体系等方面,提出了优化政务服务供给的信息化解决路径和操作方法。2月,浙江省围绕打造政法信息化建设示范省目标,出台相关意见和政法数字化协同工程规划,全面启动以"一朵'政法专有云'、五个基础协同平台、八个示范项目"[2]为主要内容的政法数字化协同工程。7月,浙江省政法一体化办案系统试点运行启动,通过跨部门数据交换、业务协同、数据共享流程再造,构建起政法机关一体化的网上协同办案体系。[3]全国政务服务网建设在这一时期快速发展,许多地方和部门还开通了政务服务微信公众号、手机APP等集成平台,形成了线上线下互动融合的政务服务集成集群体系,同时还初步构建了评价考核体系,对网上政务服务的发展进行监督和评估,将服务质量、办事效率和群众满意度作为考核指标,从根本上改变了政务服务工作机制,进一步促进了我国治理体系与治理能力的现代化和数字化转型,推动我国网上政务服务逐步成为政府

---

1 中共中央党史和文献研究院编:《习近平关于网络强国论述摘编》,中央文献出版社2021年版,第21页。
2 杭州网:《全省政法机关推进一体化办案系统应用》,2018年4月4日,https://hznews.hangzhou.com.cn/chengshi/content/2018-04/04/content_6840142.htm。
3 中国法学会"枫桥经验"理论总结和经验提升课题组:《"枫桥经验"的理论构建》,法律出版社2018年版,第153页。

治理模式的创新应用。3月,浙江省人民政府发布的《浙江省公共数据和电子政务管理办法》指出"公共数据和电子政务管理遵循统筹规划、集约建设、汇聚整合、共享开放、有效应用、保障安全的原则"[1],为规范与促进公共数据和电子政务发展,推动公共数据和电子政务统筹建设与资源整合,提升政府信息化治理能力和公共服务水平提出了具体路径。12月,中央网信办、国家发改委办公厅发布了《关于开展国家电子政务综合试点的通知》,提出在推动"互联网+政务服务"方面,要求试点地区在构建一体化网上政务服务平台、政务服务事项标准化、统一身份认证体系、全程网上办理、平台数据共享交换、电子证照互认等网上政务服务的关键环节形成突破。习近平总书记主持中共中央政治局第二次集体学习时也指出,要以推行电子政务、建设智慧城市等为抓手,以数据集中和共享为途径,推动技术融合、业务融合、数据融合,形成覆盖全国、统筹利用、统一接入的数据共享大平台,构建全国信息资源共享体系。[2]

2018年,时任总理李克强在《政府工作报告》中明确提出,要深入推进"互联网+政务服务",使更多事项在网上办理,必须到现场办的也要力争"只进一扇门""最多跑一次"以及"加快政府信息系统互联互通,打通信息孤岛"等具体要求。4月,习近平总书记在全国网络安全和信息化工作会议上指出,要运用信息化手段推进政务公开、党务公开,加快推进电子政务,构建全流程一体化在线服务平台,更好解决企业和群众反映强烈的办事难、办事慢、办事繁的问题。[3]7月,国务院印发《国务院关于加快推进全国一体化在线政务服务平台建设的指导意见》要求加快建设全国一体化在线政务服务平台,深入推进"放管服"改革,推动政府治理现代化。12月,国家密码管理局发布《电子政务电子认证服务质量评估要求》,规定了从电子认证业务规则管理、数字证书服务、应用集成服务、信息

---

[1] 中华人民共和国司法部:《浙江省公共数据和电子政务信息管理办法》,2017年8月3日,http://www.moj.gov.cn/pub/sfbgw/flfggz/flfggzdfzwgz/201708/t20170803_141877.html。
[2] 中共中央党史和文献研究院编:《习近平关于网络强国论述摘编》,中央文献出版社2021年版,第134页。
[3] 同上书,第24页。

服务、使用支持服务和安全管理与服务保障等方面进行服务能力的评价。为了响应《政府工作报告》的要求,在"最多跑一次"改革中,诸暨市强化政务管理智慧应用,建立政务大数据平台,打通数据共享接口47个,归集数据40亿余条,基本涵盖所有涉民事项,并全面运行新版协同办公系统,初步实现无纸化办公。加速推进数字城市建设,筹划"城市大脑",深化"雪亮工程",着力推动"互联网+"同社会治理有效融合。截至2019年底,诸暨市"一证通办"民生事项数292项,实现率93.15%;45个部门3 085项政务服务事项,"网上办"实现率99.71%;"跑零次"实现率99.71%,"掌上办"实现率99.09%,即办率达93.03%,"让数据多跑路,让群众少跑腿"已成为现实。2019年4月,国务院办公厅发布了《政府网站与政务新媒体检查指标》和《政府网站与政务新媒体监管工作年度考核指标》,提出要加强和完善政府网站及政务新媒体日常管理和常态化监管工作。自此,国务院办公厅将每半年对全国政府网站及政务新媒体运行情况进行抽查,每年度对有关监管工作进行考核,抽查和考核结果将予以公开通报。12月,《国家政务信息化项目建设管理办法》出台,规范了国家政务信息化建设管理,指出要推动政务信息系统跨部门跨层级互联互通、信息共享和业务协同,强化政务信息系统应用绩效考核。

2020年9月,《国务院办公厅关于加快推进政务服务"跨省通办"的指导意见》发布,从高频政务服务事项入手,要求2020年底前实现第一批事项"跨省通办",2021年底前基本实现高频政务服务事项"跨省通办",同步建立清单化管理制度和更新机制,逐步纳入其他办事事项,有效满足各类市场主体和广大人民群众异地办事需求。2021年3月,人大审议通过了《中华人民共和国国民经济和社会发展第十四个五年规划和2035年远景目标纲要》,其中"提高数字政府建设水平"一章要求:全面推进政府运行方式、业务流程和服务模式数字化智能化;深化"互联网+政务服务",提升全流程一体化在线服务平台功能。在互联网、物联网、云计算、大数据、人工智能、移动互联等技术的推动下,电子政务进入"互联网+"阶段,并开始向推动公共服务、改善营商环境、优化社会治理改革和行政效能提升的"数字政府"方向发展。2020年4月,浙江省人民政府发布了《浙江省人民政府办公厅关于全面推进基层政务公开标准化规范化工作的实施意见》,提出要以"最多跑一次"改革为牵引,以政府数字化转型为支撑,坚持标准引领、需求导向、依法依规、改革创新,全面推广应用前期试点形成的好经验好做法,围绕行政权力运行全流程和政务服务全过程,优化政府信息供给,推动基层政务公开标准化规范化全覆盖,确保政务公开有标可依、有规可循、权威高效、群众满意。[1]6月,工信部、网信办发布了《关于加快推动区块链技术应用和产业发展的指导意见》,指出要建立基于区块链技术的政务数据共享平台,促进政务数据跨部门、跨区域的共同维护和利用,在教育就业、医疗健康和公益救助等公共服务领域开展应用,促进业务协同办理,深化"一网通办"改革,为人民群众带来更好的政务服务体验。11月,国务院办公厅发布了《全国一体化政务服务平台移动端建设指南》,强调了要加强政务服务平台移动端标准化、规范化建设和互联互通,创新服务方式、增强服务能力,推动更多政务服务事项网上办、掌上办,不断提升企业和群众的获得感和满意度。12月,《浙江省政务公开五年行动计划(2021—2025年)》提出要充分利用大数据、区块链、云计算等现代信息技术,推动政务公开数字化转型,促进公共数据有序开放,实现数据共享、数字赋能,使政务公开更加权威、高效、精准。[2]

2021年1月,国务院办公厅发布《关于进一步优化地方政务服务便民热线的指导意见》,指出各地区要建立统一的12345热线信息共享规则,加快推进各级12345热线平台与部门业务系统互联互通和信息共享,向同级有关部门实时推送受理信息工单记录、回访评价等所需的全量数据。2月,《浙江省国民经济和社会发展第十四个五年规划和二〇三五年远景目标纲要》提出要加快提升省

---

[1] 浙江省人民政府网站:《浙江省人民政府办公厅关于全面推进基层政务公开标准化规范化工作的实施意见》,2020年4月20日,https://www.zj.gov.cn/art/2020/4/20/art_1229019365_61820.html。

[2] 浙江省人民政府网站:《浙江省人民政府办公厅关于印发浙江省政务公开五年行动计划(2021—2025年)的通知》,2021年8月20日,https://www.gov.cn/xinwen/2021-08/20/content_5632450.htm。

市两级公共数据平台能级,加强数据质量治理。完善"两地三中心"政务云架构,强化电子政务网络安全体系。深化政务服务"一网通办",探索推广智能审批。[1] 3月,《中华人民共和国国民经济和社会发展第十四个五年规划和2035年远景目标纲要》提出要将数字技术广泛应用于政府管理服务,推动政府治理流程再造和模式优化,不断提高决策科学性和服务效率、全面推进政府运行方式、业务流程和服务模式数字化、智能化。4月,《国务院办公厅关于印发2021年政务公开工作要点的通知》提出要全面推行政府网站集约化建设,构建网上政府的数据底座,推动公开、互动、服务融合发展,推动更多政务服务事项网上办、掌上办、一次办,实现一网通查、一网通答、一网通办、一网通管。8月,浙江省人民政府印发《浙江省人民政府办公厅关于印发浙江省政务公开五年行动计划(2021—2025年)》,强调要坚持数字化转型,充分利用大数据、区块链、云计算等现代信息技术,推动政务公开数字化转型,促进公共数据有序开放,实现数据共享、数字赋能,使政务公开更加权威、高效、精准,牢牢把握"重要窗口"目标定位,按照"整体智治"理念,坚持标准化、规范化、数字化、便利化方向,充分发挥科技创新和人才优势,推动政务公开高质量发展。

2022年1月,《"十四五"推进国家政务信息化规划》指出要立足新发展阶段,完整、准确、全面贯彻新发展理念,构建新发展格局,坚持"大平台、大数据、大系统"一张蓝图绘到底,以服务市场主体和便利广大群众为重点,统筹推进重大政务信息化工程建设,综合运用新技术新理念新模式提升治理能力、优化公共服务、推动高质量发展、满足人民期盼,推进数字政府建设,形成与数字经济发展相适应的数字治理能力,带动促进数字社会建设,有力支撑国家治理体系和治理能力现代化。同月,我国发布的《"十四五"数字经济发展规划》提出了"在线政务服务实名用户规模由2020年的4亿发展为2025年的8亿"的目标:

---

1 浙江省人民政府网站:《浙江省国民经济和社会发展第十四个五年规划和二〇三五年远景目标纲要》,2021年2月5日,https://www.zj.gov.cn/art/2021/2/5/art_1229463129_59083059.html。

数字化公共服务更加普惠均等。数字基础设施广泛融入生产生活,对政务服务、公共服务、民生保障、社会治理的支撑作用进一步凸显。数字营商环境更加优化,电子政务服务水平进一步提升,网络化、数字化、智慧化的利企便民服务体系不断完善,数字鸿沟加速弥合。中央网信办等多部门发布的《数字乡村发展行动计划(2022—2025年)》强调要推动"互联网+政务服务"向乡村延伸。完善全国一体化政务服务平台,推动实现网上政务服务省、市、县、乡、村五级全覆盖,提高涉农事项全程网上办理比例,推动政务服务"网上办、掌上办、一次办"。3月,《国务院关于加快推进政务服务标准化规范化便利化的指导意见》提出要在2022年底前,国家、省、市、县、乡五级政务服务能力和水平显著提升,国家政务服务事项基本目录统一编制、联合审核、动态管理、全面实施机制基本建立,政务服务中心综合窗口全覆盖,全国一体化政务服务平台全面建成,"一网通办"服务能力显著增强,企业和群众经常办理的政务服务事项实现"跨省通办"的目标;在2025年底前,政务服务标准化、规范化、便利化水平大幅提升,高频政务服务事项实现全国无差别受理、同标准办理,高频电子证照实现全国互通互认,"免证办"全面推行,集约化办事、智能化服务实现新的突破,"网上办、掌上办、就近办、一次办"更加好办易办,政务服务线上线下深度融合、协调发展,方便快捷、公平普惠、优质高效的政务服务体系全面建成。6月,《国务院关于加强数字政府建设的指导意见》强调要全面贯彻网络强国战略,把数字技术广泛应用于政府管理服务,推动政府数字化、智能化运行,为推进国家治理体系和治理能力现代化提供有力支撑。6月,浙江省诸暨市人民政府发布了《诸暨市人民政府办公室关于明确政务公开目录管理及动态调整机制的通知》,结合诸暨市政务公开工作实际,明确了政务公开目录管理及动态调整机制,提出将通过定期和日常监督检查、受理投诉等方式对各单位进行检查,以进一步加强政务公开标准化规范化建设。[1] 诸暨市还开辟了"政民e线"网络问政频道,打造移动端

---

1 诸暨市人民政府网站:《诸暨市人民政府办公室关于明确政务公开目录管理及动态调整机制的通知》,2022年6月11日,https://www.zhuji.gov.cn/art/2022/6/1/art_1229113593_59076638.html。

"政民e线",开通"政民e线"直通车,全市88个重点部门和23个镇街新闻(网络)发言人全部入驻,方便群众随时随地反映民生诉求。对于网友反映强烈、关注度高的热点问题,同步开展线下媒体监督、部门督查,将网友回访满意度、问题解决率与单位年度考核挂钩,形成"线下问题线上反映,线上回复线下解决"网络问政闭环,助推城市综合管理水平更高效精准。每年,网信、公安、市场监管、新闻出版等单位开展联合执法检查,依法整治网络广告违法违规行为,集中查处打击网上淫秽色情、网络谣言、侮辱诽谤等有害信息,并协同普及宣传网络安全、网络反诈等知识,构建安全、绿色、健康的网络环境。2020年7月22日,诸暨市还在全省网信行政执法工作现场会上交流发言,介绍依法治网新方式新举措。2022年8月,浙江省人民政府印发《浙江省人民政府关于深化数字政府建设的实施意见》,明确提出了以数字政府建设持续创新施政理念、履职方式、服务模式、治理机制,推动公平服务普惠便利化、政府管理透明公平化、政府治理精准高效化、政府决策科学智能化。[1]明确了浙江数字政府建设两个阶段目标:到2025年底,实现政府履职核心业务数字化全覆盖,"掌上办事之省""掌上办公之省""掌上治理之省"基本建成,政府治理体系和治理能力现代化水平显著提升,以数字政府实战实效助力实现"两个先行";到2035年,高水平建成"整体智治、唯实惟先"的现代政府,为基本实现高水平现代化和共同富裕提供强大动力和法治保障。

2.1.3 基于"枫桥经验"的网上政务服务实践路径

随着现代信息技术的迅猛发展,我国在网上政务服务建设方面确定了"互联网+政务服务"的基本发展方向,在保证政府信息化和构建服务型、智慧型政

---

1 浙江省人民政府网站:《浙江省人民政府关于深化数字政府建设的实施意见》,2022年8月4日,https://www.zj.gov.cn/art/2022/8/4/art_1229667474_2413919.html。

府战略目标的前提下,针对可能出现的矛盾纠纷或治理困境,在推进网上政务服务建设的同时嵌入新时代"枫桥经验",必须从宏观设计、制度安排和技术突破三方面入手,坚持统筹融合实现提质增效,不断完善网上政务服务多维体系,推动网上政务服务技术发展创新。

2.1.3.1　坚持统筹融合实现网上政务服务提质增效

新时代实现网上政务服务提质增效,需要从战略规划、技术创新、资源整合等角度入手,进行统筹融合和合理规划。

首先,制定全面的战略规划是推动网上政务服务提质增效的关键。推进网上政务服务建设是一个长期的动态发展过程,不可一蹴而就,需要制定长远的发展目标和实际规划,明确推动网上政务服务的战略地位和重要意义,要从战略角度明确政府在信息化建设方面的定位和职责,创新政府与企业和人民群众等各方之间的关系和互动模式。应合理规划网上政务服务的发展方向,确定网上政务服务未来发展的目标和重点任务,通过提供更便捷的在线申报、审批和查询服务,提高政务服务的效率和便利性;建设安全可靠的电子政务平台,鼓励政府部门之间的数据交流和共享,促进政务服务的整体协同性和一体化,注重提升政府公务人员的数字素养和技能,为他们提供必要的培训和支持,以适应信息化发展的需求;还要合理安排考核机制,建立完善的绩效评估体系,激励各级政府部门积极推进网上政务服务的建设,提高服务质量和效率。

其次,技术创新是推动网上政务服务提质增效的重要保障。推进网上政务服务建设需要积极运用先进的信息技术,利用云计算、大数据、人工智能等现代信息技术以提升网上政务服务的智能化和便利性。通过技术创新来最大限度地实现政务信息的集中管理和共享,提高数据的安全性和准确性。云计算技术可以为政务服务提供强大的计算和存储能力,政府可以将数据和应用程序存储在云端,实现数据的集中管理和共享,这样,不同部门之间可以更便捷地获取和共享信息,提高工作效率。运用大数据技术对政务数据进行整合和分析,可以获取更全面、准确的信息,为决策提供科学依据,还可以进行智能化的预测和预警,提前发现问题并采取相应的措施,提高政务服务的响应速度和质量。人工智能技术在网上政务服务中也有广泛的应用前景。例如,通过自然语言处理和机器学习技术,可以实现智能化的在线咨询和问题解答,为网上政务服务提供自动化的流程管理和决策支持。同时,政府还应积极探索新兴技术在政务服务中的应用。例如,区块链技术可以提供可信的信息存储和交互方式,增加政务信息的透明度和可信度。物联网技术可以实现智能化的监管和服务,通过感知设备和物体之间的互联互通,提供更智能、便捷的政务服务体验。

最后,资源整合是推动网上政务服务提质增效的重要手段。推进网上政务服务需要整合各方资源,包括人力资源、财力资源和信息资源等,形成统一的管理体系和协同工作机制。在人力资源方面,政府应该加强对政务人员的培训,使其能力得到提升。随着信息技术的发展,政务工作人员需要具备应对信息化环境的能力和专业水平。因此,政府可以通过组织培训课程、开展知识分享和经验交流等方式,提高政务人员的数字素养和技能水平。此外,政府还可以建立专门的人才队伍,吸纳具有信息化背景和专业知识的人才,为网上政务服务提供强有力的支持。在财力资源方面,政府应适当增加对网上政务服务的投入,包括技术设备的更新、系统的维护和安全保障等,通过制定专项资金计划,增加对网上政务服务建设的财政支持,通过与企业合作,吸引社会资本参与网上政务服务的建设和运营,共同承担投资风险,促进资源的充分利用。在信息资源方面,政府部门拥有大量的政务数据,包括人口统计、行政许可、财务预算等各个领域的数据信息,应加强对政务数据的管理和开放,建立统一的数据标准和共享机制,促进政务信息的互通和共享。通过数据整合和开放,不仅可以提高政务服务的效率和准确性,还可以激发社会的创新和创业活力,推动数字经济的发展。同时需要加强与企业、社会组织和公众的合作,鼓励社会组织发挥其在信息传播、社会监督等方面的作用,提高政务服务的质量和公信力,协同形成多方共治的局面。

2.1.3.2 完善网上政务服务多维体系建设

完善网上政务服务多维体系建设是提高政府服务效能和满足公众需求的关键,具体可从业务支撑体系、基础平台建设体系、关键技术保障体系和评价考核体系这几个方面入手。

第一,要建立健全的网上政务服务业务支撑体系。业务支撑体系是网上政务服务的核心,需要推动政务服务业务的设计与流程的优化、标准化和统一管理。要积极借鉴先进的管理经验和技术手段对政务服务进行创新和优化,实现网上政务服务在形式与内容上的创新,通过引入新技术和管理方法,提升政务服务的效率和质量,满足人民群众的实际需求;要合理制定统一的政务服务标准与规范,确保网上政务服务的一致性与可比性,要建立统一的业务流程和操作规程,降低网上政务服务的不确定性和风险;同时,还要加强对政务数据的整合和共享,建立统一的数据平台和共享机制,通过数据信息的流通与共享来提高网上政务服务的效率与准确性,降低政务服务可能会带来的重复劳动和信息不对称等问题。

第二,要建立健全的基础平台建设体系。基础平台建设体系是网上政务服务的基础设施,要注重网上政务服务的互联网基础设施、网络安全保障和云计算平台建立与维护等问题。推进网上政务服务建设要适当增加建设高速稳定的互联网基础设施的资金与技术投入,包括加强网络基础设施的建设,如光纤网络、移动网络,提升网络带宽和覆盖范围,提供更快速、稳定的网络连接,保障网上政务服务的顺畅进行;要加强对网上政务服务的安全保护,建立健全的网络安全防护体系和网络安全监测中心,实时监测和分析网络安全状况,及时发现和应对安全威胁,不断提升网络监测和应急响应能力。要积极通过对云计算平台的建设和应用,提高政务服务的弹性和可扩展性,并通过大数据与云计算来灵活调配资源,提高网上政务系统的运行效率和可靠性,鼓励政务部门将自己的应用系统迁移到云端,提高应用系统的可用性和便捷性,实现资源共享和协同办公。还应加强网络安全法规的制定和执行,提高网络安全法律法规的针对性和实施力度,提高政务工作人员和用户的网络安全意识,共同维护网上政务服务的安全稳定。

第三,要建立关键技术保障体系。关键技术保障体系是网上政务服务的支撑,在网上政务服务建设工作中要注重对人工智能、大数据、区块链等前沿技术的运用,加强对关键技术的研发。推进网上政务服务工作,可以利用人工智能技术实现智能咨询与问题解答,缩短在线化解纠纷的时间成本,政务部门可以开发智能化的机器人或虚拟助手,为用户提供即时、准确的咨询和解答服务,提高用户体验;运用大数据技术对政务数据进行挖掘、归类和分析,以获取有价值的信息和提供精准化、个性化、智能化政务服务,通过数据分析及时发现公众需求,及时发现公众关注的热点和问题以优化政务服务流程,也有助于政府第一时间把控和引导舆情,更加精准地制定政策和措施;利用区块链技术,实现政务数据的安全存储和传输,充分发挥区块链的去中心化和不可篡改特性,利用区块链技术搭建安全的数据存储和传输平台,确保政务数据的安全存储和传输,以提高网上政务服务数据的安全性。

第四,要建立科学合理的评价考核体系。评价考核体系是对网上政务服务进行监督和评估的重要手段。构建完善合理的评价考核体系要充分考虑用户满意度评价、服务质量评估和绩效考核等因素。推进网上政务服务建设应定期进行用户满意度调查,通过对用户反馈和意见的收集,及时了解民众对网上政务服务的评价和需求,政府可以了解公众对网上政务服务的评价,及时改进和优化服务,提高用户满意度。应建立科学的服务质量评估标准和指标体系,通过定量和定性评估等方式对网上政务服务的响应速度、准确性、便捷性等方面的指标进行全面评估,从而全面了解网上政务服务的优势和不足之处并提出相应的改进措施;还应建立网上政务服务的绩效考核机制,制定相应的绩效评价指标,对政务部门和工作人员进行绩效评价,以激励相关政务部门提供高效和优质的服务,绩效考核结果也可以作为政务部门和工作人员的考核依据,提高工作的责任感和积极性,不断提升网上政务服务的质量和效率,推动网上政务服务向更高水平发展。

2.1.3.3 推动网上政务服务技术发展创新

推动网上政务服务在技术发展方面的创新对于提高政府效能、优化公共服务、推进数字治理具有重要意义,主要可从互联网信息技术、网站运营技术和政务技术方面进行创新,推动网上政务服务不断进步和发展。

第一,促进互联网信息技术创新与应用。数据共享、业务协同是"互联网+政务服务"顺利开展的基础条件。[1] 互联网信息技术是支撑网上政务服务的基础,对互联网信息技术的创新与应用能够有效提高网上政务服务效率和用户体验。首先,大数据技术在网上政务服务中具有重要作用。通过对政务处理过程中产生的海量数据进行收集、整理和分析,可以获得有价值的信息资源,用于决策和二次政务服务。政府可以利用大数据技术对政务数据进行归类分析,发现数据中的潜在关联和规律,从而更好地了解公众需求、优化政务流程和提供个性化的服务,也可以及时发现问题和趋势,为决策提供科学依据,并引导政策的制定和调整,以提供更加精准、高效、智能的网上政务服务。其次,政务部门可以利用虚拟现实技术构建虚拟办公室或政务服务场景,用户可以在虚拟环境中办理业务、获取信息或与工作人员进行互动。增强现实技术则可以将虚拟内容叠加到现实世界中,为用户提供更加直观和丰富的政务服务体验。例如,通过手机应用或智能眼镜,用户可以扫描政务信息,获取相关数据、指导或实时导航,提升政务服务的便捷性和个性化。此外,可以借助人工智能技术以及开发智能机器人或虚拟助手等方式,与用户进行对话和交互,解答常见问题、提供政策指导或办理流程说明,不仅有助于提高服务的效率,减轻工作人员的负担,还可以满足用户随时随地获取政务信息和服务的需求。对这些前沿技术的研发与应用,有助于不断推动网上政务服务的数字化、智能化和现代化发展,全面提升治理水平。

---

[1] 翟云:《基于"互联网+政务服务"情境的数据共享与业务协同》,《中国行政管理》2017 年第 10 期,第 64 页。

第二,促进网站运营技术的创新。要注重网上政务平台建设,推动网站运营技术的突破和创新。网站平台是政府提供网上政务服务的主要渠道,通过运营技术的创新可以提升用户体验和服务质量。推进网上政务服务建设要注重网站的用户界面设计,运用简洁、直观、易用的界面导航、合理布局与友好交互,降低使用门槛,提升用户体验。清晰的导航结构和合理的信息布局可以使用户快速找到所需的政务信息和服务。友好的交互设计可以引导用户完成操作,减少操作失误和困惑,相关部门可以借鉴优秀的用户界面设计经验,注重用户反馈和测试,不断改进和优化用户界面。随着现代信息技术的普及与运用,网上政务服务平台建设可以积极采用响应式设计,人们使用不同设备访问网站的习惯多样化,应自适应不同设备的屏幕尺寸和操作习惯,保证在桌面电脑、平板电脑和手机等各种设备上都能为需要服务的群众提供一致的用户体验,提高网上政务服务的便捷性和可访问性。此外,在优化政务平台建设时可以利用个性化推荐算法,根据民众咨询或处理过的历史行为和偏好,推送相关的政务信息和服务,提高服务的针对性和效果。

第三,促进网上政务技术创新。政务技术就是在政务活动中运用信息通信技术设备、设计标准、操作程序、使用规范,协调公务员、地方政府、行政任务、政府绩效、公共服务关系的技术统称。[1] 针对政务服务特点和需求进行的技术创新,可以提高政务服务的效率和便利性。从具体操作过程来看,目前已经投入的有电子证照技术以及电子签章技术等。电子证照技术可以将各类证照电子化,实现证照的数字化存储和在线验证,方便公众办理事务。电子签章技术可以实现电子文档的合法认证和签署,提高办事效率和便利性。推进网上政务技术创新还需要注意技术标准与互操作性,确保不同系统和平台之间的互操作性,实现信息共享和业务协同;要注重信息安全和个人隐私保护,建立健全的

---

[1] 李鹏:《"互联网+政务服务"——技术制度双向调试作用》,人民出版社2017年版,第22页。

安全管理体系和隐私保护机制;同时还应积极与企业、学术界等合作,共享技术资源和经验,促进创新成果的快速应用和推广。总之,推动网上政务服务在技术发展方面的创新是实现高效、便捷、智能的政务服务的关键。通过互联网信息技术、网站运营技术和政务技术的创新,政府可以提供更加个性化、智能化和便利化的政务服务,促进政府治理能力现代化和数字化转型。只有不断推动技术创新,才能满足公众对高质量政务服务的需求,推动网上政务服务智能化发展。

总的来说,推进"互联网+政务服务"工作是党中央、国务院做出的重大决策部署,基于新时代"枫桥经验"基础上的网上政务服务建设是在全面实施网络强国战略背景下的重要举措。在党的领导下,全国各级政府部门从实现网上政务服务数字化、精准化、智能化协同出发,大力推进"一网审批、一网办理、一网汇聚"的省级统筹的一体化政务服务平台建设,取得了一系列宝贵经验和成就。新时代"枫桥经验"的内涵已经不仅仅局限于基层综合治理和矛盾纠纷化解,而是拓展到网络空间,被吸纳到网上政务服务的管理和建设过程中,成为新时代推进国家治理能力与治理体系现代化的着力点之一。

2.2 网上政务服务"枫桥经验"重要史料

2.2.1 绍兴市深化"最多跑一次"改革推进政府数字化转型工作实施方案[1]

各区、县(市)人民政府,市政府各部门、各单位:

现将《绍兴市深化"最多跑一次"改革推进政府数字化转型工作实施方案》

---

[1] 绍兴市人民政府:《绍兴市人民政府关于印发〈绍兴市深化"最多跑一次"改革推进政府数字化转型工作实施方案〉的通知》,2019年5月7日,http://www.sx.gov.cn/art/2019/5/7/art_1229487409_4756.html。

印发给你们,请认真贯彻执行。

绍兴市人民政府

2019 年 5 月 5 日

(此件公开发布)

为进一步推进政府数字化转型,高标准建设数字政府,全面提升政府治理能力,根据《浙江省深化"最多跑一次"改革推进政府数字化转型工作总体方案》(浙政发〔2018〕48 号)等文件精神,结合我市实际,制定本实施方案。

一、工作目标

到 2019 年底,政务服务事项 100% 实现"网上办理",60% 以上实现"掌上办理",70% 以上民生事项实现"一证通办",网上申报办件超过 50%,建成 3 个以上省级典型示范应用。"8+13"省级重大项目实现全市全贯通、业务全应用,取得明显应用成效。各区、县(市)政府数字化转型顶层设计全面完成,各建成 1 个以上市级典型示范应用。

到 2020 年底,全市政务服务事项实现全流程"一网通办",80% 以上事项实现"掌上办理";"浙政钉"掌上执法、掌上基层应用实现全覆盖;政务服务、执法监管、基层治理领域信息孤岛实现 100% 打通;市级及以下部门专网整合率达到 100%。

到 2022 年底,"掌上办事""掌上办公"实现政府核心业务全覆盖、一通道,非涉密政府系统实现"零"孤岛。"用数据说话、用数据决策、用数据管理、用数据创新"的机制全面建立。全市政府数字化转型达到"国内一流、省内领先"水平,成为全省乃至全国的政府数字化转型示范区和样板区。

二、总体框架

(一)数据平台架构。政府数字化转型主要包括"四横三纵"七大体系。"四横"包括:全面覆盖政府职能的数字化业务应用体系,共建共享的应用支撑体系、数据资源体系和基础设施体系;"三纵"包括:政策制度体系、标准规范体系、组织保障体系。

(二)建设架构。政府数字化转型按照"统分融"部署架构。

统一部署:按照省市两级节点部署、互联互通的原则,我市统一建设政务网络、政务云、大数据中心和重大基础性数据资源、应用支撑平台等公共技术平台。县级政府、市级部门原则上不再单独建设数据中心等基础设施,新建系统统一部署到政务云,已有系统逐步向政务云迁移。

分级应用:应用系统由县级政府、市级部门在统一的支撑体系下开发应用和运行保障。其中,重大公共性应用系统、各行业重要业务应用系统,市级部门根据省级主管部门确定的建设模式建设应用或运行保障。本地特色业务应用在统一基础平台、统一开发标准、统一应用框架下探索建设,鼓励县级政府、市级部门推出"自选动作",打造创新实践"绍兴样本"。

融合共享:我市政府数字化转型体系全面对接全省一体化在线政务服务平台。同时,通过全省数据共享交换平台,实现与其他地市的数据共享和业务系统,推进落实杭绍甬、长三角公共数据"互联互通",实现电子证照互认互通和政务服务标准统一,在医疗等高频涉民事项上建立更紧密的关系。

三、主要任务

(一)加快实施重大项目应用落地专项行动。推进省定项目改革落地。围绕经济调节等六大领域,推进"8+13"省级重大项目实现全市全落地、业务全应用;明确其他省定重点项目的建设模式和实施方案,持续深化"浙里办"掌上办事接入、执法监管基层系统管理、网络学习空间"人人通"规模化应用等3个省级试点项目,积极争创省级改革新试点。探索打造绍兴特色样板。结合绍兴实际,推进数据共享实现县乡村"最多跑一次"、基于"一件事"的"一证通办"等市级政府数字化转型重点工程,积极探索具有地方特色的数字化应用,为我省继续走在全国前列提供创新实践样本。

（二）加快实施"四办"改革再深化专项行动。深化"一证办"改革。打响"一证通办"试点经验品牌，全面实现数据信息跨部门、跨行业互认共享。推进证件全流程电子化，实现身份网络认证，打造"刷脸办""远程办"的"一证通办"品牌升级版。深化"全城办"改革。围绕群众"就近、多点"办事需求，实现高频涉民事项的"全市域可办、县域内通办"。深化"一窗办"改革。着力构建"一窗"受理、受办分离服务模式，并向乡、村延伸。深入做好"一件事"梳理归集，全面推行"一件事一窗办"。深化"移动办"改革。升级完善"浙里办"客户端绍兴平台，实现政务服务事项"掌上办"，深入推进已建政务服务 APP 整合，把"浙里办"作为"掌上办事"的统一、唯一入口。

（三）加快实施掌上办公常态化专项行动。推进移动化办公。依托"浙政钉"移动办公平台，深化"浙政钉"与协同办公系统的深入融合，推动政务工作实现移动化、协同式办理。推进电子化办公。围绕部门间"最多跑一次"改革，完善统一的电子公文交换平台，全面推广版式文件和电子印章，除涉密或法律法规有明确规定外，凡具备网上办理条件的均推行网上办理。拓展视频会议系统应用，全面实现电子化、远程化办公。

（四）加快实施数据资源共建共享专项行动。推进公共数据归集。按照"因需归集""应归尽归"原则，做好"最多跑一次"改革事项和政府数字化转型项目相关数据归集工作，实施政务数据归集大会战，实现数据资源的集中存储、管理和应用。强化公共数据治理。依托省政府信息资源目录体系，梳理发布市级信息资源目录体系；推进各部门建设共建共享的档案信息库；建立问题数据反馈整改责任机制和工作体系，推行问题数据"首问责任制"；建立数据常采常新和快速校核机制，提高数据资源清洗比对、纠错反馈能力。推动公共数据共享。依托市大数据平台，按照部门数据需求，提供数据或接口服务；根据业务需求，完善电子证照库等 6 个主题库。推进公共数据开放。重点推进与民生紧密相关、社会效益显著的数据开放应用工作，制定数据管理、开放办法，编制市公共数据开放目录,打造市公共数据开放平台,并统一接入省公共数据开放平台。

(五)加快实施基础设施集约化专项行动。统筹建设政务"一朵云"。持续推进政务云平台建设,深度融入全省政务"一朵云"体系,完善"两地三中心"(即同城生产数据中心、灾备中心、异地灾备中心)容灾备份体系。全面推行云优先战略,加快各级政务信息系统向政务云平台迁移。部署建设城市"三张网"。建设一体化"通信网",加快电子政务外网升级改造,加快推进各部门业务专网向电子政务内网或外网迁移整合和融合互联。建设全方位"感知网",建设跨部门、跨层级、跨地区的物联网感知体系,统筹各种传感器的选型、空间布局,实现各类物理感知数据共享使用。建设全覆盖"视频网",加快建设"雪亮工程",逐步实现"全域覆盖、全网共享、全时可用、全程可控"的公共安全视频监控建设联网应用。

(六)加快实施制度标准建设专项行动。健全制度体系。制定《绍兴市电子政务项目管理办法》,强化对项目的全生命周期管理。发布《绍兴市公共数据资源管理办法》和公共数据安全管理工作意见,明确公共数据需求管理、建设管理、运营管理标准,使公共数据存储、共享、开放有章可依。制定数据标准。按照《浙江省数字化转型标准化建设方案》,补充完善市级公共数据资源目录体系标准、元数据标准,明确公共数据资源整合规范、资源库建设规范以及数据标准和管理规划。

(七)加快实施应用技术支撑专项行动。可信身份认证一体化构建。依托省公民、法人、政府工作人员三大群体范围的可信身份体系,推进政务信息系统接入统一身份认证体系,实现身份"一处认证、全网漫游"。公共信用信息一体化建设。完善全市公共信用信息平台建设,推进与省信用平台的数据对接,推动市县信用平台的一体化建设;构建跨地区、跨部门的联动响应和失信约束机制,落实对信用"红黑名单"的联合奖惩措施。

(八)加快实施网络安全保障专项行动。完善网络安全保障体系。按照网络安全"同步规划、同步建设、同步实施"要求,落实关键信息基础设施保护制度、网络安全等级保护制度以及重大项目网络信息安全风险评估机制,推动安全与应用协调发展。构建网络安全协调指挥体系。按照纵向贯通、横向联动的要求,构建全市网络安全协调指挥体系,全面实现全市政府系统关键信息基础网络安全综合监管一体化。强化网络安全防护体系。提升数据安全防护能力,对重要数据资源实行分级分类安全管理,建立数据流动安全评估机制,强化个人和法人信息保护。落实安全管理主体责任,明确相关部门负责人、要害信息系统运营单位负责人的数据安全责任,增强各环节工作人员的保密意识,提高风险防控能力。

四、保障措施

(一)健全工作体系。成立绍兴市政府数字化转型工作领导小组,各地各部门要落实"一把手"责任制,建立政府数字化转型工作协调推进机制。制定工作实施方案,细化目标任务,确保各项工作落到实处。按照一个项目、一个专班的要求,建立重大工程跨部门、跨地区协同推进机制。各地要建立可持续的财政资金保障机制,有效支撑数字化业务系统平稳高效运行。建立健全专家咨询机制,加强对政府数字化转型顶层设计和重大项目方案的指导、论证、评估。

(二)明确职责分工。市大数据局负责政府数字化转型的组织协调和推进工作;市发改委、市财政局等部门协同做好电子政务项目立项、预算工作,杜绝重复建设;市委网信办、市公安局等部门协同抓好网络安全工作;市市场监管局配合相关行业主管部门做好政府数字化转型市级标准立项、批准发布工作;市司法局负责加强法制保障工作;市人力社保局负责研究制定政府数字化转型人才培养、队伍建设的行动计划。

(三)强化政企合作。积极探索"政府主导+社会参与"的数字政府建设运营模式,充分发挥政府的引导、管理作用和市场活力。探索建立灵活的政企合作机制,制定政府购买相关信息化服务管理办法。健全对第三方服务的管理制度,确保政府对核心业务和数据资源的有效监管。

(四)加强示范引领。积极争取国家和我省在电子政务和政府数字化转型方面的改革试点。建立试点示范和推广机制,实施一批政府大数据应用示范工程,鼓励各地在顶层设计框架下创先争优,开展政府数字化转型应用试点,形成最佳实践并推广复制。

(五)强化督查考核。将政府数字化转型工作纳入对各区、县(市)政府和市级各部门的工作目标责任制考核。开展重大任务落实情况督促检查和第三方评估,建立规范化管理档案,加强统计监测、绩效评估和考核监督。

附件:1.政府数字化转型"四横三纵"体系主要内容
  2.绍兴市政府数字化转型工作领导小组成员名单(略)
  3.政府数字化转型省级重点任务清单(2019—2022年)
  4.2019年绍兴市政府数字化转型专项任务清单

附件1

政府数字化转型"四横三纵"体系主要内容

政府数字化转型主要包括"四横三纵"七大体系("四横"包括:全面覆盖政府职能的数字化业务应用体系,共建共享的应用支撑体系、数据资源体系、基础设施体系;"三纵"包括:政策制度体系、标准规范体系、组织保障体系)。具体为:

1.业务应用体系。全面梳理政府部门核心业务,以服务对象为中心,打破条块分割、单部门内循环模式,建立业务协同模型,构建覆盖经济调节、市场监管、社会管理、公共服务、生态环境保护和政府运行六大领域业务应用体系。加快省级基础性通用应用系统落地,统筹建设一批符合地方特色的专业应用系统,逐步实现政府履职数字化应用全业务覆盖、全流程贯通。各类应用系统按照公共组件集成和统一标准接口,实现互联互通、业务联动、数据共享。

2.应用支撑体系。充分利用全省统一的一体化应用支撑体系,包括"一窗受理"、公共支付、公共信用、可信身份认证、电子签章(签名)、电子归档、地理信息服务、移动应用开发、大数据算法、人工智能、区块链等通用组件,为开发业务应用提供公共支撑。

3.数据资源体系。依托省公共数据资源目录体系,补充完善全市公共数据资源目录体系,搭建共享平台、分析挖掘平台、开放平台等市级子平台,并与省平台对接。根据业务需求,完善基础数据库、主题数据库功能和应用。加强数据资源规划、采集、存储、共享、开放,加强数据治理,提升数据质量和价值,推进共建共享的全市大数据资源体系建设。

4.基础设施体系。统筹建设电子政务网络、政务云平台,加强网络安全及运维保障,推进部门专网整合,促进行业云与全省政务"一朵云"融合,为各类业务应用提供统一、安全、稳定、高效、按需使用的基础设施资源。

5.政策制度体系。强化制度保障,加快推动和制定完善政府数字化转型相关法律法规和制度。在业务流程再造、数据共享开放、网上政务服务等方面制定配套制度。

6.标准规范体系。强化标准化建设,建立政府数字化转型总体要求标准、数据共享标准、业务管理标准、技术应用标准、政务服务标准、安全运维标准、系统集成标准等。在国家政务信息化标准安全体系框架下,积极构建具有我市特色的政府数字化转型地方标准体系,推动标准有效实施。

7.组织保障体系。强化组织保障,建立政府数字化转型工作协调机制,提升公务人员数字化素养,加强数字政府队伍建设,营造改革创新的组织文化。

附件2

绍兴市政府数字化转型工作领导小组成员名单(略)

附件3

政府数字化转型省级重点任务清单(2019—2022年)

	项目名称	工作目标	2019年工作任务	责任单位
一、经济调节数字化应用	★1.经济运行监测分析数字化系统	建设市县两级经济运行监测分析数字化平台,实现主要经济指标在线分析全覆盖,并依托政务钉钉实现经济运行数据和分析成果即时推送,实现移动办公。	9月底前,完成市级层面经济运行监测分析数字化平台总体框架搭建,建设经济运行分析基础数据库,初步实现主要经济指标分析可视化运用。	△市发改委、市经信局、市财政局、市商务局、市国资委、市市场监管局、市金融办、市统计局、市大数据局、市税务局、绍兴海关、绍兴电力局、绍兴调查队、人行绍兴市中心支行、绍兴银保监分局
	★2.自然资源空间基础信息平台	完成市级国土空间基础信息安全保障体系建设以及各区、县(市)数据与服务整合共享工作,提供市级本地化数据分发、规划应用与审批应用,完成功能较为完善的市级国土空间平台建设。	11月底前,完成市级和1—2个试点区、县(市)国土空间基础数据(国土数据)标准化入库和市级国土空间平台基础一期软件平台本地化开发部署,实现基础地理类数据服务、国土资源类数据服务的整合与共享。	△市自然资源和规划局、市发改委、市生态环境局、市建设局、市交通运输局、市水利局、市农业农村局、市人防办、市大数据局
	3.规划管理数字化平台	完成市级规划管理平台纳入省平台的工作。	12月底前,按省统一部署,完成市级规划管理平台纳入省级平台管理,实现规划编制业务协调和实施进程动态监测。	市发改委
	4.公共资源交易全过程电子化项目	推进公共资源电子交易系统市场化,引导市场主体参与平台服务供给。	逐步推进公共资源电子交易系统市场化。	市政务服务办公室

续表

	项目名称	工作目标	2019年工作任务	责任单位
一、经济调节数字化应用	5.智慧农业云平台	依托省农业农村基础数据库,推进农业领域数据整合挖掘,持续深化信息技术在农业农村建设中的应用。	协助建立省农业农村基础数据库,深化农业生产、美丽乡村数字化应用。	市农业农村局
	★6.数字财政	根据省财政厅推广应用进程,积极应用省级财税大数据平台,为财政决策、收支预测、资金分配、项目管理、绩效管理、监督检查、信息公开等提供有效支撑。应用省预算绩效管理信息系统,促进政府绩效与预算绩效深度融合。	加快政采云平台应用,根据省财政厅应用进程,积极实现法定采购方式全流程电子化,12月底前除土地出让收入外,90%以上的政府非税收入项目接入省统一公共支付平台,实施区、县(市)医疗收费电子票据管理试点改革。	市财政局
	★7.商务大数据应用	依托商务数字工作平台,强化数据资源、数据分析各环节建设和研究,提高商务经济运行监测分析、公共服务、决策支持的能力。	10月底前,完成省级外贸"订单+清单"预警机制动态监测模块、重大外资项目全流程跟踪服务模块应用,掌握企业开拓市场动向和订单走向。以此为基础延伸功能,建设涵盖内贸、外贸、外资、外经、电商等领域集监测、分析、指挥于一体的商务数字工作平台。	市商务局
	★8.审计监督大数据应用	市县两级审计部门与相关部门数据仓及全省审计大数据中心实现信息共享,全面应用省审计厅大数据审计综合管理分析平台,构建以公共财政运行安全和	10月底前,推广应用省审计监督大数据应用平台,并根据省建设进度推进市系统设备升级、审计专网改造等工作。	市审计局

续表

	项目名称	工作目标	2019年工作任务	责任单位
一、经济调节数字化应用	★8.审计监督大数据应用	绩效评价为重点的电子审计体系以及"总体分析、发现疑点、分散核查、系统研究"的数字化审计方式。		
二、市场监管数字化应用	★9.行政执法监管系统	全面应用全省统一行政执法监管信息平台和"浙政钉"移动执法模块以及信用重点监管名单库。通过关联分析内外部市场准入、生产经营、投诉举报、违法失信等主客体数据,主动发现违法违规行为,提升执法监管风险预判和处置能力,实现与国家"互联网+监管"系统对接联通。	5月底前,诸暨市完成事项梳理并先行进行掌上执法系统应用,6月底前完成试点任务;9月底前,全市推广应用浙政钉·掌上执法系统,完成平台试运行,各部门原有的执法APP一律停止使用。	△市市场监管局,诸暨市政府,其他市级有关部门
	10.重点行业重点物品数字化监管	对关系人民群众生命财产安全的重要行业、产品加强监督管理,采集生产、使用、检验、检查、执法等环节有效信息,完善数字化产品质量追溯体系,形成来源可查、去向可追、责任可究的信息链条。	在黄酒生产企业试点基础上,逐步推广应用绍兴市地产特色食品生产领域质量追溯系统。	△市市场监管局,市农业农村局、市应急管理局
	11.信用监管体系	完善绍兴市公共信用信息平台建设,推进与省信用平台的数据对接,实现与市级各部门综合性平台和业务系统的互联互通,推动市县信用平台一体化建设;	6月底前,完成省市公共信用信息平台的数据对接,做好市级各部门信用平台业务系统的嵌入式开发,推进政务审批、市场监管、公共服务等重点领域	△市发改委,市"信用绍兴"建设领导小组各成员单位,市大数据局

续表

	项目名称	工作目标	2019年工作任务	责任单位
二、市场监管数字化应用	11.信用监管体系	深化信用监管体系建设，构建跨地区、跨部门的联动响应和失信约束机制，落实对信用"红黑名单"的联合奖惩措施。	信用信息的情景化应用，打通部门信息交换共享渠道，健全联合惩戒的触发、实施与反馈机制，加大联合惩戒力度。9月底前，印发《绍兴市公共信用信息目录（2019版）》。	
	12.网络交易监管平台	应用省平台建设电商主体数据库和信用库，建立市场监管部门和网络交易平台之间的信用信息交互平台。应用省统一在线电子证据取证固证系统，为实施网络交易大数据监管执法提供技术支撑，实现"以网管网"。	全面推广应用省统一的网络交易监管平台，推广电子营业执照在市场监管、政务服务等领域的应用。10月底前，全面完成23个联办行业证照联办应用。	市市场监管局
	★13.金融风险"天罗地网"监测防控系统	应用"天罗地网"监测防控系统，及时分析研判、预警处置各类金融风险。依托基层治理"四个平台"，建设地方金融风险网格化排查模块，实现线上线下金融风险监测排查有机融合，增强地方金融风险防控能力。	推广应用"天罗地网"监测防控系统，对系统中高风险预警企业进行风险排查、反馈。	市金融办
三、公共服务数字化应用	★14.一体化在线政务服务平台	持续迭代完善浙江政务服务网、"浙里办"APP绍兴站，推行政务服务全程网办、"一证通办""一窗受理"。加快迭代升级企业投资项目在线审批监管平台，	6月底前，完成政务服务APP向"浙里办"整合。11月底前，政务服务事项100%实现网上可办，60%以上实现掌上可办，70%以上民生事项实现"一	△市政务服务办公室、市大数据局、市发改委、市公安局、市自然资源和规划局、市建设局、市市场监管局，其他市级有关部门

续表

	项目名称	工作目标	2019年工作任务	责任单位
三、公共服务数字化应用	★14. 一体化在线政务服务平台	推进工商登记全程电子化，建设数字"单一窗口"，提升跨境贸易便利化水平。	证通办"，网上申报办件超过50%。12月底前，所有民生事项和企业事项全部开通网上办。	
			12月底前，实现企业投资项目竣工验收前审批"最多90天"，审批事项减少10%以上，申报材料减少50%以上。	△市发改委，市建设局、市自然资源和规划局
			5月底前，全面实施常态化企业开办全流程"一件事"一日办结。	△市市场监管局，市政务服务办公室
			6月底前，实现"单一窗口"企业申报反馈平台市县贯通应用。	市商务局
	★15. 政务咨询投诉举报平台	配合做好省统一政务咨询投诉举报平台建设的反馈工作。	6月底前，督促各地各部门建立健全知识库更新维护机制。做好网上智能客服、热线智能客服的试用反馈工作。10月底前，网上智能客服、热线智能客服直接答复率达到85%以上。	市信访局
	★16. 医疗健康保障惠民服务	完善市民健康信息平台，实现电子健康档案和电子病历互通共享。建设药品器材招采、新医保支付方式、基金监管等业务，挖掘医疗业务数据，打造智能化决策分析系统。	建成涵盖基本医保、医疗救助等核心业务的信息系统，实现全流程智慧监管平台。推进区域医学影像共享中心建设。实现市内就医诊间结算和移动支付，省内和	△市卫生健康委、市医保局

续表

	项目名称	工作目标	2019年工作任务	责任单位
三、公共服务数字化应用			长三角门诊住院刷卡实时结算,跨省住院刷卡实时结算,探索信用支付、移动支付模式。9月底前,实现远程医疗服务全覆盖,推广应用居民电子健康卡。	
	17."互联网+社会保障"	做好"互联网+绍兴人社"项目的运行维护。持续推广第三代社保卡试点发放,进一步拓展社保卡在人力社保领域内以及公共服务、公用事业领域的应用范围。建设完成社保卡线上统一服务平台和人力社保部门"电子档案袋"。利用人脸识别认证等互联网手段,推进数据信息在扩面管理、异地领取养老金资格认证等经办、服务方面的应用。	完成"互联网+绍兴人社"一体化系统的开发及上线工作,试点发放第三代社保卡,基于浙江政务服务网,上线运行养老保险待遇网上自助测(估)算功能。	△市人力社保局,市医保局
	★18.数字教育	推进网络学习空间应用试点,深化之江汇教育广场建设。实现无线接入用户集中认证分级管理。大力推进学科教室和创新实验室建设,创建跨学科学习环境。	完成100所中小学数字校园示范校建设,实现样板区、县(市)90%以上中小学教师应用网络学习空间开展教与学活动,之江汇广场互联互通覆盖6个区、县(市),形成全市100个教师精品网络空间,建成100个以上省级特色空间。	市教育局

续表

	项目名称	工作目标	2019年工作任务	责任单位
三、公共服务数字化应用	19. 综合交通出行服务平台	推进综合交通信息资源共享开放，构建大交通信息平台、交通应急指挥平台、数字化公共服务平台。	加快综合交通智慧云平台、公众出行服务系统建设，10月底前将相关服务接入"浙里办"。	△市交通运输局、市公安局
	20. 社会救助信息平台	应用省社会救助信息平台，确保救助对象更早发现、救助工作更快开展、救助行动更为精准。	协助建设省统一社会救助信息平台，梳理整合民政、教育、医疗、住房等相关部门救助职责，10月底前实现省平台落地应用。	△市民政局、市教育局、市人力社保局、市建设局、市医保局
	★21. 文化和旅游信息服务平台	建立文旅数据资源动态采集管理系统，打造文化和旅游信息服务平台。加快建设文化和旅游数据中心，推进文化遗产资源及公共文化机构馆藏数字化。	实施全域智慧旅游信息化项目，完善全市智慧旅游云平台，实现"景点旅游"向"全域旅游"转变。	市文广旅游局
四、社会管理数字化应用	★22. 基层治理四平台	打通省市县各级部门条线信息系统和各区、县(市)基层平台，实现基层治理信息数据一网统揽。完善各区、县(市)基层平台，推进社会管理服务、信息分析研判等深度应用，实现网上网下事件闭环式管理、自动化流转、联动式协同、可视化指挥、智慧化分析。	12月底前，推动各类信息数据资源接入基层治理综合信息平台，实现在线矛盾纠纷多元化解平台与乡镇(街道)综治工作中心对接率100%。基于"浙政钉"完成基层网格员使用的平安通、流管通、安监通、房管通、河长通等移动端整合工作。	△市委政法委、市民政局、市司法局、市人力社保局、市市场监管局，其他市级有关部门
	23. 智慧城管	深化全市域智慧城管和综合执法一体化平台，建立安全可靠的城市管理综合数	利用政务资源共享平台，共享城市管理数据和视频监控资源，构建全市域智	△市综合执法局、市公安局、市财政局、市自然资源和规划局、市大数据局

续表

	项目名称	工作目标	2019年工作任务	责任单位
四、社会管理数字化应用	23.智慧城管	据库;加大智慧城管系统和综合执法系统的融合度,探索快速处置、非现场执法等高效执法模式,实现城市管理运行状态的全面可视和监测。	慧城管和综合执法一体化平台,健全城市管理"七步闭环工作法"和实现执法办案全过程数字化记录,实现省、市、县三级平台联网运行。	
	24.云上公安智能管控体系	加强重点人员、重点车辆、重点行业、重点物品等智能管控能力,提升涉毒违法犯罪预测预警预防能力。	开展公安内部业务数据整合,拓宽数据采集渠道,采用购买服务方式获取互联网公司数据,采用非接触式采集方式采集感知类数据;开展汇聚后的数据上云工作,开发符合实战需求的人员管控模型。	市公安局
	25.智慧消防	促进信息化与消防工作的深度融合,构建立体化、全覆盖的社会火灾防控体系,实现对火灾的动态感知、智能研判、精准防控,全面提升社会火灾防控能力。	全市火灾高危单位、设有自动消防设施的高层建筑、消防安全重点单位消防远程监控系统联网率达到100%,历史街区、文物保护单位全部安装"智能预警"系统,100人以上居住出租单元、全市所有消防安全重点单位全面覆盖电动自行车智能充电系统。	市消防救援支队
	26.综合应急指挥平台	建设应急管理综合指挥平台,提升全市应急防控水平。	9月底前,实现气象、地震等部门专业数据实时共享;接入市电子政务视联网、公共安全视频信息共享平台各类资源。	市应急管理局

续表

	项目名称	工作目标	2019年工作任务	责任单位
四、社会管理数字化应用	★27. 社会管理领域风险预警防控应用	深化应用省危险化学品风险防控大数据平台，提升社会管理领域风险预警防控能力。	应用省危险化学品风险防控大数据平台，实现省市县各级各部门协同监管。	市应急管理局
	28. 水管理平台	提升水利业务数字化和水利工程智能化管理水平，全面监测江河水位流量、用水总量、用水效率、水土保持等情况，加强水利工程的安全监测和运行监控，探索建立区域用水预警体系、洪水预报预警体系、工程联控联调体系。	按照省水利专网整合总体建设方案要求，做好水利专网整合建设各项任务。全面实施水土保持"天地一体监管"项目，实现生产建设项目扰动范围动态监督、检查。	△市水利局，市自然资源和规划局、市生态环境局、市建设局、市农业农村局、市应急管理局、市气象局
	29. 雪亮工程	完成公共区域、公共场所等视频监控的全方位建设，视频图像资源联网率达到100%。公共安全监控视频与市、县、乡三级社会治理综合指挥平台联网率均达到100%。完善公共安全视频监控系统联网应用的分层安全体系建设，实现"全域覆盖、全网共享、全时可用、全程可控"的公共安全视频监控建设联网应用。	织密全市公共安全视频监控网，推进"一总两分"平台建设，实现重点公共区域视频监控覆盖率、联网率达到100%；重点行业领域的重要部位视频监控覆盖率、联网率达到100%。建设视频解析云、多维大数据融合应用等智能化平台。9月底前，完成与省级公共安全视频图像信息共享总平台对接。	△市委政法委，市发改委、市公安局、市财政局、市审计局、市大数据局、市政务服务办公室
	★30. 散装水泥专用车辆安全共治系统	应用散装水泥专用车辆安全共治系统，有效监管散装水泥专用车辆。	将所属行业企业、从业驾驶员、所属专用车辆的基本信息按系统建设要求进行登记录入，出台	市商务局

续表

	项目名称	工作目标	2019年工作任务	责任单位
四、社会管理数字化应用			保障系统建设集市场化运行的文件。6月底前,实现省级散装水泥专用车辆安全共治系统落地应用。	
	★31.欠薪联合预警指挥平台	充分利用欠薪联合预警指挥平台,切实发挥平台实效。	推广应用省级欠薪联合预警指挥平台。	市人力社保局
五、生态环境保护数字化应用	32.生态环境主题库	推广应用生态环境主题库。	协助建立全省生态环境主体库、污染源数字化档案库。	市生态环境局
	33.生态环境全要素态势感知"一张网"	实现对生态环境要素态势的有效感知。	协助建立全省陆海统筹、天地一体、部门协同和数据共享的生态环境监测与态势感知"一张网"。	市生态环境局
	★34.污染防治攻坚战指挥协同"一张图"	应用生态环境保护综合协同管理平台,强化信息化调度、协同和指挥能力建设,为全省打好污染防治攻坚战做好事前预警、事中研判、事后时空分析。	协助建设生态环境保护综合协同管理平台,整合和打通各地各部门生态环境数据资源和业务管理系统。	市生态环境局
	35.自然生态资源监管"一本账"	应用自然生态资源综合信息监管系统,提升山水林田湖草统筹监督管理水平。	协助建成跨部门、跨层级、跨地区使用的自然生态资源综合信息监管系统。11月底前,实现平台应用全覆盖。	市自然资源和规划局
	36.生态环境治理应用服务中心	以治水、治气、治土、治废攻坚行动为抓手,对生态环境数据进行加工分析,通过"浙政钉""浙里办"向政府、公众和企业输出环境数字化产品。	通过"浙政钉""浙里办"逐步向政府、公众和企业输出环境数字化产品。	市生态环境局

续表

	项目名称	工作目标	2019年工作任务	责任单位
六、政府运行数字化应用	★37."浙政钉"移动办公平台	运用钉钉建群、即时消息、短信、邮件、语音、视频等功能，推动各类办文办会办事、督查督办、信息报送、工作交流、应急处置等政务工作实现移动化、协同式办理。	11月底前，优化提升"浙政钉"移动办公平台，推进各区、县(市)统一掌上办公，建设多功能、全覆盖的全市统一掌上办公平台。	△市大数据局，其他市级有关部门
	38.重点工作督查考评系统	运用省重点工作督查落实信息系统，实现对重点工作任务分解、进展过程、完成情况等全过程的动态跟踪、实施督查、及时反馈和绩效评估。探索建立基于大数据的政府绩效评估体系，提升绩效管理的科学性。	应用省级督查考评系统，实现对重点工作任务分解、进展过程、完成情况等全过程的动态跟踪、实施督查、及时反馈和绩效评估。	△市政府办公室，市大数据局
	39.电子监察系统	将各类行政权力运行、政务咨询投诉举报、基层治理"四个平台"、公共资源交易等运行处置情况全面纳入监察范围，形成来源可溯、去向可查、监督留痕、责任可究的完整信息链条。	运用电子监察系统，实现实时动态监管和在线即时监督监测。	△市大数据局，市政府办公室
	40.数字档案系统	基本实现全市各级机关(部门)、乡镇(街道)、县级以上国有企事业单位数字档案室建设全覆盖。进一步完善远程查档和移动查档系统，更高效率实现远程查档和就近出证。	11月底前，升级市直数字档案室系统，建设电子文件接收平台并推广应用，实现将已经发送给市档案数据交换平台的电子文件，自动接收到电子文件接收平台，并提供四性检测结果反馈功能。	市档案馆

续表

	项目名称	工作目标	2019年工作任务	责任单位
七、政府数字化转型公共支撑平台建设	41. 可信身份体系	深化可信身份体系建设,全面推进政务信息系统接入统一身份认证体系,实现一处认证、全网漫游。基于"浙里办"APP存放的可信网络身份证,实现刷脸认证、扫码认证。	按照全省可信身份体系建设部署,推进公民、法人、政府工作人员三大群体范围的可信身份体系建设。10月底前,基于"浙里办"移动端推广网上身份证在各类线上线下场景的应用。	△市大数据局,市公安局、市市场监管局
	★ 42. 公共信用信息平台	完善绍兴市公共信用信息平台建设,推进与省信用平台的数据对接,实现与市级各部门综合性平台和业务系统的互联互通,推动市县信用平台的一体化建设;深化信用监管体系建设,构建跨地区、跨部门的联动响应和失信约束机制,落实对信用"红黑名单"的联合奖惩措施。	6月底前,推进公共信用平台上线应用,完成企业、自然人、社会组织、事业单位、政府机构5类主体的公共信用数据归集,覆盖率达到100%。迭代完善公共信用评价、信用档案盒红黑名单信用产品。实现信用相关部门自建业务系统的互联互通,全面应用公共应用产品。	△市发改委,市"信用绍兴"建设领导小组各成员单位,市大数据局
	43. 政务"一朵云"	加快推进全省政务"一朵云"建设,逐步建立"两地三中心"分布式云节点。	推进部门在建或已建政务云平台迁移,推进异构云平台间的互联互通。12月底前,建设同城容灾中心和异地数据备份中心。	市大数据局
	44. 公共数据共享	根据业务需求,完善主题数据库建设,为政府履职提供数据支持。	开展公共数据大会战活动,补充完善人口综合库、法人综合库、信用信息库、基层治理综合信息库、空间地理信	△市大数据局,其他市级有关部门

续表

	项目名称	工作目标	2019年工作任务	责任单位
七、政府数字化转型公共支撑平台建设			息共享库等主题库,6月底前,发布市公共数据资源目录,并基于市政务大数据平台归集的数据资源,加大数据资源共享力度。	
	45.政务数据开放	加快推动政务数据安全开放和社会化利用,重点推进与民生紧密相关、社会效益显著的数据开放应用工作。	推进市公共数据开放平台建设,统一接入省公共数据开放平台,并制定市公共数据开放目录。	△市大数据局,其他市级有关部门
	46.电子政务外网改造升级	根据部署推进市县主干网互联网协议第六版(IPv6)改造。	加快电子政务网络整合,11月底前,完成市级以下部门业务专网向电子政务网络迁移整合。	市大数据局
	47.网络安全协调指挥体系	构建网络安全协调指挥体系。纵向实现市平台与省平台业务贯通,横向实现与市内各涉网监管及行业主管部门业务联动,全面实现我市政府系统关键信息基础网络安全综合监管一体化。	起草制定全市网络安全协调指挥体系建设方案,部署推进全市网络安全协调指挥体系一期项目建设,并做好网络安全协调指挥工作。	△市委网信办,市经信局、市公安局、市大数据局

注:标"★"项目为省8个标志性项目和13个重大项目;责任单位两个以上的,带"△"的为牵头单位

附件 4

2019 年绍兴市政府数字化转型专项任务清单

序号	项目名称	工作内容	责任部门
1	数据共享实现区镇村"最多跑一次"	8月底前,建立市县乡村四级全科受理联动机制。 12月底前,实现综合性自助服务终端乡镇(街道)全覆盖。	△市政务服务办公室,市大数据局
2	基于"一件事"的"一证通办"	5月底前,完成"一件事""一证办"事项目录。 8月底前,完成证照库归集,系统对接。	△市委改革办,市大数据局、市政务服务办公室
3	部门"最多跑一次"改革	5月底前,印发市政府投资项目审批、人力资源管理、财政预算执行管理、政府采购和招投标管理、行政许可监管服务五个领域部门间"最多跑一次"改革实施方案。深入梳理部门间"最多跑一次"办事事项,进一步优化办事流程,缩减办事时间,精简办事材料。 7月底前,公布市级部门间"最多跑一次"办事事项清单。 8月底前,形成标准化、规范化的办事事项和办事指南体系,80%以上部门间办事事项实现"最多跑一次"。	市发改委、市司法局、市财政局、市人力社保局、市政务服务办公室
4	扶持政策智能兑现系统	5月底前,部门完成扶持政策兑现流程梳理。 6月底前,完成扶持政策兑现平台初步建设。 8月底前,完成平台功能调试和试运行。 10月底前,正式上线运行。	△市大数据局,市发改委、市政务服务办公室,其他市级有关部门
5	杭绍甬同城通办改革	7月底前,完成柯桥、上虞两地试点方案编制。 12月底前,初步实现社保、医疗、户籍等领域高频信息的融合互通。	△市政务服务办公室,市大数据局、柯桥区政府、上虞区政府
6	掌上办公一体化平台	6月底前,完善掌上OA与"浙政钉"一体化建设。 12月底前,完成机关事务、环保监测、质量监测、交通监管等移动办公系统整合到"浙政钉"。	市大数据局

续表

序号	项目名称	工作内容	责任部门
7	大交通信息平台	6月底前,完成交通大数据支撑平台以及UI框架及统一认证平台建设。 8月底前,建成交通地理信息平台。 12月底前,建成交通应急指挥平台。	△市交通运输局、△市公安局,市建设局、市文广旅游局、市大数据局、市气象局、市交投集团
8	智慧养老综合服务平台	5月底前,明确平台建设需求,起草建设方案。 6月底前,梳理全市养老服务机构、60周岁以上老人信息。 12月底前,平台运行,发放养老服务电子券,整合12349信息网站。	市民政局
9	阳光厨房监管平台	10月底前,建成餐饮食安AI物联云治理平台。 12月底前,推进特大型餐饮单位应用餐饮食安AI物联云治理平台。	市市场监管局
10	"安心码"	12月底前,越城区、柯桥区、上虞区推行"安心码"探索治安领域信用体系建设。	市公安局
11	移动办事一体化服务平台	10月底前,构建完成移动办事一体化服务平台,实现"浙里办"APP与"一窗受理"云平台对接、电子证照自动提取功能。 11月底前,全面推广自助服务终端及无差别全科受理,打造"移动办事之区"。	越城区政府
12	协同办公系统推广入村居(社区)	6月底前,完成OA系统进村居(社区)的基本覆盖,实现无纸化办公的应用。	柯桥区政府
13	政府投资项目信息化管理平台	6月底前,完成方案编制。 12月底前,完成系统建设,运行政府投资项目可视化APP,实现条线、部门、项目建设情况"苹果树生长形态"三级展示。	上虞区政府
14	社会智慧治理信息系统	6月底前,完成方案编制。 12月底前,运行系统,提升对应急事件、综合治理、维稳调度、民生服务、城市管理等相关信息分析和信息研判能力以及各类公共突发事件的预防预警和应对处置能力。	诸暨市政府

续表

序号	项目名称	工作内容	责任部门
15	移动办公系统	10月底前,优化浙政钉、OA办公系统。12月底前,完成移动办公全省样板之城项目试点。	嵊州市政府
16	浙政钉移动办公平台优化	7月底前,完成平台建设。8月底前,全面推广应用。	新昌县政府

注:责任单位两个以上的,标"△"的为牵头单位

深化"最多跑一次"改革推进政府数字化转型第十一次专题会议任务分工表[1]

工作任务	工作内容		完成时限	责任单位
当务之急要抓好实现"两战赢"的数字化应用建设	继续完善精密智控常态化机制	迭代完善健康码。推进"健康码"赋码规则动态完善,建立与核酸等检测结果挂钩的赋码机制。不断拓展健康码服务功能,坚持对重点场所、重点机构等亮码准入管理,在人员密集的公共场所等卡点可配套设置"健康ETC"、智能门禁等快速验证设备	全年工作	市大数据局、各区、县(市)
着力抓好数字化转型标志性成果建设	加快城市大脑建设与推广应用	把"城市大脑"作为提升大都市区能级、推进大城市智慧化的关键举措,加快全省推广。积极借鉴、复制推广杭州等地的典型场景应用,结合本地实际加快特色应用创新,力争为全国创造更多可推广的经验。各市今年都要拿出城市大脑建设自己的成果	12月底前	市大数据局、各区、县(市)
	全力推进政务服务数字化平台2.0建设	狠抓线上线下融合,各级行政服务中心要加快办事大厅改造,对接政务服务数字化平台2.0,通过大厅引导更多事项线上办	10月底前	市政务服务办、各区、县(市)

---

[1] 绍兴市政府数字化转型工作领导小组办公室文件,2020年6月4日。

续表

工作任务		工作内容	完成时限	责任单位
着力抓好数字化转型标志性成果建设	打造浙里办升级版	提升办事体验。聚焦与群众企业密切相关的高频服务,加快推出一批"智能秒办"事项,实现办事"申请零字段、审批零人工、领证零上门、存档零纸件"	10月底前	市自然资源和规划局、市人力社保局、市税务局、市交通运输局、市市场监管局、市民政局、市公积金管理中心、市公安局、市卫生健康委、市医保局、市级有关单位、各区、县(市)
		拓展便民功能。加快推广居民身份证网上凭证功能、电子营业执照等功能,聚焦交通出行、医疗健康、社区服务、教育、文旅、养老、助残等民生领域,再推出一批群众易用、好用、爱用的便民应用	全年工作	市公安局、市民政局、市商务局、市交通运输局、市文广旅游局、市教育局、市卫健委、市医保局、市人社局、市级有关单位、各区、县(市)
	加快浙政钉2.0建设	各级各部门要完成客户端安装、用户激活工作	6月底前	市级有关单位、各区、县(市)
	加快省域空间治理数字化协同应用建设	搭好"一库一图一箱"总体架构,把好数据源头的质量,做好数据的归集、整理、入库工作。要加快突破数据全交互、智能工具箱开发等技术难点,为平台建设做好强大支撑。加快打造典型应用场景,在典型区域、典型领域中形成应用场景的最佳实践	7月底前	市发改委、市自然资源和规划局、市级有关单位、各区、县(市)
	打造"互联网+监管"全链条业务闭环	配合做好全省统一处罚办案系统应用和推广工作,5月底前完成事项梳理工作,7月份全省上线运行,实现简易处罚程序网上办,形成从行政检查到处罚办案的监管闭环	7月底前	市司法局、市大数据、市级有关单位、各区、县(市)

续表

工作任务		工作内容	完成时限	责任单位
抓好已建数字化转型项目迭代升级	基层治理四平台	深化省市县三级基层治理综合信息平台架构优化和功能升级,在全省推广"多通融合"模式	6月底前	市委政法委、各区、县(市)
着力抓好新建系统加快建设	固废治理数字化协同应用	要以五类固废数字化管理为主体,协同推进系统建设,完善数据需求清单,加快推进数据对接与采集,制定好数据运用、指挥调度、运维管理等制度,8月底前投入试运行	8月底前	市生态环境局、市级有关单位、各区、县(市)
着力抓好数据归集共享与开放应用	数据开放应用	办好数据开放创新应用大赛,加快建立完善数据开放的推进机制	11月底前	市大数据局、市级有关单位、各区、县(市)
		各市要按照《省市两级公共数据平台建设导则》要求,加快建设完善市级公共数据平台,为推进数据开放应用奠定扎实基础	11月底前	市级有关单位、各区、县(市)
		各地各部门要在安全可控前提下,做大数据开放总量,确保年内新增150个数据集,150个开放接口	11月底前	

附件

市级有关单位名单

市委办公室(市档案局、市委机要局、市保密办)、市委宣传部(市文明办、市新闻办、市新闻出版局)、市委统战部(市民宗局、市侨办)、市委政法委、市委网信办、市委编办、市信访局(市政务平台管理办)、市新闻传媒中心(市传媒集团)、市档案馆、滨海新区管委会、镜湖新区开发办、市发改委(市粮食物资局)、市经信局(市中小企业局)、市教育局、市科技局、市公安局、市民政局、市司法局

(市行政复议局)、市财政局、市人力社保局、市自然资源和规划局(市林业局)、市生态环境局、市建设局、市交通运输局、市水利局、市农业农村局、市商务局、市文广旅游局(市文物局)、市卫生健康委、市退役军人事务局、市应急管理局、市审计局、市外办(市港澳办)、市国资委、市市场监管局(市知识产权局)、市金融办、市体育局、市统计局、市医保局、市人防办(市民防局)、市综合执法局(市城管局)、市政务服务办、市中级人民法院、市检察院、市总工会、团市委、市妇联、市科协、市社联、市文联、市残联、市红十字会、市国安局、市税务局、绍兴海关、市气象局、绍兴电力局、市烟草局、绍兴调查队、市消防救援支队、市邮政管理局、市公积金管理中心、市公用事业集团、市交投集团、人行绍兴市中心支行、绍兴银保监分局

2.2.2 绍兴市人民政府办公室关于加快推进医疗卫生服务领域深化"最多跑一次"改革的通知[1]

各区、县(市)人民政府,市政府各部门、各单位:

为加快推进"最多跑一次"改革向医疗卫生服务领域延伸,根据《中共浙江省委浙江省人民政府关于深化"最多跑一次"改革推动重点领域改革的意见》(浙委发〔2018〕1号)和《浙江省人民政府办公厅关于印发浙江省医疗卫生领域深化"最多跑一次"改革行动方案的通知》(浙政办发〔2018〕45号)要求,经市政府同意,现就我市加快推进医疗卫生服务领域深化"最多跑一次"改革有关事项通知如下。

一、总体要求

(一)指导思想。全面贯彻习近平新时代中国特色社会主义思想,认真落实

---

[1] 绍兴市政府办公室(市政府研究室、市机关事务局):《绍兴市人民政府办公室关于加快推进医疗卫生服务领域深化"最多跑一次"改革的通知》,2018年7月27日。

省委、省政府关于深化"最多跑一次"改革的决策部署,坚持以人民为中心的发展思想,以让群众看病就医"少跑路、就近跑、不跑路"为目标,以改善城市大医院看病难和提升县域医疗服务能力为重点,从群众就医"关键小事"做起,充分运用信息技术手段,创新方便群众看病就医的举措,着力优化服务流程、改进服务方式、提升服务绩效,力争通过3年时间,形成诊疗更加安全、就诊更加便利、沟通更加有效、体验更加舒适的医疗卫生服务新模式。

(二)基本原则。

——政府主导,条块结合。各区、县(市)政府要切实发挥主导作用,抓好改革统领工作。市级有关部门要注重条块结合,加强与省级部门的沟通,加强对区、县(市)的指导,坚持上下齐抓、横向联动、形成合力。

——全面梳理,明确目标。对群众看病就医的"关键小事"进行全面梳理,制订任务清单,明确目标要求、分类施策、有力推进。

——发扬优势,补齐短板。充分发挥我市医疗卫生服务信息化平台建设的先发优势,全面深化"互联网+医疗健康"服务,推动信息化平台融合发展、高效运用。

——示范引领,全面推进。市、县两级全面推进改革,在重点地区、重点医疗卫生单位、重点项目率先突破,充分发挥改革示范单位的引领作用。

二、主要目标

1. 医院门诊号源线上线下开放率达到100%,现场挂号排队时间不超过8分钟;

2. 医院门诊、住院费用结算方式不少于3种,提供支付途径不少于6种,结算发票实现自助打印;

3. 三级综合医院开展日间手术比例不低于20%,全面实行择期手术预住院制度;

4. 检查检验结果实现电子化流转、互认、共享,胃镜、肠镜、B超、CT、核磁共振(MRI)等分时段预约检查率达到80%以上；

5. 开展医务社工和志愿者服务，"门诊综合服务、投诉沟通、检查预约"三中心设置覆盖率达到100%；

6. 市、县两级综合性医院和相关专科医院提供一体化综合救治服务的比例达到80%；

7. 统一县、乡医疗机构慢性病用药目录，提供规定慢性病长处方的乡镇卫生院、社区卫生服务中心的比例达到100%；

8. 建立双向转诊信息系统和快捷转诊通道，提供专家门诊预约、辅助检查预约、床位联系等转诊服务，市、县两级医院转诊人次比例达到10%以上；

9. 开设无创DNA检测采血点，实现母子健康手册电子化，提供"互联网+母子健康"服务；

10. 实施市级医院互联网医院慢性病处方外配试点工作，县级医院至少完成1家；

11. 所有医联体、医共体内建成远程医疗服务平台，提供专家会诊等服务，实现区域检验、影像、心电、病理共享中心全覆盖。

三、主要举措

（一）优化医院窗口服务流程，使群众挂号付费取药更方便。完善绍兴市数字健康服务平台、健康绍兴APP、绍兴卫计微信公众号等网上预约诊疗服务平台，整合打通全市各类预约服务终端，加快实现号源共享。实行全号源分时段预约，并提前3天以上向下级医院和基层医疗卫生机构开放。依托预约诊疗服务平台和电子健康卡、医疗保障卡等，全面推进基本医疗保险、商业保险、银联、第三方支付平台与医疗机构合作，推动医疗费用自助结算、诊间结算和移动终端结算。积极探索"信用支付"等新型就医模式。推进医院门诊智慧药房建设，三级以上综合医院全面配备自动发药设备，实现处方系统与药房配药系统无缝对接，做到门诊取药随到随取。

（二）优化辅助诊断服务流程，使群众检查检验更便捷。全面加强区域医学影像、检验、心电、病理等共享中心建设，以区、县（市）为单位实现各类共享中心全覆盖。全面推行检查检验结果电子化，积极探索云胶片、云影像、云图文，推动区域云影像平台建设，逐步实现检查检验结果电子化流转、互认和共享使用，减少重复检查检验。全面提供检查检验结果 APP 查询、移动推送、短信提醒等服务。全面推广预约检查服务，三级以上医院全面设置检查集中预约中心，通过诊间预约、集中预约等，实现分时段预约，为患者统筹安排各类检查。延长瓶颈检查项目的开放时间，提高设备使用效率，缩短检查预约期。推进择期手术患者住院前符合规定的门诊费用纳入住院医保结算，提高病床周转率。

（三）优化住院服务流程，使患者住院更省心。二级甲等以上医院要全面建成入院服务中心，为患者提供床位预约、入院缴费、入院前检验、检查预约等一站式服务。全面实行病区内办理出院手续，在病区内为患者提供床边结算、自助结算、发票自助打印及病历资料复印等出院手续办理服务。在医院和医联体、医共体内逐步建立统一的住院床位池，打破病区和院区界限，统筹管理和调剂使用床位，缩短患者住院等待时间。推广多学科诊疗服务模式，为肿瘤、疑难复杂疾病、多系统多器官疾病等患者提供综合诊疗服务。

（四）推广日间服务模式，使患者日间医疗更常态。三级医院和医共体建设单位全面开展日间手术，扩大日间手术病种范围，有条件的区、县（市）要积极探索择期手术（治疗）预住院制度，缩短患者等待住院和手术时间。有条件的医院应设置日间病房、日间治疗中心等，为患者提供化疗、新生儿蓝光照射治疗等服务。基层医疗卫生机构要提供随访等后续服务。完善日间服务医保支付政策，减轻患者费用负担。

（五）深化医务社工和志愿者服务，使便民惠民服务更贴心。深化医务社工服务，各医院要明确设立相关职能部门，专人负责医务社工和志愿者的管理工作。充分发挥现有医务志工和志愿者作用，壮大医务社工队伍，在重点时段组织开展导医导诊、预约诊疗、控烟劝导、秩序维护、健康教育和陪同检查等院内支持服务。推广志愿者服务,鼓励医务人员、医学生、有爱心的社会人士为患者提供志愿服务。设置综合服务平台,为患者提供轮椅租借、小件物品寄存、病历复印、相关证明审核盖章、医保政策咨询等服务。设置投诉沟通平台,提供医疗投诉、纠纷咨询等医患服务,进一步完善医患纠纷调解委员会的调解机制,提高医疗纠纷化解率。

(六)推广一体化综合救治服务,使重大急性病患者救治更快速。全市二级甲等以上综合医院、相关专科医院要建立胸痛中心、卒中中心、创伤中心、危重孕产妇救治中心、危重儿童和新生儿救治中心,统筹协调医院内部各中心相关专业科室,必要时启动相关应急方案实行院际联合救治,为中风、心肌梗塞、外伤和危重孕产妇、儿童和新生儿等患者提供医疗救治绿色通道和一体化综合救治服务,提升重大急性病医疗救治质量和效率。推进院前急救机构与各网络医院的信息互联,配置数字化院前急救车辆和设备,实现患者信息院前院内共享,构建快速、高效、全覆盖的急危重症医疗救治体系。

(七)做实慢性病患者服务,使慢性病患者诊治更舒心。依托医联体、医共体内上级医院,在服务人口较多、规模较大的基层医疗卫生机构,以高血压、糖尿病、冠心病、脑卒中、慢阻肺、恶性肿瘤等为重点,设立慢性病联合门诊和康复(安宁)病房,探索在上级专科医生指导下的联合诊疗模式。逐步推进县域用药目录(抗菌药物除外)统一、采购配送统一,提高用药匹配度,方便群众就近配药。实施慢性病连续处方制度,为规定病种的慢性病患者开具连续处方,一次处方医保用药量可根据病情需要最长放宽至12周,探索慢性病连续处方药品由符合资质的第三方机构配送试点。积极推广中药饮片代配代煎代送服务。

(八)做实母子健康服务,使妇幼保健服务更温馨。推进"互联网+母子健康"全程管理服务新模式,优化整合妇女保健、儿童保健和计划生育服务等资源,开发绍兴市母子健康手册电子版,并嵌入健康绍兴APP,为群众提供基于互联网的政策宣传、服务提醒、信息查询、健康指导、互动交流等母子健康手册服务,优化全方位全周期协同管理。

(九)做实家庭医生服务,使基层首诊转诊更顺畅。依托医联体、医共体建设,通过上级医生"传帮带",加快提升家庭医生医疗服务能力,吸引群众基层首诊。通过手机移动客户端(APP)、电话等方式提供医疗、预防、保健等咨询服务,建立家庭医生与签约居民互信互动关系。家庭医生要为需要的接诊患者提供连续全程的转诊服务,促进形成小病在社区、大病转医院、康复回社区的就医新秩序。推行重点人群居家医疗服务,为失能、半失能等行动不便人群或确有困难的患者提供上门巡诊、药品配送、康复护理、家庭病床等服务,并完善相关医保支付政策。推行医保门诊按人头付费和家庭医生签约服务相结合改革试点,逐步使家庭医生成为居民健康维护、医药费用控制和卫生资源调配的"守门人"。

(十)发展"互联网+医疗健康",使看病就医新模式更普及。统筹整合市、县和医院的网上医疗服务平台,完善市、县两级全民健康信息平台,并与省级平台对接。实现电子健康档案和电子病历互通共享,逐步整合或联通医疗、医保、医药等信息,加快建立全市统一的互联网健康服务体系。以"互联网+"为手段,加强绍兴数字健康服务平台、健康绍兴 APP、绍兴卫计微信公众号等服务端平台建设,推广扫码服务模式,简化服务流程,提高服务效率。建立健全服务规范和质量监管标准,依托实体医疗机构,提供部分常见病与慢性病复诊等互联网医疗健康服务。建立健全覆盖城乡、功能完善的远程医疗服务平台,扩大远程医疗、远程病理、远程影像、远程心电诊断等会诊服务应用范围,提高优质资源利用率和基层的医疗服务水平。应用互联网、物联网等新技术,改善医疗后勤服务管理,实现配药发药、内部物流、后勤保障、患者安全管理等信息化、智能化。

四、保障措施

(一)加强组织领导。推进医疗卫生服务领域"最多跑一次"改革是2018年市委全面深化改革领导小组的重点改革任务,已列入健康绍兴年度考核内容。各区、县(市)要切实加强组织领导,健全工作机制,落实工作责任,研究制定并组织实施本地区改革举措。市级有关部门要明确职责、勇于担当,加强信息互通、政策协同、投入保障和工作对接,共同推动改革落地生根。

(二)加强改革创新。各地各有关部门要进一步凝聚改革共识,在不折不扣完成省、市改革目标任务基础上,因地制宜深化医疗卫生服务领域"最多跑一次"改革,打造绍兴改善医疗卫生服务的改革特色、亮点和品牌,形成"百花齐放"的工作格局。

(三)加强协同配合。各地各有关部门要以"最多跑一次"改革理念为引领,改善各项医疗卫生服务措施,强化医保、医疗、医药、医院、中医、医生"六医"统筹,确保医疗卫生服务同研究、同部署、同推进,加强协作配合,形成工作合力。市卫生计生委牵头负责医疗卫生服务领域"最多跑一次"改革推进和深化工作;市委宣传部负责宣传推介工作;市发改委负责医疗服务价格的定价和调价工作;各级财政部门负责财政补助政策制定、经费保障和发票自助打印的协同推进工作;市人力社保局负责医疗保险管理,推进医保支付方式改革、人事薪酬制度改革等工作;市市场监督管理局负责慢病患者网上诊疗配送的药品质量监督管理工作。各地各有关部门要紧紧围绕改革要求,按照时间节点,倒排时间表,落实责任人,保质保量完成改革任务。

(四)加强督查整改。各地各有关部门要切实把握工作进度,按照年度重点任务清单有序推进各项工作。建立健全工作周报、月报制度,对重点任务推进情况进行专项督查和专题研究。已完成项目要进一步优化完善,未完成项目要加快进度,问题项目要查找原因、积极突破,适时对改革落实情况进行通报,确保整改落实到位。

(五)加强宣传引导。各地各有关部门要广泛宣传医疗卫生服务领域深化"最多跑一次"改革的重要意义、具体举措和工作成效,积极回应社会关切,提高社会公众对改革的知晓率。要通过网络、微信公众号、报纸、电视等媒体,大力宣传改革举措,及时总结推广先进经验,不断发掘和树立先进典型,合理引导社会预期,为改革创造良好的环境和条件。

绍兴市人民政府办公室
2018 年 7 月 27 日

附件

绍兴市 2018 年医疗卫生服务领域"最多跑一次"改革任务清单

改革目标	序号	重点任务	责任单位	执行单位	完成时间
看病少排队	1	完善预约诊疗服务平台,支持诊间、电话、自助机、网站、手机端等多途径预约方式,全面实现全号源分时段预约和实名预约。	各区、县(市)政府、市卫计生委	市级各医院,各区、县(市)试点医院	市级医院 6 月底前完成;县级试点医院 12 月底前完成。
	2	网上号源提前 3 天以上优先向下级医院和所在城市社区卫生服务中心开放,比例达到 40% 以上。	各区、县(市)政府、市卫计生委	市级各医院,各区、县(市)医院	市级医院 6 月底前完成;县级医院 12 月底前完成。
	3	患者现场挂号排队时间人均不超过 8 分钟。	各区、县(市)政府、市卫计生委	所有医院	6 月底前完成。
	4	设立专窗,为老年人、残疾人、军人等特殊人群提供便捷服务。	各区、县(市)政府、市卫计生委	所有医院	6 月底前完成。
付费更便捷	1	实现患者通过自助、诊间(病区、床边)、移动终端等不少于 3 种方式进行医疗费用结算,提供不少于 6 种支付途径。	市卫生计生委、市人力社保局	市级各医院,各区、县(市)试点医院	市级医院 6 月底前完成;县级试点医院 12 月底前完成。
	2	支付系统具备身份识别、费用结算、移动支付、医保结算等多项功能,具备不少于 5 种身份证件识别方式。	各区、县(市)政府、市卫生计生委、市人力社保局	市级各医院,各区、县(市)试点医院	市级医院 6 月底前完成;县级试点医院 12 月底前完成。

续表

改革目标	序号	重点任务	责任单位	执行单位	完成时间
付费更便捷	3	结算发票实现自助打印。	各区、县(市)政府,市卫计生委	市级各医院,各区、县(市)试点医院	市级医院6月底前完成50%,12月底前完成80%;县级试点医院12月底前完成。
检查少跑腿	1	全面提升检查检验预约服务,实现单个检查项目诊间或自助预约,多个检查项目或复杂检查项目集中统一预约。	各区、县(市)政府,市卫计生委	市级各医院,各区、县(市)试点医院	市级医院6月底前完成;县级试点医院12月底前完成。
检查少跑腿	2	检查检验结果实现电子化流转、互认、共享使用,胃镜、肠镜、B超、CT、核磁共振(MRI)等分时段预约检查率达到80%以上。	各区、县(市)政府,市卫计生委	市级各医院,各区、县(市)试点医院	市级医院6月底前完成;县级试点医院12月底前完成。
检查少跑腿	3	增加职业健康体检机构,越城区新增1家职业健康体检机构,其他区、县(市)确保不少于3家。	各区、县(市)政府,市卫计生委	各区、县(市)卫生计生局	12月底前完成。
住院更省心	1	设置入院准备平台并提供入院一站式服务。	各区、县(市)政府,市卫计生委	市级各医院,各区、县(市)试点医院	市级医院6月底前完成;县级试点医院12月底前完成。
住院更省心	2	开展出院病区服务,在病区内为患者提供床边结算、自助结算、发票打印及病历资料复印等出院手续办理服务。	各区、县(市)政府,市卫计生委	市级各医院,各区、县(市)试点医院	市级医院6月底前完成50%,12月底前完成80%;县级试点医院12月底前完成。
住院更省心	3	三级综合医院开展日间手术比例不低于20%。	市卫生计生委	三甲综合医院	12月底前完成。
住院更省心	4	全面实行择期手术预住院制度。	各区、县(市)政府,市卫生计生委、市人力社保局	市级各医院,各区、县(市)试点医院	12月底前完成。

续表

改革目标	序号	重点任务	责任单位	执行单位	完成时间
住院更省心	5	推广多学科诊疗服务模式,为肿瘤、疑难复杂疾病、多系统多器官疾病等患者提供综合诊间服务。	各区、县(市)政府,市卫生计生委	所有医院	市级医院6月底前完成;县级医院12月底前完成。
便民惠民服务更贴心	1	开展医务社工、志愿者服务,建立志愿服务常态化机制,加强志愿服务规定培训,根据医院特点和需求,设立志愿者专业化岗位。	各区、县(市)政府,市卫生计生委	所有医院	市级医院6月底前完成;县级医院12月底前完成。
便民惠民服务更贴心	2	设置投诉沟通平台、综合服务平台和检查预约中心。	各区、县(市)政府,市卫生计生委	所有医院	市级医院6月底前完成90%,12月底前完成100%;县级医院12月底前完成。
便民惠民服务更贴心	3	医院临床用血费用按政策报销实现一窗办理,即用即免,医院免费用血报销率达到90%以上。	市卫生计生委	柯桥区、越城区卫生计生局,市中心血站	12月底前完成。
急救更快速	1	二级甲等以上市级综合医院和专科医院设立规范化的"五大"救治中心,提供一体化综合救治服务。	各区、县(市)政府,市卫生计生委	二级甲等以上市级医院,各区、县(市)试点医院	市级医院6月底前完成70%,12月底前完成90%以上;县级试点医院12月底前完成。
急救更快速	2	实施急救信息系统升级改造,具备远程传输心电图、心电监护数据和急救费用结算功能,覆盖院前和院内急救机构。	各区、县(市)政府,市卫生计生委、市财政局	市急救中心,各区、县(市)卫生计生局	6月底前启动;12月底前完成。
急救更快速	3	救护车配置必要的医疗急救设备和药品,增配1辆新生儿专用救护车及相应的急救设备、药品。	市卫生计生委,市财政局,各区、县(市)政府	各区、县(市)卫生计生局,市急救中心,相关市级医院	6月底前完成设备增配;12月底前完成新生儿救护车增配。

续表

改革目标	序号	重点任务	责任单位	执行单位	完成时间
配药更方便	1	以区、县(市)为单位,统一县乡医疗机构慢性病用药目录。	市卫生计生委	各区、县(市)卫生计生局	6月底前柯桥区完成;12月底前其他区、县(市)完成。
	2	乡镇卫生院(城市社区卫生服务机构)提供规定病种的慢性病连续处方。	各区、县(市)政府,市卫生计生委、市市场监督管理局	各区、县(市)卫生计生局,市直乡镇卫生院	12月底前完成70%。
	3	提供中药饮片代配代煎代送服务。	各区、县(市)政府,市卫生计生委、市市场监督管理局	市、县两级开展中医药业务的医院	市级医院6月底前完成;县级医院12月底前完成。
	4	推进"智慧药房"建设,实现处方系统与药房配药系统无缝对接,做到门诊取药随到随取。	各区、县(市)政府,市卫生计生委	各区、县(市)卫生计生局,市级医院	市级医院6月底前完成;区、县(市)二级以上医院12月底前完成。
母子健康服务更温馨	1	通过医联体建设、专科联盟建设和设立产前筛查机构,开设无创DNA检测采血点。	柯桥区、上虞区、诸暨市、嵊州市、新昌县政府	各区、县(市)卫生计生局(不含越城区),相关医疗卫生机构	12月底前完成。
	2	市、县两级实现母子健康手册电子化,提供"互联网+母子健康"服务。	各区、县(市)政府	各区、县(市)卫生计生局,相关医疗卫生机构	12月底前完成。
转诊更顺畅	1	建立双向转诊信息系统和快捷转诊通道,由基层医疗卫生机构为患者提供专家门诊预约、辅助检查预约、床位联系等转诊服务,并为下转病人提供健康管理服务。	各区、县(市)政府,市卫生计生委	各区、县(市)卫生计生局,市直乡镇卫生院	6月底前制定双向转诊制度、建立转诊通道;12月底前实质性推动。

续表

改革目标	序号	重点任务	责任单位	执行单位	完成时间
转诊更顺畅	2	县级医院的诊疗人次中（城市居民在城市医院的诊疗人次），经由下级医院和基层医疗机构提供转诊服务的比例达到10%。	各区、县（市）政府，市卫生计生委	各区、县（市）卫生计生局，市直乡镇卫生院	12月底前完成。
"互联网+医疗健康"服务更普及	1	依据实体医疗机构，提供部分常见病与慢性病在线服务，按规定开展市级医院互联网医院慢性病处方外配试点工作。	各区、县（市）政府，市卫生计生委、市财政局、市人力社保局、市市场监督管理局、市发改委	相关医疗卫生机构	6月底前，市人民医院完成；12月底前，其他市级医院及越城区基层医疗机构扩面，县级医院至少完成1家。
	2	所有医联体、医共体内建成远程医疗服务平台，提供专家会诊等服务，以区、县（市）为单位实现区域检验、影像、心电、病理共享中心全覆盖。	各区、县（市）政府，市卫生计生委、市财政局	各区、县（市）卫生计生局	12月底前完成。
	3	提供特殊人群"互联网+"预约检测服务及家中自检服务，实现艾滋病检测"一次不用跑"新模式的突破。	各区、县（市）政府，市卫生计生委、市财政局	市、县疾控中心	6月底前完成。

2.2.3 绍兴经济运行监测分析数字化平台建设情况

绍兴市经济运行监测分析数字化平台工作方案[1]

为深化数字绍兴建设，推进政府数字化转型，提高经济运行监测分析的精准性、时效性和可视性，根据《深化数字浙江建设实施方案》《关于加快数字绍兴

---

1 绍兴市政府数字化转型工作领导小组办公室:《绍兴市经济运行监测分析数字化平台工作方案》，2019年5月22日。

建设的实施意见》《绍兴市深化"最多跑一次"改革推进政府数字化转型工作实施方案》等文件部署和要求,参照《浙江省经济运行监测分析数字化平台业务系统工作指引(试行)》,特制定本工作方案。

一、总体要求

以习近平新时代中国特色社会主义思想为指导,全面贯彻党的十九大和十九届二中、三中全会精神、省第十四次党代会和市委八届五次全体(扩大)会议部署,坚持"统分结合、共建共享"原则,加强经济运行大数据采集处理、共享交换和监测预警,充分对接浙江省经济运行监测分析数字化平台,形成具有绍兴特色的"横向协同、纵向打通、数据共享"的经济运行监测分析数字化平台,实现经济调节"用数据说话、用数据决策、用数据管理"。

二、建设目标

力争2019年6月底前实现经济运行监测分析数字化平台试运行,9月底前实现经济运行监测分析数字化平台正式发布上线,并贯通市、县两级,实现经济运行监测分析数字化平台全覆盖,依托平台在线向市委市政府汇报季度经济形势,立体化、动态化展示主要经济指标。2020年,根据平台实际运行情况和需求,进一步完善监测分析模块,推进落实移动办公。

三、模块框架

经济运行监测分析数字化平台主要由总体监测分析和区、县(市)自主监测分析两大模块构成,同时根据市级相关部门需求,适时增加专项监测模块。

总体监测分析模块,主要在省经济运行监测分析数字化平台15大子模块(GDP、三次产业、三大需求、三大收入、新旧动能转换、国有经济、民营经济、金融运行、营商环境、城乡融合、社会民生、资源环境、物价水平、匹配性指标、预期指数)、7层结构指标基础上,根据绍兴实际情况和各地各部门经济运行监测分析需求,新增念好"两业经"指标分析、唱好"双城计"指标分析、打造"活力城"指标分析和对标对表分析4个特色模块。

区、县(市)自主监测分析模块,由各区、县(市)负责依托平台开展自主监测分析,在梳理核心业务基础上根据本区域经济运行监测分析需要,梳理细化模块指标,在与总体监测分析数据需求清单比对后,形成新增数据需求清单并报市发改委,市发改委审定后提交市大数据局开展数据归集工作。

四、主要工作及进度安排

(一)前期准备(2019年4月—5月中旬)

1. 调研学习,邀请专业技术人员赴省发改委和嘉兴市,对经济运行监测分析数字化平台建设工作进行学习与对接;

2. 制定绍兴市经济运行监测分析数字化平台工作方案;

3. 成立绍兴市经济运行监测分析数字化平台工作协调小组。

(二)数据需求对接(2019年4月上旬—5月底)

1. 对照省经济运行监测分析数字化平台15个子模块数据清单,结合我市经济形势分析需要,初步梳理我市总体监测分析模块数据需求清单;

2. 就数据需求清单内容,分批次与市级相关部门沟通对接,梳理并确认数据清单;

3. 与各区、县(市)对接自主监测分析模块需求,梳理并确认数据清单。

(三)平台设计开发(2019年5月上旬—6月下旬)

1. 分阶段设计平台风格、模块等构成要素;

2. 根据省大数据局提供的统一数据平台和通用模型,设计平台数据模型。

(四)平台建设运行(2019年6月初—9月底)

1. 分批次对数据需求清单上的数据进行归集、清洗,分阶段对平台界面进行开发;

2. 阶段性测试经济运行监测分析数字化平台,力争6月底前试运行测试版,平台终版于9月底前发布上线运行,县级平台与市级平台同步建设和上线运行。

五、保障措施

1.加强组织领导,统一思想认识。经济运行监测分析数字化平台对于精准综合分析研判经济形势以及推进政府数字化转型具有重要意义。平台建设业务范围广泛、涉及部门较多、技术要求较高,为加强对经济运行监测分析数字化平台的组织领导,成立市经济运行监测分析数字化平台工作协调小组,由市政府分管副秘书长任组长,市发改委负责人任副组长,市级相关单位分管领导以及区、县(市)政府办公室分管副主任参加。协调小组办公室设在市发改委,负责平台建设的统筹、协调和运作等日常工作。同时,通过服务外包,由专业技术公司实施平台开发建设管理维护等具体工作。

2.明确责任分工,加强协调配合。经济运行监测分析数字化平台是一项全局性的系统工作。各地各部门要本着资源共享、经济高效的原则,积极配合、密切协同,按照有关要求按时、保质完成工作任务,明确人员分工,压实平台建设、数据采集、数据归集、数据共享各阶段各环节工作职责,确保平台运行的规范化和常态化。市发改委牵头开展经济运行监测分析数字化平台的建设工作,会同市级相关部门与各区、县(市)制定数据需求清单和接口清单。市大数据局根据数据需求清单向市级相关部门提出数据归集要求,在部门数据归集后,及时以接口共享方式向省大数据局和市发改委提供数据。市级相关部门按照数据清单时限要求,将数据统一归集到市大数据局。市财政局要落实保障平台开发运行所需的各项经费。各区、县(市)要做好本地区数据需求的梳理工作,并及时将经济形势分析报告归集至平台资料库。各地、各部门将本地区或本领域出台的政策文件归集至平台政策库(涉密文件除外)。

3.完善评估监测机制,确保数据精准性时效性。市发改委会同市大数据局定期对市级部门任务进展情况开展工作检查,对各部门提供数据的完整性、质量、更新时效和使用情况进行评估,并根据需要公布评估结果、提出整改意见,重点对数据更新不及时、不准确等情况进行通报。各区、县(市)应建立相应工作机制。

4. 强化安全意识，做好数源管理。平台建设和运行应严格执行网络安全保密的有关法律、法规和政策规定，按照国家技术规范定期开展网络安全风险评估，建立身份认证、存取访问控制、审计跟踪登记制，确保信息可用、完整、安全。各地各部门应建立健全信息资源安全管理规章制度，加强平台相关数据、资料安全管理，指定专人负责共享信息的保密审查和风险防范工作。市发改委对各地各部门子管理员权限进行合理设置，对于受限共享的数据，若各地各部门有需求，需提出申请，经市发改委、市大数据局和数源部门同意后使用。

绍兴市经济运行监测分析数字化平台工作协调小组

为提高经济运行监测分析的精准性、时效性和可视性，全力做好经济运行监测分析数字化平台建设开发运行，决定成立绍兴市经济运行监测分析数字化平台工作协调小组。

一、组成人员

(名单略)

工作协调小组下设办公室，设在市发改委。

二、主要职责

协调小组负责对全市经济运行监测分析数字化平台建设和运行管理工作实行统筹协调，就有关重大问题做出决策部署，对各成员单位工作进行监督检查。办公室负责协调小组日常工作，督促落实协调小组议定事项；具体组织和协调项目设计、开发管理、运行维护中的各项工作；协调各成员单位工作。协调小组成员如有变动，由接任人员自然更替。

2.2.4　诸暨关于深化"县乡一体、条抓块统"改革推进基层智治系统建设的实施方案[1]

为深入贯彻落实省、绍兴市两办《关于深化"县乡一体、条抓块统"改革推进基层治理系统建设的实施意见》精神,全面构建高效协同、整体智治的基层治理体系,现结合诸暨实际,制定如下实施方案:

一、总体目标

到2022年底,基本完成"141"体系迭代升级,有机贯通各项重大应用。到2025年底,全市率先走出全域覆盖、上下贯通的整体智治之路,基层治理现代化走在全省全国前列,打造基层治理现代化"诸暨样板"。

二、重点任务

(一)强化党对基层治理的全面领导,完善党建统领基层智治体系。持续完善镇乡(街道)"七张问题清单"工作机制,深入实施"红色根脉强基工程",探索建立"1+7"强基指数体系,完善党建引领的社会参与机制,推行全域党建联盟建设,提升镇乡(街道)党(工)委统筹能力。健全完善镇乡(街道)机构职能体系和派驻人员管理机制,完善县乡管理考评机制。开展"上统下分、强街优社"探索实践,深化落实党建"契约化"共建"1+5"工作体系,加大选派第一书记工作力度,大力推进融合型大社区大单元党建工作。高效运行"三方"协同治理,推进"红色物业"和业委会规范化建设,推行小区党支部成员和业委会成员"双向进入、交叉任职"。迭代运行"先锋微家"、社会组织党建云、"楼道红管家"协商议事平台等场景,构建党建统领、协同共治、数智赋能的小区治理范式,全力打造城市版"枫桥经验"。

---

[1] 中共诸暨市委办公室、诸暨市人民政府办公室:《关于深化"县乡一体、条抓块统"改革 推进基层智治系统建设的实施方案》,2022年7月20日。

（二）迭代升级"141"体系，推动县域社会治理"一网智治"。打造集运行监测、矛盾调处、分析研判、协同流转、应急指挥、督查考核于一体的实体化运行市镇两级社会治理中心，建立健全"平战"转换机制。突出权责清晰、扁平一体，迭代完善"基层治理四平台"，设置"党建统领、经济生态、平安法治、公共服务"4条跑道；加强镇乡（街道）综合信息指挥室能力建设，赋予综合信息指挥室对"基层治理四平台"的指挥权、督导权、考核权，建立健全运行机制，实现四平台模块高效协同运行。建强基层网格力量，全面推行网格事务准入机制和网格责任捆绑制度，打造"最小作战单元"。完善贯通事项动态管理和退出机制，突出实战实用，迭代升级"浙里兴村（治社）共富"场景应用。

（三）推进基层治理"一件事"集成改革，实现多跨事项高效联办。持续做实做优"一件事"改革，抓好全省基层治理"一件事"认领落地，谋划推进"一件事"应用场景建设，推动协同流程和治理机制标准化规范化。建立市级基层治理"一件事""一本账"，推动"一件事"动态迭代提升，实现一体化智能化高效联办和闭环处置。

（四）推进基层治理大脑建设，提升智慧赋能增效功能。依托一体化智能化平台和基层治理大脑构建智能应用，开发利用算法、模型、组件、智能模块等核心要素，统筹建设基层治理大脑。统一话语体系，迭代系统构架，完善功能定位，明确建设标准。围绕基层治理实战需求，完善量化闭环管理体系，形成体系化、长期性、可调用的工作模型，推动能力、动力不断叠加。

（五）推进"大综合一体化"行政执法改革，实现"一支队伍管执法"。拓展综合执法事项范围，完善综合执法事项目录清单，建立综合执法事项"基础库+自选库"。整合优化机构人员编制，专业执法队伍控制在8支以内，建立全市行政执法"一盘棋"工作格局。深化部门执法编制"县属乡用"，推进重点镇乡（街道）"一支队伍管执法"，推动执法职责和力量向镇乡（街道）集中，要"因镇施策"制定下发执法目录清单，对赋权镇街加强指导和督查，开展月评估、季考评。

健全基层综合行政执法机构和专业执法机构"一体化"联动机制,开展规范化执法队伍创建,实现专业的人办专业的事。进一步发挥镇乡(街道)在行政执法中的指挥功能,建立健全"大数据+指挥中心+综合执法"行政执法指挥体系,深化"大综合一体化"执法监管数字应用,加强监管执法一体化协同,开发应用"枫桥式"智治执法系统。

(六)完善"四治融合"城乡基层治理体系,开创乡村善治新局面。坚持和发展新时代"枫桥经验",培育一批"四治融合"示范村(社区),建立健全以创新自治为核心、以规范法治为约束、以提升德治为抓手、以强化智治为牵引的"四治融合"体系,切实发挥系统功能、整体成效,着力构建共建共治共享的社区治理共同体。聚焦创新自治,推广运用"一约两会三团"、村民说事、民情恳谈、"民生议事堂"等社会多元参与机制,持续深化社会组织参与社会治理、志愿联盟等模式,积极引导新乡贤在村(社区)党组织领导下依法依规参与基层治理。聚焦规范法治,深入推进法治乡村建设,加强"微法庭"建设、法律顾问服务等工作,推动法治工作重心下移、力量下沉。聚焦提升德治,发挥农村文化礼堂和社区文化家园作用,深化打造精神文明高地试点,深入推进八大"越"系列行动,大力弘扬社会主义核心价值观,持续提升城乡文明水平。聚焦强化智治,推进村(社区)基础设施数字化改造,建设一批未来社区、未来乡村,扩展推广"四治融合"场景应用,与"基层治理四平台"实现双向流转,有效提升基层治理服务精细化、智能化水平。

三、保障措施

(一)强化组织领导。各市级有关部门、镇乡(街道)要强化主体责任,完善工作机制,配强工作力量,专班化运作,构建纵向贯通、横向联动、协同发力的工作格局。

(二)强化工作落实。各级各部门要对照本实施方案,倒排时间、细化方案、主动创新,清单化、项目化推动任务落地落细,要在前期试点的基础上,发挥示范、突破、带动效应,形成一批具有诸暨辨识度、绍兴影响力的理论成果、制度成果。

(三)强化部门协同。市委办牵头建立市级基层智治系统建设专题组联席会议制度,对推进过程中碰到的困难和问题及时研究解决。市级有关部门要对照本实施方案,加强向上对接沟通和对下督促指导,巩固提升扩大改革成果。

(四)强化考核激励。建立健全考核评估体系,将基层智治系统建设纳入数字化改革考核内容,及时掌握工作推进情况。加强优秀实践案例总结推广,营造比学赶超、争先创优的浓厚氛围。

2.2.5 绍兴市政府数字化转型与大数据发展情况[1]

以政府数字化转型撬动经济、社会数字化转型,促进市域治理现代化,推动治理体系、治理能力向多业务协同、跨界区域合作、社会共治转变,打造"整体智治"现代政府。

一、工作目标

到2020年底,基本建成"掌上办事之市""掌上办公之市",着力打造"活力古城、数字新城",建设"整体智治"现代政府,争当浙江市域治理现代化"排头兵"。

——政务服务办件网上受理率达到80%。

——机关内部90%以上部门间非涉密事项接入内部"最多跑一次"系统,上线事项原则上实现100%网上办,掌上执法率达到100%以上。

——聚焦协同共治,培育一批数字化赋能治理现代化重大工程,争创15个省级以上场景化多业务协同典型应用,打造城市大脑智慧"中枢"。

——推进省级数据开放试点城市建设,形成10个以上市级优秀数据开放创

---

[1] 绍兴市人民政府办公室:《2020年绍兴市政府数字化转型工作要点》,2020年4月26日发布。

新应用,推荐上报 5 个以上省级优秀数据开放创新应用。

二、主要任务

(一)深化"互联网+政务服务"改革,打造"掌上办事之市"

1. 全面接轨省政务服务 2.0 平台。全面提升群众办事体验,推动网上办、掌上办从"可办"向"好办、易办"转变。30%以上的高频政务服务事项实现"申请零材料、填报零字段、审批零人工、领证零上门、存档零纸件"智能"秒办"。高频政务服务事项网上受理率达到 80%,事项网上办覆盖率达到 100%。全市政务服务事项办事指南完整性、规范性、一致性和政务事项在线服务能力等指标达到 100%。加快推进"证照分离"改革。

优化"好差评"评价机制,"好差评"评价系统向乡镇(街道)办事大厅延伸,实现全市线下各级办事大厅全覆盖,将"好差评"评价体系作为倒逼政务服务能力提升的有效手段。

2. 优化升级"浙里办"绍兴站点。建成高频事项办理、精准服务推送、证明遗失声明、公众服务、个人/企业数据等绍兴特色应用专区,推动办事平台从"群众找事项"向"事项找群众"转变。以全省制定的"互联网+政务服务"运营体系为标准,自主化运营有地方特色的平台内容,提升平台活力。举办用户体验节,通过线上、线下各种活动,全面推广"浙里办"服务,提升日活跃用户数。

3. 深化多部门联办"一件事"线上、线下集成服务。全面实现省定"一件事"网上、掌上联办目标。加快涉企"一件事"数字化应用建设,聚焦重点指标持续优化营商环境。高质量实现公民上学、退役军人、人才服务、工伤处理等"一件事",基本实现事项办件覆盖率 100%。

4. 全面提升"电子证照"应用的深度、广度。全力争取电子证照应用国家级试点,研究制定全市电子证照应用试点改革方案,做大做强电子证照数据库,加快推进"零证办、无感办、跨域办"。积极探索基于电子证照的快速核验和线下应用,深化电子身份证、电子结婚证、电子驾驶证、电子医保卡等电子证照、电子凭证、电子记录等材料在政务办事、交警业务处理、医疗、物流快递、现场执法等业务场景的应用。

(二)实现"互联网+业务协同"全覆盖,打造"掌上办公之市"

1. 全面推进全市协同办公系统和"浙政钉"2.0应用。推动各级部门开发办公、监管、考核、决策分析"浙政钉"微应用,全面整合各类政务办公业务、内部审批业务、多部门协同业务移动端。优化升级市协同办公系统,增加部门定制业务功能,支撑全市电子办公需求。

2. 推广机关内部"最多跑一次"系统应用。完善机关内部"最多跑一次"系统建设,逐步实现与部门自建系统对接。推动机关内部90%以上部门间非涉密事项接入系统,上线事项原则上实现100%网上办。聚焦机关事业单位人事、资产、后勤管理、政府投资项目等领域,推出一批机关内部"一件事"。

3. 推广数字证书、电子印章使用。加快数字证书、电子印章在电子公文、电子审批、电子证照(证明)中的使用,强化电子文件的有效性和合法、合规性。

(三)推进多业务协同综合应用,实现全域协同共治

1. 加快建设经济治理领域数字化重点应用

(1)打造城市大脑·活力指数。以全域数据资源汇聚共享为途径,实时汇聚自然资源、生态环保、产业发展、社会治理、政府运行、公共服务等数据,对决策支持大数据进行定性和定量分析,构建实时呈现、全方位反映、多维度衡量城市发展水平的城市体征分析平台——活力指数,打造"看得见、看得清、看得全、看得远""能管理"的一体化管理应用系统,全面赋能领导决策,提升政府治理能力和现代化水平,成为城市管理者决策的"数字指挥室"。

(2)建设基于金融信用的银企"联姻"平台。构建以"一中心五系统"为主体框架的金融信用信息服务平台,降低金融机构信息收集成本和小微企业融资成本,提高金融机构风险防范能力,优化金融生态。

(3)深化投资项目在线审批监管平台(工程建设项目审批管理系统)应用。

推动一般企业投资项目从赋码到竣工验收"最多80天"改革。实现非涉密工程建设项目审批事项100%网上办理。

2. 加快建设社会治理领域数字化重点应用

(1)积极开展未来社区示范建设。利用物联网、云计算、移动互联网等新一代信息技术,完成两个中心(服务中心、数据中心)、四个应用平台(服务、管理、运行、决策)建设,集成党建服务、政务服务、智慧物业、智能安防、数字生活等诸多领域功能,从场景化模式出发,将便民服务、家居物业、信息通知、社区活动、社区生活圈等诸多服务和信息整合到同一平台(数字社区APP),形成办理一件事、服务一站式,为居民提供便利。

(2)深化基层治理四平台建设。完善基层治理系统构架、对接省基层治理四平台。建立基层治理主体数据库,深化基层治理"四个平台"与部门自建系统的协同应用。推动"基层治理'四个平台'"应用向村(社区)延伸,探索完善多元共治、多方参与的基层治理格局。

(3)建设桥梁安全智慧监管平台。建立桥梁安全监测云账簿,完善桥梁分级监控和分级响应管理体系,打通从安全监测、数据分析、预测预警到管养服务全过程的数据链条,实现桥梁安全动态化监管。结合桥梁车流状况,大数据分析桥梁安全隐患,精准打击超载超限车辆,优化运载车辆路线,确保桥梁运行安全。

(4)建设"时空智能+综合治理"平台。构建城市全域全要素"一张图"和现代城市标识体系,加速物理城市的时空映射,创新应用北斗高精度时空定位技术在城市综合治理领域的广泛应用,争创国家级北斗时空智能应用示范项目。

(5)深化县域综合信息指挥平台建设。融合基层治理与城市管理于一体的县域综合信息平台,集政务服务热线、智慧城管、基层治理"四个平台"、应急指挥等业务为一体,实现对管理全要素的实时管控和指挥,打造非110智慧指挥体系。

3. 加快建设民生治理领域数字化重点应用

(1) 建立完善"三驻三服务"信息平台。借助"三服务"小管家系统设立"三驻三服务"工作模块,鼓励引导驻村(社)指导员、驻企服务员通过"三驻三服务"信息平台记录民(企)情日记,健全基层一线"三服务"问题线上解决流程,推动"三服务"发现的问题快速流转、分类解决,形成服务闭环。

(2) 建设民生服务专题决策分析平台。对政务服务、教育服务、特殊人群服务等民生服务进行专题决策分析,充分展示民生建设情况,辅助决策政府在未来的城市布局以及智慧城市建设。

4. 加快建设生态治理领域数字化重点应用

(1) 建设绍兴市"无废城市"信息化平台(省固废治理数字化应用)。对工业固废、危险废物、生活垃圾、建筑垃圾、农业废弃物等五大类固废进行数字化管理,实现固废从产生、收集、运输、处置全流程、无死角监管。引进信用体系,建设"互联网+信用"的全新监管模式,对接共享信用评价数据与执法处罚信息,提升跨部门整体管理水平与协作能力。

(2) 建设绍兴古城保护利用信息管理系统平台。基于资源"一张图"理念,开展古城已有资源的调查和古城全方位数据的梳理、录入,摸清古城家底,并对资源数据矢量化;以物联网、云计算、实景三维、大数据等技术为支撑,为古城保护、利用和风貌管控提供决策服务,打造古城保护新模式。

(3) 建设企业生产及污染治理全过程动态监管平台。实时采集分析企业生产设备用电量、污染治理设施用电量及其运行参数等,实现废气处置实时监测、预警、分析与管理。

(4) 建设固定放射源"智能安全手环"平台。打造固定放射源在线监管平台,实现放射源在线剂量监测、实时定位跟踪、关键环节受控"三位一体"在线监管,切实防范丢源风险。

5. 加快建设市场监管领域数字化重点应用

(1) 建设互联网"监管+风险+信用""三位一体"平台。以省风险预警监测系统为基础,构建企业信用风险监测模型,结合"双随机、一公开",采取差异化监管措施。打造"监管+风险+信用""三位一体"监管模式,实现监管信用全闭环。启用省统一行政处罚办案系统,形成从行政检查到行政强制、行政处罚的监管联通,并推进简易处罚的掌上办理端应用。全面推进省行政执法监管系统应用,2020年底前,"双随机"事项覆盖率达到100%,跨部门联合"双随机"监管占比达到5%,现场执法的掌上执法率达到100%。

(2)建设餐饮食品安全数字化治理平台。构建食安大脑中心,共享归集餐饮单位证照、浙政钉掌上执法检查、食品抽检、行政处罚、食品安全自查等信息,破解网络订餐平台假证、套证、证照过期、证照不符及超范围经营等问题。

(3)建设科技打非系统。利用视频监控自动抓取分析车辆特定营运场所、高速出入口的进出记录,结合营运信息和公安卡口营运车辆过车数据,刷选可疑黑车,实施精准定位联合打击。

(4)建设医保基金运行及审计监管平台。建设医保基金监管主题库,分析医保业务数据和基金财务数据,开展基金运行状况分析、趋势预测、基金审计,对基金违规问题进行预警,实现对医保基金及相关方面的立体监管。

(5)建设科技治超系统。完善公路治超非现场执法电子检测系统,升级国省道称重设备及抓拍设备,整合公安交警及行业主管部门车辆数据信息,实现跨地区、跨部门系统互通共享,实现自动实时预警和执法调度。

(四)加强数字化技术支撑体系建设

1.打造"城市大脑"智慧"中枢"。建设"城市大脑"通用平台(一期),打造"城市大脑"大数据、云计算、人工智能三大平台,构建智慧应用公共支撑。

2.迭代完善公共数据支撑平台

(1)完善全市公共数据平台体系架构。建立市县两级公共数据分级维护、协同共享模式。完善全市公共数据目录,发布《绍兴市公共数据资源目录(2020版)》。

(2)接入省"数据高铁"。进一步做实做深数据归集,拓展数据归集领域。完善市域基础专题数据库,推进生态环境、交通出行、教育文化、医疗卫生、社保就业、城建住房、社会救助、法律服务等一批市域治理专题数据库建设。

(3)加快公共数据开放和应用创新。新增开放数据集100个以上、开放接口100个以上。举办绍兴市第二届公共数据开放创新应用大赛暨智慧城市创新应用大赛,形成10个以上市级优秀数据开放创新应用,推荐上报5个以上省级优秀数据开放创新应用。

(4)积极开展大数据常态化分析。推进政府行政管理、公共管理、社会综合治理等领域跨部门常态化大数据分析,提升政府监管精准度和综合决策能力。

3. 加快建成一体化应用支撑平台

(1)加快建设统一的公共支撑组件。形成组织体系、用户体系、认证体系、印章体系、消息体系等一体化应用支撑体系。

(2)加强信用支撑体系建设。实现信用信息在政务服务、公共服务、事中事后监管等场景嵌入应用,发挥信用监管的基础性作用。

(3)探索新技术应用。建立区块链、人工智能等基础平台,促进系统共建、业务协同、数据共享。

4. 推进政务信息基础设施整合

(1)统筹全市政务"一朵云"体系。健全完善市县两级政务"一朵云"架构,完成市级部门及各区、县(市)80%的业务系统上云。

(2)推进电子政务网络建设。加快政务外网第六版互联网协议(IPv6)改造,加快视联网规模化应用,提升视频共享总平台共享服务能力,保障各基础网络安全稳定运行。

5. 构建数字化治理安全体系

(1)健全完善安全制度。根据上级网络安全规范要求,编制政务云网络安全规范、考评指南,厘清安全责任主体和边界,完善安全监管和考核评价。

（2）完善安全监管体系。建立常态化应急保障监管机制，提升态势感知、监控预警、分析研判、信息通报和应急处置能力。按照等级保护2.0要求，完成相应系统的信息系统安全等级保护测评工作。

（3）实施一体化安全防护体系建设。建立数据分级分类安全管理机制和安全态势感知平台，实现分级授权、数据脱敏、行为监控等安全手段，防范数据泄露、滥用、篡改风险。编制公共大数据安全体系规划。

三、保障措施

（一）加强组织领导。2020年4月底前，各地各部门制定年度工作实施方案，围绕各重点任务建立工作专班，细化实施计划和责任分解，依托"浙政钉"对各重大项目进度、文档进行规范化管理。建立日常检查和工作推进机制，各地各部门完成情况每月底报市政府数字化转型工作领导小组办公室，新增优秀项目动态申报。

（二）加强规划引领。编制"城市大脑"、政府数字化转型"十四五"规划。研究绍兴市"十四五"时期推进"城市大脑"建设、大数据发展的思路、目标和举措。

（三）加强项目管理。完善绍兴市电子政务项目预审管理办法，推进项目管理模式从事前审查到全流程管理转变。建立项目绩效评价体系，形成绩效评价结果与预算资金安排、云资源分配联动机制。研究市县两级电子政务项目统筹建设和管理模式，探索政务云平台市县费用分摊机制。优化电子政务和信息化项目申报、审批"一件事"改革。

（四）加强队伍建设。组织开展政府数字化知识和技能培训，提升各级领导干部和公务人员"数字素养"。各地各部门要积极为数字化人才创造良好的学习和受教育机会，注重培养既精通政府业务又能运用互联网技术和信息化手段开展工作的综合型人才。

（五）加强绩效考评。完善政府数字化转型评价体系，健全"赛马机制"和专项督查机制。将政府数字化转型工作纳入对各区、县（市）及市级部门的工作目标责任制考核。

（六）加强宣传引导。依托传统媒体、网络媒体等多种宣传平台，建立数字化赋能市域治理现代化宣传专区，全方位、多渠道加大对政府数字化转型的宣传报道，积极营造发展氛围，汇聚各方合力。

附件：1.2020年政府数字化转型重点工作清单
2.2020年政府数字化转型重点项目清单（首批）

附件1

2020年政府数字化转型重点工作清单

序号	类别	任务名称	主要内容	完成时间	责任单位
1	互联网+政务服务	全面接轨全省政务服务2.0	对接省政务服务2.0，推动网上办、掌上办从"可办"向"好办、易办"转变。	全年推进	市大数据局各区、县（市）政府
			30%高频政务服务事项实现"申请零材料、填报零字段、审批零人工、领证零上门、存档零纸件"智能"秒办"，高频政务服务事项网上受理率达到80%，事项网上办覆盖率达到100%。	全年推进	市级有关部门各区、县（市）政府
			加快推进"证照分离"改革。	12月底前	市市场监管局各区、县（市）政府
			为证照分离改革工作提供数据支撑服务。	5月底前	市大数据局
			政务服务事项办事指南完整性、规范性、一致性和政务事项在线服务能力等指标达到100%。	全年推进	市级有关部门各区、县（市）政府
			推进"好差评"线下办事大厅窗口、自助终端，全面对接省"好差评"平台；并负责"好差评"市本级的文本审核，监管、督查各区、县（市）"好差评"文本审核工作。	全年推进	市政务服务办各区、县（市）政府

续表

序号	类别	任务名称	主要内容	完成时间	责任单位
1	互联网+政务服务	全面接轨全省政务服务2.0	推进"好差评"线上覆盖浙江政务服务网、"浙里办"移动客户端,加快各级业务办理系统按标准与省一体化评价中心对接。	全年推进	市大数据局 各区、县(市)政府
			负责市级"好差评"差评事宜的督办协调、差评的申诉审核、整改复核,督查各区、县(市)及市级相关部门"好差评"闭环流程上各环节的处理。	全年推进	市信访局 各区、县(市)政府
			"好差评"差评按期整改率达到100%。自建审批业务系统线上、线下完成对省一体化评价中心系统对接。	全年推进	市级有关部门 各区、县(市)政府
		优化升级"浙里办"绍兴站点	实施高频事项办理、精准服务推送、证明遗失声明、公众服务、个人/企业数据等绍兴特色应用专区"浙里办"平台系统的开发建设。	9月底前	市大数据局
			梳理可精准服务推送事项,提供实现精准服务推送的相关数据;梳理证明遗失类型,认可"浙里办"中的遗失声明公告,引导公众到"浙里办"公布遗失声明;梳理相关公众服务,并开发整合到"浙里办"。	6月底前	市级有关部门
			线下推广"浙里办"政务服务,提升日活跃用户数,日均活跃度达到注册用户的10%以上。	12月底前	市政务服务办 各区、县(市)政府
			举办"浙里办"用户体验节。	12月底前	市大数据局
		深化多部门联办"一件事"线上、线下集成服务	牵头协调"一件事"多部门办理事项梳理、材料整合,督查各区、县(市)及市级有关部门"一件事"事项办件覆盖率实现100%。	6月底前	市委改革办 各区、县(市)政府
			牵头协调"一件事"事项的认领,指导督查事项办事指南要素的填写完善。	6月底前	市委编办 各区、县(市)政府

续表

序号	类别	任务名称	主要内容	完成时间	责任单位
1	互联网+政务服务	深化多部门联办"一件事"线上、线下集成服务	保障"一件事"事项在一窗受理云平台中办理的技术支持工作。	5月底前	市大数据局 各区、县(市)政府
			深化多部门联办"一件事",相关部门做好"一件事"事项梳理、办事指南要素填写、办事材料及流程改造等工作,实现事项办件覆盖率100%。	6月底前	市级有关部门 各区、县(市)政府
			线下窗口"一件事"办理相关部门窗口100%整合。	6月底前	市政务服务办 各区、县(市)政府
		全面提升"电子证照"应用的深度、广度	研究制定全市电子证照应用试点改革方案,做大做强电子证照数据库,加快推进"零证办、无感办、跨域办"。	6月底前	市大数据局
			涉及电子证照的有关部门要保证电子证照数据源的即时性、证照版式和电子印章的完整性。	6月底前	市级有关部门
			推广电子证照线下应用,做好个人电子证照的亮证政务服务大厅办事、个人电子证照自助终端亮证打印,认可"浙里办"集成的电子证照。	12月底前	市政务服务办
			推广电子证照的线下应用,实现个人电子身份证的亮证酒店住宿,个人电子驾驶证亮证交通核查,认可"浙里办"集成的电子证照。	12月底前	市公安局
			推广电子证照线下应用,实现个人电子身份证的亮证寄送快递,认可"浙里办"APP集成的电子证照。	12月底前	市邮政管理局
			推广电子证照线下应用,相关执法部门对个人或企业现场执法时,认可"浙里办"集成的电子证照。	12月底前	市级有关部门
			推广电子证照线下应用,实现个人电子医保卡的亮证就医缴费,认可"浙里办"集成的电子证照。	12月底前	市卫生健康委 市人力社保局 市医保局

续表

序号	类别	任务名称	主要内容	完成时间	责任单位
2	互联网+协同办公	全面推进全市办公系统和"浙政钉"2.0应用	优化升级市级协同办公系统,支撑全市电子办公需求,指导各部门上线"浙政钉"微应用。	12月底前	市大数据局
			梳理单位内部政务办公、内部审批、多部门协同等业务事项。实现80%以上主要业务可通过"浙政钉"电脑端和移动端办理。	12月底前	市级有关部门各区、县(市)政府
		推广机关内部"最多跑一次"系统应用	牵头做好部门间"最多跑一次"改革工作专项督查,督促相关部门查找短板,整改提升。聚焦机关人事、资产、后勤、政务投资、采购、行政许可等领域,推动机关内部"一件事"改革。	6月底前	市委编办各区、县(市)政府
			完善机关内部最多跑一次系统建设,逐步实现与部门自建业务系统对接。	6月底前	市大数据局各区、县(市)政府
			配合做好机关内部"最多跑一次"事项相关部门自建系统和市"部门间最多跑一次"平台的对接工作。	6月底前	市级有关部门
			督促做好部门间"最多跑一次"改革事项梳理工作,推动并落实机关内部90%以上部门间非涉密事项接入系统,上线事项实现100%网上办。	12月底前	市委编办各区、县(市)政府
			梳理机关内部"最多跑一次"事项,实现90%以上部门间非涉密事项接入"部门间最多跑一次"平台,上线事项实现100%网上办。	12月底前	市级有关部门各区、县(市)政府
		推广数字证书、电子印章使用	牵头做好数字证书、电子印章在电子公文中的应用推广。	6月底前	市政府办公室市大数据局各区、县(市)政府
			加快推进单位内部公文、审批、证照等业务中使用数字证书和电子印章,强化电子文件的合法合规性。	6月底前	市级有关部门各区、县(市)政府

续表

序号	类别		任务名称	主要内容	完成时间	责任单位
3	多业务协同综合应用	经济治理领域	城市大脑·活力指数	实时汇聚各行业和政府部门数据，利用智能分析模型对大数据进行分析展示，构建实时呈现、全方位反映、多维度衡量城市发展水平的分析平台——活力指数，打造"看得见、看得清、看得全、看得远""能管理"的一体化应用系统，全面赋能领导决策，提升政府治理能力，成为城市管理的"数字指挥室"。	8月底前	市大数据局
			基于金融信用的银企"联姻"平台建设	充分整合政府部门、公共服务部门、金融机构等信用信息资源，构建以"一中心五系统"为主体框架的金融信用信息服务平台，降低金融机构信息收集成本和小微企业融资成本，实现融资畅通，优化金融生态环境，着力破解小微企业融资难、融资贵问题。	10月底前	人行绍兴市中心支行
			深化投资项目在线审批监管平台（工程建设项目审批管理系统）应用	推动一般企业投资项目从赋码到竣工验收"最多80天"改革。实现非涉密工程建设项目审批事项100%网上办理。	12月底前	市发改委市建设局市级有关部门各区、县（市）政府
		社会治理领域	积极开展未来社区示范建设	利用物联网、云计算、移动互联网等新一代信息技术，完成两个中心（服务中心、数据中心）、四个应用平台（服务、管理、运行、决策）建设，集成党建服务、政务服务、智慧物业、智能安防、数字生活等诸多领域的功能，从场景化模式出发，将便民服务、家居物业、信息通知、社区活动、社区生活圈等诸多服务和信息整合到同一平台（数字社区），形成办理"一件事"，服务"一站式"，为居民提供便利。	11月底前	柯桥区政府

续表

序号	类别	任务名称	主要内容	完成时间	责任单位
3	多业务协同综合应用	社会治理领域	深化基层治理四平台建设	完善基层治理系统构架、对接省基层治理"四个平台"。建立基层治理主体数据库，深化基层治理"四个平台"与部门自建系统的协同应用。推动"基层治理四个平台"应用向村（社区）延伸，探索完善多元共治、多方参与的基层治理格局。	11月底前	市委政法委 市大数据局 各区、县（市）政府
			建设桥梁安全智慧监管平台	建立桥梁安全监测云账簿，完善桥梁分级监控和分级响应管理体系，打通从安全监测、数据分析、预测预警到管养服务全过程数据链条，实现桥梁安全动态化监管。结合桥梁车流状况，大数据分析桥梁安全隐患，精准打击超载超限车辆，优化运载车辆路线，确保桥梁运行安全。	9月底前	市大数据局 市公安局 市建设局 市交通运输局 市综合执法局 各区、县（市）政府
			建设"时空智能+综合治理"平台	构建城市全域全要素"一张图"和现代城市标识体系，加速物理城市的时空映射，创新应用北斗高精度时空定位技术在城市综合治理领域的广泛应用，争创国家级北斗时空智能应用示范项目。	11月底前	上虞区政府
			深化县域综合信息指挥平台建设	融合基层治理与城市管理于一体的县域综合信息平台，集政务服务热线、智慧城管、基层治理"四个平台"、应急指挥等业务为一体，实现对管理全要素的实时管控和指挥，打造非110智慧指挥体系。	5月底前	越城区政府
		民生治理领域	建立完善"三驻三服务"信息平台	借助"三服务"小管家系统设立"三驻三服务"工作模块，鼓励引导驻村（社）指导员、驻企服务员通过"三驻三服务"信息平台记录民（企）情日记，健全基层一线"三服务"问题线上解决流程，推动"三服务"发现的问题快速流转、分类解决，形成服务闭环。	4月底前	市"三驻三服务"工作专班 市大数据局

续表

序号	类别	任务名称	主要内容	完成时间	责任单位
3	多业务协同综合应用	民生治理领域	建设民生服务专题决策分析平台	对政务服务、教育服务、特殊人群服务等民生服务进行专题决策分析，充分展示民生建设情况，辅助决策政府在未来的城市布局以及智慧城市建设。	10月底前	新昌县政府
		生态治理领域	建设绍兴市"无废城市"信息化平台（省固废治理数字化应用）	对工业固废、危险废物、生活垃圾、建筑垃圾、农业废弃物五大类固废进行数字化管理，实现固废从产生、收集、运输、处置全流程、无死角监管。引进信用体系，建设"互联网+信用"全新监管模式，对接共享信用评价数据与执法处罚信息，提升跨部门的整体管理水平与协作能力。	11月底前	市生态环境局市级有关部门各区、县（市）政府
			建设绍兴古城保护利用信息管理系统平台	基于古城资源"一张图"理念，开展古城既有资源全方位的普查、测绘、梳理、录入，摸清古城家底，并对资源数据矢量化，通过5G网络实现资源共享；以云计算、实景三维、大数据等技术为支撑，整合现有实时监控系统，为古城保护利用与区域治理提供决策服务，打造古城保护新模式。	10月底前	市名城办越城区政府
			建设企业生产及污染治理全过程动态监管平台	实时采集分析企业生产设备用电量、污染治理设施用电量及其运行参数等，实现废气处置实时监测、预警、分析与管理。	6月底前	诸暨市政府
			建设固定放射源"智能安全手环"平台	打造固定放射源在线监管平台，实现放射源在线剂量监测、实时定位跟踪、关键环节受控"三位一体"在线监管，积极防范丢源风险。	11月底前	市生态环境局各区、县（市）政府
		市场监管领域	建设互联网"监管+风险+信用""三位一体"平台	以省风险预警监测系统为基础，构建企业信用风险监测模型，结合"双随机、一公开"监管，采取差异化监管措施。打造"监管+风险+信用""三位一体"监管模式，实现	10月底前	市市场监管局市级有关部门各区、县（市）政府

续表

序号	类别	任务名称	主要内容	完成时间	责任单位
3	多业务协同综合应用	市场监管领域		监管信用全闭环。全面推进省执法监管系统,2020年底前,"双随机"事项覆盖率达到100%,跨部门联合"双随机"监管占比达到5%,现场执法的掌上执法率达到100%。		
			应用省统一行政处罚办案系统	开展处罚事项清单梳理,对部门行政处罚事项清单、自由裁量基准、事项办理流程梳理、适用文书的种类进行审核。	7月底前	市司法局 市级有关部门
				开展部门自建处罚办案系统的升级改造,并与省行政处罚办案系统对接。	7月底前	市大数据局 市司法局 市级有关部门
			建设餐饮食品安全数字化治理平台	构建食安大脑中心,共享归集餐饮单位证照、浙政钉掌上执法检查、食品抽检、行政处罚、食品安全自查等信息,破解网络订餐平台假证、套证、证照过期及证照不符和超范围经营等问题。	11月底前	市市场监管局 各区、县(市)政府
			建设科技打非系统	利用视频监控自动抓取分析车辆特定营运场所、高速出入口的进出记录,结合营运信息和公安卡口营运车辆过车数据,刷选可疑黑车,实施精准定位联合打击。	11月底前	市交通运输局 市公安局 各区、县(市)政府
			建设医保基金运行及审计监管平台	建设医保基金监管主题库,分析医保业务数据和基金财务数据,开展基金运行状况分析、趋势预测、基金审计,对基金违规问题进行预警,实现对医保基金及相关方面的立体监管。	10月底前	市医保局 各区、县(市)政府
			建设科技治超系统	搭建公路治超非现场执法电子检测系统,升级国省道称重设备及抓拍设备,整合公安交警及行业主管部门车辆数据信息,实现跨地区、跨部门系统互通共享,实现自动实时预警和执法调度。	11月底前	市交通运输局 市公安局 各区、县(市)政府

续表

序号	类别	任务名称	主要内容	完成时间	责任单位
3	多业务协同综合应用	政府数字化转型优秀案例	各区、县(市)至少争取2个省级以上政府数字化转型典型应用。	11月底前	各区、县(市)政府
4	数字化技术支撑体系	打造"城市大脑"智慧"中枢"	完成"城市大脑"通用平台(一期)建设。	8月底前	市大数据局 各区、县(市)政府
			建设"城市大脑"运营指挥中心。	9月底前	市大数据局 市应急管理局 市委政法委 市水利局
		迭代完善公共数据平台	发布《绍兴市公共数据资源目录(2020版)》。	12月底前	市大数据局
			推进全市域公共数据归集,提升各部门公共数据资源归集率。	12月底前	市大数据局 各区、县(市)政府
			加强公共数据质量治理,完善数据项,确保公共数据更新的及时性、准确性、完整性。	12月底前	市大数据局 各区、县(市)政府
			推进数据共享利用,全年新增共享接口100个以上,全市各部门充分利用省市公共数据共享接口和批量大数据分析处理能力。	12月底前	市大数据局 市级有关部门 各区、县(市)政府
			充实人口综合库、法人综合库、空间地理信息库、电子证照库、公共信用信息库、基层治理信息库等6大基础信息库。	12月底前	市大数据局 市委政法委 市发改委 市公安局 市自然资源和规划局 市市场监管局

续表

序号	类别	任务名称	主要内容	完成时间	责任单位
4	数字化技术支撑体系	迭代完善公共数据平台	完善市域基础专题数据库,推进一批市域治理专题数据库建设。推进生态环境、交通出行、教育文化、医疗卫生、社保就业、城建住房、社会救助、法律服务等一批市域治理专题数据库建设。	12月底前	市教育局 市公安局 市民政局 市司法局 市人力社保局 市自然资源和规划局 市生态环境局 市建设局 市交通运输局 市文广旅游局 市卫生健康委 市医保局
			开展公共数据开放平台(二期)建设,发布《绍兴市公共数据开放目录(2020版)》,新增开放数据集100个以上、开放接口100个以上。优先开放普惠金融、交通出行、医疗健康、市场监管、社会保障、文化旅游、古城保护、生态环境等领域数据。	10月底前	市大数据局 市公安局 市人力社保局 市生态环境局 市交通运输局 市文广旅游局 市卫生健康委 市市场监管局 市医保局 市名城办 人行绍兴市中心支行
			举办绍兴市第二届公共数据开放创新应用大赛暨智慧城市创新应用大赛,推进省级数据开放试点城市建设,形成10个以上市级优秀数据开放创新应用(各区、县〔市〕至少1个),推荐上报5个以上省级优秀数据开放创新应用。在普惠金融、交通出行、医疗健康、文化旅游领域实现省级优秀数据开放创新应用(每个领域至少1个,各区、县〔市〕至少1个)。	9月底前	市大数据局 市交通运输局 市文广旅游局 市卫生健康委 市金融办 各区、县(市)政府
			开展大数据常态化分析。	12月底前	市大数据局 市级有关部门 各区、县(市)政府

续表

序号	类别	任务名称	主要内容	完成时间	责任单位
4	数字化技术支撑体系	迭代完善公共数据平台	完善全市公共数据平台体系。建立市县两级公共数据分级维护、协同共享模式。	10月底前	市大数据局 市级有关部门 各区、县（市）政府
		加快建成一体化应用支撑平台	加快建设统一的公共支撑组件。	9月底前	市大数据局
			加强信用支撑体系建设。实现信用信息在政务服务、公共服务、事中事后监管等场景嵌入应用，发挥信用监管的基础性作用。	10月底前	市发改委
			探索建立区块链、AI人工智能等基础平台，促进系统共建、业务协同、数据共享。	9月底前	市大数据局 市级有关部门 各区、县（市）政府
		推进政务信息基础设施整合	完善市县两级政务"一朵云"架构，实施统建系统市县政务云费用分摊，完成市级部门及各区、县（市）80%的业务系统上云。	12月底前	市大数据局 市级有关部门 各区、县（市）政府
			加快政务外网IPv6改造，加快视联网规模化应用。提升"雪亮工程"视频共享总平台共享服务能力。	9月底前	市大数据局 市级有关部门 各区、县（市）政府
		构建数字化治理安全体系	健全完善安全制度。编制市政务云网络安全规范、考评指南，厘清安全责任主体和边界，完善安全监管和考核评价。	9月底前	市大数据局
			完善安全监管体系。建立常态化应急保障监管机制，提升态势感知、监控预警、分析研判、信息通报和应急处置能力。	10月底前	市大数据局
			按照等级保护2.0要求，完成相应系统的信息系统安全等级保护测评工作。	9月底前	市大数据局
			编制公共数据安全和治理规划。根据"十四五"我市公共数据发展要求，编制公共数据安全和公共数据治理等规划。	9月底前	市大数据局

续表

序号	类别	任务名称	主要内容	完成时间	责任单位
4	数字化技术支撑体系	构建数字化治理安全体系	实施一体化安全防护体系建设。建立数据分级分类安全管理机制和安全态势感知平台。	10月底前	市大数据局 各区、县(市)政府
5	保障措施	加强组织领导	各地各部门制定年度工作实施方案,围绕各重点任务建立工作专班,明确责任单位分管和具体负责人,细化实施计划和责任分解。	4月底前	市级有关部门 各区、县(市)政府
			依托"浙政钉"对各重大项目进度、文档进行规范化管理,建立日常检查和工作推进机制,各地各部门完成情况每月底报市政府数字化转型办公室,新增优秀项目动态申报。	12月底前	市级有关部门 各区、县(市)政府
		加强规划引领	编制"城市大脑"、政府数字化转型"十四五"规划。	12月底前	市大数据局
		加强项目管理	制定绍兴市电子政务项目预审管理办法。	6月底前	市大数据局
			推进项目管理从事前审查到全流程管理模式转变,建立项目绩效评价体系。	6月底前	市大数据局
			研究市县两级电子政务项目统筹建设和管理模式,探索政务云平台市县费用分摊机制。优化电子政务和信息化项目申报、审批"一件事"改革。	6月底前	市大数据局 市财政局 各区、县(市)政府
			做好已有系统的梳理工作,对可整合的系统进行整合,配合做好项目的绩效评价工作。	全年推进	市级有关部门
		加强队伍建设	组织开展政府数字化知识和技能培训,提升各级领导干部和公务人员"数字素养"。各地各部门要积极为数字化人才创造良好的学习和受教育机会,注重培养既精通政府业务又能运用互联网技术和信息化手段开展工作的综合型人才。	12月底前	市大数据局 各区、县(市)政府
		加强绩效考评	制定政府数字化转型年度考核指标。	6月底前	市大数据局

续表

序号	类别	任务名称	主要内容	完成时间	责任单位
5	保障措施	加强宣传引导	积极依托传统媒体、网络媒体等多种宣传平台,建立数字化赋能市域治理现代化宣传专区,全方位、多渠道加大对政府数字化转型的宣传报道,积极营造发展氛围,汇聚各方合力共同推进。	全年推进	市大数据局

附件2

2020年政府数字化转型重点项目清单(首批)

序号	项目名称	建设内容	完成时间	责任单位
1	绍兴市"无废城市"信息化平台(省固废治理数字化应用)	对工业固废、危险废物、生活垃圾、建筑垃圾、农业废弃物五大类固废进行数字化管理,实现固废从产生、收集、运输、处置全流程、无死角监管。引进信用体系,建设"互联网+信用"全新监管模式,对接共享信用评价数据与执法处罚信息,提升跨部门的整体管理水平与协作能力。	11月底前	市级有关部门
2	"区块链+电子证照"应用平台	基于区块链的跨区域电子证照上链共享,解决电子证照的归集、快速检索、安全等问题;个人、企业政务大厅办事、酒店住宿、网吧、交警业务处理、物流快递、车站买票、执法部门现场执法企业或个人相关信息核验等场景应用。	10月底前	市大数据局
3	科技治超系统	完善公路治超非现场执法电子检测系统,升级国省道称重设备及抓拍设备;整合公安交警及行业主管部门车辆数据信息,实现跨地区、跨部门系统互通共享,完成与省级公路治超平台的对接;建立智能化管理平台,自动实时预警、调度,提高执法智能化水平。	11月底前	市交通运输局
4	固定放射源"智能安全手环"	打造固定放射源在线监管平台,通过应用物联网、人机交互工程和自组网通讯等技术手段,实现放射源在线剂量监测、实时定位跟踪、关键环节受控"三位一体"在线监管,积	11月底前	市生态环境局

续表

序号	项目名称	建设内容	完成时间	责任单位
		极防范丢源风险,以及在使用过程中出现的无法预告预警、丢失后不能确定位置、找回时间过长的问题,提升固定放射源安全使用监管水平,促进辐射环境安全。		
5	数据开放	优化提升建成公共数据开放分站点,实现公共数据全领域、全方位开放,进一步解决涉及民生的痛点难点堵点问题,实现政府和社会融合共治新格局。	10月底前	市大数据局
		在普惠金融、交通出行、医疗健康、文化旅游领域实现省级优秀数据开放创新应用(每个领域至少1个)。	10月底前	市交通运输局 市文广旅游局 市卫生健康委 市金融办
		各个区、县(市)至少实现1个省级优秀数据开放创新应用。	10月底前	各区、县(市)政府
6	桥梁安全智慧监管系统	对绍兴的重点大桥及高架的结构、承重及人车流情况依托物联网、BIM、GIS、大数据、云计算、人工智能等现代化技术手段进行群集式监控,打通从安全监测、数据分析、预测预警到管养服务全过程的数据链条。同时结合交通道路车流状况分析,优化路网,有效提高城市的交通基础安全系数。	9月底前	市大数据局 市公安局 市建设局 市交通运输局 市综合执法局
7	"温度执法"涉民企羁押必要性智慧审查系统	根据案件信息,从被逮捕人员中智能"一键筛选"出涉民企案件线索,并对羁押必要性做好自动审查评估,审查人员根据系统评估结果,有针对性的对被逮捕人员开展督促退赃退赔等教育转化工作,一旦满足条件,及时建议办案机关变更强制措施。	5月底前	市检察院
8	建设绍兴古城保护利用信息管理系统平台	基于资源"一张图"理念,开展古城已有资源的调查和古城全方位数据的梳理、录入,摸清古城家底,并对资源数据矢量化;以物联网、云计算、实景三维、大数据等技术为支撑,为古城保护、利用和风貌管控提供决策服务,打造古城保护新模式。	10月底前	市名城办越城区政府

续表

序号	项目名称	建设内容	完成时间	责任单位
9	胶囊源头追溯和协同监管系统	空心胶囊追溯平台实现了原辅料进货、供应商、原料检测报告、原料投料、胶囊产出、销售、废料、退货、报损等环节信息全过程管理,通过查询可以迅速排查到问题胶囊的源头和各个环节信息,以及从辅料、产量、年度、企业多维度统计,可以实时对胶囊企业胶囊生产状况进行统计分析,更好为监管部门提供追溯依据,同时企业能够随时了解生产情况,库存存货情况,自动生成生产配料单,跟踪整个生产过程,科学管理生产物料。实现一个从业人员管理,对人员入职、离职去向进行登记,通过人员数据分析进一步提高对从事胶囊行业人员安全领域的风险排查效率,严厉打击胶囊安全违法犯罪行为。	5月底前	市市场监管局
10	科技打非系统	利用公安(交警)、交通运输局、营运场所部门的视频监控,自动抓取车牌、人工智能分析,记录车辆进出特定营运场所、高速路口的记录,结合出租车营运信息、客运车辆营运信息,经过系统模型分析,比对刷选出可疑黑车,减少人工检查,精准定位联合打击黑车。	11月底前	市交通运输局 市公安局
11	"城市大脑"通用平台(一期)	依托现有计算平台、资源平台,利用云计算、大数据、人工智能等技术,实现计算资源扩充,提升数据管理支撑,提供视频、自然语言等分析,实现绍兴城市体征分析应用等,为城市交通、平安综治、古城保护、无废城市、监管+风险+信用等提供综合支撑。	8月底前	市大数据局
12	城市大脑·活力指数	以全域数据资源汇聚共享为途径,实时汇聚自然资源、生态环保、产业发展、社会治理、政府运行、公共服务等数据,利用各种智能分析模型及数据挖掘等技术,对决策支持大数据进行定性和定量分析,构建实时呈现、全方位反映、多维度衡量城市发展水平的城市体征分析平台——活力指数,打造"看得见、看得清、看得全、看得远""能管理"的一体化管理应用系统,全面赋能领导决策,提升政府治理能力和现代化水平,成为城市管理者决策的"数字指挥室"。	8月底前	市大数据局

续表

序号	项目名称	建设内容	完成时间	责任单位
13	基于金融信用的银企"联姻"平台	充分整合政府部门、公共服务部门、金融机构等信用信息资源,以金融征信为重点,经济领域为基础,辐射社会诚信建设,构建以"一中心五系统"为主体框架的金融信用信息服务平台,降低金融机构信息收集成本和小微企业融资成本,增加放贷规模,降低坏账比例,提升小微企业融资可得性,提高金融机构风险防范能力,实现融资畅通,优化金融生态环境,着力破解小微企业融资难、融资贵问题。	10月底前	人行绍兴市中心支行
14	深化基层治理四平台	完善基层治理系统构架、对接省基层治理四平台。建立基层治理主体数据库,深化基层治理"四个平台"与部门自建系统的协同应用。推动"基层治理四个平台"应用向村(社区)延伸,探索完善多元共治、多方参与的基层治理格局。	11月底前	市委政法委
15	基于医保大数据平台的基金运行及审计监管平台	整合各医保业务系统和公共服务系统的生产数据,建设医保基金监管主题库和基金运行及审计监管系统,通过医保业务数据和基金财务数据分析,提供基金运行状况分析、趋势预测、基金审计等功能,及时掌握基金管理和制度运行情况,并对基金的违规和问题进行预警,实现对医保基金及相关方面的立体监管,增强基金监督手段,提高基金工作效率,有效打击欺诈骗保行为,为医保反欺诈专项行动提供有效信息化支撑。	10月底前	市医保局
16	互联网"监管+风险+信用""三位一体"平台	以省风险预警监测系统为基础,构建企业信用风险监测模型,结合"双随机、一公开"监管,采取差异化监管措施。对信用较好、风险较低的市场主体,合理降低抽查比例和频次,减少对正常生产经营的影响;对信用风险一般的市场主体,按常规比例和频次抽查;对违法失信、风险较高的市场主体,适当提高抽查比例和频次,依法依规实行严管和惩戒违法失信高风险企业。打造"监管+风险+信用""三位一体"监管模式,实现监管信用全闭环。	10月底前	市市场监管局

续表

序号	项目名称	建设内容	完成时间	责任单位
17	餐饮食品安全数字化治理	构建食安大脑中心，共享归集餐饮单位证照、浙政钉掌上执法检查、食品抽检、行政处罚、食品安全自查等信息，形成数据总仓；以高风险餐饮单位和高关注餐饮单位为重点，综合分析采集归总的食品安全信息，评定餐饮单位食品安全风险评级；通过餐饮食品安全数字化治理系统，提高监管的针对性和有效性，有效促进餐饮单位落实食品安全主体责任，根本上破解网络订餐平台假证、套证、证照过期及证照不符和超范围经营等问题，深入推进食品安全社会治理。	11月底前	市市场监管局
18	信用协同应用及支撑系统	信用+联动应用场景拓展（信用+无废城市、信用+文明交通、信用+医保服务），信用协同应用支撑系统建设（信用承诺系统、信易+支撑系统等），信用产品建设（自然人公共信用评价模型开发）。	10月底前	市发改委
19	综合信息指挥平台	融合基层治理与城市管理于一体的县域综合信息平台，集政务服务热线、智慧城管、基层治理"四个平台"、应急指挥等业务为一体，通过发挥"大脑"作用，实现对管理全要素（人、车、事、物、视频、物联感知设备等）的实时管控和指挥，打造非110的智慧指挥体系，达到"一网统揽八方事，一图全面感知城市"，有效解决当前基层治理中信息壁垒多、条线要求多、系统重复建设多及数据共享低、管理效率低、资源利用低的问题。	5月底前	越城区政府
20	未来社区大数据平台	利用物联网、云计算、移动互联网等新一代信息技术，完成两个中心（服务中心、数据中心）、四个应用平台（服务、管理、运行、决策）建设，集成党建服务、政务服务、智慧物业、智能安防、数字生活等诸多领域的功能。	11月底前	柯桥区政府
21	中国纺织面料花样版权数据中心及AI比对系统	建设纺织面料花样版权登记中心数据库，开发花型图案比对应用系统。中心数据库收录浙江省版权局登记的所有面料花样版权数据。中心数据库和花型图案比对应用系统可由浙江省版权局和轻纺城花样办互联共享使用，同时基于由浙江、山东、江苏、广东	11月底前	柯桥区政府

续表

序号	项目名称	建设内容	完成时间	责任单位
		四省版权管理部门联合签署的《四省纺织品花样版权保护联盟协作机制》，实现花样版权保护跨区域协作。通过花型图案比对应用系统实现自动化花样图形检索、比对，能够有效避免重复登记、减少高度相似花样的登记，为花样版权保护、规范市场秩序提供有力的技术支撑。相关技术还可以为企业和市场经营户提供自身花样数据管理服务，提升企业和市场经营户的花样版权保护意识和创新能力。		
22	时空智能+综合治理	构建城市全域全要素"一张图"和现代城市标识体系，加速物理城市的时空映射，创新应用北斗高精度时空定位技术在城市综合治理领域的广泛应用。 首次将北斗高精度与视觉AI技术深度融合，创新性构建城市移动巡检平台，实现政法委、综合执法局、交通局的智能化巡检； 基于北斗高精度执法/巡检终端、智能视频分析技术，打造城市数据模型社会治理、统一地址库、社会治理指数预警、智能指挥调度、矛调在线、重点人管控、重点区域及场所安全、重点车辆（渣土车）智能监管等系统，提升人、车、物、区域及场所精细化管控能力； 首次将"北斗双频RTK终端+双天线"技术运用于共享单车精细化管理，解决城市共享单车停车姿态问题； 通过对垃圾转运车进行精细化位置监管，实现城市生活垃圾分类、管理、运输、处置的全过程、全线路精细化管理。	11月底前	上虞区政府
23	杭州湾上虞智慧化工园区	上虞智慧化工园区占地175平方公里，入住规上企业251家，园区按照"绿色安全、循环高效"发展目标，通过后台系统建模、大数据分析等技术手段，建成"点、面、域"三级网络化全方位预警监测，总投资约4.5亿元。智慧化工园区建设已全面整合开发区信息资源，采集开发区内化工企业安全环保、视频监控、重点点位监测等数据，共布置前端感	5月底前	上虞区政府

续表

序号	项目名称	建设内容	完成时间	责任单位
		知点位208 490个(其中高空了望9台、视频卡口14处、企业视频5600路、生产数据202 867个),累计完成视频接入108家、企业安全数据接入82家、环保数据接入45家;初步完成安全、环保、融合通讯、视频智能应用等模块的基础开发,完成企业安全档案、环保档案开发落地。		
24	"智慧+环保监管"企业生产及污染治理全过程动态监管平台	利用物联网技术和大数据平台,在企业末端污染物排放监管的基础上,将环境监管延伸至企业生产过程污染治理环节,实时采集分析该环节生产设备用电量、污染治理设施用电量及其运行参数等,利用大数据分析技术,建立两者之间的数学关系模型,实现受监管企业有计划停产与限产、废气治理设施擅自停运与低负荷运行、废气治理设施低效运行、生产过程中废气无组织排放等现象的实时监测、预警、分析与管理,同时结合生产现场实时视频监控系统,对上述生态环境违法行为视频录像取证,真正实现对污染企业工艺废气治理的全时、全过程无人值守监管。	6月底前	诸暨市政府
25	县域治理数字化建设	坚持发展新时代"枫桥经验",以城市运行"一网统管"理念,统筹整合12345、96345、政务e线、乡镇"基层治理四平台"、综治视联网、平安建设信息系统等数据,并与110、120平台实现信息互联互通,重点打造城市智慧治理大中心平台,谋划建设"城市大脑"。健全完善社会治理运行机制、应急处置机制和分析预判机制。以"诸事通办"平台为载体,建设集公共服务、公益服务、商业服务为一体的网上"服务超市",打造以自治为核心的具备网上便民服务、网上社区管理、网上信息展示等功能的智慧社区共享平台。	11月底前	诸暨市政府
26	"新民情日记"	"新民情日记"围绕社会治理数字化转型,打通基层治理四平台、三服务、市长直通车、智慧城管四大系统,充分利用"民情日记"这一重要载体,建设跨部门跨层级的社会治理综合性应用。在"浙里办"开发"新民情日记"	5月底前	嵊州市政府

续表

序号	项目名称	建设内容	完成时间	责任单位
		应用,方便企业、群众反映问题以及查询问题的解决情况。在"浙政钉"开发"新民情日记"应用,用于机关工作人员办理基层上报的问题,实现钉钉自动提醒,并与四大系统打通,避免多头办公的烦恼。		
27	民生服务专题决策分析平台	对政务服务、教育服务、特殊人群服务等民生服务进行专题决策分析。主要接入的数据来源于政务服务办、教育局、卫生健康委等单位。充分展示民生建设情况,辅助决策政府在未来的城市布局以及智慧城市建设。	10月底前	新昌县政府

2.2.6 2020年绍兴市大数据发展管理工作要点[1]

2020年总体工作要求是:深入贯彻落实党的十九届四中全会和习近平总书记关于国家大数据战略、网络安全、区块链等重要指示精神,按照政务服务"一网通办"、城市运行"一网通管"的总体要求,紧扣全市"两业经、双城计、活力城"发展目标和"融杭连甬接沪"城市定位,全面建立以"城市大脑"通用平台为基础、以数字政府、智慧城市、数据开放、安全体系"一平台、四领域"大数据发展管理格局,为我市深化"最多跑一次"改革推进政府数字化转型,为打造最佳营商环境和最具安全感的城市提供重要的技术支撑。

主要工作目标是:

——推进政府数字化转型工作。实现省级政府数字化转型重大项目100%落地贯通,完成2个国家级、1个省级试点建设任务,推进4个特色应用建设。

——提升"互联网+政务服务"质量。争创国家级电子证照应用试点,推进

---

[1] 绍兴市大数据发展管理局:《2020年绍兴市大数据发展管理工作要点》,2020年5月9日,绍数综发〔2020〕3号(公开档案索引号:11330600MB1573660P/2020-202862,公开日期:2020-05-09)。

电子印章使用率、电子证照应用率、"好差评"可评率、政务服务"一件事"可办率达到100%;全市政务服务事项"一网通办"100%,"网上办事"实现率100%,"掌上办事"实现率80%以上,"跑零次"事项实现率90%以上,即办事项比例50%以上,承诺期限压缩比60%以上;"浙政钉"掌上执法、掌上基层应用实现全覆盖,政务服务、执法监管、基层治理领域信息孤岛实现100%打通。

——推进绍兴市"城市大脑"通用平台建设。发布《绍兴城市大脑1.0版》,8月底前完成"城市大脑"通用平台(一期)建设,11月底前完成1个以上区、县(市)基础应用延伸,全市"城市大脑"服务面积覆盖率达到30%以上。

——推进公共数据归集、共享和开放。发布2020版《绍兴市公共数据资源目录》和《绍兴市公共数据开放目录》,全年数据治理率达到80%;新增共享接口100个以上;实现公共数据全领域开放,新增开放数据集100个以上,新增开放接口100个以上;市级及以下部门专网整合率达到100%。

一、以"数字政府提质年"活动为载体,进一步深化政府数字化转型,着力提升企业和群众获得感。

(一)制定完善政府数字化转型评价体系。根据省政府数字化转型工作评价指标体系要求,结合我市实际,进一步完善政府数字化转型工作评价指标体系,全面迎接2020年新一轮国家网上政务服务能力评估。指标体系基于政府数字化转型"四横三纵"体系架构,重点突出业务协同和数据共享两大导向,按照业务应用成熟度、应用支撑整合度、公共数据共享度、基础设施融合度等维度设定评价指标,对各区、县(市)以及市级各部门"互联网+政务服务"等重点任务落实情况、协同推进重大项目情况、保障网络安全和数据安全情况等进行综合考评。

(二)大力提升"浙里办""浙政钉"应用水平。优化完善"浙里办"网上办事平台,应用浙江省政务服务2.0平台,积极打造数字政府的数据中台、智能中台和业务中台,全面支撑各部门的业务和数据创新,实现服务事项数据化和服务零门槛,推动跨层级、跨地域、跨系统、跨部门、跨业务的协同管理和服务。优化完善"浙政钉"政务办事平台,优化政务钉钉工作界面,提高运行速度,完善政务通讯录、智能会议、移动办公等功能,进一步深化OA协同办公系统与浙政钉的融合。

(三)切实推进政府数字化转型重大改革创新。不断深化省"8+13"重大项目、10个防范化解重大风险项目和6个其他类重大项目的普及应用,突出用户流量和满意度两大关键指标,进一步提升用户覆盖率和服务质量。扎实推进公共数据开放、基层治理四平台、信用+监管+风险预警、信用+十联动、无废城市信息化平台等省级试点建设。全力推进"互联网+医疗"、"智安小区"、社区大数据平台、停车诱导系统整合等18个示范应用项目建设,争取更多的项目列为省级示范项目。

(四)深化提升"互联网+政务服务"支撑能力。一是以群众需求为指向,推动办事平台从"群众找事项"向"事项找群众"转变。梳理一批群众办事高频事项,在浙江政务服务网、浙里办等办事平台建立高频事项专区。梳理一批个人身份证、驾驶证和企业建筑资质证、道路运输许可证等事项清单,建立办事事项在线推送专区,根据个人、企业实际办理需求,主动向群众推送办理消息提醒、事项办理入口。开设网上证件、证照遗失声明专区。二是以用户满意为导向,推动办事事项从"部门说能用"向"群众说好用"转变。开展在线办理体验式检查,举办掌上办事用户体验节,邀请群众体验各类办事事项网上办、掌上办情况,不断优化在线办理流程科学度、所需材料精简度、获取材料便利度、办理时间合理性,进一步提升掌上办事满意度。优化"好差评"评价机制,推进全市线下各级办事大厅全覆盖,将"好差评"评价体系作为倒逼政务服务能力提升的有效手段。三是以规范安全为方向,强化对政府门户网站的管理,推进全市网站群运维普查监测,优化市政府门户网站的栏目设置,增设网站智能检索功能和智能问答机器人等功能。

（五）深入推进电子证照应用改革试点。全力争取电子证照应用国家级试点，研究制定全市电子证照应用试点改革方案，从支撑平台、证照数据、应用场景和制度建设等方面进行先行探索。做大做强电子证照数据库，积极打造"零证办"、"精准送"、"个人数据宝"、证照信息三色预警等10大应用场景。在"浙里办"掌上办事平台推出面向个人、企业的"我的数据"服务，深化电子身份证、电子结婚证、电子驾驶证、电子医保卡等电子证照、电子凭证、电子记录等材料在政务办事、交警巡检、就医就业等场景的应用。

二、以"智慧城市提速年"活动为载体，进一步推进城市大脑建设应用，着力提升城市运行智慧化水平。

（六）启动建设城市大脑通用平台。根据《浙江省"城市大脑"建设应用行动方案》要求，结合《绍兴市"十四五"时期推进城市大脑建设，提升城市运营智慧水平思路和举措研究》的调研报告，编制绍兴"城市大脑"十四五规划。依托现有政务云平台、公共大数据中心资源，综合运用云计算、大数据、人工智能等技术，打造全市统一的"城市大脑"通用平台，启动建设"城市大脑"运营管理中心，构筑城市活力指数可视化平台。根据"一规划一中心多应用"的思路推进市大脑建设，作为未来城市治理的平台型人工智能中枢，为全市各领域应用提供数据、算力支撑。

（七）结合实际推进城市大脑智慧应用。围绕政务、交通、平安、城管、经济、健康、环保、旅游等领域开展应用建设，以"以点带面、条块结合、全面推开"模式，开展平安、交通、古城保护、无废城市、信用+监管+风险预警等应用试点。城市大脑+平安应用，主要是依托"雪亮工程"，深化基层治理四平台建设，健全完善社会治安防控网络。城市大脑+交通应用，主要是构建交通计算模型，在交通信号灯设置、停车诱导服务等领域，积极探索智慧交通建设。城市大脑+古城保护，主要是以构建数字孪生古城为目标，推进古城保护信息化系统建设，积极打造文化旅游城市。城市大脑+无废城市，主要是基于城市大脑打造"无废城市"

信息化平台,打通现有各地各部门业务系统,形成一个固体废物源头减量和资源化利用的有机综合监管平台。城市大脑+信用监管,主要是积极试点"信用+监管+风险预警"模式,构建以信用为基础的新型监管机制。

三、以"数据治理提效年"活动为载体,进一步巩固数据归集大会战成果,着力提升数据共享开放水平。

(八)积极探索数据开放。以数据开放为龙头,以建设全省公共数据开放试点为契机,实现公共数据领域全面开放。发布《绍兴市公共数据开放目录》(2020年版),全面拓展公共数据开放领域,实现全市公共服务和管理机构数据全面开放。以企业主体相关公共数据的授权开放应用试点,助力解决小微企业融资难、融资贵问题,力争年底见实效。举办绍兴市第二届开放大数据创新应用大赛,鼓励支持个人和企业利用绍兴市公共数据平台进行深入挖掘和大数据综合分析。

(九)不断做强数据支撑能力。发布《绍兴市公共数据资源目录》(2020版),进一步做实做深数据归集,提升数据"贡献率""共享率""开放率"。从数据的完整性、准确性、规范性、一致性、唯一性和关联性等,多层次、全方位开展数据质量治理工作。会同相关部门推进政府行政管理、公共管理、社会综合治理等领域跨部门常态化大数据分析,不断提升政府监管精准度和综合决策能力。实时抓取社会数据资源,作为公共数据资源的有力补充,进一步充实、丰富法人组织、自然人等数据图谱,形成相关数据分析模型。依托市公共大数据平台,进一步完善电子证照库、人口综合库、法人综合库等6大主题库活力。

(十)着力强化数据安全保障。一是强化数据管控。编制全市公共数据资源采集和管控、敏感数据、数据质量、数据交换、个人隐私等领域数据资源归集共享的标准规范,明确大数据归集、使用、开放等环节涉及的信息安全范围、要求和责任。定期对基础设施、应用平台、数据资产等进行安全风险评估。二是深化应急演练。建立常态化应急保障机制,基本形成基于物理、网络、平台、数据、应用、管理等六层立体安全防护体系。按照等级保护2.0要求,完成相应系统的信息系统安全等级保护测评工作。三是提升网络性能。推动部门视频接入市级视频共享总平台,提升视频总平台共享服务能力,接入部门视频42家,接入视频7万路以上。实施政务外网IPv6改造,提升网络整体性能。

(十一)大力营造数据发展管理氛围。依托知名高校、科研机构,建立新型智慧城市咨询决策委员会等研究团队和智库。建立院校合作机制,开展大数据相关专业的政校合作、校企合作,有目标有计划地培养"本土化"大数据人才。继续办好大数据讲堂,开展大数据知识培训和技术推广工作。举行以"我和大数据"为主题的开放日活动,提高全社会大数据意识。

四、以"资源统筹提标年"活动为载体,进一步加强全市电子政务共建共享,着力提升集约利用水平。

(十二)坚持统建统管"一张图"。严格执行《绍兴市深化"最多跑一次"改革推进政府数字化转型工作实施方案》(绍政发〔2019〕11号),严格落实省政府数字化转型"四横三纵"七大体系总体要求,制定完善我市政府数字化转型总体规划和新型智慧城市总体规划,实现一张蓝图管到底。研究制定全市《2020年政府数字化转型工作要点》和《2020年新型智慧城市建设工作要点》,加强对各地各部门数字政府、智慧城市和数据治理等工作的统筹管理。按照市县统建共享、资金分担的原则,会同市财政局等部门,研究出台全市统建信息系统资金分担的意见。

(十三)坚持信息资源"一平台"。充分利用省统建基础性公共平台,结合我市"城市大脑"通用平台建设,进一步完善政务网络、政务云、公共数据共享交换平台和应用支撑平台等公共技术平台,提升对各地各部门应用系统开发的基础支撑能力。鼓励支持全市性重大公共性应用系统、各行业重要业务应用系统,采用省统建模式或者由市级部门统一建设模式。切实抓好部门业务系统整合和接口对接,破除"信息孤岛",推进数据互联互通和业务协同办理。

(十四)坚持项目管理"一个口"。严格实行《绍兴市市级电子政务项目预审管理办法(试行)》(绍数发〔2019〕10号),深化完善电子政务项目一个口子申报、预审的全流程管理机制,强化电子政务项目统筹力度,提升财政资金使用效能。构建"线上+线下"协同管理机制,迭代升级电子政务项目全流程管理平台,实现在线受理、在线流转、全程留痕,全流程可追溯。引入"三审二评"审议机制,实施专家评审、第三方咨询公司评估、电子政务预审领导小组审议的三方评审,开展重点项目立项前、建成后首尾的技术方案评审、资金测评和绩效评估。探索"统筹协同"申报机制,跨部门、跨层级、跨系统项目由牵头部门会同其他子系统建设部门统一申报,强化项目协同。

五、以"团队合力提升年"活动为载体,进一步加强干部队伍建设,着力提升干部队伍整体形象。

(十五)建立健全担当有为的工作机制。建设一支有战斗力、有想象力,充满激情的一流团队,以课题组、项目化的形式去中心,推行扁平化组团攻关机制,打造最简单的人际关系、最高效的沟通环境,使每一名同志都有机会施展才华,克服人手严重短缺困难,有效推进各项工作。

(十六)建立健全实干实绩的用人导向。进一步建立健全内部管理制度,实施精细化、信息化的内控机制;探索建立专业技术岗位评聘机制和"业绩论英雄"评价体系,鼓励创新,在实践中锻炼干部,敢于交任务、压担子,做好传帮带。

(十七)建立健全干净干事的防范体系。坚决落实中央八项规定精神及实施细则,进一步完善廉政风险防范体系,积极探索局本级项目内审机制,建立常态化教育机制,加强典型示范教育、岗位廉政教育和反面警示教育,建设一支干净干事的干部队伍。

2.2.7 整体智治:诸暨基层治理数字化探索成果选编

以"县乡一体、条抓块统"县域整体智治改革试点为契机,以数字化改革为引领,立足发源地的独特优势,共同推进"一网联动、一码解决、多场景应用",实现"枫桥经验"云提升。进一步融合"一网联动",提升141体系同162体系贯通,完善"一中心四平台一网格"功能,切实发挥网格员矛盾源头排查的作用,强化突发情况的应急处置功能;进一步推广"码"上解纠纷的"云模式",实行"一案一编码、一码管到底、全程可追溯"机制,"浙江解纷码"上线以来,案件受理率100%、处置率100%,办理速度同比提高60%;进一步找准小切口、谋划大场景,开发了"浙里兴村共富"、矛调"枫桥经验"场景应用、执行领域全流程数字化协同应用场景、预防青少年新型违法犯罪综合集成等多个应用场景,横向联通全市各职能部门,纵向联通各镇街,有效提升信息的共享性,群众办事的便捷性、满意度。

一、兴村治社应用(组织部)[1]

盘活村里丰富的自然文旅资源,发展村集体经济,让更多村民享受乡村旅游带来的红利,正是"浙里兴村(治社)共富"场景中该村的一项任务。去年以来,绍兴以"党建统领、兴村(治社)共富"为主线,以"县乡一体、条抓块统"为牵引,谋划建设了"浙里兴村(治社)共富"场景应用。通过事项一口归集、任务一贯到底、民情一键回应、干事一屏掌控、监管一览无余、评价一体多维,整体建立村社智治全链条场景,推动基层治理流程再造、制度重塑、系统重构。

通过"浙里兴村(治社)共富"场景应用,十里坪村的每项工作职责得以清晰划分,工作成绩被精准赋分,最终在村两委干部考核中得到体现。"通过'浙里兴村(治社)共富'场景应用,每项工作任务发布、接收、完成和印证材料都清晰可查,让村干部的工作可看、可比、可查。"东和乡工作人员说。

"通过'浙里兴村(治社)共富'场景应用,村干部之间形成了'比学赶超'的氛围,不仅让工作得以落实落细,也让大家拧成了一股绳,为村庄建设贡献力

---

[1] "浙里兴村治社"是枫桥经验基层治理数字化的非常重要和成功的应用,取得了良好的治理成果。参见本章"'浙里兴村治社'基层治理数字化典型成果选编"。

量。"诸暨市委组织部副部长何浩明说。

去年,诸暨市山下湖镇枫江村将乡村振兴先行村项目纳入"浙里兴村(治社)共富"场景应用中,项目包括打造直播基地、建设文旅项目等,建成后预计每年可为村集体增收300余万元。枫江村党总支书记、村委会主任陈惠飞说,项目建设通过场景应用派单给村干部落实,系统能实时了解项目进度,管人、抓事清晰明了,领了任务的村干部不敢有丝毫懈怠。镇干部、驻村指导员则通过系统检查督促完成情况并评分,大大提高了任务推进速度和完成质量。

陈惠飞说,每一个项目都是由镇级讨论通过后赋分到村里,通过多角色派单和赋分评分,构建了镇村联动、协同高效的运行模式,村干部的年终考核以赋分项目的完成度排名,跟工资直接挂钩,大大提高了村干部干事创业的积极性。

"'浙里兴村(治社)共富'场景应用打造了全域覆盖、镇村一体、上下贯通、执行有力的基层工作体系,构建了变革型基层组织,有力推进了基层治理体系和治理能力现代化。该场景应用还获得了2021年度浙江省改革突破奖铜奖。"绍兴市委组织部相关负责人说。目前,该场景应用已实现县(市、区)试点全覆盖,绍兴全市共有103个乡镇(街道)2万余名镇村干部上线应用,用户日活跃率达95%以上,通过系统办理涉村事项9万余件,村级班子办理群众实事7000余件,较往年增加40%以上。

二、网络安全智治应用(网信办)

诸暨市深入贯彻党中央和省委要求,在省委网信办、省大数据局等部门的指导支持下,以新时代"枫桥经验"为引领,开发网络安全智治应用,集成"组织、人员、资产、隐患、事件、流程"六要素,贯通"云、网、端、数据、应用、行为"治理全链路,实现政务网络用户信息"一网"归集、资产数据"一屏"掌控、风险隐患"一键"可溯、考核评价"一榜"晾晒,探索构建了县域网络安全治理新模式。截至目前,实现全市108个网格单位、2.2万余个网络软硬件资产管理的全覆盖,累计发现安全事件549起、安全隐患79 952个,处置率分别达100%、99.1%,网络安全防护能力显著提升。相关经验做法被中央网信办《网信动态》和浙江《数字化改革(领跑者)》推广介绍,获时任省委书记袁家军批示肯定,并在省数字化改革推进会上作典型应用演示。此外该应用还获评2022年浙江省数字化改革网络安全优秀案例、全省2022年数字化改革最佳应用、全省改革突破银奖,被列入全省数字化改革"一地创新、全省共享""一本账"SO。

(一)探索了网络安全"平台+大脑"建设路径。整合大数据集群、终端边缘计算等算力资源,归集资产、隐患、事件、情报等5亿余条安全数据,集成机器学习、基线比对、行为画像等52种算法,建立风险威胁识别、数据泄露识别等86个模型,构建资产智能识别、风险研判分析等240条规则,初步具备"大脑"的分析、预警、学习能力。同时,基于内生安全和"零信任"安全理念,运用动态异构冗余技术,推动之江实验室拟态防御安全应用试点落地,显著提升对未知漏洞、未知后门、未知攻击等不确定威胁的防御能力,确保数字化改革核心场景应用绝对安全。

(二)创新了县域网络安全智治模式。立足新时代"枫桥经验"群防群控、源头治理的理念,创新县域网络安全的"三清三不"治理模式(职责清、资产清、人员清,防控不遗漏、风险不外溢、服务不缺位)。针对"三清",制定党委(党组)网络安全工作责任制重点责任清单,推行首席网络安全官制度,落实监管责任+主管责任+主体责任+使用责任的"四责联动"机制,深化网络安全网格化管理,完善市镇村(社区)三级管理、资产人员动态管控等制度,组建由网信办、公安局、大数据中心、保密局、相关企业组成的政企安全运营团队,健全完善县域网络安全责任体系,推动形成纵向贯通、横向协同、条块结合、群防群控的网络安全工作格局。针对"三不",全域开展政务外网、关键基础设施等网络安全专项整治行动,重塑网络安全隐患及事件处置流程,完善网络安全应急预案、应急处置工作指南,健全网络安全协同监管、预警通报、会商研判、应急指挥、宣传培训及督导检查等系列机制,提升网络安全纵深防御能力。

(三)完善了网络安全标准制度体系。制定政务网络安全管理指导手册,出台《诸暨市加强网络安全整体能力建设行动方案》《诸暨市电子政务外网基础设施安全管理指南》等制度,建立数据库安全管理规范、数据开发环境安全保障规范、应用系统安全管理规范,不断提升网络安全监测处置、应急指挥、安全监管体系化规范化水平。率先启动编制《县域网络安全管控体系建设技术白皮书》,得到中央网信办的指导和肯定,探索形成县域网络安全治理实践理论。

(四)重塑了县域网络安全评价机制。拓宽网络安全数据采集渠道,构建县域网络安全全息档案,划定优秀、良好、合格、不合格四大评价等级,探索开展各单位网络安全日评、月评、年评管理模式,并以此形成县域网络安全生态画像,实现网络安全综合评价指数的可采集、可计算、可分析、可展示。注重对评价指数的结果运用,探索对评价发现问题的清单管理、交办督办、闭环处置机制,精准补齐县域网络安全工作短板,推动实现评价指数持续提升。至目前,完成对全市所有网格单位动态评价 280 次,督促完成问题整改 7.2 万余个,评价优秀率现达 95% 以上。

三、执行一件事(法院)

执行工作作为法院业务的末端,关系到权利人的权利能否得到真正保护,是体现司法权威和公信力、实现社会公平正义的重要环节。诸暨法院始终牢记习近平总书记关于司法领域公平正义的重要指示,以新时代"枫桥经验"为指引,聚焦执行领域人民群众急难愁盼问题,坚持问题需求、效果目标和未来发展导向,充分运用数字化手段开展贯穿执行全流程全链条全周期的跨业务、跨部门、跨层级、跨地域的执行"一件事"改革。2020 年以来,诸暨法院以不动产司法拍卖作为小切口撬动大变革,探索解决执行难点堵点的"一件事"子场景,进而推动全省法院形成以执行协同事项为单元积极推进执行数字化改革的新局面。改革经验做法曾获时任省长郑栅洁等多位省领导认可批示,并先后荣获 2021 年第一批数字法治好应用名单、2021年浙江省改革突破奖银奖、2022年全国社会治理创新案例。

2020年4月,针对不动产司法拍卖过程中存在财产调查不充分、交付过户难、信访压力大等问题,诸暨法院率先在全省范围内推动不动产司法拍卖"一件事"改革,科学谋划、创新设立"一网共享、一门联审、一张清单、一窗办理"的"四个一"框架体系:一是针对政务信息碎片化、数据共享难,实现"一网共享"。依托浙江政务网搭建"司法拍卖全流程智慧协同平台",联合自然资源和规划局、税务局、建设局等10余个相关主管部门进行数据归集与交换,实现互联互通共建共享。二是针对资产"带病拍卖",推行"一门联审"。针对标的物"有问题有瑕疵"实行拍前严格预审机制,对拟处置不动产的各类情况进行详细核查,如发现有问题有瑕疵的不动产明确5天给出解决方案。三是针对拍卖条件模糊化、风险防范难,形成"一张清单"。严格遵循"有禁拍情形不得拍卖、有瑕疵情形谨慎拍卖"原则,严格落实"谁主管谁负责",明确20个部门和不动产属地镇乡(街道)责任清单和禁拍、限拍负面清单,进一步从源头上对于风险进行防范,切实提高司法执行力和政府公信力。四是针对问题化解本位化、群众办事难,推行"一窗受理"。按照"减环节、减材料、减时间",引入司法网络拍卖辅助机构,专门设立了"一件事"专窗,免费提供咨询、看样、挂拍、交付等专业代办服务,司法拍卖全流程由改革前至少跑3次变为仅需跑1次,办理证件从原来的平均两个月左右缩短为两天。"一件事"改革推向纵深,我院用"四个一"流程范例作为推进路径设计的"金钥匙",秉持全标的扩容目标,从不动产拓展至银行存款、公积金、股权、机动车、排污权等各类,基本涵盖司法处置所有领域。

改革全面开花,示范引领催动力。2020年7月,执行"一件事"改革开始在绍兴市及全省法院进行推动;2021年1月,执行"一件事"模块在浙政钉机关内部最多跑一次平台上正式搭建成功并投入使用,2021年8月,浙江省高院在智慧执行2.0系统搭建执行一件事集成应用平台,执行"一件事"在全省开始推广运用,实现了全面开花:一是拓展协作范围,处置类型更加齐全。诸暨法院通过推动其他单位相关数据嵌入不动产司法拍卖"一件事"功能模块中,实现协作范围的再扩大、处置类型的更多样。协调公积金管理机构、金融机构、保险机构等部门纳入到平台模块中,法院可以直接在线完成银行、公积金、保险账户的查询、查解封、划扣等事项,极大提高了执行效率。二是拓展模块功能,平台功能更加丰富。在现有功能模块上,结合执行案件办理的全流程,进一步推进拒执打击、联合惩戒、薪金智提、共享法庭等功能模块研发,将平台打造成集信息查询、部门会商、拍前联审、数据统计、监管督办、双向评价等功能为一体的智慧应用。三是拓展程序应用,适用场景更加全面。在司法拍卖"一件事"改革基础上,将应用场景不断拓展到案件审理中的财产保全、财产调查以及破产程序中的财产处置等环节,逐步实现审判执行程序中涉及的财产调查、查解封、处置等事项全部在线完成的目标,实现平台模块的最大效用。

全面提升质效,助推执行显活力。诸暨法院秉持"部门协作、信息共享、优化流程、依法办理"的改革逻辑,致力于不断完善综合治理执行难大格局,不断绘就了"智慧执行"的诸暨"枫"景。一是部门协同高效有力。以司法拍卖为例,通过改革部门之间信息得到及时共享,使部分原本较难处置的不动产在多部门合力解决相关问题后成功挂拍,截至目前,我院已发起联审1 241件,成交831宗,金额37.33亿元。二是司法资源有效配置。诸多执行事项实现线上办理和全流程监管,办案时限、查控、处置效率均实现大幅提升,2022年全省法院新收执行实施案件33.82万件中,有32.34万件通过执行"一件事"模块办理相关事项,全省法院执行"一件事"应用综合使用率为112.4%。三是营商环境深度优化。生产要素得到有效激活,资源配置不断优化,司法拍卖的成交率和溢价率不断提升。截至目前,拍后可直接投入使用率达100%,工业用地一拍成交率、溢价率比改革前分别提高28.7和75.01个百分点,为本市盘活沉淀土地180余万平方米。四是风险防控更加有力。改革推动各职能部门从"要我做"到"我要做",将执行权和政府各部门行政审批权运作环节公开化、透明化,矛盾纠纷从末端发现迁移至源头把控。调查时间从改革前的至少1个月压缩至现在的5个工作日,拍前联审机制有效避免了因固有瑕疵导致的额外风险,群众满意率达到100%,因瑕疵纰漏问题引发的信访率降为0。

四、重点人员信用修复(公安)

场景建设

一是共治模型。主要是重点人员撤管打标场景,梳理全市重点上访人员、退役信访人员、个人极端暴力犯罪倾向人员、涉警信访人员、涉众型经济犯罪相关利益人员、刑事前科人员、涉毒人员等七类重点人员7341名作为"信用修复"底数,设置"六统一七分类"量化标准("六统一"即基本标准,①在规定时间内,未发生扬言、发声、煽动、响应、串联、上访、集聚等各类网上网下异动的;②在规定时间内,未发生新的违法犯罪行为的;③重点人员动态管理平台异动积分归零的;④现实表现良好的,或受到各级表彰、群众评价较高的;⑤认识错误,真心悔过,心理健康评估合格的;⑥符合其他条件的。"七分类"即类别标准,七类重点人员分别需要符合的个性标准),从爱国、敬业、守法、诚信、友善5个维度对重点人员进行智能"画像"、自动赋分,对系统分析符合"信用修复"对象,一键推送提醒政法、信访、公安、金融、退役军人、镇街等职能部门开展线上联评联审,审查通过后由公安在重点人员管理库中统一打标"已修复",实行"无感"管理(住宿登记、卡口检查等不预警不打扰),让其回归正常生产生活。

二是共富模型。主要是重点人员再就业帮助共富场景,正在集成全市培训、就业单位和网站,重点人员可通过微信小程序端自主选择技能培训课程及线上线下培训模式,最大限度促其就业。

三是共建模型。主要是重点人员参与爱心活动和平安建设场景。全量汇集全市社会组织及宣传、政法、民政、司法、公安等部门,打通绍兴"义警平台",矫正对象、重点人员可在平台注册后自主选择志愿项目,活动结束后由社会组织或发起部门根据表现进行赋分,同步导入"共治"模型,作为"信用修复"评价维度进行赋分,逐步将重点人员、矫正对象从社会消极力量引导成积极力量,为平安建设加力赋能。

五、浙里人口全息管服平台（公安）

场景建设

依托一体化智能化公共数据平台,建立集通讯、户籍、学籍、交通、房产、快递、健康码等 27 类数据的数据底库,制定人口统计规则,开发计算模型,建立"一人一档",形成实有人口底数。在此基础上,构建"123+N"即"一舱两端三场景 N 应用"的平台体系架构,"一舱"即人口感知驾驶舱,"两端"即治理端、服务端,"三场景"即决策辅助、平安惠民、赋能支撑三大场景,"N 应用"即基于人口大基座搭建的 N 个具体模块,具备良好的开放性和兼容性,目前已开发流动人口、重点人员、疫情防控等模块 7 个。

（一）决策辅助场景。通过对人口数据智能化分析,为经济发展提供决策参谋。实时统计市镇村实有人口总数、前 24 小时人口增减情况、近一年内辖区人口数量走势,分析居住时间、管理分类、性别结构、年龄结构等人员状态,精准掌握人口老龄化、经济活跃度等情况。如针对老龄化严重的镇街,提出引进养老产业建议;针对人员流入明显增加的镇街,提出加大基础设施建设投入建议。如感知浣东街道 2021 年人口增长了 51%,随即加大了交通设施改造升级、餐饮娱乐项目引进力度,以更好保障区域发展。

（二）平安惠民场景。坚持"以工作确定性应对风险不确定性",强化预测预警预防,筑牢防风险、保平安、护稳定的铜墙铁壁。一是着力于重心下沉。平台自动感知人员实际所在位置,开展人房不一致核查,即户籍地与实际居住地不一致,累计筛查出 36 万人,更新率达 100%,让各镇街精准掌握人员流入流出情况。一屏掌握流动人口情况,实时分析人员来源地、流入地、落脚住所等,做到底数清、情况明。据平台分析我市流动人口居住在出租房、企业单位分别占比

64%、21%。二是聚力于防线前置。针对个人极端、严重精神病障碍患者等12类重点人员以及境外人员、涉疆人员等重点关注群体,实时感知触界、集聚、行为异常等异动情况,智能分析判定风险等级,同步推送至主管部门、属地镇街社会治理中心、派出所,开展分级分类联动处置,及时消除风险隐患。针对进入诸暨的前科人员自动推送一条威慑短信,提醒重点人员遵守法律;同时向属地镇街进行提醒,帮助基层实时掌握"新进辖区的重点人员",落实针对性防范措施。三是致力于百姓有感。新进流动人口在平台推送的短信链接上,可在移动端登记人员信息,若自主登记地和平台感知地一致、照片认证一致,后台将实时为其办理电子居住证,累计预警推送11.6万余人,均100%核查完毕。同时,境外人员签证到期前,平台分别向境外人员、辖区民警推送及早换发新签证的提醒短信,累计临期提醒9人,抓获境外"三非"人员11人。

（三）赋能支撑场景。平台具备了高效准确的算力算法,归集了人员全周期、全要素数据,能有效满足疫情防控、部门施策等对人口数据的需要。围绕服务疫情防控,建立防疫分析三区管理应用,在三区划分后,在地图上圈定对应区域,即可秒级展示封控区、管控区、防范区人员底数,其中包括户籍、流动、境外等类别人员数,以及人员详细信息,实现快速找全人、找到人,为民生物资保障、核酸检测等提供精准支撑。如在诸暨疫情阻击战中,通过疫情防控模块,三小时内给出了大唐等6个镇街实有人口底数,并在全员核酸检测中发挥了实战作用。围绕服务部门需求,针对不同部门提出的个性化需求,给予部门对应的人员要素数据以及比对碰撞结果,帮助部门提升工作效率,减少人财物支出。如联动人社部门,自动剔除2543名已故养老金人员,动态跟踪17万养老金人员健在状态,让人社部门无须再组织人工摸排。联动教体部门,在开学前自动分析共享适龄学生底数、地区分布,累计推送1万余人,帮助教体部门合理调整教育资源。同时,对平台落实网络安全定级、等保等措施,常态化开展平台监测,确保数据安全。

六、预防青少年犯罪（检察院）

为最大限度挽救、预防未成年人犯罪，诸暨市人民检察院以新时代"枫桥经验"为引领，融合数字化改革理念，打造集"帮教矫治、家庭教育、公共服务、综合治理"四大功能于一体的"星海守望"未成年人违法犯罪预防治理平台，构建起党委统一领导、部门联动协作、社会力量共同参与的未成年人违法犯罪预防工作体系。通过数字化驱动、体制机制变革、业务流程再造，打破以往未成年人犯罪预防工作中多部门各自为政、信息不通、治理断层等问题，有效降低罪错未成年人的复犯率。平台自上线以来，全市罪错未成年人教育矫治率同比上升300%，纳入平台管理后的罪错未成年人再犯率下降59%，吸纳70余名帮教团队人员，开展线上、线下各类帮教活动640余次，帮教罪错未成年人730余人次。

案例：

今年9月一天晚上，家住浙江省诸暨市的俞女士收到一条短信，提示其子小陈进入未成年人禁入区域。她立即赶到定位的娱乐会所，小陈的帮教社工也同一时间赶到。两人将小陈带离并对其进行了教育。

"有了这个智能平台，我们家长放心多了。"俞女士说。

今年16岁的小陈因参与网络诈骗，不久前被移送诸暨市检察院审查起诉。经综合考量，检察机关决定对其附条件不起诉，并将其纳入"星海守望"未成年人违法犯罪预防治理平台（下称"星海守望"平台）管理。

为最大限度教育挽救罪错未成年人，预防未成年人犯罪，2021年，诸暨市检察院打造了集帮教矫治、家庭教育指导、公共服务、综合治理四大功能于一体的"星海守望"平台。该平台秉承"枫桥经验"中的"源头预防""群防群治"理念，构建起党委统一领导、部门联动协作、社会力量共同参与的未成年人违法犯罪

预防工作体系,实现了未成年人违法犯罪预防向"数字预防"的转型升级。

据该院检察长张芸介绍,"星海守望"平台前移预防关口,将"不良行为、严重不良行为、涉罪"三类未成年人全部纳入,统一建库管理,精准智能分级干预,明确监护人的主体责任。根据分级规则,该平台为罪错未成年人配备由社区工作人员、司法社工、辅警及专业人士组成的"3+1"帮教团队,制定个性化帮教方案,通过平台线上学习结合帮教团队线下活动,全方位教育矫治未成年人。

"星海守望"平台破除了以往单打独斗、数据孤岛的旧格局,梳理各职能部门在预防未成年人违法犯罪工作中的基本任务,形成平台数据库,实现罪错未成年人违法犯罪信息实时互通、重点场所实时监控,为检察机关及时发现线索,依法开展涉未监督提供了有效路径。

2021年底,诸暨市检察院通过"星海守望"平台对全市涉未案件进行梳理,发现一些"电竞酒店"存在无限制接纳未成年人上网的问题,针对监管漏洞启动公益诉讼并发出检察建议。到今年6月,诸暨市11家电竞酒店共480台电脑均安装了上网登记管理软件,严格实行"住宿+上网"双登记制度。

"该平台上线以来,全市罪错未成年人教育矫治率同比上升300%,再犯率下降22%。通过研判平台大数据,我们发现公益诉讼线索10余条,成功办理3件行政公益诉讼案件。"张芸说,目前,"星海守望"平台已推广至绍兴全市。

七、"1963法润"直播普法平台(网信办)

2018年6月,为纪念毛泽东同志批示学习推广"枫桥经验"55周年暨习近平总书记指示坚持发展"枫桥经验"15周年,由诸暨市委宣传部牵头,公安局、检察院、法院、司法局共同联手打造的"1963法润"直播平台正式上线。"1963"取意于毛主席批示"枫桥经验"的年份,"法润"取意于习近平总书记在中共中央政治局第三十七次集体学习时提出的"法安天下,德润人心"。平台于每周四上午播出一期节目,至今共播出节目240期,成为诸暨市创新发展网上"枫桥经验"的重要载体之一。

(一) 主要做法

1. 整合宣讲力量。一方面聚焦普法主线,整合"公检法司"四家单位的资源力量,围绕国家宪法日、禁毒日、消费者权益保护日等重要普法时间节点,全年常态长效开展好线上普法宣传教育。另一方面,不断扩大平台合作"朋友圈",吸纳文明办、社科联、民政局、文广局、市场监管局、妇联、教体局等单位参与,穿插融入更多"德润"元素节目,构建更多元与全面的平台宣讲人员队伍。

2. 丰富节目内容。"枫桥经验"重心在于群众路线,"1963 法润"节目内容也更多地根据群众需求来确定。平台在紧密围绕国家宪法日、网络安全宣传周、禁毒日、消费者权益保护日等重要普法时间节点,开展常态化普法的同时,实时紧扣当下社会热点以及网友关注度高的时事,制作安排了党史学习教育、党史学习教育、民法典、文明实践、暑期防溺水、校园欺凌、网络安全等主题丰富的内容。每一期节目针对性较强,"干货"满满,受到广大群众欢迎。并且多次尝试将节目搬出演播室,邀请主播们走入村、社、企业、学校等场所,形成线下线上的联动模式,吸引更多受众观看。

3. 拓展宣传载体。随着"1963 法润"直播平台影响力不断提升,宣传形式和载体也不断丰富。在开展室内主播授课、现场实地宣讲的基础上,多次与部门联动,推出了走进"枫桥派出所安防体验馆"沉浸式体验秀、"爱心早餐 情暖暨阳"大型公益活动启动仪式、城市慢直播等一系列有影响力的品牌活动直播,多维度解读市委市政府工作重点,回应民生关注焦点。在运用好直播平台的同时,出版了集纳"1963 法润"直播平台节目内容的专题书籍《创新发展网上"枫桥经验"普法读本》,开设了"1963 法润"抖音号,启用两列"1963 法润"主题公交车,不断增强平台整体社会辐射效应。

(二) 取得成效

一是获得部门媒体点赞。做法曾刊播在央视《新闻联播》及《人民日报》《新华社内参》等国家级主流媒体,多次被《浙江日报》等省内主流媒体点赞。中央网信办、省委网信办实地调研中,调研领导对平台做法多次表示肯定。

二是获得广大群众认可。至今已播出240期,观看点击量超3100万,点赞评论数超71万。如《防溺水安全教育演示》《平安小艾主播说反诈》《拒绝校园欺凌》《诸暨市民文明行为十条》等接地气的节目被网友"弹幕"刷屏,留言称赞"节目内容新颖又活泼""不但好看而且实用"。

三是形成示范连锁效应。通过持续深耕内容开展有影响力的网络普法宣传活动,培育了一批活跃在宣传普法、志愿服务、基层执法领域的本土"网红",显著提升了各单位工作影响力。同时,也为单位开展线上宣传工作带来启示,吸引部门参与到共同打造系列品牌。如司法局今年新开辟推出新时代"枫桥经验"青少年学法用法平台,专门开辟法律大讲堂,嵌入"1963法润"直播青少年专题普法内容。

2.2.8 "浙里兴村治社"基层治理数字化典型成果选编[1]

基层治理数字化载体"浙里兴村治社"应用自2021年6月在枫桥镇试点运行,同年9月在诸暨全市推广使用。各镇乡(街道)坚持发展新时代"枫桥经验",结合自身实际工作,积极、主动、灵活运用应用子场景,不断探索完善线上线下配套制度机制,实现了应用在任务执行、民情回应、队伍管理、能力提升等方面的实战实效。全市镇村干部数字化认识和能力明显提升,镇乡(街道)党(工)委的统筹掌控能力明显增强,基层党组织组织力、执行力和战斗力明显提高,涌现出了众多运用"浙里兴村治社"应用助力村社事业发展的典型人物、典型事件、典型制度和典型做法。

以下是典型成果节选。

---

[1] 选自诸暨市"浙里兴村治社"开发建设工作专班编辑的《诸暨市"浙里兴村治社"应用优秀案例汇编》一书,2022年8月。

老干部的"数字情结"（次坞镇大院里村）

驻村干部郭学军是有着37年基层工作经验的老干部,但他"人老心不老"。"浙里兴村治社"应用推广之初,一些村干部对此有些许抵触心理,郭学军却积极响应,不仅自己按照应用操作指南熟悉操作流程,还主动向大院里村两委干部推广该应用,亲自为两委干部演示使用方法。在他的带领下,该村应用运行效能始终高居全镇前列。

同时,郭学军积极鼓励村社通过应用促进发展。大院里村两委干部在完成好本职工作的同时,对于一些镇级重点工作、中心工作也渐渐抢着来做,干事创业的积极性大大提升,特别是在人居环境整治工作上,该村在上半年诸暨市农村人居环境调研中排名全市第一。郭学军提出的建设性意见被镇线办采纳,并及时改进,提升了派单完成质效。郭学军说:"数字化改革的成功非一日之功,越是基层,我们越要驰而不息地坚持使用,这样才能不断地让数字化观念深入人心,真正为我们的基层工作减负增效。"

老书记"逞能"数字化应用（大唐街道莼塘社区）

社区党总支书记赵天苗今年已61岁,"兴村治社"应用中接单、派单、评价等线上操作对这位老花眼、新鲜事物接受度低的"老龄"书记来说存在不小困难,社区效能指数排位一度徘徊在末五位。随着系统应用加深推进,街道干部多次到社指导动员,赵天苗书记逐渐认识到数字化改革的重要性和必然性:"争先好胜了一辈子,临了我也不能拖后腿,还是得主动作为、积极适应。"

为改变落后局面,赵天苗书记制定了"一问、二督、三反思"的工作机制:"一问"即一有系统应用问题抓紧问,遇难解难,坚决不让操作疑难堆积,使两委干部操作熟练度渐入佳境;"二督"即指定操作熟练度佳、细心耐心的90后女村委作为其他两委干部系统应用的监督人,每日提醒常态化登录,并通过截图等形式进行反馈;"三反思"即利用每周民情分析会汇总系统登录、任务办结、任务评分等三大情况,对照效能指数找茬反思、整改提升。

在赵天苗书记带头下,经过一个多月的践行整改,两委干部均能熟练操作系统,莼塘社区效能指数排位也摆脱了"掉队"状态,甚至冲上了前三名,成为"后来居上"的典范。

数字化应用助力村社考核实现公平公正(枫桥镇)

以"浙里兴村治社"应用为抓手,完善考核制度办法,将应用的量化考核与村社考核融合,形成多角度、全方位村社考核制度,推动应用真正落地见效。

一、让考核更全面。结合先锋干部榜单与兴村榜排位情况,制定出台《枫桥镇2022年度行政村(社区)工作目标责任制考核办法》与《"兴村治社"专项考核清单》,全面厘清镇村两级各角色职责,细化场景使用扣分项,做到有错必纠,有漏必补。

二、让考核更精准。针对以往村社考核粗放化、主观化难题,充分发挥数字化改革实效,让数据说话、以事实摆证、用榜单讲理,建立起动态精准的村社干部考评体系。梳理整合168项高频涉村事项,制定《枫桥镇"浙里兴村治社"涉村事项赋分表》,按表赋分,实现同类同分,同工同分,保证应用使用规范性。

三、让考核更真实。以场景内先锋干部榜单事项分和得分率为基础,综合各村社信访工作得分,下发上半年度村社考核结果,数据实打实来源系统。

四、让考核更灵活。积极利用"一年一清单"模块与"揭榜挂帅"模块,鼓励村级上报村社实事和领取上级重大项目,自下而上掀起谋共富、图发展的干事热情。

老支书从"看文件"到"用软件"转型记(枫桥镇枫源村)

"一肩挑"书记骆根土是浙江省"担当作为好支书""枫桥经验"宣讲员,也是枫桥镇年龄最大的村书记。"浙里兴村治社"自去年6月份开始试运行以来,场景手机操作端简洁明了,高效易懂的优点让这位老书记看到了数字化应用的好处。

为了掌握好场景使用方法,骆根土积极参与镇级专班组织的场景应用培训会,针对场景使用技巧做好笔记,以供会后翻阅学习,同时在与其他村书记的交流中,乐于分享自身学习经验,动员大家共同学好用好场景。在使用过程中,他每天早中晚三次雷打不动查看系统,第一时间签收任务,积极发挥场景激励作用,将任务按需分配,分数按质评定,得分形成村干部排行表,每周一报,充分调动两委干部工作积极性。在每周二的两委会上,新增场景运用研讨议程。骆根土与驻村干部会对上一周的所有任务进行复查,每位村干部的上报内容、上报时间和扣分情况,都是他们复查的关键点。对于出现的问题,骆根土与村干部及时总结研究,找到短板问题,查漏补缺。在周复一周的自我检查中,枫源村的上报质量逐渐提升,任务得分率稳步增加,在兴村治社榜单上排名第二位,各项任务签收及时,分配合理,完成效率较高。

对骆根土来说,"浙里兴村治社"场景不仅是乡村振兴的法宝,更是新时代"枫桥经验"的数字化载体。

"后进"村牵手数字化应用跑出加速度(枫桥镇阳春村)

阳春村地理环境优越,自然资源丰富,文化底蕴深厚,但是这些资源优势都没有转化为阳春的经济优势、发展优势,在全镇29个村社中排位一度跌至28名。但今年村社上半年度考核中,阳春村"涅槃重生",不仅挤进了前十名,各项重点任务也均率先完成。阳春村"一肩挑"书记郭洪勇把这一切变化归功于驻村干部许璐斐。

许璐斐成为阳春村的驻村干部时,村两委干部对应用尚不重视,使用生疏,许璐斐看在眼里,急在心里。首先,他充分发挥村书记"领头羊"作用,积极劝说"一肩挑"书记郭洪勇,提高其对场景的重视程度,获取理解支持,面对面培训提升其使用熟练度。其次,许璐斐利用两委会的时机,积极交流场景使用操作,从任务签收、分配、上报、评分全流程演示,帮助两委干部用好用实场景。最后,他每天在村两委干部群里下发任务提醒,督促村干部按时上报任务进度。为解决村干部无法浏览附件问题,他将所有任务附件由村文书统一下载,根据任务归属,第一时间下发给相应村干部,大幅提升办事效率。任务上报前,许璐斐都要仔细检查任务上报内容是否符合要求,有效降低了任务驳回率,大大改善了任务得分情况。

在他的不懈努力下,阳春村应用排位明显上升,实现了从"后进村"到"先进村"的蜕变,村干部之间形成了你追我赶的干事氛围,班子团结程度也有了质的提升。

依托"一年一清单"让村社干事创业"迈开步子"(暨阳街道)

2022年,暨阳街道通过应用申报村级"一年一清单"项目84个,投入资金1.2亿元,跑出了新一届村两委班子干事创业的加速度。街道充分发挥"浙里兴村治社"应用审核、"亮晒"功能,减少村级"快餐式"项目。科学制定《2022年村(居)工作目标责任制考核办法》,加大榜单得分的考核占比,最大程度实现村(居)数字化考核;同时制定《2022年暨阳街道村(居)"一年一清单"项目表》,村(居)年初通过"一年一清单"模块上报项目,由街道党工委根据项目难度、体量进行赋分,如金三角村上报的2 800m²农贸市场建设项目赋分100分、诸东村高湖湿地引水工程土地租赁工作赋分50分……各村(居)每月在"浙里兴村治社"的"上报任务"模块进行晒比,转变村干部"不做不错""少做少错"的惰性思维,激发干事创业激情,推动村社发展提档换速。

借助应用高效推进宅改重点项目(陈宅镇)

石壁湖村是宅基地改革试点村。宅改涉及全村118户147宗宅基地,总面积20亩左右,要求在7月底前基本完成。为顺利推进宅改工作,石壁湖村两委干部将项目列入"一年一清单",根据镇党委总体部署,梳理出摸底调查、农户签约、房屋腾退、核发"权票"建筑拆除5大阶段21个步骤,明确时间节点、任务要求,在系统进行全流程派单及跟踪推进。

对宅改过程中的重点环节,石壁湖村根据事项清单要求,做好稳步推进、资料留档、系统上报等工作,为下一步全市推广宅改工作提供工作参考。石壁湖宅基地改革项目的顺利推进,有效改善村民居住条件,盘活闲置建设用地约20亩,为乡村振兴腾出发展空间,从而更好地引入业态,真正实现村庄环境提升、人口集聚和产业发展,带动石壁湖村以及陈宅镇乡村经济发展。

完善线下制度确保应用高效运行(陶朱街道)

针对辖区村干部队伍年龄结构偏大、文化程度偏低,对电脑、手机操作不熟练等普遍问题,陶朱街道因地制宜,积极探索,重塑了一系列适应场景业务流程的线下制度规则。制定《"浙里兴村治社"应用场景使用指引》,通过使用"六步法"、落实"五必用"、排名几张图等简单易懂、生动活泼的制度说明,引导村社干部更好地使用好应用。

制定《陶朱街道"浙里兴村治社"场景应用赋分办法》《高频事项正向、负向考核清单》《各类指标列表式说明》。每日发布《"浙里兴村治社"场景应用预警事项提醒》,每周发布《"浙里兴村治社"场景应用村社效能指数一周排名情况》,每月发布《"浙里兴村治社"场景应用村社完成情况通报》。

完善考核制度,将场景内榜单排位、效能指数、完成情况通报纳入村级工作目标责任制考核。全流程"盯梢"核心指标数据,采取"日提醒、周汇总、月通报"

模式,督促村社两委干部规范使用,确保平台高效运行。

应用助力让"一村万树"种满千家万户(次坞镇大儒村)

自村社干部换届以来,次坞镇大儒村党总支书记蔡建森便着力谋划推进"一村万树"项目,通过每家农户庭院种植果树并将果实统一销售,打造"美丽庭院"升级版,促进村民增收致富。但因种种原因,该项目一直未能落地,"浙里兴村治社"应用的推广运行,统筹了镇村两级资源,为"一村万树"项目的顺利推进提供了契机。大儒村利用"浙里兴村治社"应用,主动将正在实施的"一村万树"项目作为"一年一清单"上报,让事项直达线办,实现了镇村联动,信息对称。项目引起了农业副镇长周伟锋的高度重视,他立即组织工作人员、有关专家到大儒村进行实地考察,并对项目的推进提出了诸多建设性意见。经过反复对接,最终敲定了项目运行模式:通过采购优质树苗,由村民参与苗木庭院种植,由浙江农林大学等高校专家团队制定计划并定期对庭院树育情况进行指导,待果实落地后进行统购统销。目前,"一村万树"项目已经完成前期树木种植,后续销售计划正在稳步推进中。同时,考虑到"一村万树"项目具有较强的可复制性,镇农办已计划向全镇推广。"浙里兴村治社"应用成为了镇村、村村间的桥梁,让村村资源互通、信息共享,让镇村合作更加紧密。

第三章
在线纠纷化解"枫桥经验"史料

提要："枫桥经验"的要义之一在于"及时、有效化解矛盾"。作为中国特色基层社会治理的优秀范例，契合"枫桥经验"核心要义的在线纠纷化解研究成为推进我国基层社会治理现代化的重要课题。就全书而言，从无纠纷的"网上政务服务"之"常态服务与常规治理"过渡到矛盾纠纷的"在线纠纷化解"，"在线纠纷化解"为基层治理数字化提供了高效便捷的矛盾解决和共识达成方案，是"网上政务服务"之"常态服务与常规治理"的自然延伸与必要"兜底"。社会治理领域对现代化治理模式与机制的需求愈发突出，引入互联网、大数据、人工智能等新兴科技治理手段为嵌入"枫桥经验"的在线纠纷化解提供了技术支撑。借助现代信息技术的力量突破时空限制，对在线纠纷化解机制进行分析和研究，能不断创新信息化管理方式与社会治理模式，最大限度地凸显在线纠纷化解机制的治理效能。本章旨在呈现嵌入"枫桥经验"的在线纠纷化解体系的建设，及其在基层治理实践中取得的成效。本章的文献史料，主要集中于这一主题。

具体史料包括《调解协议司法确认工作实施细则（试行）》《诸暨市司法局2021年工作情况及2022年工作思路》《诸暨市人民政府办公室关于进一步激励关爱人民调解员的意见》《法治绍兴建设规划（2021—2025年）》

《进一步完善警调衔接机制推进矛盾纠纷多元化解工作的实施意见》《探索构建基层治理共同体深化矛盾纠纷"一网代办 一事联办 一地通办"机制实施方案》等,全面地呈现了在线纠纷化解"枫桥经验"的整体样态与具体细节。

3.1 嵌入"枫桥经验"的在线纠纷化解史料研究[1]

"枫桥经验"作为中国特色基层社会治理的优秀范例,在契合"枫桥经验"核心要义基础上的在线纠纷化解研究成为了推进我国基层社会治理现代化需要解决的重要课题。从城市与乡村、企业与个人、法治与社会等三组案例研究入手,聚焦嵌入"枫桥经验"的党建治理、犯罪治理和基层治理领域,以在线纠纷化解的制度探索、平台建构和模式创新等三个角度分析新时代"枫桥经验"与技术融合的可能性路径,从而可把握嵌入"枫桥经验"的在线纠纷化解研究现状。

3.1.1 以"枫桥经验"为中心的在线纠纷化解演进历程

"枫桥经验"是人民的创造、历史的选择、时代的需要。在六十年的发展历程中,"枫桥经验"经历了萌芽、试点、创新和发展的多个历史阶段,其核心内涵和价值要义也随着社会的进步而不断丰富。作为具有中国特色的替代性纠纷解决方案,"枫桥经验"随着时代变迁和技术发展将不断地与时俱进。新一代信息技术的集群式发展必定会推动社会治理与公共服务产生巨大变革,探索"枫桥经验"的在线纠纷化解是对传统"枫桥经验"在治理领域与治理方式上的创新。在百年未有之大变局的深刻背景下,如何顺应新一轮科技革命潮流,不断推动"枫桥经验"信息化、数字化、智能化发展,为新时代"枫桥经验"注入时代内

---

[1] 本章的"嵌入'枫桥经验'的在线纠纷化解史料研究"部分,主要由苏州大学刘书文博士研究撰写。

涵并拓展其外延,是我国推动治理体系与治理能力现代化的历史使命。

"枫桥经验"诞生于社会主义建设时期,原是我国农村开展社会主义教育运动用以改造"四类分子"的地方性经验,后来逐步调整发展成为发动和依靠群众来预防化解矛盾纠纷从而实现社会治理的经验。1963年,浙江省委工作队于诸暨枫桥开展社会主义教育运动试点,创造了"发动和依靠群众,坚持矛盾不上交,就地解决,实现捕人少,治安好"的经验,通过发动群众和依靠群众的说理"文斗"实现了对"四类分子"的摘帽,巩固了无产阶级专政。毛泽东同志对此作出了重要批示,在主持召开的中共中央政治局常委和中央局第一书记会议上提出了"发动群众,认真监督,就地改造"[1]的"社会改造"理论,为巩固我国国家政权作出了伟大贡献。在这一时期,"枫桥经验"主要以就地预防和化解为主,发挥人民群众调解的前段作用、从源头解决矛盾纠纷成为了"枫桥经验"的基本特色。在特殊的历史背景下,这一时期的"枫桥经验"运用和传播范围较小,多数调解工作均以县域或村域为中心而展开,多数成功的实践案例融合一体,在经过毛泽东在内的中央领导批示后成为了我国基层治理手段的重要样板。

进入改革开放时期,"枫桥经验"的内涵在现实实践中得到深化和丰富,枫桥的干部群众将"枫桥经验"进一步运用于维护社会稳定的具体领域中,创造了"四前"工作法和"四先四早"工作机制。上世纪80年代初,面对更加复杂的基层治安形势,"枫桥经验"依旧适用,同时根据基层社会特点在制止犯罪和管教结合方面逐步形成了集防、教、管三位一体的社会治安综合治理网络新经验。1998年,绍兴市委和诸暨市委在共同调研的基础上进一步总结出了"党政动手,依靠群众,立足预防,化解矛盾,维护稳定,促进发展"的新内涵。1999年,国际犯罪学协会学术委员会主席汉斯·尤尔根·卡尔纳赴枫桥派出所考察。作为"中国之治"的代表,"枫桥经验"在这一时期越来越多地吸引着国外诸多政府部

---

1 中共中央文献研究室编:《毛泽东年谱(一九四九——一九七六)》第5卷,中央文献出版社2013年版,第369页。

门和专家学者的注意,逐步体现出了一定的国际影响力。总的来说,改革开放以来,随着科学技术尤其是媒介技术的不断发展,"枫桥经验"有了更高的形态和更发达的载体,并快速从浙江逐步走向全国,同时涌现出多种版本,如海上"枫桥经验"、城市"枫桥经验"以及乡村"枫桥经验"等等。我国各地纷纷从实际情况出发,对"枫桥经验"进行学习、理解和创新,不断加强矛盾纠纷化解机制的建设,使"枫桥经验"从地方性经验逐渐发展成全国性经验,极大地增强和维护了社会民生工作的效率与稳定。

十八大以来,我国着力于提高国家治理体系与治理能力现代化水平,习近平总书记专门作出了"把'枫桥经验'坚持好、发展好,把党的群众路线坚持好、发展好"[1]的重要指示。在新一轮科技革命浪潮来临之际,"枫桥经验"迫切需要结合时代背景探索构建多样化纠纷化解机制以丰富其时代内涵与核心要义。2016年,诸暨市人民法院建立了"三调合一"的大调解工作机制,通过引导调解、特邀调解和法官调解三方协调合作,形成了一体式矛盾纠纷化解格局,为在线纠纷化解提供了思路。2018年,浙江省高级人民法院基于"枫桥经验"核心理念打造的"浙江在线矛盾纠纷多元化解平台"(ODR)正式上线,为全面打造在线运行的"诉调对接"平台奠定了一定的技术基础。在线矛盾纠纷多元化解平台的运行不仅为人民群众提供了高效快捷的解纷途径,更推动了"枫桥经验"与现代信息技术的进一步融合。这一生动的现实实践成为了以"枫桥经验"为核心的在线纠纷化解建设的标志性进展。2019年,"枫桥经验"正式被写入国务院《政府工作报告》,成为了国家对于社会治理和促进社会和谐的重要战略经验,"枫桥经验"再次被提升到一个新的理论高度。坚持好、发展好"枫桥经验"要适应时代要求,必须积极拥抱新兴科技,创新群众工作方法,从而有效促进社会和谐与稳定。

作为中国共产党领导人民群众创立的优质社会治理方案,"枫桥经验"为推进

---

[1] 中共中央文献研究室、中央党的群众路线教育实践活动领导小组办公室编:《习近平关于党的群众路线教育实践活动论述摘编》,党建读物出版社、中央文献出版社2014年版,第72页。

国家治理体系与治理能力现代化和建设更高水平的平安中国做出了重要贡献。时代的进步,科技成果的井喷,人类社会的发展正在经历史无前例的"第四次浪潮","枫桥经验"需要根据新的社会发展环境进行创新和丰富,不断开拓新时代"枫桥经验"在数字环境下的实践变革与理论创新。有鉴于此,研究和分析嵌入"枫桥经验"的在线纠纷化解问题,充分发挥"枫桥经验"对我国社会治理与改革创新的样板效应,对新时代更好推广和运用"枫桥经验"具有十分重要的理论与现实意义。

3.1.2 嵌入"枫桥经验"的在线纠纷化解案例研究

随着我国法治建设进程的不断推进,社会治理成为了我国治理体系和治理现代化中的重要环节。引入大数据、互联网等新兴技术的治理手段为嵌入"枫桥经验"的在线纠纷化解提供了技术支撑,社会治理领域寻求现代化治理模式与机制建设的需求愈发突出。"枫桥经验"在实践探索方面的成果较为丰富,以城市与乡村、企业与个人、法治与社会等三组案例研究为切入点,分析引进现代信息技术的在线纠纷化解与治理模式,有助于全景式呈现嵌入"枫桥经验"的在线纠纷化解在现实治理实践中取得的成效与经验。

3.1.2.1 城市与乡村

现代社会的发展撬动了城市空间结构与居住模式的变革,在信息网络扩散的同时带来城市基层治理的风险。有鉴于此,中共中央、国务院提出了关于加强和完善城乡社区治理的意见,指出"到2020年,基本形成基层党组织领导、基层政府主导的多方参与、共同治理的城乡社区治理体系,城乡社区治理体制更加完善,城乡社区治理能力显著提升,城乡社区公共服务公共管理、公共安全得到有效保障"[1],明确了城乡社区治理的目标。

---

[1] 《中共中央 国务院关于加强和完善城乡社区治理的意见》,人民出版社2017年版,第21页。

在城市基层治理方面,目前学界研究成果显示,研究样本主要以浙江省杭州市区、绍兴市区、宁波市区、江苏省南京市区、广西壮族自治区柳州市城中区、吉林省延边市区等地为主,城市社区"枫桥经验"层出不穷。例如:成都市武侯区构建了警企共建警民协防的社区治理模式;绍兴市创建了以热心群众为主体的平安创建公益类社会组织;天津市红桥区引入网格化智能平台推进"枫桥经验"试点工作等。各地城市市区在新时代"枫桥经验"的基础上紧跟现代信息社会需要,始终凸显社区善治、人治、德治与法治的为民导向,充分发挥现代信息设备与技术资源在城市治理方面的优越性,不断构建在线纠纷化解平台,探索城市治理数字化格局,在城市治理中始终凸显党建引领的辐射效应,实现城市基层治理的动态化、智能化和现代化发展。

在乡村基层治理方面,以浙江省诸暨市为例,诸暨市在乡镇建构网络的"四个平台",微信的"一张网"形成了常态化、立体化的工作体系。[1] 矛盾的在线纠纷化解与治理成为了"网上枫桥经验"的焦点,其主要以网络纠纷为解决入口,通过人民群众的力量携手共建线上线下一体化动态治理平台,力在突破时空与地域的限制,依靠新兴技术的力量和治理部门的帮助实现矛盾就地解决、在线解决、及时解决。随着数字技术的迅猛发展,乡村基层治理必须在嵌入"枫桥经验"的基础上借助现代化科学技术,在不断优化在线纠纷化解模式的同时深度挖掘"网上枫桥经验"的治理价值,实现嵌入"枫桥经验"的在线纠纷化解机制的数字化治理新模式。

3.1.2.2 企业与个人

网络环境的变革极大地改变了交易方式,传统的纠纷化解模式难以满足现代信息社会的要求。传统的 ADR(Alternative Dispute Resolution)在以往实体贸易中取得了显著成果,但无法满足当前全球性、广范围的电子商务需要。为了

---

[1] 余钊飞、林昕洁:《乡村治理的"枫桥经验"数字化重塑模式研究》,《浙江工业大学学报》(社会科学版)2022年第1期,第3页。

适应现实需求,近年来在西方国家兴起了一种在线纠纷化解的机制,即ODR机制(Online Dispute Resolution),主要用于在线解决跨国电子商务贸易过程中所产生的纠纷、争议以及相关的法律问题。虽然ODR诞生之初目的在于解决贸易纠纷,但仍可将其与"枫桥经验"相融合,打造嵌入"枫桥经验"的全新ODR机制,为基层社会治理提供机制参考。

从企业方面来看,以诸暨供电公司为例,企业打造以合作共赢为导向的"六个一"机制,以现代信息技术为手段,在推进"互联网+"营销服务的同时,完成了电E宝注册和居民客户线上办电比例达到90%以上的高效治理成果;以"物联网"搭接用户—物业—供电企业之间的桥梁纽带关系,第一时间掌握客户需求,帮助解决用电难题;同时推广微信公众平台,为用电客户提供投诉意见受理、网上营业厅等多项服务。[1]可以看出,企业在嵌入了"枫桥经验"和ODR机制的基础上,通过对在线纠纷平台的建设和提高用户使用率极大地避免了纠纷发生的同时,也让已经发生的纠纷通过在线化解得到及时处理,从而让矛盾得以快速解决,避免矛盾扩大和升级,切实保障了企业与用户关系的和谐与稳定。

从个人来看,主要是从消费者个体视角切入,嵌入"枫桥经验"的ODR模式在如今网购流行的现代社会中具有极大的实际意义。ODR采用最新的网络科技,包括"计算机编程技术,如编制各种计算机程序以及数据库"[2]用于接收、存储、管理、处理个体在交易过程中产生的纠纷案件。矛盾解决作为"枫桥经验"的核心关注,在信息时代也被赋予了新的时代特色,不仅要求就地解决,更需要及时解决、快速解决、高效解决。就地解决不仅是在特定范围、特定区域、特定场所,而且创造性地将"互联网"理念贯彻到现代社会纠纷解决的ODR平台中,为个体和调解部门提供了更为高效、流畅的平台,这意味着ODR与"枫桥经验"

---

[1] 褚宸舸:《企业"枫桥经验"的创新与启示》,《人民法治》2019年第18期,第59页。
[2] 徐继强:《在线纠纷解决机制(ODR)的兴起与我国的应对》,《甘肃政法学院学报》2001年第4期,第36页。

的结合将成为现代基层社会治理的最新突破口。

3.1.2.3 法治与社会

法治是人类政治文明的重要结晶,也是人类社会步入现代文明的重要标志。法治不仅能为人类提供良好的社会秩序,也能保障社会个体与群体依法享有的各项权利。习近平总书记在就坚持和发展"枫桥经验"作出的指示中指出要"善于运用法治思维和法治方式解决涉及群众切身利益的矛盾和问题"[1]。从政治学角度来讲,"枫桥经验"内涵的丰富说明其具有从政治向法治、从政策向制度、从运动向组织的道路进行发展的可能。[2] "枫桥经验"体现了国家为维护和巩固政权建设的一种合法化探索,具有鲜明的政治色彩和意识形态性质。

在法治层面,嵌入"枫桥经验"的在线纠纷化解仍会保留传统的"小事不出村、大事不出镇、矛盾不上交"的基础模式,并且运用法治思维推动司法机关与人民群众在线对接解纷力量,全力打造在线纠纷多元化解平台,通过信息化手段解决纠纷,运用大数据、5G 和算法技术按纠纷类型定向分流,通过前置式介入,突破传统纠纷化解的时空局限,在有效提高在线纠纷化解的针对性和实效性的同时利用信息传播复制解纷模式,充分发挥示范效应;同时要以政府部门引领,构建现代化在线解纷平台,汇集广大优质解纷方案与治理资源,创新多元化矛盾解决路径,设置多种纠纷申诉、对接调解、行政复议和行政裁决的渠道,构建分层递进源头预防化解矛盾纠纷路径,推动矛盾纠纷就地发现、就地调处、就地化解,切实维护社会稳定和安全。

在社会层面,党的十八届三中全会将"社会管理"提升为"社会治理",表明了我国社会治理理念的最新战略高度,同时也为新时代"枫桥经验"的发展与创

---

[1] 中共中央文献研究室、中央党的群众路线教育实践活动领导小组办公室编:《习近平关于党的群众路线教育实践活动论述摘编》,党建读物出版社、中央文献出版社 2014 年版,第 72 页。

[2] 谌洪果:《"枫桥经验"与中国特色的法治生成模式》,《法律科学》2009 年第 1 期,第 19 页。

新提供了新的思路。有学者认为,"现代社会中人们之间的关系处理、纠纷解决就被置于这台工具或技术合理的'形式化法律'的机器之下"。[1]现代社会在转型时期面临着实现社会有效治理与促进社会和谐稳定的双重挑战,基于"枫桥经验"特殊的历史意义来看,走好群众路线是"枫桥经验"用于基层社会治理的灵魂,依靠群众化解矛盾也是对中国传统基层社会治理理念的继承与发展。嵌入了"枫桥经验"的基层社会治理模式在纠纷解决方式以及维护社会成员间的关系方面需要顺应时代变革,这种变革不仅要依靠现代新兴技术的加入,更需要通过多元途径为人民群众开辟纠纷调解渠道。

3.1.3 嵌入"枫桥经验"的在线治理领域研究

结合当前学界对嵌入"枫桥经验"的在线纠纷化解研究来看,就治理领域而言,学界内对于"枫桥经验"的理论研究主要聚焦于党建治理、犯罪治理以及基层治理等三大领域。根据不同领域的不同特点,嵌入"枫桥经验"的在线纠纷化解需要进行不断的调整、优化和转型,并在实际运用过程中不断进行理论创新与实践深化,从而赋予"枫桥经验"新的时代内涵与现代信息特色,以充分发挥"枫桥经验"在社会治理中的重要效用。

3.1.3.1 党建治理

十八大以来,中国特色社会主义迈入新时代,在习近平新时代中国特色社会主义思想的引领下形成了以"矛盾不上交、平安不出事、服务不缺位"为基本内涵的新时代"枫桥经验"。"枫桥经验"是党的自我革命的具象体现,也是全面从严治党在基层治理中的现实实践。习近平总书记指出:"要以信息化推进国

---

[1] 郭星华、任建通:《基层纠纷社会治理的探索——从"枫桥经验"引发的思考》,《山东社会科学》2015年第1期,第67页。

家治理体系和治理能力现代化。"[1] 嵌入"枫桥经验"的党建治理与提升治理体系和治理能力现代化成果息息相关。随着现代信息技术的运用与发展,如何基于新时代"枫桥经验"推动党建治理现代化、信息化发展,成为学界关注的一个重要领域。

"枫桥经验"从本质上来说就是党的自我革命的实践产物。党建统领是"枫桥经验"的显著特点,是通过深化群众路线、始终将群众利益置于首位来解决现实矛盾的具体体制机制。坚持全面从严治党的指引,必须要不断加强和创新党组织进行网格管理与监督的新模式,积极让党的核心领导作用发挥在社会治理的全过程中。从预期效果来看,在互联网技术快速发展的时代背景下,党建融合"互联网+"的发展理念,通过资源整合,实现党建信息化、数字化,提高了服务群众的水平。[2] 以"枫桥经验"为方法论指引,具体实践和研究可延伸至高校基层党建与企业党建等多个领域。在高校基层党建与管理工作方面,将"枫桥经验"模式置于高校范围中,对标实践对象,强化高校党组织建设,构建完整的、全覆盖的组织体系,系统协调不通过组织的运行管理功能,充分发挥新时代"枫桥经验"在高校党建治理中的创新效能,让"高校基层党建工作成为学校各项事业科学发展的'动力源'"[3]。在企业党建方面,从受访企业来看,企业将"枫桥经验"贯穿于企业治理和企业文化的全过程,做到直面矛盾纠纷,就地解决问题,以改革、发展为中心加速党建治理与"枫桥经验"的融合。新时代"枫桥经验"坚持党建统领,坚持以人民为中心,坚持多元共治,以现代信息技术为手段,高效处理新形势下的人民内部矛盾,切实维护和保障人民群众权益,在基层党建治理探索中取得了宝贵的实践经验,为全面从严治党在基层管理工作的纵深推进提供

---

1 习近平:《在网络安全和信息化工作座谈会上的讲话》,人民出版社2016年版,第6页。
2 宗成峰、朱启臻:《"互联网+党建"引领乡村治理机制创新——基于新时代"枫桥经验"的探讨》,《西北农林科技大学学报》(社会科学版)2020年第5期,第1—2页。
3 杜利平、许迈进:《社会管理模式创新的人本视角与实践——"枫桥经验"对高校基层党建和管理工作的启示》,《学校党建与思想教育》2012年第31期,第33页。

了可行性方法路径。

3.1.3.2 犯罪治理

改革开放以来,随着社会主义市场经济建设的不断发展,我国社会状况发生了深刻的阶段性变化。在经济高速发展、社会快速转型的背景下,我国社会犯罪形势也呈现出新的特点。尤其是近年来信息技术的发展,网络犯罪数量呈现快速增长的趋势,极大地危及人民群众的财产安全和社会稳定,成为了互联网治理的关键。在犯罪治理方面,毛泽东同志的"社会改造"理论内在地蕴含了犯罪治理与罪犯教育的思想,与"枫桥经验"具有内在的一致性。从"枫桥经验"的推广和运用来看,应对和治理社会犯罪不仅要依靠法律和司法机关的刚性力量,也需要充分发挥最广大人民群众的智慧,通过扩大社会教育范围,实现社会治安的有效治理,不断促进社会和谐与稳定。

在百年未有之大变局的背景下,处于转型时期的中国社会在犯罪治理方面面临着新的挑战。新时代"枫桥经验"符合我国现代社会法治建设的多元价值追求,同时顺应了刑事司法发展的现代化趋势,与当前我国基层社区警务的治理理念相契合,成为我国基层社区警务在犯罪治理领域中的一条重要战略经验。"枫桥经验"就是以人为本、立足社区、强调社会参与、促进社会和谐的犯罪控制模式。[1] 现代智慧社会中大量出现借助信息技术实施网络犯罪的新型犯罪。智慧社会具有网格化、扁平化或节点化、去中心化的特质。[2] 鉴于社会发展新的阶段性特征,我国在犯罪治理实践方面嵌入了"枫桥经验"中"就地改造"的社会改造理念,同时在以信息技术为表征的智慧社会背景下开启了对网格化治理模式的全新探索。预防,是"枫桥经验"中一个较为突出的观点,将其置于犯罪治理领域即为犯罪预防。针对多元化的犯罪成因,在借鉴"枫桥经验"的基础上如

---

[1] 冯卫国:《转型期中国基层社会的犯罪治理——以"枫桥经验"为视角》,《山东警察学院学报》2011年第7期,第90页。

[2] 张远煌:《犯罪学》,中国人民大学出版社2011年版,第253页。

何始终将预防放在犯罪控制的最先位置,是犯罪治理实践继续解决的重要问题。相较于传统的国家惩罚本位主义,"枫桥经验"注重发挥多种主体的协作优势,并融合法治与德治要素,引领着犯罪合作预防之模式。[1] 面对层出不穷的新型犯罪,如何预防、识别、控制和管理,需要政府部门、司法机关以及人民群众协同合作,运用好网络新"枫桥经验"进行社会犯罪治理,形成"警民合作、共防共治"的犯罪治理合作新模式,共同促进网络能力与治理体系现代化。

3.1.3.3 基层治理

历经六十年的"枫桥经验"已成为我国政法综合治理工作中的一个经典样板,是我国基层治理中化解纠纷矛盾的重要经验。作为一套行之有效的社会基层治理策略,"枫桥经验"至今葆有活力的重要原因就在于其源自基层,并不断与时俱进,在维护社会稳定、守护基层治安、提高基层治理能力水平方面提供了重要参考和借鉴。"四前工作"法、"四先四早"工作机制、大调解机制与网格化管理是"枫桥经验"化解基层矛盾的有效途径。新时代"枫桥经验"要主动接轨现代科技,充分发挥基层组织机构与人民群众的力量,探索大数据时代基层治理与发展的智慧模式,深化基层治理格局与基层法治建设,不断在基层治理中继续焕发强大的生命活力。

新时代"枫桥经验"以促进社会和谐稳定为目标,以现代技术为手段,充分发挥广大人民群众的力量,将化解纠纷与矛盾作为主要任务,致力于打造现代化社会的基层治理新格局。在基层治理领域,嵌入"枫桥经验"的纠纷化解建立了"治安联防、矛盾联调、问题联治、事件联处、平安联创"[2] 的新机制,贯穿于县域、镇域、乡域到村域的基层治理。从权力配置角度来看,县域治理是地方治理的基本单元,拥有比镇域治理更加完善和优越的治理资源,具有突破治理技术

---

[1] 赵炜佳:《论枫桥经验的犯罪合作治理意蕴》,《交大法学》2021年第2期,第45页。
[2] 吴锦良:《"枫桥经验"演进与基层治理创新》,《浙江社会科学》2010年第7期,第45页。

的现代化条件,是实现"网格化管理"与"组团式服务的"重要切入口。[1] 回顾"枫桥经验"走过的各个历史时期,其实现基层有效治理的关键就在于正确把握国家与社会成员的关系。国家与社会成员关系随着社会情势的变化而不断变化,基层治理必须依循基层社会基本形态、主要矛盾以及现实需求的变化来恰当建构和调整两者之间的关系。[2] "枫桥经验"在基层治理方面始终根据实际情况适时调整,将复杂的社会需求与特殊社会行为有机融于总体秩序安排中,与我国顶层治理的现实需要相呼应,不断构建党建引领权威下的基层治理体系。从本质来说,"枫桥经验"在基层治理方面始终秉持国家中心主义立场,即国家把社会中其他行动者吸纳到社会事务的管理中来。[3] 新时代"枫桥经验"正要延续这一基本立场,坚持为人民服务的根本宗旨,通过不断创新方式方法和体制机制,积极利用新兴技术协助基层治理,不断整合基层力量资源,就地化解矛盾,实现基层的有效治理。

3.1.4 嵌入"枫桥经验"的在线纠纷化解机制研究

推动"枫桥经验"从"就地解决矛盾纠纷"向在线纠纷化解转变,不仅需要借助现代信息技术的力量,在突破时空限制的同时最大程度实现"枫桥经验"的效用,更要对在线纠纷化解机制进行分析和研究,不断创新信息化管理方式与社会治理模式,最大程度地体现嵌入"枫桥经验"的在线纠纷化解机制治理效能。在不断推进新时代国家治理体系和治理能力现代化的背景下,探索在线纠纷化解问题可以从制度探索、平台建构与法治建设三方面分析,将制度的刚性作用与治理的柔性特点相结合,实现"枫桥经验"的时代性转化。

---

[1] 吴锦良:《"枫桥经验"演进与基层治理创新》,《浙江社会科学》2010年第7期,第49页。
[2] 李振贤:《"枫桥经验"与当代中国基层治理模式》,《云南社会科学》2019年第2期,第48页。
[3] 同上。

3.1.4.1 在线纠纷化解制度探索

嵌入"枫桥经验"在线纠纷化解机制建设是一个系统性过程,需要制度层面的刚性规范与约束。新时代"枫桥经验"需要"三治合一",要将制度的刚性效能与治理的柔性作用相统一,切实维护最广大人民群众的根本利益。不断建立健全新形势下人民内部矛盾的在线纠纷化解机制,为新时代"枫桥经验"的推广和运用开辟在线解纷的多元渠道,利用大数据、人工智能以及算法技术等新兴技术力量,助推基层社会治理不断完善和创新,从而提高基层社会治理的现代化、智能化、数字化水平。

随着信息技术的发展,网络平台的增多,移动互联网成为当代信息社会人民群众获取信息和进行交流的主要途径。目前我国移动互联网用户已超8亿,占全球移动互联网总用户数量的三分之一。面对如此庞大的网络规模和与日俱增的涉网纠纷,以及人民内部矛盾由线下大量转移至线上,亟需建立和完善在线纠纷化解制度,推动"枫桥经验"与信息技术融合,充分发挥"枫桥经验"的解纷效能。在纠纷化解前期,建立和完善预防性法律制度,构建网络舆情采研机制和会商研判机制,既要预防纠纷升级,更要预防纠纷发生。在制度设计之初要不断完善公证制度、法律顾问制度、公职律师制度、公司律师制度等法律制度,增强相关制度决策的合法性与可行性,提升矛盾双方在申诉和解决矛盾过程中的有效性和证明力,为在线纠纷化解制度的后续反馈以及事后纠纷预防规避风险;实行在线矛盾纠纷层级管理机制,推动矛盾纠纷从"事后调解"向"事先预防"进行转变。在纠纷化解中期,要完善矛盾纠纷的在线化解联动机制,构建跨域式网络信息平台,结合司法机关、行政部门和人民群众等力量,最大程度发挥在线纠纷调解的联动与对接作用,推动网络信息平台成为解纷宣传的新载体;不断优化在线纠纷调解队伍建设,积极开展在线纠纷化解处理能力的相关培训实践活动,为夯实基层社会治理注入新鲜力量。在纠纷化解后期,要建立在线纠纷反馈与回访制度和考核评价体系,对纠纷双方定期进行回访,并将其纳入考核;要注重在线纠纷调解与法律服务相结合,为需要法律援助的当事人配备基本的法务渠道。在具体制度方面,以ODR为例,ODR基于涉网解纷的发展规律,有针对性地创设了多种类型化的治理模型,以多角度实现"网上纠纷化解在早、化解在小"以及"网上纠纷网上化解"的"网上枫桥经验"。[1] 在化解纠纷过程中要体现公平与公正原则,并尊重双方当事人的意愿,这也是在线纠纷化解制度需要纳入考虑的因素之一。

3.1.4.2 在线纠纷化解平台建构

在线纠纷化解平台是新时代"枫桥经验"在互联网背景下提升基层社会治理水平、完善矛盾纠纷化解的重要渠道。以坚持发展新时代"枫桥经验"为指引,必须将广大人民群众的利益作为在线纠纷化解平台建设的出发点和落脚点,主动适应社会经济和信息社会的新发展,不断建立和完善符合纠纷解决新规律的在线纠纷化解机制,坚持运用现代信息化技术手段对矛盾纠纷进行系统化、数字化、法治化,借助人工智能等信息技术发挥在线纠纷化解智能高效、方便快捷的优势。

在线纠纷化解平台在不同的治理领域中有不同侧重。在党建治理领域,要首先明确党政部门宣传职责,指导党政部门充分依托网络搭建为民服务平台,在纠纷预防方面要"始终坚持矛盾化解这一主线,搭建'网民互动交流'平台"[2],在坚持统筹协调的基本原则上逐步提升各有关部门的行业性、专业性调解能力;针对信息资源分配不均等问题,要构建"市域—县域—乡域"三级网络信息平台,优化资源配置,加速资源流动;在舆论控制与引导方面,党政部门要牵头搭建新闻宣传与舆论引导新平台和网络发言人工作平台,在纠纷化解的过程中始终保持正向舆论引导。在犯罪治理领域,犯罪问题关乎社会稳定,是嵌入"枫

---

[1] 韩炬尧:《论中国的线上纠纷解决机制(ODR)——"网上枫桥经验"的探索与发展》,《首都师范大学学报》(社会科学版)2021年第2期,第75页。
[2] 俞国娟:《深化发展"枫桥经验" 提高虚拟社会管理水平》,《公安学刊》2013年第3期,第91页。

桥经验"的在线纠纷化解平台在构建时需要重点关注的特殊领域之一。犯罪治理是党和政府、社会与市场等多元主体针对犯罪问题的协同应对。结合当前的社会条件来看,探寻嵌入"枫桥经验"的在线纠纷化解机制平台建构,关键在于巩固基层社会自治组织、人民群众参与犯罪预防的中国特色。党政部门和司法机关要发挥协同联动作用,共建共享大数据平台和司法数据平台为犯罪治理提供平台支撑;在"互联网+"背景下的犯罪信息溯源方面,大量的犯罪信息和犯罪线索不再来源于侦查机关,而是来源于互联网企业。[1] 必须要用好企业这个有效平台,加强平台监管力度,形成开放多元的法治力量。在基层治理领域,基层组织和机构要将在线矛盾纠纷多元化解平台建设纳入基层平安综合治理考核,加强公众监督平台和交流互动平台的建设,重视社会主义公共文化服务的平台建设,通过与有关部门的合作与互鉴,做好大数据预警防控和电信网络反诈等宣传平台建设,做好网上引调工作,引导网上纠纷并分级管理化解;要积极主动承担平台推广运用的业务指导,加强诉调对接机制建设,探索诉前调解前置程序,将线下纠纷引导至线上;要与企业和电信部门合作推广伪基站打击平台和反欺诈智能预警平台建设,通过整合各类线上、线下解纷资源,强化平台实用功能,在矛盾纠纷化解上实现新时代"枫桥经验"在线纠纷化解的良好社会效果。

3.1.4.3 在线纠纷化解模式创新

调解作为解决纠纷中的一种常见方法,近年来随着纠纷形式的不断变化和矛盾的不断转型,在借鉴"枫桥经验"的基础上,需要寻求纠纷化解模式的变革与创新。随着社会经济的发展,基层社会治理中各类纠纷日益增加,线下调解工作已不能解决日益复杂的纠纷。因此,要提高当前我国基层社会治理的多元解纷和诉讼服务体系建设水平,必须结合当前信息技术手段快速、有效化解各类纠纷,不断满足人民群众的多元司法需求。主要可从诉前、诉中和诉后三个

---

[1] 谢剑:《"互联网+"背景下的"新枫桥经验"——浙江省诸暨市检察机关办案实行"三分两集中"》,《人民检察》2017年第6期,第69页。

时期切入,针对不同时期的解纷方向寻求纠纷化解模式的创新。

在诉前时期,要始终保持"预防走在排查前,排查走在调解前,调解走在激化前"的理念,创新"线上+"模式,有效防范纠纷扩大化,为矛盾纠纷当事人提供"零距离""零时差"调解服务。要做好"线上+宣传"模式的运行,充分运用官方网站和公众号,第一时间准确、公开透明发布相关法律政策和管理制度,让更多人民群众及时学习、了解,从源头上遏制纠纷产生时"无所依"的问题;推动"线上+排查"的模式,依托社会治理平台和基层整合综治中心,确保信息搜集、矛盾排查无遗漏,通过对接各基础信息,全天候畅通人民群众中矛盾与纠纷的各类诉求渠道,并及时收集汇总、分类、分流和研判,确保群众矛盾纠纷得到及时反馈。诉中时期,积极构筑"网络异地同步调解""专家实时在线调解"云端模式和"线上+化解"模式,全面开展网上立案、调解、证据交换、庭审、宣判、送达等诉讼服务和在线诉讼渠道。同时可与"双网调解"模式相融合,"双网调解"是一种结合网络和网格的线上技术化解矛盾纠纷的多元化调解模式,具有调解覆盖全面等多重优势。要不断优化网格化管理,通过"网格化+在线调解"模式及时化解纠纷;或根据实际情况,坚持以有效解决群众诉求为出发点,试点推行社会矛盾纠纷"一站式"模式,突出矛盾纠纷排查化解功能,努力实现全方位调处、全链条解决,进一步提升社会矛盾纠纷化解能力。在诉后时期,要不断推进司法确认同步化,在在线纠纷化解结束后确保纠纷双方可同步线上申请司法确认并赋予法律效力;要做好信访服务工作,保障群众来信来访、矛盾申诉以及举报在第一时间得到响应,持续优化调解流程,为人民群众提供高效、便捷、优质的在线纠纷化解服务,积极探索矛盾纠纷化解改革创新工作模式,结合信息技术手段让数据多跑路、让群众少费时,努力提升群众满意度。

"枫桥经验"是一个与时俱进并且根据时代发展不断改革创新的动态经验,嵌入"枫桥经验"的在线纠纷化解研究是一个长期的系统过程。从聚焦人民内部矛盾的调处与化解,到在线纠纷解决模式的理论探索与机制构建,一定程度上折射出了嵌入"枫桥经验"的我国在线纠纷解决机制的发展及进路。通过探索"枫桥经验"和在线纠纷化解的关系不难看出,近年来学术界已经在多个领域对"枫桥经验"与在线纠纷化解机制的嵌入式融合发展进行了理论研究,并结合现实案例进行了不少实证分析,比如,在党建、治安以及基层社会治理等领域作了初步探索,在制度探索、平台建构与法治建设方面进行了不同程度的研究,推动了"本体论"与"方法论"的融合共构。这些研究为各级治理部门提供了较为系统的理论支撑,也深化和丰富了新时代"枫桥经验"的理论内涵,延展了"枫桥经验"的理论研究领域。嵌入"枫桥经验"的在线纠纷化解模式,对于新时代我国社会治理从线下转入线上、从单向治理转为双向互动以及推动治理体系集自治、德治与法治于一体具有重要实践意义。在信息技术飞速发展的二十一世纪,对嵌入"枫桥经验"的在线纠纷化解机制建设还需要不断深化,对于"枫桥经验"在不同领域的适用性研究还有待深入。

3.2 基于"枫桥经验"的在线纠纷多元化解机制研究[1]

3.2.1 问题之提出

有法谚云:"迟来的正义非正义。"司法尽管是最权威、最正式的纠纷解决方式,但司法固有的缺陷——程序拖沓、费用昂贵、术语专业以及公开争辩等,必然会影响司法在更广泛的层面上对纠纷的解决。[2] 因此,如何和平、快速、有效地解决商业纠纷,对任何企业都至关重要,这也关系着地方经济的繁荣与发展。当下,随着民众纠纷多元化解意识的觉醒,要求司法更加灵活、高效,于是,司法

---

[1] 本章的"基于'枫桥经验'的在线纠纷多元化解机制研究"部分,由董青梅教授、刘熊擎天博士研究撰写。该部分的相关内容曾以《嵌入"枫桥经验"的"在线调解机制"研究》为题,发表于《民间法》(中文社会科学引文索引来源期刊)2018年第1期。

[2] 谢晖:《论民间法与纠纷解决》,《法律科学》(西北政法大学学报)2011年第6期,第37页。

也"被迫"嵌入信息技术、网络技术和多媒体技术。为了适应信息时代网络经济的发展,最高院推行的在线纠纷解决机制(ODR),以回应信息时代对多元化纠纷解决机制的新挑战。各地基层法院根据原有的人力资源、纠纷解决模式、技术能力也在积极尝试这种新方法。可见,用技术提升地方司法能力和水平成为当前司法制度建设的新方向。

在"枫桥经验"的发源地,诸暨法院承载着社会治理"样板"的光环,背负着崇高而神圣的使命,以信息技术和信息化管理为手段,试图最大限度地实现整体效能最优组织模式,提高司法效率、节约司法成本。当司法同信息化碰撞,无疑在科技层面拓展了司法制度的维度,尤其是调解的适用方式。随着"在线法院"的诞生,诸暨法院从信息维度发展"枫桥经验",推出了"在线矛盾纠纷多元化解"平台。这种新模式意味着对具有60年历史的"枫桥经验"在信息化社会的重要创新,但这种创新是否实现了"枫桥经验"的华丽转身?为此,本文将从诸暨法院"在线矛盾纠纷多元化解"的创设入手,分析以该模式为依托而实施的相关举措,并结合调研资料对该模式的成效与问题进行分析,最后提出针对性的完善建议与意见。以求更好地理解信息化带来的"在线调解"对"枫桥经验"的创新发展和诸暨法院"在线矛盾纠纷多元化解"。

3.2.2 "在线矛盾纠纷多元化解":嵌入"枫桥经验"的"在线调解"

在新时代国家治理体系和国家治理能力现代化的背景下,多元纠纷解决机制的重要性不言而喻。虽然该机制强调社会治理资源的整合和优化,但司法仍然是最为重要的环节之一。因为,在法治国家建设的命题中,司法是最为重要的一种社会治理方式。所谓的多元纠纷解决机制就是,依托司法支撑,形成多元组合、有机衔接、分工明确、功能齐全的治理体系。其中,政府、市场、社会组织、人民群众在化解纠纷领域发挥各自的主体作用,社会组织、人民群众自治、善治能力的不断提高成为治理能力现代化的突破点。[1]众所周知的"枫桥经验"也是如此。"枫桥经验"在司法中表现为多元化纠纷解决机制。其核心内涵之一是"发动和依靠群众",即调动社会各方面力量参与、共治。它的"起源与绵延是依靠群众,党和政府根据群众中的传统文化循经把脉,逐渐形成了在政法委综治办牵头下,利用信息化的网格管理,从矛盾源头及时发现问题,是鼓励并引导具有丰富法律知识、经验和热心公益的各种力量,为陷入断裂与麻烦中的社会合作关系提供化解矛盾的帮助而形成的一套实践做法,是党和群众共同探索总结出的一套治理经验"[2]。这与调解所追求的在司法过程中依靠来自于人民群众的各种调解组织和力量,实现社会治理方式的多元化不谋而合。二者都承载着儒家的"中庸理性",在实效层面追求息诉以达致法律效果和社会效果的统一;在技术层面可表述为以人为本,源头预防,快速反应,综合治理,依法依规。[3]不过"枫桥经验"也非一成不变。在瞬息万变的信息化时代,"枫桥经验"在形式上也逐渐实现了信息化的时代转化,成为ADR、诉讼等纠纷解决的一个分流与替代机制,使解纷制度更加多元,为那些乐意采取网络方式解决争议的人们提供了一种新方式,具有诉前纠纷管理的功能。对于当事人而言,多了一种程序选择权;对于法院而言,多了一份对当事人程序选择权的尊重。诸暨法院ODR目前主要针对民间借贷、买卖合同纠纷、加工承揽合同纠纷、物业服务合同纠纷、公路旅客运输合同纠纷、部分事实清楚、法律关系明确的侵权责任纠纷案件、信用卡纠纷案件且诉讼标的额在100万以下的案件。

随着人民法院信息化建设的推进,各地法院相继推出了电子法院、智慧法

---

[1] 龙飞:《"多元化纠纷解决机制"正铺开宏伟画卷》,《人民法院报》2017年10月17日,第2版。
[2] 董青梅:《"枫桥经验"中的多元法治图景》,《山东科技大学学报》(社会科学版)2018年第1期,第38页。
[3] 祁雪瑞:《纠纷解决机制:民间法与人民调解及枫桥经验》,载谢晖等编:《民间法》第14卷,厦门大学出版社2014年版,第121页。

院、掌上智慧法院、在线法院、微信审判、智慧法院APP、智能调解、"易判系统"新浪在线法院、微法院、移动电子诉讼、诉讼服务网、易诉等具有"互联网+"特征的"智慧法院"。[1] 2018年《法院信息化蓝皮书》称,2017年人民法院信息化建设取得了优质服务、审判智能化、执行工作日趋高效、管理自动化优势显现四大成效,智慧法院初步建成。[2] 究其本质,智慧法院的建设旨在增加高效、智能等积极因素,试图改进司法的滞后性、延迟性等不足。为响应《最高人民法院关于人民法院进一步深化多元化纠纷解决机制改革的意见》,浙江高院于2016年9月先后下发《关于建立健全"大立案、大服务、大调解"机制的指导意见》和《关于在全省法院推广应用在线纠纷解决平台的通知》,试图实现多元纠纷化解机制在信息化时代的创新。2018年1月,浙江省综治委制定了《关于在全省部分地区开展在线矛盾纠纷多元化解平台先行上线运行的工作方案》,并确定诸暨市为全省"在线矛盾纠纷多元化解"平台先行运行地区。随后,诸暨市综治委出台了《关于推广运用"在线矛盾纠纷多元化解"平台的实施方案》(诸综委〔2018〕2号),法院与公安局、司法局联合出台《调解协议司法确认工作实施细则(试行)》等文件。以此为契机,诸暨法院基于诉讼服务中心,落实责任至立案庭、简案庭,成功上线运行"在线矛盾纠纷多元化解",深化"一次不用跑"改革,大幅减少当事人诉累。[3] "在线矛盾纠纷多元化解"开启了进行信息管理、运作、应用之路,是诸暨法院应用信息化平台管理、指导、协调调解组织、指导调解工作的管理系统。在此平台上,当事人可以自主选择调解员,通过表格进行纠纷陈述,利用网

---

[1] 根据"互联网+"战略要求,应推广现代信息技术在多元化纠纷解决机制中的运用。推动建立在线调解、立案、司法确认、审判、电子督促程序、电子送达等于一体的信息平台,实现纠纷解决的案件预判、信息共享、资源整合、数据分析等功能。

[2] 谢宏:《2018年〈法院信息化蓝皮书〉发布:智慧法院初步建成》,2018年2月7日,http://www.stdaily.com/02/difangdongt/2018-02/07/content_635234.shtml。

[3] 诸暨法院于2017年2月15日正式运行由浙江省高院与"新浪网法院频道"联合打造的在线纠纷解决平台,充分借助互联网的优势,将调解从线下"搬到"线上,能够为人民群众提供可即时获取的解纷渠道和解纷资源,低成本高效率地解决矛盾纠纷。随后,绍兴地区基层法院和诸暨市总商会人民调解委员也相继使用该平台完成了在线纠纷调解工作。

络信息技术实现双方当事人、调解员、法官等四方在线参与纠纷解决。四方参与者无需会面便可利用该平台的诸项功能进行解决纠纷的信息传输、交流、沟通，最后达成相应的调解协议，由法官在平台中作出司法确认，并督促双方当事人在线上或线下及时履行。它充分借助了互联网的便捷、智能等优势，将调解从线下"搬到"线上，为人民群众提供可即时获取的解纷渠道和解纷资源，以低成本高效率的方式实现纠纷的解决。

诸暨法院推出的"在线矛盾纠纷多元化解"，使得纠纷解决不再受地域的限制，超越了真实的物理空间。在虚拟的网络环境中，及时有效地共享多方视频技术、调解现场画面信息，也使法院与社会调解力量对纠纷的分析与判断有了充分的把握。随后，法官依据已有的裁判经验在线行使释明权，[1]并制定调解书或调解协议，当事人最后综合各方面因素予以履行。这既是法院对防止执行难和提高结案率的公共理性与利益考量，同时也是积极发挥指导调解并与调解组织共同化解矛盾纠纷的价值所在。四方在线，法官及时指导调解，提高了纠纷解决的效率、节约了当事人的诉讼成本。将"枫桥经验"嵌入"在线调解"的这种新模式，为"枫桥经验"注入了新的发展力量，开创了"枫桥经验"发展的信息化，提升了"枫桥经验"运用的技术化，为"枫桥经验"的自信、成长、辐射、复制赋予强大的信息技术之翼。

诸暨法院通过对2017年调解成功的153个案件进行逐案分析，发现以下几个特点：第一，从金额上看，涉案标的额普遍较小，最大10万元，最小1 200元，平均41 723.4元。第二，从类型上看，主要是一些事实清楚、证据充分、双方当事人争议不大的商事纠纷，其中，又以民间借贷纠纷最多，占总数的80%，买卖

---

[1] 平台建立之前，法官行使释明权要基于"四环指导法"。"四环指导法"就是诸暨法院发扬"枫桥经验"行使法院指挥权、释明权的一种具体工作方法。通过该法有效地保证了审判与调解的联运，使诉讼调解对接平台的辅导与释明、分流与疏解、管理与协调、促进与推广、调解与审判等五项职能具体化。为此，诸暨法院建立了《法律指导员工作制度》，在民庭和人民法庭专门确定33名审判人员为法律指导员，分片区联系指导全市乡镇、街道及其辖区的村居委员会、企事业单位及专业市场的人民调解组织，使全市各调委会与法院之间建起稳定、畅通的联络渠道。

合同次之,占 16%。第三,从群体上看,参与在线调解的当事人,以 70 后、80 后为主,也有 90 后,但不多。年纪较大的当事人,本身欠缺现代化、信息化知识,而且普遍希望通过传统方式进行面对面沟通,因此,不适合利用这种方式进行纠纷化解。第四,从律师参与度看,有律师参与的占总数的 34%。在调解过程中,律师对在线调解的模式很感兴趣,有的律师甚至主动来院咨询有关在线调解平台信息。

基于以上特点,在当前平台推广阶段,诸暨法院尽量引导标的额较小、当事人年纪比较轻、有律师代理的民商事案件到平台进行线上调解。随着平台知晓度的扩大、调解人员的增多以及运行技术的稳定等,诸暨法院将逐步向更多的诉讼当事人进行推广、引导,力求减少进入诉讼程序的案件数量。[1]

3.2.3 诸暨法院创设"在线矛盾纠纷多元化解"之相关举措

通过查阅相关资料并实地考察诸暨市人民法院、老杨调解室、市总商会调委会等单位的信息化建设与在线调解推进情况,笔者发现,诸暨市人民法院整合已有的调解资源,以信息化设施建设为基础,融"枫桥经验"于其中,逐渐建立了以在线调解、在线立案、在线司法确认、在线督促程序、电子送达等为一体的"在线矛盾纠纷多元化解"的配套机制。这些举措突出了促进矛盾纠纷解决机制的信息化、智能化发展,突出强调在线服务基础设施的科技化、在线诉讼调解对接机制的多样化、在线调解流程管理的智能化以及在线矛盾纠纷化解工作制度的规范化,相应的工作专班负责平台运行的日常管理和指导工作,组织实施上线运行工作方案,整合辖区在线调解资源上线,引导适合线上解决的线下纠纷到平台上解决。[2]

---

[1] 参见诸暨市人民法院《在线调解工作概况》,本部分资料、数据以及分析,由陈建丽法官于 2018 年 3 月 19 日提供。

[2] 根据调研情况,诸暨市还成立了"在线矛盾纠纷多元化解"平台工作领导小组,负责"在线矛盾纠纷多元化解"的推广。该领导小组以市委副书记、政法委书记为组长,市法院院长、市委政法委副书记、市司法局局长为副组长,各镇乡、街道、有关职能部门分管领导为成员。

3.2.3.1 在线诉讼服务基础设施的科技化

司法活动基础设施的科技化,是指以信息化发展带来的科技革新为基础,通过增设科技设备,改变设施形态而实现的司法管理活动的信息化。其中,主要是依靠计算机硬件和软件逐渐实现法院物质基础的信息化创新。这为引领传统诉讼模式向现代纠纷解决方式转变提供了新的道路。在线诉讼服务基础设施顾名思义,指的是随着"智慧法院""在线调解"而衍生出的诉讼服务基础设施。这种复制"线下",实现"线上"创新的诉讼服务基础设施建设顺应了信息社会的时代潮流,试图借助科技化为诉讼调解提供便利。

对此,诸暨法院的具体举措也包括"线下"和"线上"诉讼服务基础设施建设两个方面:一是"线下"诉讼服务基础设施建设,即诉讼服务中心的信息化。诸暨法院设置电子显示屏、电子触摸屏等诉讼指引和自助查询设备设施。在综合办事区增设导诉服务台,指导使用自助查询设备;通过网站、移动客户端(微信等)建设实现"微导诉"服务,推行网上和跨域立案。还添置了智能分流叫号系统,设置多功能电子显示屏,配置浙江法院自助诉讼服务终端设备。二是"线上"诉讼服务基础设施建设,即"在线调解"的信息化。设立"在线调解中心",开展"线上"纠纷受理、诉前委派调解、诉中委托调解、在线调解、法院协助调解、在线司法确认等工作,宣传并指导人民调解组织开展线上调解工作。立案登记窗口办理网上立案和跨域立案,征询当事人调解意愿,进行相应的组织引导;立案当天即对刚立案的案件诉讼材料予以扫描,在线调解过程的录音录像、文件档案的存储归档都已开始逐步实现。

此外,诸暨法院全面提升硬件设施,建立信息化调解室,配齐全线多媒体设备,便利当事人多途径接入网络调解体系;法庭、乡镇司法所设置一体化自助终端机,同步加强人员培训指导,确保调解体系全覆盖。大力推行网上立案,完成网上立案律师操作手册,通过法院微信、新闻媒体、门户网站等进行宣传推广。

3.2.3.2 在线诉讼调解对接机制的多样化

诸暨法院以"在线矛盾纠纷多元化解"建设为契机,不断整合社会调解资源,建立了"1+5+13+20+27"的矛盾纠纷多元化解工作机制,并利用互联网与各调解组织建立在线对接平台和机制。"1"指的是一个法院诉讼服务中心;"5"是指五个基层法庭诉讼服务中心;"13"是指十三家市级专业调解委员会;[1]"20"是指二十家律师调解室;"27"是指全市二十七个镇乡(街道)人民调解委员会。法院诉讼服务中心通过"在线矛盾纠纷多元化解"平台与十三家市级专业调解组织、三个街道调解组织及二十家律师调解室建立网上委派、网上指导调解、网上司法确认的网上对接工作平台;各基层法庭诉讼服务中心通过"在线矛盾纠纷多元化解"平台与二十四个镇乡调解组织建立网上委派、网上指导调解、网上司法确认的网上对接工作机制。

"在线矛盾纠纷多元化解"打破了传统的纠纷调解模式,实现了调解的时空跨越,只要一部手机或一台电脑,调解员可以随时随地进行网上纠纷调解、网上形成调解协议、网上申请司法确认、网上电子送达等一揽子的调解程序,让当事人足不出户就能解决纠纷,大大提高了纠纷解决的工作效率。[2] 为保障"在线矛盾纠纷多元化解"在全市范围内的运行,市综治委积极采取措施,通过以奖代补的方式,落实平台注册人员的手机端流量及短信平台使用、人民调解"以奖代补"等经费保障工作,支持有条件的单位建立专项调解经费。支持各镇乡(街道)、各部门鼓励和培育具有一定特长的专业调解人员,努力培育专业化、社会

---

1 十三家市级专业调解委员会,包括联合人民调解委员会、劳动争议人民调解委员会、医疗纠纷人民调解委员会、道路交通事故纠纷人民调解委员会、婚姻家庭纠纷人民调解委员会、消费纠纷人民调解委员会、学生伤害纠纷人民调解委员会、物业纠纷人民调解委员会、环境保护纠纷人民调解委员会、总商会人民调解委员会、江西商会人民调解委员会、电力纠纷人民调解委员会、装修业协会人民调解委员会。

2 该平台操作比较简单,调解员和当事人在互联网搜索"在线矛盾纠纷多元化解"平台(网址:https://yundr.gov.cn),打开界面,调解员点击"纠纷导流"、"调解员快速进入",然后输入调解员手机号码和密码即可对案件进行预约调解、多方视频调解、编辑调解协议、申请司法确认等;当事人在界面免费注册后即随时可以登录电脑用户PC端。当事人扫描平台的二维码即可下载手机APP,输入自己的手机号码和密码即可进入纠纷详情界面。

化和熟悉互联网工具的咨询师、调解员和司法人员队伍。

此外,诸暨法院也考虑到了部分调解员的年龄和身体状况,采取"线上线下"并行的纠纷调解模式。实现对调解案件的分流处理,力图通过分流合理优化当前的调解资源配比,借助线下调解实现"当事人最多跑一次"的目标,并借助线上调解实现"让当事人不用跑"的目标。

3.2.3.3 在线调解流程管理的智能化

在线调解分为辅助型和自动型。辅助型在线调解需要借助电子信息、语音视频设备等技术工具,也需要实体的第三人参加。实体的第三人在调解的过程中充当了当事人之间进行信息沟通的纽带。最终的调解协议也需要通过当事人和实体的第三人共同完成。自动型在线调解则不需要实体的第三人参与。它借助在线咨询、在线评估、在线调解和仲裁三个模块来实现。[1] 在提供多种在线解决纠纷渠道的同时,平台利用大数据技术对在该平台上的社会矛盾进行深度和广度上的全面采集,为各类矛盾纠纷化解和纠纷当事人提供个性化的解决方案,为国家社会治理部门的政策制定、立法研究提供数据样本。

诸暨法院的信息化也经历了这两个阶段。"2012年诸暨法院在互联网上建立了'法官指导调解QQ群',搭起了人民法院与人民调解组织之间沟通的桥梁。建群六年来,法院通过该平台为消调委引导化解了多起房屋预售合同纠纷、汽车买卖合同纠纷、美容院消费卡纠纷等群体性的消费者投诉;为总商会解答法律咨询、指导调解协议的制作,进行司法确认百余起;与家调委一起调处一些家事纠纷等等,通过业务指导、提供示范性案例等方式,较好地发挥了人民法院在

---

[1] 在线咨询模块——可通过数据库的筛选匹配,自动答复分析报告,根据当事人提问自动匹配、免费向其推荐相关法律解释、司法观点、相似案例以及解决纠纷的具体操作流程和法律文书模板,并为当事人提供与专业咨询师进行在线交流的服务。在线评估模块——可自动识别当事人各类纠纷的法律要素,智能分析各类纠纷法律要素对应的裁判规则,提示当事人解决相关法律纠纷的法律风险、化解成本与对策建议。在线调解和在线仲裁模块——当事人可在线选择调解员进行调解,也可以在线申请、参与仲裁。

多元化纠纷解决机制中的主导作用,同时也为人民调解提供了强有力的司法保障。"[1]

不过,这个阶段的信息化,更多的是办公自动化意义上的。新兴技术的发展与应用,催生了新的司法管理模式,提高了司法效率,为社会经济生活注入了新活力。以智能化、信息化建设为目标,诸暨法院大力推进法院信息化建设,探索在线法院调解,推出了"在线矛盾纠纷多元化解"平台,把互联网技术深度融入诉讼调解对接工作。通过这个高效便捷的网络平台,可以在当事人和调解员之间搭建双向选择和便捷沟通的桥梁,拓宽当事人选择合适的调解员或者适宜的调解方式,真正实现诉讼与调解的有效衔接,及时有效地化解矛盾纠纷,同时实现了司法管理从辅助型走向自动型,并逐渐智能化。

诸暨法院"在线矛盾纠纷多元化解"平台的突出特点在于办案流程由电脑通过节点加以控制。该平台上案件的来源有两个途径:一是由法院诉前委派的,即当事人向法院提交民事起诉状,法院把案件基本信息输入该平台,然后指派某个调解员进行调解。该调解员收到来自该平台的短信提示后进入平台系统点击接收案件就可以开展调解工作。二是由当事人直接提交的:即当事人通过平台网页的"用户登录"或手机版APP,将纠纷请求内容输入平台,可自主选择其信赖的调解员进行调解。被选定的调解员在收到来自该平台的提示信息后进入平台就可以开展调解工作。调解员通过该平台可以预约双方当事人进行视频调解,当事人按约定的时间打开手机APP,点击纠纷详情即可通过视频面对面进行协商。如果遇到争议较大的,调解员还可以与法官视频,该平台具有多方视频会话功能。案件达成协议后,调解员只要把调解协议内容输入"调解方案"框内即可自动生成调解协议。如果需要司法确认的,调解员可以在该平台上提起司法确认申请,法官通过该平台可以一键式完成司法确认工作。调

---

[1] 引文为陈建丽法官在诸暨市调解专家代表座谈会上的发言。

解人员一旦接受案件,其办案流程即受到系统软件的监控,调解过程自动保存。诸暨法院通过该平台不断地向外输送案件,运用互联网技术采用线上的方式化解矛盾纠纷,成效明显,截至2017年12月底,共在线委派案件200件,其中调解成功153件,司法确认25件。

3.2.3.4 在线矛盾纠纷化解工作制度的规范化

为让有诉求的当事人尽快了解和掌握在线调解的相关知识、平台功能和操作方法,诸暨法院建立了在线解纷诉前"三导"制度(引导、劝导和指导)。也就是说,对有解纷需求到法院来咨询的当事人,立案工作人员应当积极引导其通过"在线矛盾纠纷多元化解"平台向相应的人民调解机构申请调解;对符合诉前化解的简易民事纠纷,立案工作人员应当劝导其通过"在线矛盾纠纷多元化解"平台化解矛盾纠纷,并向其发送《诉前化解劝导书》;对同意通过"在线矛盾纠纷多元化解"平台化解矛盾纠纷的当事人,由导诉台工作人员指导其在手机上下载平台用户版手机APP,并发放《用户操作手册》。"三导"制度的建立为进一步推广运行"在线矛盾纠纷多元化解"平台提供了有力保障,也是体现司法为民的一项重要措施。

与此同时,为规范与调解组织之间的工作流程,诸暨法院还修改完善了《立案登记制及防止诉权滥用实施规则》。对经当事人同意诉前化解的案件,由立案工作人员编立引调字号后在一个工作日内将案件移送至"在线矛盾纠纷多元化解"平台工作专班。专班工作人员在二个工作日内将案件信息输入平台,然后根据案件的性质委派到各调解组织进行调解,并对案件的进展情况进行跟踪和指导。

3.2.4 成效与问题:"在线矛盾纠纷多元化解"的评估

由于"在线矛盾纠纷多元化解"方兴未艾,目前要对其进行全面的评价尤其是充分的实证研究为时尚早,基于笔者前述的初步实证调研和诸暨法院的具体做法,暂做若干评估如下。

3.2.4.1 成效

一是引发诉讼调解衔接机制及调解方式的深刻变化。

诸暨法院基于"枫桥经验"的"在线调解"的实践,不仅改变了传统调解的方式,也促使调解本身发生变化。可以说,法院的诉讼调解对接、指挥、释明权的行使等,开始多方位发生深远变化。

传统调解的基本物理形式是现场调解,[1] 即双方当事人"面对面"调解,而"在线矛盾纠纷多元化解"却改变了这种传统工作模式。与物理形式不同,信息化具有打破时空限制的特性,使得非现场调解成为可能,"技术、社会、经济、文化与政治之间的相互作用,重新塑造了我们的生活场景"[2],生存被投射在技术呈现给我们的交互平台中。例如,诸暨法院建立了"三平台为一体"的全天候在线对接平台。为使平台在化解矛盾纠纷中发挥积极作用,工作专班的法官在将案件输入平台后,即与相关当事人建立 QQ 联系和微信联系,帮助当事人了解在线调解的知识,并指导其下载平台手机 APP。为加强对外派案件的管理,法官通过平台跟踪案件的进展情况,及时对调解组织作出督促指导。目前,全市具有解纷职能的机构在 ODR 平台上已经注册 107 家,包括具有解纷职能的行政部门,如法制办、公安局、人社局、建设局、市场监管局、教育局、卫计局、环保局、供电局、工商联、信访局、国土局、农林局等,注册调解员 364 人,其中律师 99 名。截至 2018 年 3 月 19 日,诸暨法院通过该平台委派案件 526 件,已经调解成功

---

[1] 传统的调解工作流程是:当事人可以选择通过联调委或者其他派驻诉调对接中心的专业调解组织进行诉前调解。通过联调委调解的,工作人员引导当事人填写《选择诉前化解机制确认书》,然后出具《材料接收单》,编立引调字号,输入法院信息管理系统。案件移送调解组织时,随案附《诉前登记表》《建议人民调解函》。调解不成的,人民调解组织附《反馈函》,并言即告知当事人办理立案手续;调解成功的,出具《人民调解协议书》;需司法确认的,人民调解组织再引导当事人填写《司法确认申请书》,并将诉讼材料移送简案庭(所在法庭)进行司法确认。

[2] 曼纽尔·卡斯特:《网络社会的崛起》,夏铸九等译,社会科学文献出版社 2001 年版,中文版作者序。

179件,成绩突出。法官手机微信、QQ(手机版)24小时畅通,随时就工作中遇到的平台操作、法律适用、业务等问题提供指导帮助,促进人民调解工作朝信息化、规范化、法治化的方向发展。

在调研过程中,笔者发现平台本身就具有案件流程管理尤其是程序节点的设置和使用。电子化、软件化的信息技术将案件流程分成若干节点,对案件进程实施提示。这种同步实施的诉讼调解管理以前几乎不可能由一名法官全面、深入地实施,而现在,陈建丽法官一人就可以完成以前由多名法官亲临现场才能完成的工作。此外,平台促进了客观化诉讼调解管理方式的推行。线上的管理模式客观性更强,这是因为以计算机软件为载体实施的管理,包括评价的指标已经软件化,载入办案数据即可自动生成评价,这便使得评价相对客观化。由软件替代人来管理,客观性更强,也降低了出错率。所以,由信息化带来的全新管理技术,弥补了人力的缺陷,并在某种程度上摒弃了主观随意性。更重要的是,它促进了宏观管理方式的创新和应用。例如,信息化为管理者的宏观、系统性纠偏奠定基础,这主要表现在信息化可以自动生成一些统计数据,分析每月或者每季度的指标变化,从而为宏观决策者和办案法官提供信息变化轨迹,促使其在之后的工作中加以关注和解决。"站在时代发展前沿,高度重视和推进司法人工智能建设,进一步推动人民法院工作深刻变革,为审判质效提升插上科技的翅膀。"[1]

二是促成诉讼调解对接管理效率的明显变化。

诸暨法院通过互联网建立调解与诉讼的相互对接,让大量法律关系简单、争议不大的矛盾纠纷,通过平台委派至调解组织解决,能够缓解法院"案多人少"的矛盾,节约审判资源,让法官全身心地投入到复杂案件的审判当中。同时,法院通过互联网平台加强对调解员的培训指导,有效提高了人民调解协议

---

[1] 龙飞:《中国在线纠纷解决机制的发展现状及未来前景》,《法律适用》2016年第10期,第7页。

的规范化和合法化,维护了人民调解的权威性,让更多有解纷需求的群众积极选择"在线矛盾纠纷多元化解"平台化解民事纠纷,让社会矛盾纠纷化解在基层,促进社会和谐稳定和社会经济的快速发展。

该平台在一定程度上实现了资源共享和合理配置。以平台为基础,诸暨法院整合了司法资源和非司法资源,尤其是充分发挥了民间资源在调解中的作用。广泛吸纳人民调解组织、行政调解组织、各行业专家以及社会志愿者等社会力量。整体而言,在线调解使得进行诉讼调解对接的法官,用更高效的方式进行管理,确保了诉讼调解对接管理的经济性。这种经济性是长远的。虽然前期的设备更新、技术支撑以及后期的相关维护、升级需要投入大量的资金,但基础设施建设一旦完成,有关人员能熟练掌握和使用,带来物力、人力、时间的节约也是明显的。首先,"在线矛盾纠纷多元化解"降低了物质成本的投入。无纸化办公不仅实现了物质成本的降低,而且保证了保密管理的有效性。传统的保密管理需要投入大量的人力和物力成本,而借助信息网络的建设,无纸化提升了上传和下达保密信息的安全性。其次,"在线矛盾纠纷多元化解"减少了人力资源的投入。人工智能的引入,使得电脑在管理层面上代替了人工的作用。电脑的同步录音、录像功能和司法文书自动生成系统,避免了法官的时间浪费。而同步指导、沟通以及事后评估等新功能的增设,更使得法院可以减少相应的人手,并将人力资源分配到合理的工作中。最后,"在线矛盾纠纷多元化解"提高了管理的时间效率。这不仅仅使得电子文书的传达缩短了送达的时间,还有助于提升信息生成和检索的效率。信息处理者一旦接收到信息,也可及时回复、沟通、处理。

三是推动在线调解效果的显著改善。

为让调解员尽快掌握在线调解的技巧,诸暨法院还制作了《在线调解小剧场》,以影像化的方式展现平台的操作流程。同时,还制作了平台操作演示录像,通过剧情观摩、录像演示、现场指导等多种形式,提高调解员运用平台的技能水平,促进人民调解组织在线化解矛盾纠纷的高效性和便捷性。在线纠纷化解平台,集聚了法官调解以及人民调解、行业调解、综治调解、律师调解等力量,整合各类社会调解资源,共同参与矛盾纠纷化解。当事人可以随时在平台上预约其信任的法官、法官助理、人民调解员、律师调解员进行纠纷调解,增强了当事人化解矛盾纠纷的主动权和积极性,促使案结事了。

不过,对于诸暨法院的"在线矛盾纠纷多元化解"还需要通过管理效果和调解效果两个方面来予以考量。在管理效果方面,平台使得"在线调解"管理可以日趋科学、规范、精细,效果更加明显。调解员可以凭自己的手机号码登录"在线法院"调解员手机版和电脑版。法官和工作人员可以凭自己的手机号码登录"在线法院"法院管理电脑版。调解员进入系统可以进行案件受理、案件调解、自动生成调解协议、调解笔录、申请司法确认。法官进入系统可以在线审查、在线跟踪案件的进展、在线进行司法确认、在线送达裁定书等。在调解效果方面,法官借助平台改变传统指导的有限性,既可以同步把握案情,对调解的过程予以充分的监督、指导和释明,也使得案件证据长久化的固定成为可能。这无疑拓展和深化了调解效果的宽度和广度。此外,通过平台可直接阅览全案材料,可以据此展开有力的参与指导活动,使案件管理进一步科学化、规范化、精细化。

3.2.4.2 问题

虽然"在线调解"在提高司法效率与达致良好实质效果方面确实产生了积极的成效,但作为新生事物,"在线调解"也存在一定的问题。目前来看,诸暨法院的"在线矛盾纠纷多元化解"主要有以下三个比较突出的问题:

一是"在线矛盾纠纷多元化解"平台还有待优化升级。"在线矛盾纠纷多元化解"设置的初衷是让用户使用起来方便快捷,但目前该平台尚不够简便,影响了案件在线流转的效率。比如,申请人提供信息不够完整时,案件就不能通过线上提交;平台中设置的省市地区街道都是点击选择式的,查找费时又费力;对于外地当事人而言,因平台上设置的地址信息不全,又不能手动输入,因此案件就不能在平台上委派;批量案件平台不能复制,大大降低了工作效率。

二是"在线矛盾纠纷多元化解"平台与法院审判管理系统急需衔接。对当事人同意诉前化解的案件,立案工作人员已经在法院审判管理系统中编立引调字号,案件的部分信息已经录入系统中。由于审判管理系统与平台没有对接,当案件移送平台工作专班后,工作人员又要将案件的信息重新输入平台,造成重复劳动。这不仅仅增加了法院工作人员的时间成本,还不利于调解效率的提高,与平台设置的初衷相反。

三是"在线矛盾纠纷多元化解"平台的实效需要因地制宜予以考量。当然,我们难以及时把握信息化的发展速度与方向,也就很难在合适的时间采取不同的应对措施。即便"在线矛盾纠纷多元化解"平台是信息化发展道路上的重要一步,但诸多限制条件也对其推广和普及造成了一定的影响。一方面,本地人民法院需要加大信息化的经费投入,加强软件开发,组织人员培训,才能确保自身管理信息化均衡发展;另一方面,还需要重新建立省、地、县系统化的信息共享平台,进一步加强区域法院之间的互通,才能促成信息操作的一体化。

ODR 平台运行在实践中的其他局限性表现在:首先,平台设计者的初衷是为民众提供多资源、多渠道的解纷途径,让纠纷当事人可以跨行政区域选择调解组织进行调解,但实际存在很大困难。因为调解组织调解掉的案件如果需要司法确认的话,一定会涉及管辖权问题,至少现在是这样。或许未来的法律可以出台一个司法解释,比如纠纷当事人选择行政区域外的调解组织进行调解,当地法院进行司法确认,申请执行可以到被告财产所在地的法院申请等等。其次,向 ODR 平台递交申请,是否会造成诉讼时效的中断,这目前也是一个法律空白。再次,全国都在搞 ODR 平台建设,各自为政,资源不能共享,这也是目前不能形成调解资源共享的原因之一。

3.2.5 诸暨法院"在线矛盾纠纷多元化解"的完善路径

可见,囿于诸多制约条件,信息化也可能造成"数字鸿沟",进而导致当事人成为信息化中的弱势群体。为了防止数字司法所带来的对信息弱势群体的歧视和排斥,保证司法公正的基本要求,笔者结合调研资料认为应从以下三个方面入手,进一步优化和完善诸暨法院的"在线矛盾纠纷多元化解"。

首先,借助新兴传播媒介,加大"在线矛盾纠纷多元化解"平台推广和宣传的力度。诸暨法院在线解纷工作开展已经有一年多时间,虽做了一定的宣传,但涉及面还不够广。诸暨法院不仅要在法院微信公众号宣传,还应该配合调解组织做好"在线矛盾纠纷多元化解"平台的宣传工作,充分利用广播、电视、网络等媒体宣传推广运用"在线矛盾纠纷多元化解",引导群众选择线上化解矛盾纠纷,培育群众新的解纷习惯。互联网"彻底地改变了当事人对信息的获取能力,从而导致争议双方当事人谈判力量的转变"[1]。所以,为了避免信息不对称导致当事人弱势,诸暨法院应以新兴媒介为宣传阵地,发挥其传播快、范围广、实效强等特点,进一步保证当事人获取信息的对等性。为了让调解员尽快了解平台的操作流程,充分调动他们的积极性和主动性,诸暨法院可以召开"在线矛盾纠纷多元化解"平台的宣传、推广会,普及在线化解矛盾纠纷的相关知识,并充分利用媒体、网络等主要宣传阵地宣传推广平台,并督促司法所、镇乡(街道)、行业性、专业性调委会等各类解纷场所摆放《用户操作手册》;对有解纷需求的群众由调解员指导其下载在线平台手机 APP,并提供宣传资料,引导群众选择在线平台解决纠纷。

其次,完善和优化配套机制,稳步推动"在线矛盾纠纷多元化解"平台建设。加强与人民调解组织的沟通和联系,主动收集意见和建议,向平台研发公司提

---

[1] 高兰英:《在线争议解决机制(ODR)研究》,中国政法大学出版社 2011 年版,第 10 页。

供有价值的建议,推动平台向更好的方向发展,有效发挥法院在社会管理创新中的助推作用,实现司法更便民。党的十九大报告指出,要打造共建共治共享的社会治理格局,进一步提高社会治理社会化、法治化、智能化、专业化水平。"在线矛盾纠纷多元化解"平台是"枫桥经验"在互联网时代的新继承和新发展,需要以其三方面优势为契机,进一步推动其发展与完善。一是推进解纷资源的集聚,平台需要进一步汇聚全省各条线、各行业的优质解纷资源,既有人民调解、综治调解、法院特邀调解,又有行业调解、律师调解、仲裁调解等,为"在线调解"提供强有力的资源支持;二是推进解纷能力的智能化,进一步发展平台在线咨询、评估、调解、仲裁、诉讼五大功能的有机结合,确保每项功能背后都有大数据的支撑;三是推进解纷流程的层次性,按照咨询、评估、调解、仲裁、诉讼的顺序逐级分层过滤,促成漏斗型的矛盾纠纷解决模式,优化矛盾纠纷解决流程,让纠纷通过"无创"或"微创"的方式解决。

再次,因地制宜考量,分区域、分程度推进"在线矛盾纠纷多元化解"平台建设。信息技术的应用为远程审判和调解的实施提供了可能性,但却也带来了相应的局限性。例如,画面切换的滞后性和延迟性使得互动、交流和辩论丧失了现场感。而法官,甚至司法过程也停留在"影像"之中。司法裁判不应该受缚于干瘪的、缺乏人性和道德关怀的信息技术,信息化只是促使其形式丰富,但司法过程中的思维、裁判,甚至最终实质正义的实现才是其价值的旨归。因此,"在线矛盾纠纷多元化解"平台的推广和建设并不是一劳永逸的,而是需要因地制宜,不断整合调解组织和新解纷资源,以网格化的管理模式建立与调解员、联络员的网络联系,使大量的社会矛盾纠纷化解在基层,积极发挥人民法院在矛盾纠纷化解机制中的主导作用,努力推动人民调解工作的规范化、法制化、专业化建设。

诸暨是"枫桥经验"的发源地,素以"小事不出村,大事不出镇"就地化解矛盾纠纷的工作方法而闻名全国。随着社会经济的快速发展,信息网络技术的不断升级和广泛运用,人们与外界的交流形式也越来越多样化,矛盾纠纷出村、出镇,甚至出省都有可能。群众对矛盾纠纷的化解也呈现出多元的需求,这给"枫桥经验"的发展带来了新挑战。"在线矛盾纠纷多元化解"平台是集在线申请、在线委派、在线调解、在线司法确认、在线电子送达等为一体的工作平台,电子材料的上传、录入、生成使得调解员或法官在整个调解过程中都可以在平台上直接查阅、了解案情并提出看法。同步录入方式得到推广与普适,电子档案可以复制多份。平台能够实现远距离的视频对话,在线完成一揽子的调解及司法确认工作。平台的成功运用促进了矛盾纠纷解决机制向多元化、信息化、智能化的方向发展,让当事人足不出户就能把纠纷化解,契合了"枫桥经验"的精髓,真正实现小事不出村、大事不出镇、就地就近化解矛盾纠纷。随着时间的推移,会有一批懂业务、懂技术、有经验的社会精英充实到人民调解队伍当中,"枫桥经验"将会在新一代人民调解员的实践中写下新的篇章。

综上所述,诸暨法院的"在线矛盾纠纷多元化解"实践表明:信息化带来了诉讼调解方式的新发展,为更有力地保障司法公正,提升司法效率,降低司法成本创造了新的可能性。就目前的调研情况而言,虽然信息化引起了司法领域内的重要变革,但仍有待进一步完善与优化。我们需要充分认识到,司法裁判机制的改变并非单纯等同于司法裁判原则的更改。除了效率层面的提升外,"在线调解"这把"双刃剑"还需要在不克减司法保守性的同时,保证司法公正、廉洁的基础目标的实现。

在线纠纷化解平台为乐意采取网络方式解决争议的当事人提供了一种程序选择权。司法归根结底还是需要依靠人的理性裁判,这是任何智能化工具和设施所无法取代的。[1] 司法并非是选取冰冷的法条规范来予以说理,更多地是需要法官借助法条规范来显现案件背后的人文关怀和社会价值准则。如此方可

---

1 蔡立东:《智慧法院建设:实施原则与制度支撑》,《中国应用法学》2017年第2期,第23页。

达致司法裁判法律效果和社会效果的统一,才能让人民群众在每一个司法案件中都感受到公平正义。

3.3 在线纠纷化解"枫桥经验"重要史料档案

3.3.1 关于推广运用"在线矛盾纠纷多元化解平台"的实施方案[1]

各镇乡党委、政府,街道党工委、办事处,市综治委有关成员单位:

为贯彻落实全省社会治安综合治理创新工作会议精神,根据全省"在线矛盾纠纷多元化解平台"先行上线运行工作会议要求,我市被省综治委确定为第一批先行上线运行县市区,为了进一步推广"在线矛盾纠纷多元化解平台",现制定实施方案如下:

一、提高认识

在线矛盾纠纷多元化解平台以实现让人民群众能感受到公平正义为宗旨,以低成本、高效率化解纠纷为主导,以预防控制纠纷为目标,运用信息化手段,整合社会化资源,通过系统化设计,构建的开放式、模块化、多元化、一体化的网络平台,目的是促进社会和谐稳定,促进经济健康有序发展、推广在线矛盾纠纷多元化解平台是坚持和发展"枫桥经验",创新基层社会治理的新途径、新探索,符合人民群众多元化的新需求,全市各相关部门要高度重视、统一部署、密切合作,共同完成平台建设工作。

二、基本原则

1.坚持统筹协调原则。落实属地管理和"谁主管谁负责"要求,各镇乡(街道)、各有关部门密切配合,积极动员各方力量参与平台建设。

---

[1] 诸暨市社会治安综合治理委员会文件(诸综委〔2018〕2号)。

2. 坚持资源整合原则。各镇乡(街道)、各有关部门秉持积极态度、开放理念、务实作风,将相关资源予以充分共享,共建矛盾纠纷在线化解机制。

3. 坚持逐步完善原则。各有关部门要逐步建立健全各类行业性、专业性人民调解组织,推动线下调解、仲裁、诉讼和线上推广运用有机衔接,综合发挥在线化解矛盾纠纷的作用。

三、职责分工

1. 市综治办负责牵头协调工作,并将此项工作纳入市平安综治考核。充分发挥市镇两级综治中心的作用,完善矛盾纠纷解决体系和流程,加大对矛盾纠纷的分流处置力度。适时召开联席会议,定期通报工作开展情况。

2. 市法院主要承担对各类矛盾纠纷解决的业务指导,加强诉调对接机制建设,探索诉前调解前置程序,积极引导各类民商事纠纷到各调解机构进行调解,并对法律规定能够调解且当事人同意诉前调解的网上立案纠纷,一律引导至平台进行诉前化解,同时做好各类调解案件的司法确认工作。会同市司法局,建立市人民调解组织和人民调解员名册,与相关部门加强联系,根据上级部门要求分期分批落实人民调解组织和人民调解员注册、上线、培训等工作。1月17日前完成第一批人员培训工作,1月20日前完成所有调解员账号注册、反馈工作。

3. 市司法局主要承担对人民调解、律师调解、公证调解等调解组织和人员的日常管理工作。负责审核各级人民调解组织和人民调解员资质,通过"在线化解平台"注册、引导人民调解员参加在线矛盾纠纷调解,并将在线调解的事件纳入人民调解"以奖代补"范畴;鼓励、引导并审核律师积极注册"在线化解平台",发挥自身特长参与调解工作。1月底要建立健全线下线上人民调解工作的衔接、考核和管理工作机制,会同市法院将线上注册人民调解组织和调解员纳入统一管理,委派专人管理指导维护。

4. 市法制办负责完成与行政复议有关的在线调解员的审核、注册、管理等工作。

5. 市妇联负责完成与婚姻家庭纠纷有关的在线调解员的审核、注册、管理等工作。

6. 市公安局负责完成与道路交通事故纠纷有关的在线调解员的审核、注册、管理等工作。

7. 市人社局负责完成与劳动争议有关的在线调解员的审核、注册、管理等工作。

8. 市建设局负责完成与物业纠纷有关的在线调解员的审核、注册、管理等工作。

9. 市市场监管局负责完成与消费纠纷有关的在线调解员的审核、注册、管理等工作。

10. 市教育局负责完成与学生伤害纠纷有关的在线调解员的审核、注册、管理等工作。

11. 市卫计局负责完成与医疗纠纷有关的在线调解员的审核、注册、管理等工作。

12. 市环保局负责完成与环境保护纠纷有关的在线调解员的审核、注册、管理等工作。

13. 市供电局负责完成与电力纠纷有关的在线调解员的审核、注册、管理等工作。

14. 市工商联负责完成与总商会、装修业、江西商会人民调解有关的在线调解员的审核、注册、管理等工作。

15. 市信访局负责完成与信访调解有关的在线调解员的审核、注册、管理等工作。

16. 市国土局负责完成与土地纠纷有关的在线调解员的审核、注册、管理等工作。

17. 市农林局负责完成与山林纠纷有关的在线调解员的审核、注册、管理等工作。

18. 各镇乡(街道)负责配合司法局做好本层级在线调解员的审核、注册、管理等工作。

19. 其他相关部门负责培育建立本单位本系统突出矛盾纠纷化解的行业性、专业性人民调解组织建设，逐步参与"在线化解平台"建设。

四、工作保障

1. 强化组织领导。成立市推广"在线化解平台"工作领导小组，统筹协调推广工作，组长由市委副书记、政法委书记担任，副组长由市法院院长、市委政法委副书记、市司法局局长担任，各镇乡(街道)、有关职能部门分管领导为成员。同时，成立由相关职能部门同志参加的工作专班，工作专班设在市法院，负责平台运行的日常工作，制定并组织实施上线运行工作方案，整合辖区在线调解资源上线，引导适合线上解决的线下纠纷到平台解决。

2. 强化经费投入。通过政府购买服务、"以奖代补"等方式，落实"在线化解平台"人员注册、手机端流量及短信平台使用、人民调解"以奖代补"等经费保障工作，有条件的单位应当建立专项调解经费。

3. 强化人才支撑。各镇乡(街道)、各部门要鼓励和培养具有一定特长的专业调解人员，努力培养具有专业化、社会化和熟悉互联网工具的咨询师、调解员和司法人员队伍。

4. 强化宣传发动。充分利用当地主流媒体、网络等主要宣传阵地加大对在线矛盾纠纷多元化解平台的宣传推广力度，在法院、司法所、镇乡(街道)、行业性、专业性调委会等各类纠纷化解场所向群众提供宣传资料，积极培养群众的纠纷化解习惯,普及矛盾纠纷解决路径,引导群众选择在线平台解决纠纷。

附件:1. 第一批矛盾纠纷在线调解员注册要求

2. 各单位矛盾纠纷在线调解员注册情况统计表(略)

3. 各成员单位分管领导、联络员名单统计表(略)

诸暨市社会治安综合治理委员会

2018 年 1 月 12 日

附件 1

第一批矛盾纠纷在线调解员注册要求

1. 市司法局牵头各镇乡(街道)做好人民调解员注册信息采集工作。其中,各镇乡(街道)本级调委会注册人数不少于 3 人。

2. 各有关部门负责组织专业性、行业性调解员注册信息采集工作。其中,道路交通事故纠纷人民调解委员会(公安局)、装修业协会人民调解委员会(市工商联)在线注册人数不少于 5 人,其他专业性、行业性调委会注册人数不少于 2 人。

3. 所有注册、账号反馈工作由市法院负责,各牵头部门只需将人员信息按照附件二表格填报后,统一发送至邮箱(y******v@163.com),联系人:陈**,135*******3(市法院)、赵**,177*******2(省项目组)。

附件 2

各单位矛盾纠纷在线调解员注册统计表(略)

附件 3

各成员单位分管领导、联络员名单统计表(略)

3.3.2 诸暨市公安局 诸暨市司法局 诸暨市人民法院关于印发调解协议司法确认工作实施细则[1]

索引号:001008006002007/2017-133558 主题分类:公安、安全、司法/司法

发布机构:001008006002007 成文日期:2017-12-20

文号:诸公通〔2017〕229号

市公安局、司法局、人民法院各部门:

现将《调解协议司法确认工作实施细则(试行)》印发给你们,请各单位按照要求,认真贯彻落实。

诸暨市公安局　　　诸暨市司法局　　　诸暨市人民法院
2017年12月20日

调解协议司法确认工作实施细则(试行)

为了充分发挥调解协议司法确认制度的作用,规范工作流程,有效化解矛盾纠纷,促进社会和谐,根据《中华人民共和国民事诉讼法》《中华人民共和国人民调解法》《中华人民共和国治安管理处罚法》《最高人民法院关于建立健全诉讼与非诉讼相衔接的矛盾纠纷解决机制的若干意见》《浙江省高级人民法院关于人民调解协议司法确认的若干意见》《公安机关办理行政案件程序规定》等规定,结合辖区实际,特制定本实施细则。

第一条 人民法院、公安机关、司法行政机关在处理矛盾纠纷过程中应进一步强化调解意识,充分发挥人民调解在化解矛盾纠纷、促进社会和谐方面的独特优势,大力推进调解协议的司法确认,快速有效化解矛盾纠纷,维护各方当事人的合法权益,努力实现案结事了,促进社会和谐稳定。

---

[1] 原文如此。——编者注

第二条　人民法院对于案情简单、争议不大、适用人民调解组织调解的民事纠纷,可暂缓立案,积极引导当事人通过人民调解方式解决,通过"在线矛盾纠纷多元化解"平台推送调解案件或书面向人民调解组织发《建议人民调解函》,移送相关材料复印件。

第三条　经人民调解委员会或其派驻公安机关的工作室调解达成的协议,以及公安机关组织行政调解达成的具有民事合同性质的协议,当事人申请司法确认的,依照本细则执行。

第四条　人民法院、公安机关及司法行政机关应密切协作,全面开展调解协议司法确认工作。

第五条　乡镇(街道)人民调解委员会应向对应的派出所派驻人民调解员,有序、高效地开展人民调解工作。公安机关应安排群众工作经验丰富的民警开展行政调解工作。人民法院、公安机关、司法行政机关应落实相对固定的人员负责调解协议司法确认工作。

各人民调解委员会派驻公安派出所的人民调解员或公安机关实施行政调解的人员确定后,应当将相关人员名单报送人民法院。由人民法院负责将上列名单录入"在线矛盾纠纷多元化解"平台。

第六条　当事人书面申请确认调解协议的,由人民法院诉讼服务中心及其派出法庭管辖。具体如下:

诉讼服务中心:暨阳街道、陶朱街道、浣东街道、应店街镇、次坞镇、直埠镇、街亭镇、江藻镇

牌头法庭:牌头镇、同山镇、王家井镇、安华镇

草塔法庭:草塔镇、大唐镇、五泄镇、马剑镇

店口法庭:店口镇、阮市镇、山下湖镇

枫桥法庭:枫桥镇、赵家镇、东和乡

璜山法庭:璜山镇、东白湖镇、浬浦镇、岭北镇、陈宅镇

当事人通过网上申请司法确认的,开始实施阶段由法院诉讼服务中心管辖。

第七条 公安机关在处理矛盾纠纷过程中,应积极引导当事人通过驻所人民调解员进行调解;在办理行政案件过程中,对于涉及的民间纠纷也要积极进行调解,并引导当事人对有以下情形的人民调解协议申请进行司法确认,以有效化解纠纷,确保调解协议及时履行,保障当事人合法权益:

(一)赔偿金需要延时或分期支付的;

(二)协议内容的履行需要持续一段时间的;

(三)当事人对协议的效力和对方的履行意愿或履行能力存有疑虑的;

(四)协议虽然当场履行,但事后可能出现反复的;

(五)人民调解委员会或公安机关认为其他有必要进行司法确认的情形。

第八条 申请司法确认调解协议,由双方当事人本人或者符合民事诉讼法第五十八条规定的代理人依照人民调解法等法律,自调解协议生效之日起三十日内,共同向人民法院提出。为提高办事效率,方便纠纷双方当事人,凡调解达成协议的,各驻所调解室的调解员即可引导双方当事人作为申请人,通过"在线矛盾纠纷多元化解"平台,在网上向人民法院提出申请司法确认。人民法院的管辖法庭或诉讼服务中心通过"在线矛盾纠纷多元化解"平台接到司法确认申请后,当即可以网上立案、网上审查,认为申请符合法律规定的,即可在网上裁定确认,并在"线下"向调解机构和当事人送达书面民事裁定书。人民法院认为申请不符合法律规定的,可在网上裁定不予受理。

第九条 当事人书面申请司法确认的,应当向人民法院提交以下材料:

(一)司法确认申请书。口头提出申请的,由人民法院记入笔录,当事人签字确认;

(二)人民调解协议书原件;

(三)当事人身份证明、资格证明;

(四)与调解协议相关的财产权利证明;

（五）当事人的送达地址、电话号码等联系方式；

（六）各方当事人共同签署的承诺书。承诺书应当载明以下内容：1.各方当事人出于解决纠纷的目的自愿达成协议，没有恶意串通、规避法律的行为；2.如果因为该协议内容而给他人造成损害的，愿意承担相应的民事责任和其他法律责任。

当事人未提交上述材料的，人民法院应当要求当事人限期补交。

第十条　人民法院收到当事人司法确认申请后，经审查，认为符合受理条件的，应当在三日内受理，并向当事人送达受理通知书；认为不符合受理条件的，应当在三日内向当事人送达不予受理裁定书。各方当事人同时到人民法院申请司法确认的，人民法院可以当即受理并作出是否确认的裁定。

第十一条　当事人申请司法确认调解协议，有下列情形之一的，人民法院裁定不予受理：

（一）不属于人民法院受理范围的；

（二）不属于收到申请的人民法院管辖的；

（三）申请确认婚姻关系、亲子关系、收养关系等身份关系无效、有效或者解除的；

（四）涉及适用其他特别程序、公示催告程序、破产程序审理的；

（五）调解协议内容涉及物权、知识产权确权的；

（六）调解协议内容不明确且无法补正的；

（七）调解协议不具有可执行内容或者无法执行的；

（八）调解协议的争议标的超过100万元的；

（九）其他不宜由人民法院受理和确认的。

人民法院受理申请后，发现有上述不予受理情形的，应当裁定驳回当事人的申请。

第十二条　人民法院一般应当自受理司法确认申请之日起十五日内作出是否确认的裁定。因特殊情况需要延长的，经本院院长批准，可以延长十日。

第十三条　人民法院经审查,认为当事人的陈述或者提供的证明材料不充分、不完备或者有疑义的,可以要求当事人限期补充陈述或者补充证明材料。当事人无正当理由拒不接受询问或者未在限期内补充陈述、补充证明材料的,人民法院可以按撤回司法确认申请处理。人民法院在审查中,认为当事人可能存在恶意串通,意图采用虚构法律关系、捏造案件事实等方式获取非法利益的情形的,应当要求当事人到庭接受询问或者提供相应证明材料。当事人无正当理由未到庭或者未按时提供材料的,可以按撤回司法确认申请处理。补充证明材料的时间由人民法院根据案件情况自行确定,一般不超过七天,不计入审查期限。

第十四条　案件审查过程中,发现调解协议内容存在计算错误、文意不明等瑕疵的,经双方当事人同意,在不改变权利义务基本内容前提下,人民法院可以对调解协议内容进行补正,相关情况应当记入笔录,由当事人签字确认。

第十五条　在人民法院作出是否确认的裁定前,一方或者双方当事人撤回司法确认申请的,人民法院应当准许,出具准许撤回司法确认调解协议申请裁定书。撤回申请或者按撤回司法确认申请处理的,双方当事人可以在协议生效三十日内重新申请司法确认。

第十六条　经审查,调解协议有下列情形之一的,人民法院应当裁定驳回申请:

(一)违反法律强制性规定的;

(二)损害国家利益、社会公共利益、他人合法权益的;

(三)违背公序良俗的;

(四)违反自愿原则的;

(五)内容不明确的;

(六)以合法形式掩盖非法目的的;

(七)存在可变更、可撤销情形且当事人行使变更权、撤销权的;

(八)其他不能进行司法确认的情形。

如发现调解协议部分不宜确认的,应当征询双方当事人的意见。双方当事人同意部分确认的,可以仅就适宜确认的部分进行确认。当事人不同意部分确认的,人民法院不予确认。

第十七条　在审理司法确认案件过程中,各方当事人合意变更调解协议实质内容的,人民法院可以按诉讼调解办理;也可以建议当事人撤回申请,由人民调解组织重新调解。

第十八条　司法确认裁定书一经作出即发生法律效力。人民法院应当在裁定书作出后三日内向当事人和人民调解委员会送达。

第十九条　人民法院依法作出确认裁定后,一方当事人拒绝履行或者未全部履行的,对方当事人可以向作出确认裁定的人民法院申请强制执行。

第二十条　对人民法院作出的确认调解协议裁定,当事人有异议的,应当自收到裁定之日起十五日内提出;利害关系人有异议的,自知道或者应当知道其民事权益受到侵害之日起六个月内提出。

第二十一条　人民法院办理调解协议司法确认案件,不收取费用。

第二十二条　人民法院、公安机关、司法行政机关要将调解协议司法确认工作列入各自的工作考核,建立科学的考核评价和激励保障机制,确保此项工作深入、有效开展。

第二十三条　本细则自印发之日起试行。

3.3.3　诸暨市司法局2021年工作情况及2022年工作思路

一、2021年工作情况

2021年,诸暨市司法局以习近平法治思想为指导,全面贯彻党的十九大和十九届二中、三中、四中、五中、六中全会精神,紧紧围绕落实市委、市政府的决策部署,以开展政法队伍教育整顿、党史学习教育为推手,抓重点补短板,强弱项创亮点,全面提升司法行政工作能力和水平。

(一)抓好关键"目标",锚定法治示范创建,纵深推进法治诸暨建设行稳致远。

1. 全力以赴,开展全国法治政府示范县创建。在2020年我市法治建设考评列绍兴第一、浙江第十,2021年度成功创建新一轮法治浙江(法治政府)建设示范单位的基础上,开展全国法治政府示范县创建,目前已完成创建资料网上申报工作,正在推动创建宣传工作。

2. 息诉和解,抓实行政争议纠纷化解工作。我市目前已形成行政诉讼案件报备、跟踪、对接、研判、通报等工作机制,对重点案件进行研判会商,对所有案件划分风险等级。在绍兴市率先制定《诸暨市违法建筑查处规范化指引(试行)》,规范违法建筑查处行为。完善行政复议诉讼案件研判制度,防范化解败诉风险,每月开展行政应诉和行政复议案件通报,2021年共制发通报10期,组织研判会13次,开展全市行政诉讼败诉案件专项责任审查工作推进会2次,共追责3起败诉案件。全年,成功化解一审败诉案件9件、中高败诉风险案件49件,共收以我市行政机关为被告的行政诉讼案件219件;审结219件,败诉12件,败诉率为5.5%。

3. 制约监督,严格规范我市行政执法行为。推进行政执法规范化建设,出台相关文件,实现行政执法全过程记录、行政执法公示、重大执法决定法制审核三项制度全覆盖,已在浙江政务服务网上公开行政处罚结果信息91 225条。做好2021年度行政执法人员综合法律知识考试,参考人数362人,通过率95.03%,通过率为历年最高。完成行政规范性文件的清理工作,共清理各类行政规范性文件660件,其中废止142件。开展镇乡(街道)合法性审查的督查、通报工作,全市镇乡(街道)已对1023件涉法事项进行了合法性审查,提出合法性审查意见3215条。

(二)打造强基"工程",聚焦矛盾纠纷稳控,全力确保增亮司法行政平安底色。

1. 树立标杆,抓好司法所提升工作。枫桥司法所被评为全省唯一"枫桥式"司法所创建工作示范所和司法部联络点后,为努力将枫桥司法所打造成全国"标杆",6月完成枫桥司法所业务提升工程。10月24日,CCTV12套社会与法频道播出枫桥司法所先进事迹。

2. 强化基础,充分发挥人民调解职能。积极落实人民调解质效提升行动方案,出台《关于坚持发展新时代"枫桥经验",进一步加强新时代调解工作的意见》《诸暨市行业性、专业性人民调解工作规范化建设考核办法》《关于开展品牌调解室创建活动的通知》。充分发挥"枫桥经验"发源地优势,启动在枫桥学院建设全省人民调解培训基地工作,会同市委党校拟定建设方案,并报上级审核。2021年,全市人民调解组织共受理矛盾纠纷16 932件,调解成功16 823件,调解成功率99.36%。

3. 严管厚爱,社区矫正稳定有序。强化特殊人群管控,开展信息化核查专项活动,加强与辖区派出所配合协调,建立动态信息实时对比机制。目前在册社区矫正对象794人,签发训诫决定书237人,警告处罚56人,提请治安处罚2人、收监12人。编制《"枫桥式"司法所社区矫正执法手册》,制定实施社区矫正漠视群众利益问题专项治理工作方案,公布治理项目和工作举措。目前,未出现社区矫正对象重新犯罪现象。

(三)着眼数字"赋能",推动智慧司法创新,精准推进公共法律服务智能高效。

1. 多措并举,加强司法行政数字化转型。全省首推市场主体法律顾问网格化全覆盖"诸暨法顾"线上平台,并上线全省首个青少年网上学法平台——诸暨市"法润"青少年学法用法平台,并在绍兴全市推广。开展诸暨市干部学法用法平台上线和功能完善工作。做好公共法律服务智能终端铺设工作,目前共铺设61台,实现镇乡(街道)层级全覆盖,枫桥镇在全省率先实现村级全覆盖。

2. 服务下沉,发挥职能做实惠民工作。扎实做好法律援助工作,市法律援助中心全年受理法律援助案件1 336件,帮助受援人挽回经济损失1 496.13万元。

成立绍兴市首个由15名律师组成的法律服务热线接听专业团队,热线接听同比增加64%,群众满意度提升至99%。狠抓公证行业规范管理,细化管理制度,规范运转机制,全年,公证处累计办理各类公证案件3 665件。

3. 法润诸暨,全面启动"八五"普法。完成"八五"普法规划制定和发文工作,在普法宣传月正式启动"八五"工作。组建"法润青苗"普法讲师团队伍,与市馨悦社会工作服务中心合作成立4个帮扶小组,对首批试点学校70余名学生开展法治帮扶。联合市政协打造"会客厅说法"特色普法项目,吸收25名普法志愿者组建宣讲团。

二、2022年工作思路

2022年,我局将始终贯彻落实习近平法治思想,以"五个立足"为主线,不断为司法行政工作赋能,为打造共同富裕示范区诸暨范例贡献司法行政力量。

(一)立足法治政府建设新目标,推动依法行政水平再提升。在2021年创建全国法治政府示范县市工作的良好基础上,对照创建指标,进行梳理自查,补齐工作短板。以高标准、严要求,做好中央依法治国办组织的第三方实地评估的迎检工作,确保实地评估少失分。提前做好人民满意度测评的准备工作,强化法治政府建设示范创建的宣传工作,确保测评得高分。持续压实行政诉讼"两高一低"问题的主体责任,严格落实报备、考核制度,推进行政争议实质性化解工作,确保全年一审行政诉讼案件败诉率控制在8%以下。同时,开展行政诉讼败诉案件审查、追责(免责)工作,以追责来倒逼责任落实。建立健全重大行政决策出台前向市人大报告、专家参与论证、实施后评估、终身责任追究与责任倒查等制度。深化行政执法监督和检察监督的协作衔接,进一步加强和规范我市行政执法与刑事司法衔接工作。做好枫桥镇法治化综合改革试点工作,推进镇乡党政主要负责人落实法治建设第一责任人职责。

(二)立足数字化改革新趋势,推动法律服务体系再升级。在夯实公共法律服务三级实体平台基础上,将平台硬件优化和服务迭代有机融合,形成实体、热线、在线三大公共法律服务窗口。积极做好公共法律服务智能终端推广,争取将公共法律服务智能终端村级全覆盖,纳入我市2022年度民生实事项目。探索公证在服务民生、服务中心等重点领域的实践模式,提高公证在基层社会治理工作中的参与。探索建立公益性法律服务社会组织,拓展法律服务功能,提供有效的法律咨询服务和法律援助。持续做好现有应用的迭代升级,根据"诸暨市'法润'青少年学法用法平台"使用情况反馈,迭代升级平台功能。做好诸暨市干部学法用法平台上线和功能完善工作。继续开展市场主体法律顾问服务网格化全覆盖工作,利用"诸暨法顾"线上平台,对全市市场主体法律顾问网格进行系统化管理,并积极做好推介工作,力争"青少年学法用法平台"和"诸暨法顾"线上平台能够在全省得到推广。

(三)立足全面依法治市新局面,推动法治宣传教育再起航。以习近平法治思想宣传为重点内容,利用好干部学法平台和青少年学法平台,结合重要节假日、青少年法治宣传教育月、国家宪法日及宪法周等主题宣传日(周、月),开展形式多样普法活动,并建立民法典主题公园、民法典宣传栏。推动普法工作实现"向全民普法"到"全民来普法"的转变,形成"人人学法,人人普法"的普法新生态。以"八五"普法规划为指南,坚持"谁执法、谁普法"原则,突出地域特色、部门特点和行业亮点,制定2022年度法普法工作要点,审议和完善2022年普法责任清单制度,并对普法成员单位和镇乡(街道)开展年度考核和专项督查。

(四)立足社会安全稳定新挑战,推动特殊人群管控再加强。加强社区矫正对象监管教育和刑释人员教育帮扶工作,预防社区矫正对象脱漏管。指导司法所建立"一所一品"社会化教育帮扶项目,努力将重新犯罪率控制在2‰以下。申报创建司法部部级"智慧矫正中心",积极做好社区矫正中心的选址建设工作,推动社区矫正工作的规范化、精细化、智能化。同时,进一步健全定期会商机制、执法司法制约监督机制、干警能力素质提升机制,做到上下互动、部门联动,不断提高社区矫正规范化、法治化水平。

（五）立足矛盾纠纷调解新格局,推动品牌建设进度再加速。完成市人民调解协会换届,发挥桥梁纽带作用,加强人民调解组织建设、队伍建设和业务建设,推动行业性、专业性调解组织规范化建设。2022年,计划创建绍兴市级金牌调解室5家以上,省级金牌调解室1家。争取浙江省人民调解培训基地落户枫桥学院,并开展正常培训。加强新型矛盾高发领域调委会的制度建设力度。2022年,新建1家以上行专调委会,同时根据专调委矛盾特点积极创新,探索建立金融纠纷解决新模式。巩固好"老杨""江大姐"等优秀调解品牌,支持、鼓励专职人民调解员和退休政法干警、律师等社会专业人士建立品牌调解工作室。要持续坚持诉源治理工作,充分利用人民调解、行政复议、律师调解,不断加强前端预防、强化源头化解。规范专职调解员队伍管理,制定出台《诸暨市专职人民调解员管理考核办法》。继续抓好枫桥司法所提档升级工作,有效发挥司法部"司法行政工作联系点"优势,把枫桥所打造成"枫桥式"司法所全国"标杆"。以点带面,精准布局其他司法所逐年分批推进。2022年,确保创成绍兴市级枫桥式司法所3家以上,省级枫桥式司法所1家以上。通过三年努力,确保全市三分之二以上司法所达到绍兴市级以上"枫桥式"司法所标准。

3.3.4 诸暨市人民政府办公室关于进一步激励关爱人民调解员的意见

为进一步贯彻落实《浙江省司法厅关于加强专职人民调解员队伍建设的意见》（浙司〔2018〕2号）,提高人民调解工作质量,有效发挥人民调解工作在维护社会和谐稳定中"第一道防线"作用,经市政府同意,现就进一步激励关爱人民调解员提出如下意见。

一、"以奖代补"奖励范围

全市各类人民调解委员会(含人民调解工作室,以下简称调委会)的专职人民调解员,在司法行政机关备案的村居(社区)、企业等单位的兼职人民调解员,参与人民调解工作的律师(法律工作者)为人民调解"以奖代补"的奖励对象,其中村居(社区)两委干部兼职人民调解员的,由各镇乡(街道)纳入岗位目标责任制考核,奖励标准参照本意见规定执行。

二、"以奖代补"奖励标准

奖励以案件数量、难易程度、调解结果和规范化程度为标准计算,根据调委会类别设置年度调解案件基数,未达到调解案件基数的,相关调委会的人民调解员不享受本意见规定的"以奖代补"奖励。

	全市各类调委会调解案件基数(件/年)						
专业调委会	联调委	交调委	劳调委	医调委	商调委	物调委	婚调委
	1500	1200	100	80	80	50	40
	其他专业调委会调解案件基数不少于30件/年						
镇乡(街道)调委会	一组	二组		三组	四组		五组
	暨阳街道 陶朱街道 浣东街道 大唐街道 店口镇	暨南街道 枫桥镇 牌头镇 次坞镇 璜山镇		山下湖镇 应店街镇 安华镇 姚江镇	浬浦镇 赵家镇 五泄镇 东白湖镇		岭北镇 陈宅镇 同山镇 东和乡 马剑镇
	500	300		200	150		100
	基数包括镇乡(街道)辖区所属村(居、社区、企业)调委会调解的案件						

(一)全市各调委会专兼职人民调解员(市级调委会退休调解人员除外)奖励标准

1. 简易纠纷。除市级专业调委会外,调解成功并有规范的调解登记表的,每件奖励80元。

2. 一般纠纷。调解成功并按照要求进行登记,具备调解申请书、调解协议书等人民调解文书的,每件奖励150元。

3. 疑难纠纷。涉案标的在5万元以上的复杂纠纷或当事人5人以上的疑难群体性纠纷,调处成功并按要求制作规范格式文书,做到一案一卷归档的,每件奖励300元。

4. 重大纠纷。群死群伤的纠纷、在本市具有重大社会影响的纠纷、当事人10人以上的群体性纠纷、市级以上领导交办且疑难复杂的纠纷,调处成功并按要求制作规范格式文书,做到一案一卷归档的,经市司法局审核认定后,每件奖励1 500元。

5. 重特大纠纷。列入市年度信访积案化解清单的案件,一般疑难信访积案调处成功并文书规范,做到一案一卷的,经市信访局审核认定后,每件奖励5 000元;特别疑难信访积案调处成功并文书规范,做到一案一卷的,经市信访局审核认定后,每件奖励8 000元。其他在本市具有重特大社会影响的矛盾纠纷案件,调处成功的,可根据案情进行评估,经市司法局审核认定后,实行"一案一奖"。

涉案标的在100万元以下或借款人在3人(含3人)以下的金融借款合同纠纷、小额借款合同纠纷、民间借贷纠纷;涉案标的在100万元以下的买卖合同纠纷、加工承揽合同纠纷;除涉嫌犯罪、未投保保险及重大伤亡外的机动车交通事故责任纠纷;当事人在3人(含3人)以下的追索劳动报酬纠纷;银行卡纠纷等标的额较大但案情简单的纠纷,不计入上述疑难及以上类纠纷。

系列纠纷案件5件以上的,每超出5件折算为1件(超出部分不足5件的按1件计算),一个系列纠纷案件折算后最多不超过20件。

(二)市级调委会调解辅助人员的奖励标准

1. 市级专业调委会的调解辅助人员,按所在专业调委会全体专职调解员"以奖代补"年平均奖励的80%计奖;

2. 市调委会的调解辅助人员,按全市专职调解员"以奖代补"年平均奖励的80%计奖。

调解辅助人员的配备需经市司法局核定确认。

(三)市级调委会退休调解人员的奖励标准

1. 市级专业调委会的退休调解人员,享受每月2 000元的基础调解补贴;

2. 调解成功的矛盾纠纷案件,奖励标准上浮50%。

退休调解人员的配备需经市司法局核定确认。

(四)律师(法律工作者)参与人民调解工作的奖励标准

1. 一般纠纷。纠纷调解成功并制作规范案卷的,每件奖励500元。

2. 疑难复杂纠纷。涉案标的在5万元以上的疑难复杂纠纷或当事人5人以上的疑难群体性纠纷,调处成功并按要求制作规范案卷的,每件奖励800元。

律师(法律工作者)参与人民调解的纠纷,需由市人民法院或市联调中心指派,一律上ODR平台登记报结,未经ODR平台登记报结的,不予奖励。

(五)其他奖励标准

1. 人民调解案例被省级(含)以上案例库录用的,每件奖励300元;被绍兴以上案例库录用的,每件奖励200元,同一案例多次获奖的,按从高不重复原则奖励。

2. 对具有人民调解等级证书的专职人民调解员进行差异化"以奖代补"奖励,其中一级人民调解员上浮15%,二级人民调解员上浮10%。

3. 诉前调解案件按照《诸暨市诉前调解工作激励考核办法》执行(详见附件)。

三、否决事项

(一)凡弄虚作假,虚报调解成功案件的,或隐瞒案件数的,每发现一件即取消其当年参加考核奖励的资格;凡抽查到案卷或者平台录入不规范的或当事人对调解不满意的,每发生一起分别扣除全年奖金总数的5%。

(二)凡领取奖励后,所调解成功的纠纷一年内重新又发生的,下个统计周期扣除该件纠纷调解所得奖励。

(三)因民间纠纷调处不及时、工作不到位,致使矛盾纠纷激化,引发群体性事件或重大人身、财产损害的,每发生一起分别扣除该调委会全年奖金总额的20%。

四、申报、审核、发放程序

(一)申报

各调委会在每年12月1日前按要求对"以奖代补"对象受理、调处纠纷情况进行分类、统计，上报市司法局相关科室和所在镇乡（街道）司法所。统计案件以录入"浙江省人民调解大数据管理平台"为准。

（二）统计汇总

1. 各镇乡（街道）司法所负责本镇乡（街道）辖区内各调委会所调处案件的审核以及案件数量和奖励金额的统计。

2. 市司法局律管科负责律师（法律工作者）参与人民调解的案件审核以及案件数量和奖励金额的统计。

3. 市司法局人民参与和促进法治科负责市级行业性、专业性调委会调处案件的审核以及案件数量和奖励金额的统计。

4. 市人民法院立案庭负责诉前调解案件的审核以及案件数量和奖励金额的统计。

上述负责统计的镇乡（街道）司法所、相关单位需在规定的时间内向市司法局上报统计数据，由市司法局统一汇总。

（三）考核定奖

市成立人民调解"以奖代补"考评小组。考评小组通过集中检查或者个别抽查的方式，对各调委会申报的案件结合人民调解卷宗、"浙江省人民调解大数据管理平台""ODR 平台"的录入情况进行核查，最终确定各调委会"以奖代补"的金额。

（四）补贴发放

"以奖代补"资金每年审核、发放一次。镇乡（街道）调委会所需"以奖代补"经费由市财政和镇乡（街道）各半承担，市财政承担资金由市司法局下拨至镇乡（街道）；市级专业调委会所需"以奖代补"经费由市财政承担，经市司法局核定奖励金额后发放。市财政承担部分资金列入市司法局部门预算经费，可根据市财政当年度经费预算和人民调解案件数量适当调整。

五、工作要求

（一）本市机关、事业单位在编在职人员从事人民调解工作的，不享受人民调解"以奖代补"。

（二）考评小组对申报奖励的调解案件进行检查复核，发现有弄虚作假行为的，一经查实，对当事调解员及调委会给予通报批评，取消其评先评优资格；情节严重的，依法追究法律责任。

（三）各调委会制作的人民调解协议书和人民调解卷宗需符合浙江省司法厅规定的人民调解文书格式要求。如行业性、专业性人民调解组织对调解文书格式有其他要求的，应与市司法局协商后明确。

六、其他

本意见自发文之日起施行，原《诸暨市人民政府办公室关于调整人民调解"以奖代补"政策的意见》（诸政办发〔2015〕63号）同时废止。2020年7月1日后受理的人民调解案件"以奖代补"按照本意见规定标准执行。

附件：诸暨市诉前调解工作激励考核办法

诸暨市人民政府办公室

2020年8月10日

附件

诸暨市诉前调解工作激励考核办法

第一条　为深入贯彻习近平总书记关于"坚持把非诉讼纠纷解决机制挺在前面，从源头上减少诉讼增量"的重要批示精神，严格落实上级有关文件要求，进一步规范与强化诉前调解工作，不断深化发展"网上枫桥经验"，持续推进诉源治理工作，根据诉前调解工作实际情况，制定本办法。

第二条　本办法考核对象为驻市人民法院联合人民调解委员会、绍兴市保险行业人民调解委员会驻诸暨工作室(以下简称联调委、保调委)的调解人员。

第三条　纠纷调解案件一律上ODR平台登记报结，未经ODR平台登记报结的，不予奖励。鼓励当事人自行自主登录ODR平台化解矛盾纠纷，用户自行上线的纠纷如调解成功计入承办调解员的考核数。

第四条　市人民法院立诉前调案号的纠纷(交通事故除外)由市联调会调解员按照随机分案模式实行分案，交通事故纠纷由市保调委调解员按照随机分案模式实行分案，避免调解员收案数量的不均衡。市人民法院法官可委托调解员开展调解工作，并对调解员按规定予以奖励。

第五条　纠纷案件调解成功是指在调解员的调解下，当事人因纠纷实际得以化解而申请撤诉、达成调解协议申请出具调解书或申请司法确认。奖励标准依照《关于进一步激励关爱人民调解员的意见》规定执行。

调解员促成纠纷调解案件自动履行完毕的，另行给予奖励，全部履行完毕的，按调处成功纠纷类型奖励标准的50%给予奖励；未全部履行但履行标的额超过10%的，按每超10%给予纠纷类型奖励标准的5%奖励(按整数倍比，不到10%的不予计算)。

第六条　纠纷案件虽未调解成功，但调解员已经完成事务性工作的，根据以下标准发放奖励：

(一)填写详细《诉调对接工作联络表》，引导纠纷当事人或代理人提交送达地址确认书，并完成纠纷当事人信息录入工作的，每件奖励20元；

(二)确认无争议事实并经当事人签字确认，并完成纠纷当事人信息录入工作的，每件奖励30元；

(三)调解未果，经与承办法官对接完成副本传票等文书送达的，每件奖励20元。

第七条　调解辅助人员享受的奖励按《关于进一步激励关爱人民调解员的

意见》相关规定执行。

第八条 诉前调解的奖励由调解员本人填写申请表格和提交申请奖励所需的材料,经市人民法院立案庭审核后,向市司法局申报,由市司法局核定奖励金额后发放。

第九条 凡弄虚作假,虚报调解成功案件的,每发现一起倒扣调解员涉案奖金两倍的金额,并根据情节轻重对相关责任人员依法依规进行追责。

第十条 本办法自发文之日起施行,未尽事宜按照《关于进一步激励关爱人民调解员的意见》相关规定执行。

法院执行案件立案前的调解工作可参照本办法实施激励考核。

3.3.5 《法治绍兴建设规划(2021—2025年)》(节选)[1]

六、加强普法依法治理,推进法治社会建设

目标:坚持和发展新时代"枫桥经验",坚持党建引领,确保基层社会治理的正确方向;坚持人民主体,认真践行党的群众路线;坚持"四治融合",积极创新基层善治路径;坚持"四化并举",着力促进治理成效升级;坚持共建共享,不断优化社会治理格局。五年内,全市信访量、万人成讼率、万人失信率实现逐年下降,农村(社区)"法律明白人""学法守法示范户"实现100%覆盖。法治在协调社会关系、规范社会行为、解决社会问题、化解社会矛盾中的主导作用进一步彰显,共建共治共享的现代基层社会治理新格局基本形成,成功创建全国市域治理现代化"示范市"。

(二十三)健全矛盾纠纷化解工作机制。打造一站式服务、就地解决矛盾纠纷的县级社会矛盾纠纷调处化解中心(信访超市),完善"基层治理四平台"运行

---

[1] 中共绍兴市委全面依法治市委员会文件,2021年5月27日。

管理,发挥全科网格的底座作用,构建"一中心、四平台、一网格"上下联动、左右协调的县域社会治理新模式,实现矛盾纠纷化解"只进一扇门""最多跑一地"。完善社会矛盾纠纷多元预防调处化解综合机制,推动诉源治理常态化制度化,促进调解、信访、仲裁、裁决、复议、诉讼等有机衔接,完善递进式矛盾纠纷分层过滤体系,解决好群众最关心最直接最现实的利益问题。推进人民调解工作规范化、专业化、法治化、智能化、品牌化建设,完善人民调解、行政调解、司法调解联动工作机制。坚持和发展新时代"枫桥经验",着力打造"老杨调解中心"等具有绍兴特色的调解品牌,使人民调解工作继续走在全国前列。健全社会心理服务体系和疏导机制、危机干预机制。强化法律在维护群众权益、化解社会矛盾中的权威地位,加强信访投诉请求法定途径分类处理,推行民情信访代办制,依法严厉打击非法闹访缠访行为。

3.3.6 夏履镇社会矛盾纠纷调处化解两级体系运行管理实施方案[1]

为贯彻落实省委十四届六次全会精神和省、市、区关于推进社会矛盾纠纷调处化解中心建设的决策,深化"枫桥经验",建设"平安夏履",推进镇村两级社会矛盾纠纷调处化解中心(以下简称"矛调中心")正常运转,结合我镇实际,制定夏履镇矛调中心两级体系运行管理实施方案。

一、工作目标

以习近平新时代中国特色社会主义思想为指导,深入贯彻落实党的十九大精神和省委十四届六次全会精神,坚持以人民为中心,深入践行"最多跑一次"改革理念,因地制宜,注重实效,到2020年9月底,建成夏履镇、村两级矛调中

---

[1] 档案信息索引号:00258249-7/2021-00120,档案成文日期:2021-01-06,档案文号:夏委〔2020〕70号。文件本身的成文日期为2020年9月3日。

心,并进一步完善运行体制机制,依托镇内各线办、站所的力量,各方联动、协同作战,切实将矛盾纠纷化解在当地、化解在萌芽状态。

二、运行管理

(一)镇级运行内容

功能定位:夏履镇矛调中心立足于辖区社会矛盾纠纷调处化解"主阵地"的功能定位,实行"四统一"工作机制,即统一受理、统一指挥、统一调处、统一执法,承担信访投诉接待、矛盾纠纷调处、法律咨询服务、心理咨询辅导、社会治理事件处置、社会风险研判、综合指挥等职能。根据我镇实际,设立以下功能。

1. 群众接待大厅。接待来访群众,合理安排引导、受理、等待区域,将矛盾纠纷无差别受理登记、信访接待、法律服务等窗口有机整合,实行一窗多功能,工作人员将受理诉求通过"四平台"流转至综合信息指挥室。

2. 信访接待室。在接待大厅没有相应窗口接待的情况下,信访兜底,设置信访接待室。

3. 法律服务区。设置法律咨询、法律援助窗口,每周安排律师坐班承担法律咨询、法律援助、"12348"热线咨询等工作业务。

4. 调解工作室。设置品牌调解室,聘请专职调解员,突出品牌调解。

5. 心理服务室。联系专业的心理咨询师,开展社会心理咨询、测评和诊疗服务。

6. 综合信息指挥室。强化信息技术手段应用,建立数据运行实体化运作后台,接入平安建设信息系统、柯桥区基层社会服务管理综合信息系统、综治视联网、公共安全视频监控等相关信息系统。落实专人负责系统日常运行,及时收集各渠道反映的矛盾纠纷事项,进行分派流转,分析研判。

入驻线办(站所):以综治办为核心,整合镇纪委监察、社会事业服务管理办、经济发展办、城镇建设管理办、农业农村办等机关线办,以及派出所、国土所、司法所、市场监管所、综合行政执法中队等站所资源,通过"常驻+轮驻+随驻"的方式,形成上下联动、部门协同、联合调处的社会矛盾纠纷调处化解工作格局。

运行流程:

1. 信息受理。指挥中心整合信访、网格员报送信息、受理窗口现场接待、会商单位每周报送信息,以及上级部门下派的所有矛盾纠纷信息线索进行"无差别"受理,并按受理内容流转至事权线办(站所)。

2. 纠纷处置。事项受理后,各功能窗口(室)能办理的当场办结答复,不能当场办结的由"四平台"统一转入相应事权线办(站所),办理结果反馈至中心。设立统一指挥制度,当日值班领导坐堂镇矛调中心,值班组长、常驻人员、轮驻人员协同配合,由坐班领导协调指挥当天所有受理的信息线索并跟踪反馈。

3. 研判分析。制定每周工作会商、工作例会等制度,分析研判信息并形成报告,供领导参考,对重大疑难矛盾纠纷实施逐级报告预警制度。

4. 监督督查。信息登记流转,实行全过程留痕,实现全流程监督,杜绝各种违规违纪现象发生。

(二)村级运行内容

建设标准:依托现有村级综治中心、调解室、信访接待室和便民服务中心等为基础支撑,按照"有接待场所、有设施设备、有专职人员、有登记台账、有队伍力量"的"五有"标准推动村级矛调中心建设。

队伍建设:

1. 村级调解队伍:明确1名村两委会成员为专职调解委员,常态化开展矛盾纠纷调处化解工作。

2. 网格员:进一步优化网格员队伍,第一时间发现、调处化解矛盾纠纷。

3. 信访代办员:代理群众反映民情矛盾和民访事项,通过精准代跑、及时代办,推动信访问题及时就地化解。

4. 法律顾问:每村配备一名法律顾问,为基层群众提供免费的法律咨询、纠纷调解等服务,并开展好法制宣传教育,弘扬法治精神,普及法律知识。

5. 人民调解员:更好地发挥"两代表一委员"、乡贤、"老娘舅"、志愿者等力量,把在群众中有好口碑、威望高的人选出来担任村级人民调解员,采用当场或线上调解的方式,最大限度把各类矛盾纠纷和不稳定因素解决在最初、消除在萌芽。

三、工作机制

1. 建立健全一窗受理、分类处理工作机制。在群众接待大厅设立"无差别受理"窗口,受理群众提出的纠纷化解、信访诉求、投诉举报、法律咨询、心理服务等事项。实行一窗登记、统一流转、签收接待、按期办理、结果反馈,打造问题处置闭合流程。通过代理、代办、代跑等方式,延伸工作触角,实行全程服务。充分整合"基层治理四平台"的运行机制和工作规范,发挥综合信息指挥室的实战化功能,稳步推进"四平台"案(事)件流转与镇级矛调中心"一窗受理"事件并轨处置。

2. 建立健全闭环运行的工作机制。建立健全即接即办、教育疏导、会商研判、协调办事、公开监督、跟踪评估等机制,优化内部流程,形成工作闭环。建立"窗口受理—派单交办—调处化解—跟踪评估—定期研判"为主要内容的内部流程机制,实现矛盾纠纷调处化解全程可查询、可跟踪、可评价的透明运行工作机制。围绕解决初信初访、减少矛盾上行等问题,探索试行"2211"工作机制,即主要领导"两签"(交办签、办结签)、事项办理"两办"(代办员代办、分管领导督办)、每周一会商、信访事项每件一回访,形成问题解决闭环。

3. 建立健全资源整合的工作机制。按照不重复建设、不多头运行的原则,充分整合镇级综治中心、"基层治理四平台"、综合信息指挥室、品牌调解室、信访接待室、心理咨询室、公共法律服务站等社会治理资源,试行统一办公、统一调度、统一考核,实现社会矛盾纠纷调处化解"最多跑一地"。以开展联合接访、联合调处为主体,以联合执法为支撑,以联合研判为补充,及时、高效、精准解决疑难复杂的社会诉求。

4. 建立健全信息系统支撑的工作机制。充分利用镇村两级指挥运行体系,依托"基层治理四平台"、内部协同系统、综治视联网、雪亮工程等信息系统,实现矛盾纠纷联动联调、分析研判,推动线下矛盾纠纷调处化解与线上数据分析管理有机融合。

5. 建立健全上下联动的工作机制。构建镇村两级中心体系的运行管理,在推进镇级矛调中心建设的同时,按要求做好村级中心建设,推动镇村两级矛调中心互联互动,根据矛盾纠纷的事权范围、涉及区域、复杂程度等因素,探索建立向上申请协调和向下内部交办的工作机制。

四、工作要求

1. 强化人员管理。入驻矛调中心期间,群众接待大厅各窗口入驻工作人员身份不变、编制不变、待遇不变,业务上接受原线办(站所)领导,日常管理由矛调中心负责,对入驻人员的行为规范、考勤情况进行日常监督,若入驻人员不能胜任或有违纪行为,矛调中心提出换人要求时,派驻线办(站所)应积极配合。

2. 注重协调配合。全面推进镇级中心业务协同综合指挥体系,建立健全发现问题、流转交办、协同联动、研判预警等综合指挥工作机制,实现矛调中心管理跨线办、跨站所协同运转。镇级矛调中心入驻线办、站所对事权范围内的矛盾纠纷承担调处化解责任。

3. 落实奖惩机制。对工作表现优秀、作用发挥明显的入驻人员进行通报表扬。对直接到区级中心但事权属于镇级中心的初信初访事件,一律进行事件流转倒查。对到市级以上越级访的,一律进行责任倒查。对排查化解矛盾纠纷工作不力,导致矛盾纠纷激化升级,小问题拖成大问题,一般性问题演变成信访突出问题,或者引发群体性事件的,严肃追究相应人员责任。

附件：1. 夏履镇社会矛盾纠纷调处化解中心工作流程图（略）
       2. 夏履镇各领域、行业内矛盾纠纷调处化解责任主体

中共柯桥区夏履镇委员会
柯桥区夏履镇人民政府
2020年9月3日

附件1

夏履镇社会矛盾纠纷调处化解中心工作流程图（略）

附件2

夏履镇各领域、行业内矛盾纠纷调处化解责任主体

1. 因房屋拆迁、建筑工程质量和工程款结算等问题引发的矛盾纠纷，由城镇建设管理办牵头处理。

2. 因征地补偿和土地、矿产、山林、水利等权属争议引发的矛盾纠纷，由国土所、农业农村办等线办（站所）依据各自职责范围牵头处理。

3. 因土地承包、农村集体"三资"管理和农民负担等问题引发的矛盾纠纷，由农业农村办牵头处理。

4. 因违反劳动保障法律、法规，拖欠工资、欠缴社会保险费等侵犯劳动者合法权益，国有企业改制解除劳动合同经济补偿等问题引发的矛盾纠纷，由社会事业服务管理办、经济发展办等线办依据各自职责范围牵头处理。

5. 因传销、制假售假等问题引发的矛盾纠纷，由市场监管所牵头处理。

6. 因集资、经济、诈骗等问题引发的矛盾纠纷，由派出所牵头处理。

7. 因基层组织和干部工作方法、工作作风等问题引发的矛盾纠纷，由纪委监委和组织线依据各自职责范围牵头处理；涉嫌违反政策、违法乱纪问题，由纪委

监委依法依纪处理。

8.因行政执法、司法活动引发的矛盾纠纷,由行政执法、司法站所上级部门或属地党委政府牵头处理。

9.因军转干部安置、复员退伍军人安置等引发的矛盾纠纷,由退役军人服务站牵头处理。

10.因学校或教育系统相关因素引发的、因医患问题引发的、因自然灾害发生后群众生活安排等问题引发的,或因民族、宗教问题引发的矛盾纠纷,由社会事业服务管理办牵头处理。

11.因环境污染、生态破坏引发的矛盾纠纷,由经济发展办、国土所等依据各自职责范围牵头处理。

12.因婚姻、家庭、邻里、赔偿等问题引发的民间纠纷,由司法所、妇联等依据各自职责范围牵头处理。

13.因其他问题引发的矛盾纠纷,根据线办(站所)职能分工,由相关主管部门处理;难以界定主管部门的,由中心会商研判后交由相关线办(站所)牵头处理。

3.3.7 进一步完善警调衔接机制推进矛盾纠纷多元化解工作的实施意见[1]

各办(所、室)、各村(居、社区)、企事业单位:

现将《进一步完善警调衔接机制推进矛盾纠纷多元化解工作的实施意见》印发给你们,请按照要求,贯彻实施。

为贯彻落实毛泽东同志批示学习推广"枫桥经验"55周年暨习近平总书记指示坚持发展"枫桥经验"15周年大会精神,根据浙江省和柯桥区《进一步完善警调衔接机制推进矛盾纠纷多元化解工作的实施意见》等文件精神,结合我镇

---

[1] 柯桥区马鞍镇人民政府文件,2019年5月18日。

工作实际,现就进一步完善警调衔接机制,推进矛盾纠纷多元化解工作提出如下实施意见。

一、总体目标

坚持新时代"枫桥经验",创新组织群众、发动群众的机制,充分发挥基层组织、社会组织等各方力量在矛盾化解、风险防控中的作用,实现矛盾纠纷依法、高效解决,不断提升社会治理现代化水平,不断提升人民群众获得感和满意度。

二、职责分工

镇党委政府负责矛盾纠纷多元化解的牵头抓总工作,做好统筹协调、组织部署、督查指导等工作。落实好人民调解"以奖代补"政策。其他职能部门分工如下:

滨海派出所:负责做好依法履职过程中受理的或其他部门、组织移交的矛盾纠纷调处工作,并做好移交驻派出所人民调解员或其他调解组织调解的矛盾纠纷先期处置、证据固定等工作。

马鞍镇司法所:负责做好依法履职过程中受理的矛盾纠纷调处工作,做好辖区人民调解员的培训与管理,做好组织律师等法律工作者参与矛盾纠纷化解工作。

社会事务服务管理办公室:负责做好各类社会组织的培育和扶植工作,确保有更多的社会组织参与基层治理。

各村(居、社区):负责辖区矛盾风险的排查化解工作,做好基层治保调解组织的建设工作,明确行政村"两委"主职兼任治保调解主任,提高基层矛盾风险排查化解能力。

三、工作任务

(一)推行律师驻所工作机制

1.滨海派出所内设律师工作室,并按照派出所标识标牌要求悬挂门牌、公示栏、公示牌。

2. 马鞍镇司法所,选派 1 名执业律师挂联滨海派出所担任矛盾纠纷特邀调解员,并落实每周一天驻所工作机制。

3. 驻所律师调解案件范围:

驻所律师可以受理各类民商事纠纷,包括刑事附带民事纠纷的民事部分,但下列情形除外:

①婚姻关系、身份关系确认案件;

②可能涉及虚假诉讼或者刑事犯罪的;

③适用督促程序、公示催告程序、破产程序等依案件性质不能进行调解的;

④当事人申请诉前财产保全的;

⑤当事人明确表示拒绝调解的;

⑥当事人下落不明,或者一方人数众多,在起诉时人数尚未确定的代表人诉讼案件;

⑦其他不适宜律师调解的。

4. 滨海派出所矛盾纠纷特邀调解员在派出所遇到疑难纠纷、复杂案件、维稳事项等时,需及时介入、共同开展分析研判,做好矛盾纠纷化解工作。

(二)推行人民调解员驻所工作机制

1. 由马鞍镇人民调解委员会在派出所内设人民调解工作室,聘任人民调解员开展调解工作,人民调解工作室名称为"马鞍镇人民调解委员会驻滨海派出所工作室"(简称驻所人民调解工作室),使用"马鞍镇人民调解委员会(1)"公章。

2. 驻所人民调解工作室应当有相对独立的调解和办公场所,按照派出所标识标牌要求悬挂门牌、公示栏、公示牌、人民调解标识标语。

3. 驻所人民调解工作室在马鞍镇调解委员会的领导和属地公安、司法等部门的业务指导下开展工作,及时调处化解镇内的矛盾纠纷案件。

4. 驻所人民调解工作室受案范围明确为以下四种情形:

①因民间纠纷引起,符合调解范围的治安案件中的民事责任事项处理;

②适用当事人和解的公诉案件中的民事责任事项处理;

③公安机关受理的其他民间纠纷;

④人民调解组织受理的应当由公安机关处理或需要公安机关协同调处的纠纷。

5. 滨海派出所在接到各类因民间纠纷引发的警情,可视情邀请驻所人民调解工作室或村(居、社区)、企业人民调解委员会的人民调解员参与现场调解。对不能当场调解的治安案件和适用当事人和解的公诉案件中的民事责任事项,办案民警在依法做好案件调查取证后,经双方当事人同意,可以移交驻所人民调解工作室进行调解。对其他不构成违反治安管理的民间纠纷,滨海派出所可以移送驻所人民调解工作室调处。镇、村两级人民调解组织在受理调解纠纷过程中,发现应由公安机关处理的,及时引导当事人向公安机关提出。

6. 对移送的民事责任事项的调解,双方当事人协商一致达成协议后,属刑事案件的,公安机关经审查认为和解系自愿、合法的,应当主持制作和解协议书;属治安案件的,在调解协议内容已经履行,并经过双方当事人书面申请、公安机关认可的,可不予治安管理处罚。

(三)推行社会组织参与基层治理工作机制

1. 引导社会力量参与基层治理。培育扶持公益慈善类、社区服务类社会组织,将适合由社会组织承担的公共服务领域矛盾纠纷化解任务,通过竞争性选择等方式,交由相关社会组织承担。加强对民间救援组织的扶持力度,鼓励企业单位、爱心人士与民间救援组织开展互助结对,建立长效机制,为民间救援组织提供支持,同时,建立派出所与民间救援组织的同步搜救机制,对落水、野外、山林迷路或发生重大自然灾害时,可由民间救援组织同时或先行开展相关救援活动。

2. 发展专业、行业组织参与调解活动。组建道路交通、征地拆迁、婚姻家庭、劳动争议、物业管理、法律服务等领域专业性、行业性调解组织。通过引入乡贤、社会知名人士等社会力量参与矛盾纠纷调解工作,利用他们独特的说服力、感召力和公信力等优势,增加纠纷调解的实效。

3. 加强平安类公益组织的培育。根据"党建引领、公安引导、公众参与、管理规范、作用发挥"的原则,按照农村派出所"一所一特色"的要求,积极稳妥推进平安类社会组织的培育。在各类平安类社会组织中,建立平安类社会组织党支部,由滨海派出所领导为党支部书记;滨海派出所每月联系指导次数不少于2次;参照公安机关党建活动要求,常态化开展各项党建活动,确保社会组织正确的政治方向。每月至少组织开展两次以上集中活动,协助公安机关开展矛盾纠纷化解、治安巡逻防范、邻里守望、基础信息采集、基础要素管控等各项工作,确保平安类社会组织发挥作用。

(四)推行村"两委"主职兼任治保调解主任

1. 行政村需设立治保组织、调解委员会。设治保、调解主任各1人,主任原则上由村"两委"主职兼任,委员以两委班子成员交叉任职为主,治保组织、调解委员会均需有1名委员专职负责。

2. 镇平安协管员(专职网格员)原则上需加入村治保会、调委会,村调委会必须有一名女性委员。可发动乡贤、在职党员中懂法律懂政策,且热心调解、公道正派、有威望的人员参与治保、调解委员会。

3. 完善治保组织每周例会制度,经常性组织开展安全防范检查、法制宣传,主动配合滨海派出所,掌握有违法犯罪迹象人员底数,提供社情民意,协助滨海派出所发现和查找案件线索,协助控制、抓捕违法犯罪嫌疑人。

4. 完善派出所治保组织联系制度。社区民警每月要对治保组织开展业务指导,通报辖区治安状况,商讨共同开展防范宣传和巡逻守护等工作,指导治保组织建立健全例会、法制宣传、治安巡逻、帮教、矛盾纠纷排查调解、情况报告、安全检查、奖惩等规章制度。

(五) 依托警务全科网格排查化解矛盾纠纷

1. 进一步明确警务全科网格功能。以镇"四个平台"中的综治工作为基础支撑。涉及基层社会治理的部门工作纳入网格，发挥综合性功能。全面采集网格内的人、地、物、事、组织等要素的信息，强化对基础信息和事件的实时掌控、对矛盾纠纷的排查化解、对重点人员的动态管理、对各类安全隐患的发现处置、对企业和市场经营主体的行政监管、对群众诉求的及时响应。

2. 进一步做实网格队伍。每个网格要配备一名网格警长、网格长、专兼职网格员和网格指导员，充分发挥网格员作用，坚持"三员合一"，即全科信息员、全科服务员、全科宣传员。网格长一般由村(居、社区)干部担任，全面负责网格工作的落实。会同专职网格员共同履行好三大员职责，加强网格间的工作协调，保持与专兼职网格员的经常性联系，做好网格工作的日常管理、协调、检查、督导等工作。网格警长由滨海派出所社区民警或业务能力较强的协警担任，负责对专职网格员和兼职网格员的业务培训，并负责解决网格内的治安问题。

3. 进一步落实网格责任。网格长和专职网格员要重点掌握三类情况：及时掌握人、地、事、物、单位和组织等各类基本情况；做好网格内重点人员服务管理及疏导稳控工作；对网格内的各类矛盾纠纷及时予以化解处理，对涉及突发事件、群众性食物中毒事件、越级访、集体访、各类灾情和重点管控人员等异常情况要做到特事特报。

四、工作要求

(一) 提高认识，加强领导。健全矛盾纠纷多元化解机制，是坚持和发展新时代"枫桥经验"的客观要求，是推进社会治理现代化的重要内容，对于有效减少"民转刑"案件、涉法涉诉信访案件和缓解基层矛盾纠纷化解压力具有十分重要的现实意义。镇村两级要充分发挥职能作用，为该项工作提供强有力的组织保障、机制保障和经费保障。通过落实好人民调解"以奖代补"政策，提高驻所律师、人民调解员、平安组织、村居干部等社会力量参与矛盾纠纷多元化解的积极性。

（二）协作联动，形成合力。在镇党委领导、政府主导、多元共治、社会协同的矛盾纠纷多元化解工作格局下，完善构建多主体参与、多渠道解决、多方法运用的矛盾纠纷化解体系。通过定期召开联席会议、工作例会等形式，认真研究落实各项工作，切实解决推进过程中的遇到的新情况、新问题。同时，按照"谁使用谁购买"的原则，将律师参与调解及法律援助律师驻扎公安机关值班等事项，统筹列入政府购买服务项目，进一步落实公共法律服务使用者主体责任。

（三）宣传引导，强化督导。全力营造矛盾纠纷多元化解工作的社会氛围，切实提高人民群众的知晓度和接受度。树立精品意识，打造品牌，创建有特色、有亮点的工作品牌，挖掘过得硬、拿得出的模范典型。各办（所、室）、各村（居、社区）、企事业单位要按照职责，加强机制建设、业务指导和工作督查，确保各项措施落到实处。

3.3.8 章镇镇探索构建基层治理共同体深化矛盾纠纷"一网代办 一事联办 一地通办"机制实施方案[1]

为贯彻落实区委一届八次全会精神，按照"基层治理深化年"活动总体部署，现就推进章镇镇探索构建基层治理共同体，深化矛盾纠纷"一网代办 一事联办 一地通办"机制，实现初信初访"零增长"提出如下实施方案。

一、指导思想

坚持以习近平新时代中国特色社会主义思想为指导，全面贯彻落实党的十九届四中全会、省委十四届六中全会、市委八届七次全会和区委一届八次全会精神，坚持以人民为中心，坚持和发展新时代"枫桥经验"，坚持把非诉讼纠纷化解机制挺在前面，深化"最多跑一次"改革理念在基层治理领域的创新运用，按

---

[1] 中共章镇镇委员会、章镇镇人民政府：《探索构建基层治理共同体深化矛盾纠纷"一网代办 一事联办 一地通办"机制实施方案》，2020年4月15日印发，章委发〔2020〕42号文件。

照矛盾纠纷"一网代办 一事联办 一地通办"总体要求,整合资源、创新机制、再造流程、优化服务,努力实现矛盾纠纷化解"最多跑一地""最好不用跑",塑造"总体访量降、初次化解升、北京去人少、重大活动安"的良好信访生态,为"平安章镇""法治章镇"建设奠定坚实基础。

二、具体措施

(一)围绕"最多跑一次",深化矛盾纠纷"一网代办"体系建设

1. 全面推行"背包民情"制度。以矛盾纠纷化解"最多跑一次"和信访代办制工作为导向,以"三驻三服务"为引领,全面推行"背包民情"制度,要求驻村(社)指导员、农村社区工作者、全科网格员每月对辖区农户开展走村(社)入户活动,逐户填写民情日记,全面采集辖区农户的基本情况、纠纷隐患、信访苗头等信息,构建镇域"矛盾纠纷数据库"。实行"简单事项就地办、复杂事项下沉办、疑难事项联动办",对简单矛盾纠纷实行"挂号登记""就地化解""销号管理";对复杂疑难纠纷,实行全科网格员"一网代办",由全科网格员实地核查后报"大调解"综合信息指挥室进行预警预判、分派流转,实现对各类矛盾纠纷摸排全覆盖、零遗漏。

2. 建立"随警"联动调解制度。鉴于当前非警务类矛盾纠纷警情处置成功率低且易激化升级为信访案件的客观现实,派出所在接到出警指令时,除明确涉嫌违法犯罪外,由人民调解员全程"随警"联动,将人民调解关口前移到出警现场和矛盾纠纷的第一现场,第一时间参与矛盾纠纷化解,有效遏制简单纠纷升级为新增信访。

对于出警未平息且非警务类纠纷,由派出所当场向群众开具《人民调解告知书》,告知当事人到镇人民调解委员会解决,引导当事人理性维权并向"大调解"综合信息指挥室提交《信访隐患提示预警单》,由"大调解"综合信息指挥室负责纳入镇域"矛盾纠纷数据库",实行跟踪督办、"挂号"化解。

3. 建立"5+2""白+黑"矛盾纠纷"预约咨询"热线。开通全天候矛盾纠纷

"预约咨询"热线,对简单纠纷事项析疑解惑,教育疏导;不能当场答复的,了解当事人思想动向,引导当事人走合法途径维权,并纳入"矛盾纠纷数据库"。事后由综合信息指挥室主动进行预警预判、分派流转,实时跟进处理,努力实现群众矛盾纠纷化解"最多跑一次""最好不用跑"。

(二)围绕"最多跑一次",构建矛盾纠纷"一事联办"体系建设

4. 建立"一网代办"事项处置机制。以筑牢安全底线,加强全科网格员队伍能力建设为目标,通过"竹洞湖"大讲堂、跟班调解、轮岗锻炼等形式,培养全科网格员矛盾纠纷处置能力,实现"简单事项就地办";对难以化解的矛盾纠纷由全科网格员在实地核查的基础上,向"大调解"综合信息指挥室提交《信访隐患提示预警单》,由"大调解"综合信息指挥室负责协调化解。

对未按规定办理、久拖不决、落实不到位的,由"大调解"综合信息指挥室向信访办下发《信访事项督办单》,经主要领导交办签后走信访督办程序,努力实现信访苗头一次性解决到位。

5. 创新建立警调分流、审判前置机制。探索实行治安纠纷处置、调解分流模式(即派出所只负责处置、司法所只负责调解),即在派出所调查取证之后,由双方当事人自行选择人民调解或者治安处罚。若双方选择人民调解,派出所在取证之后将该案件移交司法所进行调解,调解成功双方签订人民调解协议,该纠纷到此结束,派出所不再进行治安处罚;若双方不愿进行人民调解或调解失败,派出所不再组织调解,由派出所直接根据《治安处罚条例》进行处罚。

对取证困难或没有直接证据的疑难案件,实行审判前置制度,由"大调解"综合信息指挥室牵头邀请法庭、派出所、司法所共同进行"兜底调解",避免疑难案件升级为新增诉讼或新增信访。

6. 深化诉调衔接制度。配套建立联合研判会商制度、法律援助"最多跑一次"制度和深化司法确认制度。对疑难纠纷实行多部门联动会诊,对困难群众

实行法律援助全程代办,对司法确认案件实现零诉讼费用。通过社会矛盾纠纷化解领域的深化改革,真正提升群众获得感幸福感满意度,彻底消除因不满裁判而出现的信访隐患。

7.完善领导干部约访接访制度。围绕矛盾纠纷化解"最多跑一次""最好不用跑"改革,以"事要解决"为出发点和落脚点,推行领导干部每日轮值接访制度,深化领导干部"分管领域约访制""轮值时段首问制""涉事部门协调制"等工作法,持续开展"三服务"活动,确保群众合理诉求得到解决,合理权益得到依法维护。

8.探索实践"乡贤回归参与乡村治理"。结合"三师二员"回归,深入挖掘公务员、律师乡贤资源,广泛凝聚乡贤力量,全面推动"公务员回归""律师回归",着力发挥律师、公务员职业优势,积极参与乡村治理,为矛盾纠纷"一事联办"提供坚实的人才支撑和智力保障。同时,设置人民调解"点将台",公示公务员、律师乡贤、镇村优秀调解员,由当事人自行选择,并协商具体调处时间和形式,赋予当事人主动权、提升当事人认同感,确保矛盾纠纷化解没有"后遗症"。

(三)围绕"最多跑一次",创新建立"基层治理一条街"

9."四个平台"+矛盾纠纷化解"最多跑一地",打通服务群众"最后一公里"。2020年,章镇镇按照"四个平台"标准化建设和社会治理综合服务中心(信访超市)建设要求,投入专项资金对整幢大楼进行改造,独立设置了综合信息指挥室、"四个平台"和矛盾纠纷调处中心,形成了以"四个平台"和矛盾纠纷调处中心为双引擎的基层治理改革新动力。

10.打造章镇特色"基层治理四平台"升级版。在警调、访调、诉调运行顺畅的前提下,加强部门协作,不断将国土、市场监管、环保等部门吸纳到"大调解"工作平台当中,积极打造具有章镇特色的"基层治理四平台"升级版,建立共建共治共享的社会治理新格局。

三、工作步骤

(一)工作部署阶段(2020年4月)。下发《深化矛盾纠纷"一网代办 一事

联办 一地通办"机制 实现初信初访"零增长"实施方案》,各成员单位结合实际分别选优配强人民调解员并制定工作计划,项目化、清单式管理。

(二)全面推进阶段(2020年5月—11月)。围绕改革任务清单,建立月度双例会制度,定期会商、及时完善协调机制,力争做出特色,多出亮点和经验。

(三)总结完善阶段(2020年12月)。总结章镇镇"大调解"平台工作经验,完善相关制度,健全长效机制。

四、工作要求

(一)统一思想认识。开展矛盾纠纷调处中心建设,是坚持以人民为中心,完善新时代"枫桥经验"的重要实践,对加强基层信访工作、推动镇域治理现代化具有重要意义。各办线、职能部门、村(社区)要提高政治站位,落实主体责任,认真组织实施。

(二)坚持统筹推进。把矛盾纠纷调处中心建设与开展"三驻三服务""基层治理深化年"活动和"无信访积案乡镇"创建有机结合起来,不断提升矛盾纠纷化解水平。

(三)注重工作实效。坚持问题导向、效果导向,不搞形式主义,把矛盾纠纷调处中心建设任务进一步落实到源头预防和解决突出矛盾纠纷问题上来,健全体制机制,加强制度创新,推动我镇信访生态持续向好。

3.3.9 浙江省高级人民法院:创新运用新时代"枫桥经验"打造具有浙江特色的矛盾纠纷解决体系[1]

浙江省高级人民法院努力践行"以人民为中心"思想,创新运用新时代"枫桥经验",积极推动形成"社会调解优先,法院诉讼断后"的解纷理念和模式,不

---

1 《人民法院司法改革案例选编(五)》案例7:《浙江省高级人民法院:创新运用新时代"枫桥经验"打造具有浙江特色的矛盾纠纷解决体系》,2021年9月。

断加大便民利民举措供给,不断强化矛盾纠纷就地解决,充分发挥人民法院在基层社会治理中的引领保障作用,打造具有浙江特色的矛盾纠纷解决体系。

一、推动矛盾分层过滤化解,助力乡村社会治理

浙江高院积极转变工作思路,变"以我为主"为"党政为主",充分发挥党委政府在矛盾纠纷多元化解中的主导作用,推动党委在县、乡两级分别设立矛盾纠纷多元化解中心,统筹解决辖区内的矛盾纠纷,形成分层递进的矛盾纠纷解决机制,实现人民群众纠纷解决"最多跑一次"。目前,全省法院已有20%的诉讼服务中心整体入驻或派团队参加地方党委设立的矛盾纠纷多元化解中心,形成"社会调解在前,法院立案在后"的纠纷递进分流模式。如舟山市普陀法院,将诉讼服务中心设立在区社会治理综合服务中心内,纠纷首先通过中心内配置的综治、司法、信访、行业调解、律师调解等解纷力量进行先行调解,调解不成再到诉讼服务中心立案。运行一年来,该中心统一受理各类纠纷11 411件,把全区75%以上的矛盾纠纷化解在基层,重大纠纷调解成功率达到100%,形成了以"党委领导、关口前移、一站解纷"为特点的多元化解"普陀模式"。同时,始终把基层基础建设作为战略性任务来抓,推动全省开展"无讼无访村(社区)"创建活动,大力发展"枫桥式"人民法庭,加强对各类调解组织、村镇综治员等的业务指导,充分发挥人民法庭解纷的"桥头堡"作用。如金华永康市的龙山法庭,大力推进"引导分流+办案指导+参与治理"的综合工作模式,形成了以"村镇先调、法庭兜底"为亮点的"龙山经验",把传统民事纠纷基本化解在诉前。

二、打造"都市版"枫桥经验,推进市域社会治理

针对经济社会高速发展、城镇化水平不断提升的实际,浙江高院主导推动建立市场化调解和行业调解,让"枫桥经验"在市域治理中绽放光芒。除加强与传统的人民调解、行政调解等组织对接外,浙江在全国率先试点律师调解,全省法院已实现律师调解工作室的全覆盖,共聘请律师调解员1 569名,2017年共委托律师调解3 639件,调解成功1 708件,调解成功率达47%。特别是杭州中

院,积极构建律师、公证、仲裁为主体的市场化解纷机制,不仅争取到上百万元的财政专项调解经费支持,还会同物价部门在全国率先明确律师调解案件可按法律服务收费标准予以收费的规定,形成了独具特色的"都市版"枫桥经验。此外,全省法院积极在医患、物业、金融、保险、证券、知识产权、涉外商事、海事海商等领域与行业调解组织加强对接,积极引导纠纷诉前调解,形成了多形式、多渠道、多领域的纠纷联动化解机制。五年来,浙江法院共诉前引导调解48万件,调解成功33万件,办理司法确认16万件,两成左右的纠纷解决在立案之前。

三、创新矛盾在线解决模式,提升"互联网+社会治理"能力

"枫桥经验"历经五十多年的发展,需要不断赋予其新的内涵。浙江高院始终坚持与时俱进,不断将大数据、云计算与人工智能等信息技术融入其中,为推进矛盾纠纷在线解决、实现"互联网+社会治理"提供了新动能。浙江法院已经全面贯通"杭州互联网法院、浙江移动微法院和在线矛盾纠纷多元化解平台"三大在线解纷平台,实现了从诉前化解到立案、审判和执行的全流程在线运行,既让老百姓解纷"最多跑一次,甚至一次不用跑"成为可能,也为缓解案多人少矛盾、提升人民群众获得感提供了有力支撑。特别是作为原中央综治办创新试点项目和浙江省政法数字化协同工程示范项目的"在线矛盾纠纷多元化解平台",今年被确定为纪念"枫桥经验"六大工程之"互联网+社会治理"重点项目,其秉持多元共治、纠纷解决分层递进的理念,提供在线咨询、评估、调解、仲裁、诉讼五大服务功能,形成了递进式、漏斗型的矛盾纠纷分层过滤化解机制,推动纠纷处理模式从事后处理向源头预防转变,助力"枫桥经验"从"小事不出村"升级到了"解纷不出户"。该平台已与法院网上立案系统打通,网上立案的民商事案件可自动推送到平台进行在线分流,由社会调解力量进行诉前化解,调解成功的可在线申请司法确认,调解不成功的自动回传审判系统进行立案。到2018年年底,全省要实现在线调处案件数量不少于上一年度矛盾纠纷排查总量20%、调处成功率不低于60%的目标。截至目前,平台已实现访问量410万人次,注册调解员32 052人,提供智能咨询69万次、人工咨询3553次,评估案件1768件、仲裁案件128件、司法确认5467件,申请调解案件15.97万件,调解成功13.29万件,调解成功率达83%,先后被评为中国互联网法治大会"优秀'互联网+法律'创新项目"、原中央综治委"矛盾纠纷多元化解工作创新优秀项目"第一名、第四届世界互联网大会全国优秀项目。最高人民法院院长周强称赞该平台是"枫桥经验"在互联网时代的新继承和新发展。

3.3.10 浙江省诸暨市人民法院枫桥法庭:传承创新"枫桥经验"筑牢基层治理"桥头堡"[1]

浙江省诸暨市人民法院枫桥法庭充分发挥"枫桥经验"发源地优势,始终坚持与时俱进、改革创新,相继总结出"三前调解法""四环指导法""五时执行法"等特色经验,倡导形成"社会调解优先,法院诉讼断后"纠纷解决理念,着力从源头上预防化解矛盾纠纷,降低纠纷成讼率。近年来,枫桥法庭收案增幅逐年下降,远低于全市法院,且今年收案同比下降12%,被授予首批"枫桥式标杆法庭"。

一、健全三举措,丰富司法服务内容

一庭一中心。首创调解劝导制度,精心制作图文并茂、通俗易懂的《调解劝导书》,讲明人民调解的优势、步骤等,劝导当事人选择非诉方式解决纠纷。高标准建成功能齐全、布局合理的新型一站式诉讼服务中心和诉调对接窗口,将诉前劝导站、诉讼引导站、法律指导站、信访疏导站"四站合一",并实行庭领导首问责任制,为当事人即时提供法律服务,实现纠纷化解"最多跑一次"。近两年来,已有320余起纠纷得到即时解决,诉前纠纷化解率达28.53%。

一镇一团队。根据法庭辖区内两镇一乡和现有人员配备的实际情况,实行

---

[1]《人民法院司法改革案例选编(五)》案例8:《浙江省诸暨市人民法院枫桥法庭:传承创新"枫桥经验"筑牢基层治理"桥头堡"》,2021年9月。

一个乡镇确定一名审判员、调解员或者陪审员、书记员作为定点联村的业务指导员机制,发放联系卡400余张,形成法庭与乡镇、村居的联系网。业务指导员走遍村居、走进住户、走近民众,把司法服务送到当事人家门口,畅通民众反映自身诉求的渠道,切实解决服务群众的"最后一公里"问题。利用便民立案站(点),加大巡回审判力度,就地化解农村承包、相邻纠纷等案件。同时,通过向镇、村干部了解情况,掌握、排查基层社会中潜在的纠纷情况及矛盾隐患,以便尽早加以化解。近两年来,引入诸暨市联合人民调解委员会枫桥调解中心驻庭办公,成功调解719件。

一月一指导。创设"诉前环节普遍指导、诉时环节跟踪指导、诉中环节个别指导、诉后环节案例指导"等四环指导法,加强对人民调解委员会、人民调解员等业务指导与培训,源头上促进调解工作的规范化、法治化。在乡镇设立指导调解工作室、五个重点村居设立指导调解联络站,开通视频指导调解系统。建立法庭QQ群,邀请各调解组织、辖区部门站所、人民调解员加入。调解过程中发现疑难问题的,法庭工作人员可以随时通过QQ群进行业务指导。

二、打造三机制,拓展纠纷化解渠道

涉诉情况通报机制。以法庭公告栏及各镇、村便民服务站宣传窗为载体,每季更新涉农法律法规、政策及典型案例,实现法庭辖区司法宣传网络的全覆盖。每季度编发《法庭工作通报》,把辖区办案总量、同比增长情况,不同案例类型及所占比例、各村涉诉案件数量等情况反馈给辖区内党委政府、相关站所和市级以上人大代表,重点分析当前矛盾纠纷多发领域呈现的特点和问题,分析各镇(村)收案形势,深入探究产生根源,有针对性地提出司法建议等,推进辖区无讼村居建设,受到镇乡领导和人民群众的普遍赞誉。

部门联调联动机制。借助枫桥镇党委政府承担国标委首批《基层社会治理综合标准化试点》项目的契机,积极参与制订"基层社会矛盾纠纷大调解体系建设规范",进一步完善联调联动机制。对涉及相关行业协会、商会、工会、国土、工商等部门的案件,移送成员部门诉前委派调解,或由法庭牵头、邀请部门派员共同参与化解,实现法庭与乡镇各部门预防和化解纠纷的良性互动。定期召开联席会议,探讨工作过程中出现的新情况、新问题,剖析典型案例及矛盾纠纷的难点、疑点,总结经验,查找不足,制定改进措施等。

信访合力化解机制。加强案件风险评估工作,对案件审理及纠纷排查工作中发现的信访隐患,第一时间通告辖区党政部门;党政部门在遇到信访事件时,也及时邀请法庭参与,共同研究对策措施,合力化解矛盾和信访隐患。密切关注涉重点企业、可能影响社会稳定、易引起系列诉讼等信息,及时报告当地党委政府,并协助做好安抚与法律释明工作。高度重视信息互通与稳控联动,适时召开敏感时期维稳专题会议,提前采取针对性预防措施、准备化解预案,确保辖区总体稳定。

三、探索三方法,创新纠纷调处路径

特色调解法。依托辖区丰富的社会组织资源,设置多个特色调解工作室参与化解矛盾,如:"大妈调解室"帮助化解婚姻家庭类纠纷,"乡贤调解室"帮助化解继承及邻里等纠纷,"行业调解室"帮助化解辖区内汽配、服装纺织类等比较专业的行业性纠纷,"代表委员工作室"帮助群众监督反馈法庭工作。近年邀请社会组织到庭参与调解51件,调解成功39件,调解成功率76.5%。

三度联调法。在"诉前调解、庭前调解、判前调解"三前调解法的基础上,进一步探索实施"三度联调把握法"。即:庭前审查诉辩合理度,避免因未进行必要的实地考察或深入了解案情导致调解方案的偏离;庭中引导事实认同度,引导双方当事人对案件基本事实取得一致认可;庭后解说判决基准度,通过辩法析理,告知当事人案件的一般处理原则,在当事人了解判决结果基本走向的情况下,促成案件调解,实现调解工作从立案到宣判各个环节的同向衔接。实行"三度联调法"以来,法庭一审民事可调撤率、民事调解自动履行率始终保持在80%和60%以上。

在线化解法。按照浙江省在线矛盾纠纷多元化解平台、移动微法院的统一部署,提供线上与线下结合、形式多样、快速便捷的指尖诉讼和掌上办案,助力"枫桥经验"从"小事不出村"升级到"解纷不出户"。今年4月以来,已在线受理250件,其中调解成功174件,调解成功率72.8%;指导乡镇调委会在线受理81件,其中调解成功75件,调解成功率95%。

3.3.11 "矛盾纠纷多元化解平台"在浙江全面发力[1]

近年来,浙江法院始终把创新发展"枫桥经验",作为服务经济发展和社会稳定的重要抓手,充分发挥和延伸审判职能,不断探索矛盾纠纷多元化解决机制,"枫桥经验"历久弥新。

1月9日,浙江"矛盾纠纷多元化解平台"先行上线运行,该平台汇聚了全省各个条线、各个行业的优质解纷资源,形成近万名在线调解队伍,为在线化解矛盾纠纷提供了强有力的资源支持。平台按照咨询、评估、调解、仲裁、诉讼的顺序逐级分层过滤,形成了漏斗形的矛盾纠纷解决模式,优化了矛盾纠纷解决流程,让纠纷通过"无创"或"微创"的方式解决,让群众随时随地享受方便、快捷、高效的解纷服务,从而实现"枫桥经验"的"矛盾不上交,就地解决"。

解纷资源集聚性

作为"枫桥经验"发源地,绍兴市两级法院不断强化"以人民为中心"的发展思想和司法为民理念,创新发展"枫桥经验",积极践行"最多跑一次"的改革要求,探索更快捷有效的纠纷化解机制,力求将矛盾化解在诉前、化解在基层,全力打造"枫桥经验"升级版。

---

1 原题为《织密线上线下"网"解开纠纷千千结——"枫桥经验"升级版在浙全面发力》,作者余建华、通讯员祝璐,《人民法院报》2018年1月15日。

在诸暨市人民法院诉讼服务中心有一间面积不大的房间,这里既看不到法官的审判台,也看不到"原告""被告"的标牌,它就是已成为诉调对接化解矛盾纠纷重要窗口的联合调解室。凡涉及婚姻家庭纠纷、相邻纠纷、普通人身损害赔偿纠纷、小额债务纠纷等,当事人咨询或向法院送交诉状时,立案法官在尊重当事人的前提下,引导其先行调解。

这是绍兴法院系统援引社会各界力量打造的诉调对接"一站式"解决方案的一个缩影。2016年底,绍兴市中级人民法院联合绍兴市司法局出台《关于律师参与涉诉信访化解工作的实施意见》,并在法院诉讼服务中心设置"法律援助中心法院工作站"。2017年以来,驻站律师共帮助当事人准备法律文书995份,解答法律问题4 471个,接受法律援助申请183件,很多"硬骨头"案件就在这里冰消雪解。2017年5月,绍兴中院建成全市法院共享共用的"专家库",首批聘任300名特邀调解员,建成后六个月内全市法院特邀调解团队民事调撤率达到了54.44%。

解纷流程递进式

"如今老百姓一有纠纷就上法院,既是进步,也有弊端,那就是解纷的成本过大,效果也不见得好。"浙江省高级人民法院副院长何鑑伟说,"纠纷化解不能仅靠法院一家单打独斗,如何整合社会资源,同时发挥审判职能在多元化纠纷解决机制中的主导作用,是深入发展'枫桥经验'的必然要求。"

为了重构现有的纠纷解决体系和流程,让老百姓遇到纠纷先通过自治协商或第三方调解的方式解决,解决不好再到法院打官司,浙江法院以诉讼服务中心为平台,扩大社会化参与度,让专业及行业调解等社会力量充分发力,按照咨询、评估、调解、仲裁、诉讼的顺序逐级分层过滤,形成漏斗形的矛盾纠纷解决模式,优化矛盾纠纷解决流程,将大量纠纷消弭在诉前,并在城市、乡镇、街道呈辐射状全面扎根。

诉调对接理念在浙江全境结合各地实际遍地开花,各有特色:诸暨法院和该市司法局设立联合人民调解委员会,聘请有丰富基层调解经验的"乡贤调解会""枫桥大妈"坐镇,由法院诉讼服务中心简案庭的专业法官做业务指导,一些事实清楚、法律关系明确、争议不大的纠纷就在这道"闸口"及时得到疏导。2017年1至8月,诸暨法院诉前引导调解纠纷9 243件,同比增长29%,诉前化解率达27.42%,居全省第四位。

2016年以来,杭州市富阳区人民法院探索构建"警调衔接、诉调对接"的矛盾化解"最多跑一地"联动机制,以整合多方资源优势,构建协同参与的多元化纠纷解决格局,提高了社会治理的社会化、法治化、智能化、专业化水平,将大量有可能进入法院诉讼的矛盾纠纷化解在源头、化解在第一线。

解纷能力智能化

近日,绍兴的陈先生在一起交通事故中受伤,交警认定事故由对方王某负全责。治疗终结后,陈先生原本打算起诉王某赔偿。在绍兴市越城区人民法院立案窗口,工作人员建议他通过道路交通事故纠纷网上数据一体化处理平台处理。登录当事人界面,陈先生只要输入身份信息、户籍性质、责任比例、赔偿区域等信息,系统就能对损失自动进行核算和预估。这么一来,陈先生对赔偿项目有了基本了解,对合理的赔偿数额心里也有了底。在绍兴市保险行业人民调解委员会的调解下,双方很快达成了调解协议,并由法院进行了司法确认。这个从立案、调解、司法确认到送达,全流程在线完成"一键定音"的道路交通事故网上数据一体化处理平台的普遍使用,实现了"互联网+交通审判"新模式。

除了道交案件外,借助于互联网力量,还有更多的矛盾纠纷通过线上"云调解"得到迅速解决。前不久,诸暨法院的调解员在给一起建设工程施工合同纠纷制作调解协议时有点拿不准,于是通过 QQ 邮箱给负责诉调对接的法官发送了调解协议的初稿。当时正在杭州出差的法官通过手机 QQ 在线提出了修改意见,半天时间调解员就把纠纷了结。第二天,法官利用"浙江法院在线纠纷解决平台"查看调解笔录和调解协议,很快对该案作出了司法确认的裁定书。

借助这一平台,2017 年 3 月以来,绍兴市两级法院共委托调解纠纷 245 件,调解成功 184 件,网上司法确认 86 件。当事人足不出户,通过平台就可以完成申请、调解、司法确认等程序,让调解从"绿皮车"换成了"高铁"。

截至目前,浙江法院建立了依托网上数据一体化处理的交通事故纠纷在线调解平台和依托特邀调解的在线法院一站式多元解纷服务平台开展在线调解的机制,极大地缩短了调解时间,提高了调解效率,真正实现在线解纷"最多跑一次"。依托网上立案、在线调解,让人民群众足不出户就可以解决纠纷,实现化解矛盾"一次都不跑"。

3.3.12 在线纠纷化解"枫桥经验"的 QQ 群实践——浙江诸暨法院开通"陈法官指导调解 QQ 群"[1]

视频"面对面"指导调解

4 月 9 日上午十点,浙江省诸暨市人民法院立案大厅便民诉讼桌前的电脑上 QQ 发出了"滴滴"的响声,值班法官小杨一看,是指导调解 QQ 群又"接活"了。

"您好,这里是婚姻家庭纠纷调解委员会,现在有一起离婚后财产纠纷在处理,需要法官指导。"

"没问题,我是今天的值班法官。"

---

[1] 原题为《法治导航"枫桥经验"推陈出新——浙江诸暨法院开通"陈法官指导调解 QQ 群"》,作者余建华、孟焕良、费小余,《人民法院报》2013 年 5 月 6 日第 1 版。

"这位是张某,和妻子何某前年协议离婚,约定张某补偿何某 5 万块,其中 2 万已支付,现在还剩 3 万块履行期届满,张某却拒不履行。"调解员小潘介绍。

"反正婚都离了,补偿款给不给有什么关系!"张某在视频那头说。

"张某,话不是那个理,离婚协议书是双方真实意思表示,且没有违反法律、法规的强制性规定,协议书合法有效,而且你们双方已经按照该协议书办理了离婚登记,你应当按离婚协议书约定向何某支付剩余补偿款。"小杨法官"面对面"普法。

"我解释你不以为然,你看法官都这么说了,理你也该明白了吧。"小潘趁热打铁继续调解,张某口气慢慢变软。

3月底,诸暨法院开通"陈法官指导调解 QQ 群",由资深法官陈建丽带领立案大厅轮流值班的年轻法官,通过视频"面对面"指导人民调解工作,增强调解的法治指导,让人民调解切合法治精神。目前,该群已指导调解案件 6 起。

审判与人民调解"比翼双飞"

随着经济社会发展,更多纠纷涌入法院,形成"诉讼爆炸",法院不堪重负。去年,诸暨法院收案 22 014 件,结案 21 636 件,一线法官人均结案 255.9 件。为节省司法资源,减轻当事人诉累,诸暨作为"枫桥经验"发源地,率先创建六大调解机构,807 家调解组织,3 273 名调解员,形成覆盖全市的大调解网络。去年,全市各专业调解委员会受理 3 972 起纠纷,成功调处 3 270 件,使大量纠纷化解于诉外。

"调解作为传统纠纷处理模式,新中国成立后在全国基层组织普遍设立调解委员会。但随着法治意识的提升,人们越来越趋向到法院解决纠纷,人民调解才渐趋式微。"诸暨法院院长赵中兴说,发挥人民调解积极作用,引导纠纷分流,对于减轻法院案多人少的压力,集中精力办精案很有意义。但是,人民调解如果不依法进行,没有法治精神指导,调解就可能成为"和稀泥"。

为此,诸暨法院加强对人民调解的网格化指导、点对点服务,指派资深法官定向联络各级调委会,搭建网上视频指导平台,强化案例指导为调解树立法治标杆,通过司法建议规范调解组织,在司法确认中强化指导,让法院在大调解格局中更加突出地发挥主导作用。

如今,诸暨法院立案大厅里,每天由全院青年法官轮岗值班,现场提供诉前引导咨询,并挂在"陈法官指导调解QQ群"上,随时为视频另一端正在进行的人民调解提供"面对面"法治指导。40多岁的陈建丽是立案大厅负责人,有着多年刑事、民事审判工作经验,她是青年法官进行法律服务的坚强后盾。

"视频指导调解,对于青年法官是很好的锻炼,让他们在走上审判岗位之初可能遇上千奇百怪的问题,迫使其自我主动学习。另一方面也增强了人民调解的法治含金量,使大量简易纠纷诉外化解更为顺畅,且避免反复。"民一庭副庭长张晓华说,她手头未结案从未少于40个,结案压力像块石头一样从未放下过。"如果依法调解权威加强,司法更多精力用于审判,有利于司法审判与人民调解在各自的轨道'比翼双飞'。"

"调解要以审判为标杆"

在诸暨法院法治导航下,"调解不是和稀泥"逐步走进各调委会的工作理念。"调解要以法院审判为标杆,调解也是法治标准的捍卫者,不能为了一时摆平事情、搞定问题而破坏了标准。"医疗纠纷调委会主任斯友全说,他自己是医学出身,为了提高依法调解质量,还下功夫通过了国家司法考试。

在楼某与诸暨一医院的医患纠纷处理中,楼某情绪激动,咬定40万赔偿,医院为"摆平"此事,超标准答应给予37万,到调委会签署调解协议时,斯友全认为"非法治"不给签,先后又对双方做了10多次工作,也让楼某自己去法院打听伤残赔偿标准,"看看我建议的数额是否合法"。最终,双方签订27万的赔偿协议。

"要是为了一个案子坏了标准,对以后就没有示范作用了。"斯友全说,在调解中,他也常让当事人自己找认识法官的亲友去打听打听,"法院是否这个标准,法律是否这个规定",往往他们一打听,心里有数后调解就容易了。从2008年底,医调会成立至今,年均处理200起医疗纠纷,98%的医疗纠纷化解在诉外。

"视频指导调解很有现场感,面对面请来法律专家,增强了人民调解的权威性,有时我们说话当事人不听,而法院更有公信力。并且,视频指导也提高了效率,有时我们遇到问题向定向联系的法官咨询,法官可能在开庭,接电话不方便,就不能及时提供法律指导。"斯友全对视频指导很有信心,深感法院是人民调解的法律靠山,对规范人民调解有重要意义。

第四章
"枫桥经验"基层治理数字化的应急管理实践[1]

提要: 就本书而言,本章"枫桥式应急管理"为基层治理数字化提供了"危机干预与治理"的枫桥经验。除了提供常态的政务服务与矛盾化解之外,"枫桥经验"面对"危机态"与"应急态"表现如何?"枫桥式应急管理"给出了答案。这不是可有可无的点缀,而是不可或缺的构成。本书聚焦于"枫桥经验"基层治理数字化史料与研究这一主题,关注"当代和当下的枫桥经验是什么样的"这一问题,因而对史料的选取和裁切更加注重于史料的"真实性"与"代表性",而不刻意追求其"历史感"。鉴于"数字化"的动态变化与高速发展,对于当下的"枫桥经验"发源地的"枫桥经验"基层治理数字化的发展情况,本章以"应急管理领域"为例进行了重点关照,针对"当下的枫桥经验实践史料"展开了梳理和研究,以期呈现新鲜、真实的基层治理数字化的"枫桥经验"。

"安全"是基层治理的重要目标,也是基层治理所要提供的重要公共产品。基层是安全隐患排查治理的第一关口,是应急救援处置的第一现场,是应急管理的"最后一公里"。创造基层治理"枫桥经验"的浙江绍兴,以使

---

[1] 本章系"'枫桥经验'基层治理数字化的应急管理实践"课题组的研究成果(首次完整发布)。课题组成员包括徐文标、郭暾、周祝承、徐舜、刘向伟、田恪宗、应蕾等。感谢参与访谈的多位专业人士,他们的具体贡献已在文中列明。浙江大学新时代枫桥经验研究院研究员郭暾为本章撰写了提要。

群众获得感、幸福感、安全感更有保障作为深化应急管理体制机制改革的导向,以新时代"枫桥经验"作为应急管理人价值观、认识论、方法论的指导基础,形成了基层应急与消防工作深度融合、高效协同、规范有序的工作方法和机制。通过开展基层应急管理和消防救援一体化规范化融合建设,夯实了基层应急管理体系建设基础,塑造了"大安全、大应急、大减灾"的综合治理体系,保障了人民群众日益增长的安全需要,为全国应急管理深化改革提供了枫桥式基层应急管理"绍兴实践"。

史料主要包括全景式呈现"枫桥式基层应急管理"的《基层应急和消防安全管理"四大体系"建设任务清单》《绍兴市各区县基层应急能力建设调研材料汇总》《绍兴越城区马山街道、斗门街道实地调研访谈》《浙江新时代枫桥经验研究院实地调研访谈》等多种类型的资料,生动呈现了具体领域中"当下的枫桥经验"的整体样态与具体细节。

4.1 枫桥式应急管理"绍兴实践"的时代背景

让人民群众有更多获得感、幸福感、安全感是中国共产党始终不忘的初心、永远牢记的使命,也是应急管理工作不懈的追求。党的二十大报告主体有十五个部分,其中第十一部分主题是"推进国家安全体系和能力现代化,坚决维护国家安全和社会稳定",文中强调要"以新安全格局保障新发展格局",要"健全国家安全体系",要完善"国家应急管理体系",充分表明了应急管理是国家治理体系和治理能力的重要组成部分,承担防范化解重大安全风险、及时应对处置各类灾害事故的重要职责,担负保护人民群众生命财产安全和维护社会稳定的重要使命。

基层是安全隐患排查治理的第一关口,是应急救援处置的第一现场,是应急管理的"最后一公里",习近平总书记强调,"维护公共安全体系,要从最基础的地方做起。要把基层一线作为公共安全的主战场,坚持重心下移、力量下沉、保障下倾"。[1] 由于2018年的应急管理机构改革没有涉及镇街层面,全国基层应急管理普遍存在基础弱、底子薄的问题和不足,主要表现在:一是基层应急指挥机构尚未实现真正融合统一,分灾种设立的情况突出,面临指挥力量分散、统筹协调不力的困境;二是消防机构改制转隶应急管理部后,基层消防监管出现空档,基层消防与应急之间如何形成合力的问题亟需解决;三是基层应急管理能力建设人、财、物保障不足,"空心化""断层化""碎片化"现象凸显;四是基层应急管理机构"定岗、定责、定人"不到位,工作评价体系不健全;五是动员社会力量参与的广度深度不够,企业、社会组织和群众力量缺乏多元参与的有效路径,尚未形成有效的基层应急管理模式。因此,加强基层应急管理能力建设不仅至关重要,而且十分必要、非常紧迫。

创造基层治理"枫桥经验"的浙江省绍兴市,自2018年12月26日成立应急管理局以来,基层应急管理因势而谋、应势而动、乘势而上,认真贯彻落实习近平总书记关于应急管理重要论述,向改革要合力,以使群众获得感、幸福感、安全感更有保障作为深化应急管理体制机制改革的导向,以新时代"枫桥经验"作为应急管理人价值观、认识论、方法论的指导基础,以全市高标准建设网络大城市总体决策作为基层应急管理能力建设的立足点,以规划建设一体化、职能综合一体化、综合保障一体化、使用管理一体化"四个一体化"作为走出基层应急管理困境的路径与方法,以构建可操作性的目标体系、工作体系、保障体系和评价体系"四大体系"作为持续推进基层应急和消防一体化的方向,谋划长远发展,形成了基层应急与消防工作深度融合、高效协同、规范有序的工作方法和机制。绍兴市近年来通过开展基层应急管理和消防救援一体化规范化融合建设,有力夯实了基层应急

---

[1] 新华网:《习近平在中共中央政治局第二十三次集体学习时强调 牢固树立切实落实安全发展理念 确保广大人民群众生命财产安全》,2015年5月30日,http://www.xinhuanet.com/politics/2015-05/30/c_1115459659.htm。

管理体系建设基础,有力促进了基层应急管理能力综合强化,有力塑造了"大安全、大应急、大减灾"的综合治理体系,有力保障了人民群众日益增长的安全需要,为全国应急管理深化改革提供了枫桥式基层应急管理"绍兴实践"。

理论源于实践又指导实践,深入研究绍兴市基层应急管理工作的探索历程,认真总结基层探索创新的典型案例和工作方法,科学提炼可总结、可示范、可推广的枫桥式应急与消防融合发展理论体系和实践成果,以前瞻性思考、全局性谋划、整体性推进,为基层应急和消防一体化建设提供科学思想方法,在党的二十大精神指引下,积极开展推广应用,力促打开"全国有声音、社会有影响,群众有感受"的新局面,形成省内领先、全国推行的"绍兴实践",作为毛泽东同志批示学习推广"枫桥经验"60周年暨习近平总书记指示坚持发展"枫桥经验"20周年的绍兴成果,对进一步提升绍兴应急管理工作必然有巨大的推动作用,对进一步提升全国应急管理工作必然有重要的借鉴价值和指导意义。

4.1.1 中国应急管理的"新开篇"

习近平总书记指出:"统筹发展和安全,增强忧患意识,做到居安思危,是我们党治国理政的一个重大原则。"[1] 应急管理作为国家治理体系和治理能力的重要组成部分,必须随着时代的进步不断推进改革发展、推进现代化建设。2018年4月16日,"中华人民共和国应急管理部"正式挂牌,标志着我国应急管理事业翻开历史新篇章,"推动建立常态化管理和应急管理动态衔接的基层治理机制,提升基层应急管理能力"成为推进我国应急管理体系和能力现代化建设的重要基石。

2020年9月,中共中央办公厅、国务院办公厅印发《关于深化应急管理综合行政执法改革的意见》,提出"地方政府要积极探索加强基层应急管理能力建设

---

1 习近平:《决胜全面建成小康社会 夺取新时代中国特色社会主义伟大胜利》,人民出版社2017年版,第24页。

的途径方法"。2021年4月,中共中央、国务院印发《关于加强基层治理体系和治理能力现代化建设的意见》,提出要"增强乡镇(街道)应急管理能力";12月,中共中央办公厅、国务院办公厅印发《农村人居环境整治提升五年行动方案(2021—2025年)》,提出要"健全村庄应急管理体系"。2022年6月,应急管理部在《"十四五"应急救援力量建设规划》中提出要"持续推进基层应急救援力量建设""推动乡镇街道、村居社区加快组建基层应急救援队伍",进一步明确了"十四五"期间基层应急救援力量建设思路、发展目标、主要任务、重点工程和保障措施。

2022年10月16日,党的二十大报告指出:"坚持安全第一、预防为主,建立大安全大应急框架,完善公共安全体系,推动公共安全治理模式向事前预防转型。推进安全生产风险专项整治,加强重点行业、重点领域安全监管。提高防灾减灾救灾和重大突发公共事件处置保障能力,加强国家区域应急力量建设。"为开创应急管理事业发展新局面指明了目标和方向。

4.1.2 浙江应急管理的"先行篇"

浙江省在构建基层应急管理体系、提升基层应急管理能力方面干在实处、走在前列,为打造新时代全面展示中国特色社会主义制度优越性的窗口、在高质量发展中奋力推进中国特色社会主义共同富裕先行和省域现代化先行保驾护航。2019年4月《应急管理内参》(2019年第3期)刊登的《浙江部分县级应急管理机构现状调查》一文,获得省相关领导批示,强调"基层队伍建设十分重要,要高度重视";6月,浙江省应急管理厅出台《关于培育支持社会救援力量发展的指导意见》,提出积极扶持、规范引导、培育支持社会救援力量发展,到2021年,培育"市、县级社会救援力量达到200支以上"。2020年7月,浙江省委办公厅、省政府办公厅出台《关于加强基层应急管理体系建设和能力建设的指导意见》,提出"大安全、大应急、大救灾"的基层应急管理体系建设目标,"浙江要成为全国基层应急管理体系和能力建设先行区",并聚焦基层应急管理人手缺乏、保障条件相对较弱和应急能力不足等问题,研究提出一系列针对性措施。2021年8月,浙江省安委会办公室总结宁波市、绍兴市上虞区两地典型做法,提出了十八条经验、七张问题清单,在全省推广学习;12月,浙江省安委会办公室、省减灾委办公室印发《浙江省应急救援队伍建设管理办法(试行)》,明确乡镇(街道)综合性应急救援队伍的职责和基本要求。2022年7月,浙江省应急管理厅印发《全省社区应急体系改革试点工作方案》,明确改革重点和工作要求,并开展试点安排;8月,浙江省应急管理厅、省财政厅、省民政厅、省红十字会联合印发《关于深化社会应急力量救援队伍培育和管理的意见》,提出"到2025年,要全面建成省、市、县三级培育的社会应急力量救援队伍规范管理体系"目标;10月,浙江省应急管理厅印发《关于加强基层应急管理体系和能力建设的实施意见》,提出"构建现代化基层应急管理责任体系、指挥体系、处突体系、力量体系、保障体系、评价体系"。

4.1.3 绍兴应急管理的"实践篇"

2019年3月,在上虞、嵊州、柯桥等地前期试点和专家充分论证的基础上,绍兴市政府全面推进"15分钟应急救援圈"建设,这是新时代"枫桥经验"在应急管理领域的具体拓展、有力延伸和生动实践。8月,绍兴市安委会出台《绍兴市乡镇(街道)综合应急消防救援站规划建设要点》,要求救援站按照"有独立营房、有人员编制、有装备物资、有执勤制度、有保障物资、有安防体验馆"的"六有"标准实施规划。11月,《浙江省政府专报》(1567期)刊发《嵊州市率先完成乡镇应急管理站建设 打通基层应急管理"最后一公里"》一文;《应急管理内参》(2019年第9期)刊文《浙江绍兴柯桥区镇街应急管理机构建设的实践与探索》,总结应急(管理)站的"四室四库四中心"(即应急值班室、接处警室、档案室、调查室,安全生产[消防]救援器材库、防汛防台抗旱器材库、森林防火器材库、救灾物资库、应急指挥中心［指挥平台］、应急综合体验中心、应急宣传培训中心和训练中心）、"五化管理法"（即场地配备标准化、人员配置标准化、管理队伍标准化、职责明确标准化、指挥信息标准化）与"四个一体化"（即监管执法一体化、应急救援一体化、防灾减灾一体化、宣传教育一体化）工作，实现"准军事化管理"，应急管理部领导对此批示，要求"培树典型，总结经验"。

2021年4月，绍兴市委办、市府办出台《贯彻落实中共浙江省委办公厅 浙江省人民政府办公厅〈关于加强基层应急管理体系和能力建设的指导意见〉责任分工》，强调"枫桥经验"在基层应急管理体系和能力建设中的实践应用，提出强化枫桥式应急管理组织体系、构建枫桥式风险防范化解体系、打造枫桥式应急救援体系、加强枫桥式应急组织管理领导。6月，绍兴市安委会印发《绍兴市综合应急消防救援站管理指导意见》，进一步明确全市56个综合应急消防救援站的规划建设和管理要求，构建"统一指挥、专常兼备、平战结合、覆盖全域"的结构多元、城乡一体的基层综合应急消防救援体系。

2022年7月，绍兴市安委会、市消安委出台《关于坚持和发展新时代"枫桥经验"加强基层应急和消防力量一体化规范化建设的实施意见》，强调进一步探索新时代"枫桥经验"在应急和消防管理领域实践应用，推动基层应急与消防安全工作深度融合。7月29日，绍兴市委审议通过《关于加快建设高水平网络大城市的实施意见》，明确市应急管理局为治理单元建设的牵头单位之一。8月17日，绍兴市召开"枫桥式"基层应急和消防力量一体化规范化建设现场推进会，市委常委、常务副市长陶关锋同志在会上强调，要借鉴新时代"枫桥经验"的理念、方法和机制，创出"绍兴模式"，保障一方平安。同月，绍兴应急管理局印发《绍兴市社区应急体系改革工作方案》，明确有关目标、要求和举措，制定指标清单和任务清单。9月5日，徐文光常务副省长在《浙江政务信息（专报）》第603期《绍兴市探索推进镇街消防应急体系融合 夯实安全生产基层基础》上作出批示："绍兴市不等不靠、先试先行，深入推进镇街一级应急和消防一体化融合，形成'1+1>2'的效果，值得肯定。请省安委办、省消安委办认真总结经验，探索符合基层实际的应急和消防深度融合模式,进一步健全工作机制,夯实基层基础,全面压实责任,加快推进应急管理体系和能力的现代化。"

党的二十大以后,绍兴市积极贯彻新发展理念、立足新发展阶段、构建新发展格局,统筹发展和安全,坚持安全是发展的前提、发展是安全的保障,以高水平安全服务高质量发展。绍兴市经济发展实力强劲,充分运用发展成果,加大了投入,加快了推进更高质量、更为安全的发展。

4.1.4 新时代枫桥经验"指导篇"

党的二十大报告强调"在社会基层坚持和发展新时代'枫桥经验'",新时代"枫桥经验"的核心要义是人民至上,其本质是人民主体性,治理为了群众,治理依靠群众,发动群众就地解决矛盾和纠纷,构建和谐社会,建设平安中国。应急管理作为国家治理的一部分,基层应急管理强调生命至上、安全第一,群防群治,形成就地风险管控闭环机制。可以说,新时代"枫桥经验"对基层应急管理"绍兴实践"有着重要的指导意义,同时基层应急管理"绍兴实践"也进一步丰富了新时代"枫桥经验"的内涵,两者高度契合。新时代"枫桥经验"对基层应急管理的指导性主要体现在以下方面:

价值观指导。新时代"枫桥经验"的政治本质是以人民为中心,这一点对于应急管理和消防救援事业的指导价值在于人民群众的生命至上。这种价值观的认同必然促使应急管理工作从个人的患得患失、部门的患得患失转变到以群众的安危为中心、以群众的得失为中心,从管理的工作理念转化提升为服务的工作理念,积极探索基层应急和消防一体化是为了人民、保护人民、造福人民。

认识论指导。新时代"枫桥经验"强调小事不出村,大事不出镇,矛盾不上交,基层安全形成就地闭环。这一点对于应急管理"绍兴实践"的启示,即从镇街到社村,基层是安全隐患排查治理的第一关口,是应急救援处置的第一现场,是应急管理的"最后一公里",是公共安全的主战场,应从根本上认识到加强基层应急管理体系和能力建设的重要性,推动基层应急管理和消防救援一体化融合的重要性,应从根本上认识到应急管理应坚持以防为主,防减救结合,强化全灾种管理,做到"防早灭小救了损少"。

方法论指导。新时代"枫桥经验"依靠群众路线,实行专群结合、群防群治、共享共建,是治理而不仅仅是管理。基层应急管理工作涉及面非常繁杂,更要依靠群众、发动群众、服务群众,推动专业和业余力量相辅相成,实现各类应急队伍协同联动,普及全社会安全应急宣传教育,培养群众自救、智救的能力,鼓励群众踊跃做"安全吹哨人",让群众充分享有安全感。

绍兴具有得天独厚的"枫桥经验"发源地这一优势,长期的涵养、学习、指导与实践,使绍兴在实际工作中自发地用"枫桥经验"来指导工作实践,新时代"枫桥经验"催生了基层应急和消防一体化建设"绍兴实践"。

4.2 枫桥式应急管理"绍兴实践"的探索

"绍兴实践"强调重新认识和重视基层镇街的枢纽地位,镇街是行政机关的末端,是和老百姓最贴近的行政机构,是社会基层治理网络不可或缺的支撑节点和贯通枢纽,在绍兴构建"善治之城"中发挥了重要作用,应急管理网络体系建设是绍兴市高水平网络大城市的有机组成部分。镇街在国家行政体系中具有承上启下、上传下达的功能,上级机关布置的工作任务需要通过乡镇(街道)组织、落实到居民(村民),人民群众的需求意见需要对接乡镇街道就地解决、需要通过乡镇街道收集上报,因此能否确保基层镇街枢纽的通畅,发挥基层镇街枢纽的作用,关乎"绍兴实践"的成功与否。为此绍兴市应急管理局在实践探索中,科学设置了以规划建设、职能融合、综合保障、使用管理"四个一体化"为突破路径,努力实现基层应急管理机制历史性变革、系统性重塑、集体性重构;着力构建了目标体系、工作体系、保障体系、评价体系等"四大体系",努力通过制度化、规划化、程序化推进基层应急和消防一体化建设的高质量推进。

4.2.1 科学设置与积极推进"四个一体化"建设

4.2.1.1 规划建设一体化,推动确立"大应急、大消防、大救援"体系

"大"指的是通过全市层面的顶层设计,实现了安全生产、自然灾害、消防安全等相关工作归口管理,分管领导排位更高,人员配置持续增强,工作范围由生产安全、灾害防治为主延展为全民防范和预防为主,应急救援队伍和物资、信息等资源实现了多元共享,有机构、有地位、有人才、有装备、有专业。具体表现在:

破解"多而散"。出台《绍兴市基层应急和消防一体化规范化建设的实施意见》,整合镇街安委会、消安委、防指等议事协调机构职能,建立健全以主要领导负总责,一名党(工)委班子成员且排位第一的行政副职牵头,统领本辖区安全生产和消防安全工作。

破解"少而弱"。通过明确人员配置标准、招聘专业背景人员、派驻消防文员等形式,实体化运作镇街应急和消防管理办公室,并由一名行政或事业编制人员专职负责,享受中层正职待遇。

破解"旧而缺"。改变全市基层缺人少装备的状况,为各应急管理办设置"四室一中心"(即有统一标志标识的办公室、询问室、会商室、救援指挥室和物资保障中心),将各镇街智慧应急终端统一接入应急管理指挥平台,统一配置行政执法车辆、可视化单兵、卫星电话及执法记录仪等必要装备,统一配备应急救援物资。

4.2.1.2 职能融合一体化,推动建立"更聚焦、更协同、更高效"机制

构建标准化的管理体系。以"枫桥式"镇街应急和消防管理办公室规范化创建为抓手,明确创建标准。将原来的职能,进行全面的整合、归并、重新定义。与新的职能定位相对应,建立新的运行机制。全面建立风险管控和隐患排查治

理机制、预警预报工作机制、镇(街)村(居)宣传教育培训机制。

探索高效化的融合机制。在镇街探索应急和消防融合机制,整合镇街原分散的安全生产监督管理和自然灾害治理职能为一体,在县区级层面每季度召开应急(安委办)、消防(消安办)联席会议,共同加强业务指导,实现信息共享制度化和联合执法常态化。

提升基层面的执法水平。在市应急管理局和司法部门的统一组织下,实现镇街应急管理工作人员持证执法全覆盖;通过委托执法方式,赋予各镇街一定执法权,并通过观摩执法、外出考察、案卷评审等方式,提高其自主办案能力。

4.2.1.3 综合保障一体化,推动提升"强储备、强治理、强救援"能力

落实经费保障机制。建立与财政增长相匹配的基层应急和消防经费保障机制,设立"枫桥式"应急消防办专项奖补资金。加大对社会救援队伍、志愿者救援队伍的支持帮扶力度,对参与救援、竞赛、训练等情况给予适当奖补。

多元一体共建共治。乡镇、街道、村社依托民兵预备役人员、专职消防队、保安员、警务人员、医务人员等组建综合性应急救援队伍,成为"扎根"本地的应急力量,成为防小救早的主力军。

增强一线响应能力。绍兴全市结合深化"15分钟应急消防救援圈"建设,充分利用消防、原安监、森林防火资源站点和人员优势,组建"一专多能、一队多用"的镇街综合性应急救援队伍,全市提档升级村级义务应急消防队500支。2022年还组建应急"轻骑兵",配备46辆摩托车及便携式应急急救装备,精准破解老城区及狭窄道路导致的救援难题。

4.2.1.4 使用管理一体化,推动畅通"全方位、全领域、全过程"监管

建立全面责任体系。向镇街延伸安全生产"1+X"责任体系,并明确相应工作规章,确保责任层层传导到位。梳理党委、政府责任清单和履职清单,推动履职尽责。把乡镇(街道)纳入年度安全生产和消防工作目标责任制考核对象并进行指数排名,建立日常工作的联络对接和重点工作的督导机制,推动各项决

策部署落实落地。

建立全域监管体系。按照"横向到边、纵向到底、责任到位"的要求,绍兴市将村(社区)、企业园区应急消防工作纳入"五星3A"创建考核,深度融入"基层治理四平台""110应急联动平台",将安全生产、消防安全、自然灾害等风险隐患巡查等工作纳入基层网格员工作职责,拓展信息来源,充分发挥村、社区应急消防管理的"哨兵"作用,倡导隐患自查自改的同时,鼓励安全生产隐患举报,落实安全生产举报奖励制度,形成社会群防群治的良好氛围。严格落实隐患上报、核查、整改、查处、举一反三、复盘销号全过程机制,构建完善的信息收集、问题发现、任务流转、分级处置、结果反馈闭环系统。

建立智能防控体系。立足预防为先、救援在前,用数字集成打造多渠道隐患智治、全要素指挥作战的风险防控格局。已上线"应急管理综合指挥"和"消防一体化智治"两大数字平台,贯通基层治理"四个平台"、餐饮油烟监测等9个系统,融入监督管理、监测管理、指挥救援、决策支持、政务管理等5大应用,融合7大类1 076项应急辅助信息和6.8万条消防物联数据,实现"一张图"统揽全域安全。借力网络大城市建设,实现了应急管理数字化应用与基层治理"141"体系、防汛防台在线、森林防灭火在线的区县镇街全面贯通。

建立高效救援体系。继续推进"快响直达"应急救援圈建设,加强组建基层综合应急救援队伍,结合本地风险特点、人员集中度等因素,编制针对性、操作性、协同性、识别性更强的应急预案,基层应急救援队伍与应急预案纳入市县两级指挥调度体系,提升风险预警发布覆盖面和时效性。

4.2.2 着力构建与全力推行"四大体系"管控支撑

4.2.2.1 构建任务导向、方向明晰的目标体系

全市基层应急和消防组织建设全面提升,各乡镇(街道)应急和消防安全委

员会和管理办公室的建成率和挂牌率达到100%;乡镇(街道)应急消防工作人员配备率达到100%;应急和消防基层治理模式全面提升,防汛防台、森林防灭火和消防安全风险防控等数字化应用实现乡镇(街道)延伸率达到100%;乡镇(街道)快速救援能力全面提升,基层综合应急救援队伍组建率达到100%;应急物资装备和减灾生活物资标准化配备率达到100%;"多案合一"综合应急预案编制率达到100%。

主要指标清单

序号	工作指标	2020年全市基准值	2025年全省目标值	2025年全市目标值
1	生产安全事故起数	59	下降35%	下降40%
2	生产安全死亡人数	47	下降35%	下降40%
3	亿元GDP生产安全事故死亡率	0.0078	<0.01	<0.007
4	工矿商贸就业人员十万人生产安全事故死亡率	0.36	下降25%	下降30%
5	生产经营性车辆万车死亡率	6.44	下降15%	下降20%
6	火灾十万人口死亡率	0.0	<0.048	<0.04
7	特种设备万台死亡率	0.038	<0.02	<0.02
8	突发灾害性天气有效预警时间	——	>60分钟	>60分钟
9	森林火灾监测覆盖率	——	95%	98%
10	专职消防人员占常住人口比例	0.1‰	≥0.5‰	≥0.5‰
11	社会救援力量红十字救护员取证率	68%	95%	98%
12	森林火灾高风险县、市专业森林防灭火队伍配备率	33%	100%	100%
13	受灾群众基本生活得到有效救助时间	——	90%	<12小时
14	航空应急救援响应时间	——	30分钟	30分钟
15	避灾安置场所建设规范化率	50%	90%	92%
16	年均因灾直接经济损失占全市GDP比例	1‰	<0.9‰	<0.8‰
17	年均每百万人口因灾死亡率	1.3‰	<0.9‰	<0.8‰
18	较大及以上生产安全和火灾事故	0	——	0

4.2.2.2 构建改革引领、条块清晰的工作体系

建立"全覆盖"的安全领导体系。落实上级党委政府决策部署,制定本乡镇(街道)应急和消防安全工作规划;党委政府定期研究应急管理和消防安全工作。深化乡镇(街道)"1+X"责任体系,统一设置应急和消防安全委员会,下设应急和消防管理办公室或工作专班,明确为正股级;委员会由党政主要领导任主任,办公室由政府工作常务副职或以上领导分管。2023年2月底前,制定镇村应急和消防管理日常工作制度,完善对辖区村(社)、企业应急和消防管理工作的指导、督促、考核机制。

建立"全方位"的安全责任体系。按照"全覆盖、无盲区"的要求,2023年2月底前,由市安委办、市消安办出台各行业部门安全生产和消防安全职责分工;2023年2月底前,各乡镇(街道)与村(居)、各类"个、微、小"主体,部门、行业、系统与所属企业逐一签订安全生产和消防安全责任书;2023年5月底前,各行业主管部门建立安全生产和消防安全"正、负面"清单,应急和消防管理办公室统筹制定乡镇(街道)"正、负面"清单,压实各职能办线和各类投资主体、产权单位、出租与承租主体、生产经营使用单位、施工单位、主办单位等各类主体的消防安全责任。

建立"可应用"的智能防控体系。立足预防为先、救援在前,用数字集成打造多渠道隐患智治、全要素指挥作战的风险防控格局。2023年3月底前,防汛防台在线、森林防灭火在线、消防安全风险防控和指挥救援等数字化应用在乡镇(街道)全面使用。推广应用有限空间数字化监管、"一键启动、全域响应"、火灾事故调查在线等基层应急和消防数字化应用。推进重点企业风险隐患精密智控,2023年2月底前,完成全市1 509家消防安全重点单位全部使用自主管理应用,并每年增加安全生产和消防安全的智能感控设备。

建立"无盲区"的安全监管体系。按照"横向到边、纵向到底、责任到位"的要求,推动应急管理和消防安全工作深度融入"基层治理四平台",将安全生产、消防安全、自然灾害等风险隐患巡查等工作纳入网格员职责,构建完善的信息

收集、问题发现、任务流转、分级处置、结果反馈闭环系统。2023年2月底前，各区、县(市)安委办、消防办联合出台基层网格员的安全生产和消防安全工作职责和考核奖惩办法。落实重大安全生产、重大火灾隐患挂牌督办机制，市级每年挂牌不少于20家，各区、县(市)每年挂牌不少于50家，年火灾起数超50起的乡镇(街道)每年挂牌不少于1家。开展安全生产和消防安全委托执法，加强对安全生产、消防安全违法违规行为的打击力度。落实安全生产举报奖励制度，织密群防群治网。

建立"群众性"的宣传教育体系。按照"会管、会逃、会救"的要求，2023年3月底前，区、县(市)安委办、消安办联合出台乡镇(街道)宣传教育职责；公安、建设、农业农村、应急、文广旅游、综合执法、消防等部门，围绕各地安全生产、消防安全、自然灾害等方面风险情况，制定宣传重点清单，并对乡镇街道每年开展不少于2次业务指导。建立乡镇(街道)培训体系，各乡镇(街道)每年2月底前制定年度培训计划，对社区应急管理员、网格员每年开展不少于2次业务培训，督促辖区内企业依法对从业人员进行安全生产、消防安全教育和培训，特种作业人员和危险化学品、烟花爆竹、非煤矿山、金属冶炼企业主要负责人、安管员100%持证上岗。推进"五进"宣传，2023年6月底前，实现村(社)应急消防安全宣传全覆盖活动。2023年12月底前，全市建立62个应急消防体验馆，发动志愿者、群团组织和社会应急力量广泛宣传应急消防安全知识，强化市民群众防灾减灾意识和自救互救能力。

建立"高效率"的应急救援体系。深化全市"15分钟应急救援圈"建设，2023年12月底前，全市再建成52个综合应急消防救援站；组建"一专多能、一队多用"的基层综合应急救援队伍，2023年12月底前，实现103个乡镇(街道)应急消防救援队伍建设全覆盖。推进社区应急体系改革，2022年12月底前，全市2 007个村(社)完成应急突击队组建；完善乡镇(街道)综合应急预案体系，2022年12月底前，全市村(社)完成"多案合一"应急预案编制。基层应急救援队伍与应急预案纳入市县两级指挥调度体系,每年镇村两级开展各类应急演练不少于4 000场。完善防灾减灾救灾机制,提高基础设施灾害防御能力和灾害救助能力,提升风险预警发布覆盖面和时效性,进一步健全物资保障体系。2023年4月底,各区、县(市)完成乡镇(街道)应急物资储备计划,完善应急物资储备库,规范物资管理;2023年6月底前,各乡镇(街道)避灾安置场所规范化率达到80%以上,充分利用学校、文化礼堂、家园中心、体育场馆等公共场所,根据受灾情况,按照常设优先、临时补充、就近安置等原则,科学合理启用临时避灾安置场所。2023年12月底前,全市农村应急广播系统建设率达到100%。

4.2.2.3 构建专业取向、支撑有力的保障体系

加强力量保障。保持队伍稳定,选派优秀年轻干部到镇街应急和消防管理岗位锻炼,从事应急管理工作超过3年并表现优秀的,在职务或职级晋升中优先予以考虑。落实人员编制,省、市级中心镇等有条件的乡镇(街道)人员配置不少于7名(其中行政、事业编制不少于4名)、其他镇街不少于5名(其中行政、事业编制不少于3名),具有行政执法资格人员不少于2名,由1名在编人员专职负责办公室工作,全面实现"定岗、定责、定员"。各区、县(市)应急和消防部门每年对乡镇(街道)应急和消防管理办公室工作人员进行专业技能培训,线上和线下相结合,线下集中培训时间不少于一周,鼓励乡镇(街道)监管人员考取注册安全工程师、注册消防工程师等资格;各行业主管部门组织开展不少于1次条线安全生产业务培训。

加强基础保障。2023年4月底前,各乡镇(街道)统一设置"四室一中心"(即有统一标志标识的办公室、询问室、会商室、救援指挥室和物资保障中心),配置1辆以上行政执法车辆。2023年4月底前,502个多灾易灾村(社)按"六个一"标准(一张责任表格、一套监测预警设备、一批防汛救灾物资、一套应急通讯设备、一台应急发电机、一台排水泵)落实应急准备。2023年6月底前,实现全市社区、重点及规上企业微型消防站全覆盖。

加强经费保障。由区、县(市)建立与财政增长相匹配的基层应急和消防经

费保障机制,支持乡镇(街道)应急和消防管理办公室建设,对开展"枫桥式"应急和消防管理办公室进行奖补,保障乡镇(街道)应急和消防监管执法人员享受补贴待遇。加大对社会救援队伍、志愿者救援队伍的支持帮扶力度,对参与救援、竞赛、训练等情况给予适当奖补。

4.2.2.4 构建奖罚分明、科学有效的评价体系

指标评价。优化完善安全生产风险管控指数和消防安全"枫桥指数",对乡镇(街道)开展安全生产和消防责任体系建设、安全隐患排查、重大事故隐患挂牌、监管执法、宣教培训等情况开展过程动态评价;实行"绿蓝黄红"四色过程管理,配套实行工作晾晒机制和"开小灶""末位告诫"制度。以安全生产事故起数、死亡人数、火灾数压降等指标为导向,开展结果评估。

社会评价。发挥"15分钟应急救援圈"站点及基层站所的宣教辐射作用,提高各类应急体验馆利用效率,加强服务群众能力,大力普及贴近群众生活的防灾救灾知识。利用第三方评价机构,开展人民群众、社会团体对安全生产、防灾减灾及消防领域的安全感指数评价,以群众安全感提升为标准,体现应急和消防工作成效。

组织评价。将应急和消防管理工作纳入急难险重岗位对待,对工作中表现突出的集体和个人,及时予以褒扬激励。积极开展"最美应急人""最美消防员""119消防奖"等评选活动,提高基层乡镇(街道)、村(社区)应急和消防工作人员、社会救援力量、志愿者等群体获奖比例,提升岗位(职业)的荣誉感。

4.3 枫桥式应急管理"绍兴实践"的成效与经验

基层应急管理和消防职责一体化"绍兴实践"在实践中持续优化、深化和提升,有效地释放了一体化后的整合、聚合、聚焦、放大、提升效应,主要表现在以

下几个方面：

第一，职能更加明确，解决了职责边界不清留有死角的问题。

镇街是应急救援、防灾减灾最关键、最前沿的层级，而人手不足、一职多责、职责不清、边界不清，一直是基层应急管理和消防工作的难题，将基层应急和消防融合，通过责任清单的梳理，厘清风险和责任边界，明确主体责任的落实，消除灾害和隐患死角，形成防控前移、群防群治、防小救早的安全发展氛围。

第二，组织更加聚焦，解决了多焦点凝聚为一个焦点的问题。

安全生产、消防救援、森林防火、防汛防台等多个职能、部门在镇街融合，用一个应急消防管理办公室统揽了多个部门和领导小组的职能，让与安全和消防等有关的应急安全工作实现了归口化、专业化、规范化，由多个焦点凝聚成一个焦点，凝聚了人、才、物多方资源。

第三，力量更加整合，解决了分散配置为集中配置的问题。

基层应急管理和消防职责一体化融合，节省了宝贵的行政资源，减少了人员、物资、场所的重复配置，握指为拳，集中发力，统一调度，集中配置，大大提高了资源的有效利用率。特别在应急救援力量方面，通过有限的编制人员和专业救援力量，动员了大量的社会救援力量、志愿者救援力量，逐步形成了应急救援力量下沉基层、扎根基层、奉献基层的格局。

第四，保障更加集中，解决了多方向保障为一个方向的问题。

通过融合基层应急管理和消防场地设施、物资装备，通过融合基层应急管理和专项消防队工作人员，强化了基层应急和消防管理工作，同时加强数字赋能，完善上下联通，落实专项资金，点燃了全民参与其中的激情，把两个甚至多个方向的保障，集中到一个方向，让保障更及时更有力更坚强。

第五，工作更加有力，广大人民群众的安全感显著得到增强。

应急管理和消防职责一体化融合，在做好防灾减灾、安全生产、消防管理等应急救援的同时，还实现了阵地宣传和体验演练功能，增加了检查风险隐患和公益服务功能,大大提高了群众会防、会逃、会救能力,大大降低了自然灾害、火灾和生产安全事故造成的人民群众生命和财产安全的损失,大大增强了人民群众的安全感,进而大大推动了全社会的获得感和幸福感。

4.4 枫桥式应急管理"绍兴实践"的重要创新点

4.4.1 基层应急和消防融合一体化规范化建设

应急管理部门可以说是一个新部门,因为设立的时间很短;也可以说是一个老机构,因为它是集合十多个部门的相关职能职责组建而成,因此人员的融合、职责的界定、岗位的划分、管理与协调等,绝非简单"集合"就可以彻底解决。机构的改革重组,需要时间和过程来磨合、调整、改进、完善,基层更甚,尤其是乡镇(街道)和村(社区),应急和消防安全工作面临组织"分散化"、能力"空心化"、管理"断层化"等诸多难题,成为全国普遍现象,而基层应急管理体系的完善和能力的健全与否直接关系到安全生产与防灾减灾的优劣状态、直接关系到应急救援的能效成果、直接关系到人民群众的生命财产安全,因此基层应急和消防安全工作的一体化融合推进显得愈加紧迫、愈加重要。

绍兴市践行新时代"枫桥经验",在全国率先推行镇街应急和消防工作融合新模式,强化乡镇枢纽功能,着力打造"部门为主导、镇街有力量、村社能落脚"的基层治理现代化新格局,为全国应急管理体系改革发展,打通应急管理工作"最后一公里"做出了有益的可借鉴、可推行的实践探索。

出台政策护航改革。为打通应急救援"最后一公里",绍兴市政府在全市建设"15分钟应急救援圈",先后出台《绍兴市乡镇(街道)综合应急消防救援站规划建设要点》《绍兴市综合应急消防救援站管理指导意见》。2021年、2022年,绍兴市分别出台《贯彻落实中共浙江省委办公厅浙江省人民政府办公厅〈关于加强基层应急管理体系和能力建设的指导意见〉责任分工》《关于坚持和发展新时代"枫桥经验"加强基层应急和消防力量一体化规范化建设的实施意见》《绍兴市社区应急体系改革工作方案》等多份重要文件。关于绍兴基层应急和消防安全工作融合建设情况的多份内部资料得到省部级领导的肯定和批示,省市也多次在绍兴召开现场会、推进会,要求借鉴"枫桥经验",创建"绍兴模式"。全市各区县因地制宜,纷纷开创出异彩纷呈的地方基层工作方法。

组织统一基础保障。全市统一成立镇街应急和消防安全委员会,统一设置应急和消防管理办公室,省、市级中心镇等有条件的 A 类镇街单独设置,其他 B 类镇街与其他办线合署设置,明确人员配置。目前,全市镇街单独设置 76 个,单设率 73.8%。其中,柯桥区、嵊州市、新昌县所有镇街"一步到位"全部单独设置应急和消防管理办公室。统一设置"四室一中心",统一接入应急管理指挥平台,统一配置行政执法车辆,统一配备通信和执法设备,统一配备应急救援物资。如上虞区投入近 500 万元购置执法车 24 辆以及应急管理物资装备等。

多元共治力量下沉。整合专职消防队、民兵预备役人员、保安员、基层警务人员、医务人员、社会公益力量等多元力量,打造最贴近一线现场、最熟悉本地现场、最快速有效反应的镇街综合性应急救援队伍。将应急和消防相关工作纳入区、镇、村、企四级网格员职责,深度融入基层党建"契约化"内容,成立村社应急和消防领导小组,建立应急和消防人员结对村社制度,壮大"楼道长""打更队"等志愿服务队伍,建立区、镇、村三级应急消防安全体验馆 631 个。制订安全生产和消防委托执法事项目录化清单,依法委托至镇街。

数字引领协同智治。在全市风险点、敏感点全面安装智能防控设备,相关的监控、监测、监督、决策、指挥等智慧平台和应用系统互联互通,融合成千上万条应急和消防的数据,形成全市消防和安全管理事项统一受理、多方联动、处置反馈的隐患整改闭环机制,实现应急消防数字治理一体化。

一纵到底四横到边。一纵到底,就是从绍兴市国家专职消防救援力量、到市(县区)级应急与消防力量、镇街包括专兼职人员的应急与消防救援队伍、村社以业余兼职人员为主的应急突击队、民兵突击队,上下贯通到底,形成自救互救、救早救小、反应灵敏的应急响应体系。四横到边,即健全救援力量的每个层级相应的各个因素,包括出台顶层政策、设计组织架构、定岗定责定员、加强预案演练、建设完善站点、配全配强物资等等。通过"一纵四横"网格,积极融入绍兴网络大城市建设中,让基层应急管理、消防救援真正成为社会基层治理的有机组成部分。

绍兴市积极探索"向改革要合力",通过"四个一体化"和"四大体系"建设产生融合反应,夯实基层基础,推动基层应急和消防安全工作一体化规范化融合建设,从根源解决基层管理盲区、多头管理、任务繁杂、力量薄弱、抓手匮乏、装备不足等问题,为全国基层应急管理工作提供实践经验。

4.4.2 智慧治理时代吹哨人制度:请群众吹哨,向群众吹哨

绍兴市创新性发展了智慧治理时代的"请群众吹哨""向群众吹哨"的安全情报收集与安全资讯传递机制,坚定支持"吹哨人",坚决保护"吹哨人",坚持奖励"吹哨人",取得了重要成效。

"请群众吹哨",构建完善的"安全吹哨人"制度。全面拓展讯息来源,充分用好安全生产"吹哨人"制度,落实"首问负责、马上就办、全程保密"工作机制,重奖"吹哨人"。"吹哨人"包括"公众吹哨人"与"内部吹哨人"。前者鼓励人民群众通过各种渠道提供安全和应急管理的风险、隐患信息,如通过推广"隐患随手拍"应用、工业企业在线和消防自主管理平台,形成社会群防群治良好氛围;通过深入开展百万员工安全大培训,在线系统培训3大行业9类人员28.3万人次,形成数量庞大且具备一定安全知识的"哨兵",有效弥补专职人力资源与智能设备覆盖不足的问题。"内部吹哨人"指当企业或组织内存在重大致灾问题、

严重威胁公众安全时,不怕危险勇于揭露的人,往往是"内部人",掌握着"内部"隐患信息,他们的"哨音"对于安全生产、防灾减灾救灾意义更重大,但也易导致打击报复,对此,绍兴建立严格的"吹哨人保护"与"吹哨奖励"制度。目前已通过"内部吹哨"渠道获取线索办理安全生产行刑衔接案件 16 起,兑现"吹哨奖励"资金 20 余万元、单笔"吹哨奖励"最高 1.5 万元,有效提高了企业安全生产水平,有力削减了潜在的"安全隐患"。

"向群众吹哨",构建高效的风险预警与资讯发布机制。按照打造全国"数字应急"先行区的标准,健全数字化精准预警通报机制。加快推进自然灾害风险防控和应急救援平台、企业安全生产风险防控和应急救援平台建设,利用物联网、卫星遥感、移动互联网等技术,大力推进"互联网+监管"模式,加强基层预警感知网络建设,进一步拓展预警覆盖面,提升各类风险精密智控、精准治理水平。通过多渠道、多方式向群众及时、准确"吹哨"预警,及时传递各类安全资讯。严格实施预警信息通报和发布制度,建成以有线为主、中波为辅的两大应急信息覆盖网络,具备多路应急广播并发能力;在农村安装室外音响 23 330 台、室内音响 28 351 台、高音喇叭 2 172 台,实现全省农村应急广播全覆盖;充分利用广播电视、短信微信等平台发布预警信息,取得显著效果。

4.4.3 15 分钟救援圈:有力末梢,专业响应,精准防控

"15 分钟应急救援圈"的建设,延伸了新时代"枫桥经验"小事不出村、大事不出镇的基层治理理念,是现代基层治理体系的重要组成部分。

绍兴市在全国率先构想并落地实施"建设乡镇街道综合应急消防救援站、打造 15 分钟应急救援圈",目的在于通过科学布局一批综合应急消防救援点,"连点成线、连线覆面",确保一旦发生灾害或事故,能第一时间得到应急响应和快速处置,切实加强基层"救早、救小"能力,提高区域综合救援水平。"15 分钟

应急救援圈"是以有效救援半径、有效覆盖范围为核心的应急救援概念。"15分钟"作为包括火灾在内的各类事故灾害发生后,专职应急救援力量到达现场实施救援的时限。设置较高的标准,旨在"救早救小救了损少"、实现"全灾种"覆盖,最大限度减少人员伤亡和财产损失,保护人民群众安全。

目前,绍兴"15分钟应急救援圈"已建成56个综合应急消防救援站,实现全市乡镇(街道)的全覆盖,达到"广布点、织密网、快处置"的计划要求,实现从量变到质变。绍兴市根据《全市应急救援装备配备方案》,每个站点增配1部卫星电话和1台发电机,购置配备警戒、破拆、通讯、防汛抗台、森林灭火、山地救援等六大类救援器材。在提升城市火灾扑救、森林防灭火、山岳救援、水域救援、道路交通救援等综合救援能力的基础上,增加安全生产巡查、安全教育培训、安全应急演练等功能,大大弥补了原镇街专职消防队救援功能的单一和不足。

布局合理的"15分钟应急救援圈",发挥良好的应急救援效能,填补救援盲点,缩短救援距离,缩减先期救援响应时间,大大减轻灾害损失,"救早救小救了损少"效果凸显。以诸暨市枫桥站为例,2020年建成之初,仅1至10月共出警119次,出动救援车辆357次,出动队员1 500人次;辖区外增援27次,辖区内出警92次,其中辖区厂房布机类火灾4次、民房类火灾15次、车辆类火灾4次、森林火灾5次、其他火灾16次、抢险救援及社会救助合计48次,处置及时率达100%。

4.5 枫桥式应急管理"绍兴实践"的深入探索与核心理念

4.5.1 枫桥式应急管理"绍兴实践"的深入探索

探索中前行,实践中发展,课题组通过对绍兴市6个区、县(市)多个不同类型的乡镇(街道)进行"解剖麻雀"式调研,就基层应急和消防一体化融合工作的继续深入探索和发展提出以下建议:

第一,进一步强化基层应急管理统筹协调作用。

基层应急管理体系虽逐渐健全,但应急管理部门统筹协调作用还没有完全发挥,上下联动、区域联动等机制还不够健全,信息、数据共享仍有待进一步畅通,部分职责边界不够清晰、监管责任落实不到位等问题依然存在。需进一步发挥绍兴已形成的基层应急与消防安全相融合的体制优势,突出基层应急和消防管理站综合保障功能,确保科学协调、规范决策、工作到位。

第二,进一步提升基层应急管理能力建设。

根据调研统计,绍兴市各地基层应急管理和救援人员配备不强、专业水平不高、应急处置能力薄弱,应急物资储备不足等现象仍不同程度存在。因此需要不断加强基层应急能力建设,加强业务指导培训,组织应急救援专兼职力量协同演练,有效发挥专职队伍和社会救援力量就近救援、救早救小、应急及时的作用,着力构建"专业应急救援队伍"和"地方综合应急救援力量"互为补充的新型应急救援体系。

第三,进一步整合基层应急管理信息化平台。

上面千根线,下面一根针,乡镇日常工作面临信息化平台过多、信息庞杂、联通不畅等问题。因此在进一步提升基层应急管理智慧化程度时,应进一步打通各部门间信息壁垒,加快各类基础应急管理信息的互联互通、集成共享,加强企业(村居)智慧监管设施配备管理,启动区级智慧平台建设,着力构建"企业(村居)——镇街——区中心"三级联动的智慧网络,切实提升灾害信息共享、预报预警和资源统筹调度能力。

第四,进一步形成基层应急管理模式地方标准。

建议围绕"六个100%""四室一中心"等,争取尽快完善形成镇村基层应急和消防安全治理模式规范的地方标准,并加强与省里的协调,争取尽快在浙江全省推广见效,经浙江全省实践检验,可进一步总结形成浙江省标准,进而向应急管理部推荐国家标准。

第五,进一步深化基层人员学习"枫桥经验"的活动。

绍兴市应急管理人员学习新时代"枫桥经验"要入脑入心,既要"请进来",邀请大专院校、研究机构的研究专家、资深学者传道解惑;又要"走出去",组织基层人员到"枫桥经验"的发源地、研究院进修,到"枫桥经验"应用好的单位学习。鼓励应急管理人员结合本职工作,总结和提炼学习心得,敢于、勇于、善于在工作中创造性地落实、应用并不断发展"枫桥经验",赋予新时代"枫桥经验"更丰富的内涵。2023年是毛泽东同志批示学习推广"枫桥经验"60周年暨习近平总书记指示坚持发展"枫桥经验"20周年,建议绍兴市应急管理局着手启动系列纪念活动,研究部署纪念和发展"枫桥式"应急管理的阶段性工作。

第六,进一步提炼基层应急和消防一体化融合的创新点。

近年来,绍兴市各级基层应急部门在实际工作中,开创出行之有效、方便可靠的思路、方法、行动,取得很多成果。如越城区斗城街道2020年首创"站队合一、融合发展"管理新模式,现在又进一步发展了联地联村联企的网格化管控模式;上虞区"六个标准化"等相关做法得到省委常委、常务副省长陈金彪的批示肯定并在全省推广,2021年9月初成功举办全省深化应急管理体系和能力建设现场会等。基层部门诸多富有成效的创新做法,反映了基层的智慧和力量,反映了基层部门学习、应用新时代"枫桥经验"的优秀成果,随着实践行动不断深入,新的经验和方法必然不断涌现,因此应及时提炼和总结新经验、新方法,及时在系统内推广新经验、新方法,选拔优秀的基层员工代表组成讲师团,用更具感染性、可学习性的切身经历和感受开展宣讲。

第七,进一步完善以人民群众为出发点的工作成效评价体系。

新时代人民群众对美好生活的向往更加强烈,对民主、法治、公平、正义、安全、环境等方面的要求更高。加强应急管理体系和能力现代化建设,促进安全生产形势持续好转,正是坚持以人民为中心的发展思想。人民群众的获得感、幸福感、安全感,特别是安全感的强弱,是评价应急管理工作好差的最高标准。"金杯银杯不如老百姓的口碑",要定期通过相应的评估方式、评价方法,请政协委员、人大代表、人民群众走近应急管理,用心中的幸福平安"标尺"对应急管理工作进行评估。

4.5.2 枫桥式应急管理"绍兴实践"的核心理念

党的二十大报告强调"坚持以人民安全为宗旨",安全是社会平安进步、群众安居乐业的重要基础,应急管理是经济发展、人民安康幸福的可靠保障。绍兴深入学习习近平总书记重要论述,系统结合本地的实际情况,与"枫桥经验"相结合、与新时代精神相结合,创造性地探索出顺应应急管理改革发展方向、符合人民群众切身利益、体现"枫桥经验"核心理念的"枫桥式应急管理'绍兴实践'",其核心理念包括出发点、思想精髓、关键要素、落地思维等几个方面。

枫桥式应急管理"绍兴实践"核心理念

枫桥式应急管理"绍兴实践"的出发点是"坚持以人民安全为宗旨,人民至上,生命至上,应急为了群众、应急依靠群众";

枫桥式应急管理"绍兴实践"的精髓是"加强基层应急和消防一体化融合发展,以防为主,防减救结合,防早救小救了损少";

枫桥式应急管理"绍兴实践"的关键要素是"党建统领、群众路线、知行合一、多元一体、自救互救智救结合、共建共治共享";

枫桥式应急管理"绍兴实践"的落地思维是"把因子当风险,把风险当隐患,把隐患当事故"。

"绍兴实践"坚持以人民安全为宗旨,以人为本,人民至上,生命至上,为了群众,相信群众,发动群众,依靠群众;人民群众有获得感、幸福感、安全感,是枫桥式应急管理"绍兴实践"的根本点,是全体应急管理人的初心和使命。

全面、深入、多途径、多形式地在全社会开展应急管理的宣传教育、培训、演练,让基层和群众掌握应急管理救援的知识、技能、方法、途径等,引导广大人民群众知行合一,在日常工作、生活、学习中自觉防患于未然,把每一个因子都当作风险严格管控,把每一个风险都当作隐患认真处置,把每一个隐患都当作事故及时消灭,把事故应急救援转化为提前风险管控、日常隐患排查整改闭环,营造全新的应急管理安全生态,在面临事故灾害发生时敢于、善于自救互救。

从国家安全治理的大局出发,从人民群众的利益出发,各个部门、各级机构要敢于自我革命,要积极响应习近平总书记"功成不必在我,功成必定有我"的号召,[1] 深入、主动地推动涉及应急管理工作的消防救援、抗震救灾、防汛防台抗旱等各方面工作一体化规范化融合推进,心往一处想,力往一处使,多元共治,共同"建设人人有责、人人尽责、人人享有的社会治理共同体",共同打造、拥有、维护社会稳定和百姓平安的"命运共同体"。

在中国这样一个地广人多、资源紧张、环境复杂、灾害多发的国家,中国共产党的坚强领导是做好应急管理工作的根本,各级应急管理机构都必须加强党建引领,积极打造以党员为骨干的应急管理和救援队伍,领导干部和党员必须在安全生产和防灾抗灾救灾中发挥先锋模范作用,把风险留给自己,把安康留给群众。

枫桥式应急管理"绍兴实践"是绍兴应急管理人主动靠前、奋勇担当,秉持绍兴"剑胆精神"紧密结合本职工作,对新时代"枫桥经验"的积极探索和扩展应

---

[1] 习近平:《习近平谈治国理政》第 3 卷,外文出版社 2020 年版,第 521 页。

用,是"枫桥经验"在应急管理领域的创造性转化和创新性发展,是应急管理工作主动融入社会治理大格局的积极努力。"路漫漫其修远兮,吾将上下而求索",绍兴市将紧跟新时代的发展,紧跟应急管理工作的发展,勇立潮头显担当,不断丰富枫桥式应急管理"绍兴实践"新的内涵,在应急管理体系改革发展中凸显中国特色社会主义制度自信,为人民群众拥有更多获得感、幸福感、安全感而不断奋斗。

附件:1. 课题组名单

  2. 基层应急和消防安全管理"四大体系"建设任务清单(2022 年 11 月)

  3. 绍兴市各区县基层应急能力建设调研材料汇总(2022 年 8 月)

  4. 绍兴越城区马山街道、斗门街道实地调研访谈(2022 年 9 月)

  5. 浙江新时代枫桥经验研究院实地调研访谈(2022 年 9 月)

附件 1

课题组名单

序号	姓名	单位	职务或职称	备注
1	徐文标	中国应急管理报浙江记者站	站长、主任记者	课题组负责人
2	张广泉	中国应急管理报社《中国应急管理》杂志	副主编、高级记者	
3	郭唛	浙江大学科技与法律研究中心	研究员	
4	田恪宗		应急管理专家	
5	徐舜	中国创新设计产业战略联盟创新文化研究专委会	工程师	
6	潘颖瑛	浙江省航空护林管理站	高级工程师	
7	刘向伟	中国应急管理报浙江记者站	记者	
8	应蕾	中国应急管理报浙江记者站	新媒体编辑	

附件 2

基层应急和消防安全管理"四大体系"建设任务清单(2022年11月)

序号	任务	责任单位	完成时限
一、目标体系			
1	各乡镇(街道)应急和消防安全委员会和管理办公室的建成率和挂牌率达到100%	市安委办、市消安办、市级相关部门和各区、县〔市〕政府	近期
2	乡镇(街道)应急消防工作人员配备率达到100%		
3	防汛防台、森林防灭火和消防安全风险防控等数字化应用乡镇(街道)延伸率达到100%		
4	基层综合应急救援队伍组建率达到100%		
5	应急物资装备和减灾生活物资标准化配备率达到100%		
6	"多案合一"综合应急预案编制完成率达到100%		
二、工作体系			
(一)建立"全覆盖"的安全领导体系			
7	落实上级党委政府决策部署,制定本乡镇(街道)应急和消防安全工作规划;党委政府定期研究应急管理和消防安全工作	市安委办、市消安办牵头,市委编办配合,各区、县〔市〕政府落实	长期
8	深化乡镇(街道)"1+X"责任体系,统一设置应急和消防安全委员会,下设应急和消防管理办公室或工作专班,并明确为正股级;委员会由党政主要领导任主任,办公室由政府工作常务副职或以上领导分管		长期
9	制定镇村应急和消防管理日常工作制度,完善对辖区村(社)、企业应急和消防管理工作的指导、督促、考核机制		2023年2月底前
(二)建立"全方位"的安全责任体系			
10	出台各行业部门安全生产和消防安全职责分工	市安委办、市消安办牵头,市级相关部门和各区、县〔市〕政府落实	2023年2月底前
11	各乡镇(街道)与村(居)、各类"个、微、小"主体,部门、行业、系统与所属企业逐一签订安全生产和消防安全责任书		2023年2月底前
12	各行业主管部门建立下发安全生产和消防安全"正、负面"清单,应急和消防管理办公室统筹制定乡镇(街道)"正、负面"清单		2023年5月底前

续表

序号	任务	责任单位	完成时限
\(三\)建立"可应用"的智能防控体系			
13	防汛防台在线、森林防灭火在线、消防安全风险防控和指挥救援等数字化应用在乡镇(街道)全面使用;推广应用有限空间数字化监管、"一键启动、全域响应"、火灾事故调查在线等基层应急和消防数字化应用	市安委办、市消安办牵头,市委政法委、市大数据局,各区、县〔市〕政府落实	2023年3月底前
14	完成全市1509家消防安全重点单位全部使用自主管理应用		2023年2月底前
15	每年增加安全生产和消防安全的智能感控设备		长期
\(四\)建立"无盲区"的安全监管体系			
16	按照"横向到边、纵向到底、责任到位"的要求,推动应急管理和消防安全工作深度融入"基层治理四平台"	市安委办、市消安办牵头,市委政法委配合,各区、县〔市〕政府落实	长期
17	将安全生产、消防安全、自然灾害等风险隐患巡查等工作纳入网格员职责,构建完善的信息收集、问题发现、任务流转、分级处置、结果反馈闭环系统		长期
18	出台基层网格员的安全生产和消防安全工作职责和考核奖惩办法		2022年2月底前
19	落实重大安全生产隐患、重大火灾隐患挂牌督办机制,市级每年挂牌不少于20家,各区、县(市)每年挂牌不少于50家,年火灾起数超50起的乡镇(街道)每年挂牌不少于1家		长期
20	开展安全生产和消防安全委托执法		长期
21	落实安全生产举报奖励制度		长期
\(五\)建立"群众性"的宣传教育体系			
22	区、县(市)安委办、消安办联合出台乡镇(街道)宣传教育职责;公安、建设、农业农村、应急、文广旅游、综合执法、消防等部门,围绕各地重点领域风险情况,制定宣传重点清单	安委办、市消安办牵头,市委宣传部、市教育局、市民政局、市文广局、市人社局配合,各区、县〔市〕政府落实	2023年3月底前
23	公安、建设、农业农村、应急、文广旅游、综合执法、消防等部门,每年对乡镇街道开展不少于2次业务指导		长期
24	各乡镇(街道)每年2月底前制定年度培训计划,对社区应急管理员、网格员每年开展不少于2次业务培训		长期

续表

序号	任务	责任单位	完成时限
25	督促辖区内企业依法对从业人员进行安全生产、消防安全教育和培训,特种作业人员和危化品、烟花爆竹、非煤矿山、金属冶炼企业主要负责人、安管员100%持证上岗		长期
26	实现村(社)应急消防安全宣传栏全覆盖,应急消防安全科普进文化礼堂全覆盖		2023年6月底前
27	全市建立62个应急消防体验馆,发动志愿者、群团组织和社会应急力量广泛宣传应急消防安全知识,强化市民群众防灾减灾意识和自救互救能力		2023年12月底前
(六)建立"高效率"的应急救援体系			
28	综合应急消防救援站再开建18个,建成6个		2023年12月底前
29	实现103个乡镇(街道)应急消防救援队伍全覆盖		2023年12月底前
30	全市2007个村(社)完成应急突击队组建		2022年12月底前
31	全市村(社)完成"多案合一"应急预案编制	市安委办、市消安办牵头,各区、县〔市〕政府落实	2022年12月底前
32	基层应急救援队伍与应急预案纳入市县两级指挥调度体系,每年镇村两级开展各类应急演练不少于4000场		长期
33	各区、县(市)完成乡镇(街道)应急物资储备计划,完善应急物资储备库,规范物资管理		2023年4月底前
34	各乡镇(街道)避灾安置场所规范化率达到80%以上		2023年6月底前
35	全市农村应急广播系统建设率达到100%		2023年12月底前
三、保障体系			
(一)加强力量保障			
36	保持队伍稳定,选派优秀年轻干部到镇街应急和消防管理岗位锻炼,从事应急管理工作超过3年并表现优秀的,在职务或职级晋升中优先予以考虑	市安委办、市消安办牵头,市委编办、市人社局配合,各区、县〔市〕政府落实	长期
37	落实人员编制,省、市级中心镇等有条件的乡镇(街道)人员配置不少于7名(其中行政、事业编制不少于4名)、其他镇街不少于5名(其中行政、		长期

续表

序号	任务	责任单位	完成时限
	事业编制不少于3名），具有行政执法资格人员不少于2名，由1名在编人员专职负责办公室工作，全面实现"定岗、定责、定员"		
38	各区、县（市）应急和消防部门每年对乡镇（街道）应急和消防管理办公室工作人员进行专业技能培训，线上和线下相结合，线下集中培训时间不少于一周，鼓励乡镇（街道）监管人员考取注册安全工程师、注册消防工程师等资格		长期
39	各行业主管部门每年组织开展不少于1次条线安全生产业务培训		长期
（二）加强基础保障			
40	统一设置"四室一中心"（即：有统一标志标识的办公室、询问室、会商室、救援指挥室和物资保障中心），配置1辆以上行政执法车辆	市安委办、市消安办牵头，各区、县〔市〕政府	2023年4月底前
41	502个多灾易灾村（社）按"六个一"标准落实应急准备		2023年4月底前
42	实现全市社区、重点及规上企业微型消防站全覆盖		2023年6月底前
（三）加强经费保障			
43	支持基层应急和消防管理办公室建设，对开展"枫桥式"应急和消防管理办公室进行奖补	市安委办、市消安办牵头，市财政局配合，各区、县〔市〕政府落实	长期
44	保障乡镇（街道）应急和消防监管执法人员享受补贴待遇		长期
45	加大对社会救援队伍、志愿者救援队伍的支持帮扶力度，对参与救援、竞赛、训练等情况给予适当奖补		长期
四、评价体系			
（一）指标评价			
46	优化完善安全生产风险管控指数和消防安全"枫桥指数"，对乡镇（街道）开展安全生产和消防责任体系建设、安全隐患排查、重大事故隐患挂牌、监管执法、宣教培训等情况开展过程动态评价	市安委办、市消安办落实	长期

续表

序号	任务	责任单位	完成时限
47	实行"绿蓝黄红"四色过程管理,配套实行工作晾晒机制和"开小灶""末位告诫"制度。以安全生产事故起数、死亡人数、火灾数压降等指标为导向,开展结果评价		长期
(二)社会评价			
48	发挥"15分钟应急救援圈"站点及基层站所的宣教辐射作用,提高各类应急体验馆利用效率,加强服务群众能力,大力普及贴近群众生活的防灾减灾知识	市安委办、市消安办牵头,各区、县〔市〕安委会、消安委落实	长期
49	利用第三方评价机构,开展人民群众、社会团体对安全生产、防灾减灾及消防领域的安全感指数评价,以群众认可度、满意度为标准,体现乡镇(街道)应急和消防工作成效		长期
(三)组织评价			
50	将应急和消防管理工作纳入急难险重岗位对待,对工作中表现突出的集体和个人,及时予以褒扬激励	市安委办、市消安办、市委组织部、市委编办落实	长期
51	积极开展"最美应急人""最美消防员""119消防奖"等评选活动,提高基层乡镇(街道)、村(社)应急和消防工作人员和社会救援力量、志愿者等群体获奖比例,提升岗位(职业)的荣誉感		长期

附件3

绍兴市各区县基层应急能力建设调研材料汇总(2022年8月)

一、当前,在推进基层应急能力建设方面有何依据?如有相关依据,如何落实?如没有依据,如何推进此项工作?

越城区:提请区两办印发《关于加强基层应急消防管理能力建设的实施意见》(越委办〔2022〕6号),并以此为指引,建立健全以镇街主要领导负总责,一名党(工)委委员且排名第一的行政副职牵头负责,政法、农业农村、工业商贸、城建、社会事业等分管领导分别负责的应急消防管理责任体系。同时突出"融"

字特色,设立应急管理办(消防管理所),整合原经发办的安全生产监督管理、消防专职队的消防监督管理、农办的防汛防台抗旱等职能,实行"一套班子、两块牌子"统抓,一举改变改革前"防抗救"一体化职责需拆分给不同条线的困境。

出台《越城区"枫桥式"镇街应急管理办、消防管理所规范化创建实施方案》(越政办发〔2022〕31号),以创建为抓手,在各镇街应急管理办(消防管理所)统一配备"四室一中心"(即有明显统一标志标识的办公室、询问室、会商室、救援指挥室和物资保障中心)。

上虞区:上虞区强化安全事故结果导向,筑牢应急管理基层基础,打造能力建设全省样板。2021年上虞区启动基层应急管理标准化建设之路。先后下发《关于加强基层应急管理能力建设的实施意见》(区委办综〔2021〕14号)、《关于安全生产和消防行政执法委托工作的实施意见》(虞政发〔2021〕19号)、《关于印发上虞区安全生产和消防行政执法委托试点工作实施方案的通知》(虞政办综〔2021〕32号)、《关于进一步提升基层应急管理能力建设的通知》等文件推动基层应急管理力量建设,并在2021年6月份,区委召开全区基层应急管理标准化运行启动仪式。9月,全省深化基层应急管理体系和能力建设现场会在上虞召开。

随着该区区委区政府对于基层应急管理力量的培育,也获得了不小的工作亮点。一是突出了标准引领。制定以"六个标准化"为重点的基层应急管理能力建设的改革实施意见,有效打通了基层应急管理"最后一公里",相关做法还得到了省委常委、常务副省长陈金彪的批示肯定并在全省推广,去年9月初还成功举办全省深化应急管理体系和能力建设现场会。二是突出了创新突破。根据乡镇街道规模和现状,采用单设和挂牌两种模式成立应急管理办,其中单设10个、挂牌10个。突破常规落实保障,为乡镇街道、杭州湾综管办配置24辆应急管理执法车辆及48名事业和编外人员,编外人员待遇参照执法辅助类人员标准执行。三是突出了责任到底。自启动基层应急管理能力建设以来,全区各乡镇街道全面实行安全生产和消防执法委托,共办理各类案件119起,罚款金额141.09万元,更是打赢了平安护航建党百年、"烟花"和"灿都"台风等一场又一场硬仗。

诸暨市：根据《关于坚持和发展新时代"枫桥经验"加强基层应急管理体系和能力建设实施意见》（诸委办〔2021〕26号）和《关于加强镇乡（街道）应急管理基层基础建设的实施意见》（诸政办发〔2020〕11号）文件精神，23个镇乡（街道）均成立应急管理委员会，按照"1+X"责任体系落实各条块工作职责；镇乡（街道）明确政府工作常务副职或兼党委委员的政府副职分管应急管理和消防工作，13个镇（街）单设应急管理办公室（简称应急办），10个镇乡挂靠综合信息指挥室设置应急管理办公室，全市基层应急管理办公室配置专兼职干部54名。

新昌县：县两办于2022年3月21日印发了《新昌县加强基层应急管理体系和能力建设的实施意见（试行）》（新委办〔2022〕15号），用6个标准化明确了11项工作任务，通过加强基层应急管理体系和能力建设，确保基层应急管理工作有人管、专人管、管得起、管到位。县应急管理局召集乡镇（街道）应急分管负责人、安监站长进行了工作布置，下发《基层应急管理体系和能力建设实施意见（试行）重点任务清单》督促镇街抓好《实施意见》落实。

嵊州市：2021年12月底，由市两办印发《嵊州市加强基层应急管理体系和能力建设的实施意见》（嵊办发72号），通过加强基层应急管理体系和能力建设，以试点先行（浦口、崇仁和黄泽应急管理站试点建设）、整体带动的方式，进一步理顺基层应急管理体系、强化基层应急队伍能力、明确工作职责定位、落实各项保障机制，充分发挥基层应急管理站在防与救上牵头抓总、统筹协调、督办落实的作用，确保基层应急管理工作有人管、专人管、管得起、管到位。

柯桥区：2019年柯桥区在全省率先标准化建设镇街应急管理站，将应急管理站写入各镇（街道）的"三定"方案中，出台《柯桥区加强基层应急管理站建设实施意见》，打造了基层应急管理站建设的"柯桥样板"，基本实现了监管执法、应急救援、防灾减灾和宣传教育"四个一体化"。2020年，在持续深化基层应急管理基础上，探索建立"1+16+X"应急管理体系（1个区应急管理智慧平台、16

个镇街应急管理站、X支社会救援队)。

一是内设机构独立化。2019年全区16个镇街应急管理站实现实体化运作,今年由原挂牌在事业综合服务中心转变为单设内设机构——应急管理办公室(挂应急管理站牌子),机构和职责脱离经发办,增加相应的股级领导职数,同时增加从事应急管理工作的编外用工控制数60名。每个站统一配备专职人员2—5名、辅助人员8—15名,实行"准军事化"管理、24小时备勤,目前全区各基层应急管理站共有人员272名。

二是职责明确清晰化。应急管理站整合了原安监站、消防工作站、专职消防队等职能部门,承担安全生产、消防安全等监管职责,并统筹协调区域内应急管理和综合防灾减灾救灾工作,督促落实各领域应急管理具体任务,组织协调应急力量建设、应急物资保障和应急救援工作,以及应急管理、消防部门依法委托的部分综合行政执法事项。

二、基层应急管理机构建设情况如何?是否已建立起覆盖乡镇(街道)、村(社区)的应急管理工作网络?是否与消防机构进行了融合?如已融合,相关职能及人员如何衔接安置?基层应急机构所需的人、财、物等如何解决的?是否满足当前工作需要?尤其是人员编制、执法检测装备及车辆配备等"硬件"配置情况如何?专项资金保障等问题怎么解决?

越城区:每个镇街、行政村(社区)落实防汛责任人,承担辖区防汛防台工作;每个镇街和社区落实2个灾害信息员,承担辖区内的灾害信息报送工作。

该区委编办已发文明确10个镇街单独设立应急管理办(消防管理所)、7个镇街与经发办合署办公,合署办公的要明确一名负责人,享受中层正职待遇。同时以向社会租赁的方式为17个镇街配置应急管理执法车,为基层解决安全生产巡查、应急救援处突出行难题,执法车辆租赁费用及运行维护费由区级财政承担。另外,区应急管理局还依托区级应急指挥平台,给各镇街配发部署可视化单兵、卫星电话及执法记录仪等必要的通信和执法设备,实现省、市、区、镇街可视化四级联通。为了破解"无人管"问题,综合考量镇街工业企业规模和编制数,明确在10个A类镇街配置7名应急消防管理专职人员(行政、事业编制不少于4名),7个B类镇街配置5名应急消防管理专职人员(行政、事业编制不少于3名);并在此基础上经与编办多次沟通,为每个镇街争取到1—2名编外用工名额,共27个,于今年上半年进行统一公开招聘,经笔试、面试、体检、考察等环节,最终录用了24名人员,已于6月份交付镇街使用,不断夯实基层基础。

上虞区:上虞区坚持问题导向、效能导向,聚焦重大风险防范化解,创新体制机制,健全权责统一的基层应急管理责任制,加快推进应急管理体系和能力现代化建设,努力打造与"重要窗口"相适应的"大安全、大应急、大减灾"基层应急管理体系。

通过加强基层应急管理能力建设,进一步理顺基层应急管理体系、强化基层应急队伍能力、明确工作职责定位、落实各项保障机制,充分发挥基层应急管理办在防与救上牵头抓总、统筹协调、督办落实的作用,确保基层应急管理工作有人管、专人管、管得起、管到位。

2021年6月底前,上虞全区各镇街基本完成应急管理办组建,当年9月实现基层应急管理组织健全、职责明晰、机制完善、保障有力、运作高效。

搭建标准化的组织架构:加强基层应急管理"1+X"责任体系建设,镇街建立以主要领导负总责,党工委班子、常务副镇长等领导牵头负责,政法、农业农村、工业商贸、城建、社会事业等分管领导分别负责的应急管理领导小组,成立应急管理委员会,整合乡镇现有的安委会、消安委、防汛指、减灾委、森防指等指挥机构。设立应急管理办,整合镇街原有的应急管理办公室与安全生产和生态环境监督管理所的安全生产监督管理职能、政法综治办的消防监督管理职能,原则上从现有内设机构中按"撤一建一"要求单独设立,实体化运作,业务上由区应急管理局和消防救援大队对口指导。

村社建立以党组织主要负责人为组长的工作班子,加强村社应急管理能力建设,明确工作职责,落实相应负责人员。充分发挥村社网格员作用,将安全生产、自然灾害、消防安全等风险隐患巡查及避灾转移、抗灾自救等应急管理工作纳入网格员职责。织密应急管理乡镇街道、村社、网格三级网络。

"一步到位"全要素保障方面:

在人员保障方面,该区按照中心乡镇、发展型乡镇、生态型乡镇三种模式(中心不少于8名、正式编制不少于4名;发展型不少于6名、正式编制不少于3名;生态型乡镇不少于5名、正式编制不少于2人),分类分档推动人员精准配置。同时,我区统一调配正式编制、临牌、消防辅助执法人员53名,全面实现定岗、定责、定员。

在车辆配备方面,率先探索以公车平台租赁形式保障应急管理执法车辆,目前已投入350万元配置执法车24辆。

在设施设备方面,投入140万元为一线配齐应急管理物资装备、防护及统一服装等,设置"四室一中心"(办公室、会商室、指挥室、办案室、物资保障中心),绘制应急物资储备"一张图",确保应急资源"备得足、调得快、用得好"。

诸暨市:23个镇乡(街道)应急办主要职责是综合协调应急管理工作,具体负责安全生产和消防安全工作。54名干部中专职从事应急管理工作21名,兼职干部38名,其中有9个镇乡(街道)无专职干部;应急办有执法证人员44人,有8个镇乡(街道)应急办无2本及以上执法证。

新昌县:基层应急管理机构建设情况:按照"1+X"责任体系标准,建立健全以镇街主要领导负总责,由党(工)委班子且排名第一的乡镇人民政府(街道办事处)副职牵头负责,政法、经济发展、农业农村、村(城)建、社会事业等分管领导分别负责的应急消防管理体系。覆盖乡镇(街道)、村(社区)的应急管理工作网络:全县12个乡镇(街道)均已设立应急管理(消防安全)委员会和应急管理办公室,应急办配备工作人员4—6名,其中具行政执法资格的专职人员不少于

2名,消防救援大队派驻若干名执法文员。村(社区)一级由政法委统筹建立网格,将安全生产、自然灾害、消防安全等风险隐患巡查工作纳入网格员职责,织密应急管理镇街、村社、网格员三级网络,推动应急消防管理全面融入基层社会治理"一张网"。

消防机构融合情况:目前,新昌县乡镇一级已全部设立应急管理(消防安全)委员会,应急管理办公室派驻有消防文员,主要起到统筹作用,负责县消防救援大队和镇街消防工作的上传下达。

人员编制、执法检测装备及车辆配备等"硬件"配置情况:新昌县主要特点是12个镇街应急管理办公室全部为单设,按照"撤一建一"的原则,将乡镇原内设机构综合信息指挥室调整为在党政综合办公室挂牌。人员方面由镇街内部自主调剂。为保证乡镇(街道)应急管理办公室人员稳定,实行双重管理体制,以属地党委管理为主,县级应急管理部门党委协助管理。其中,属地党委调整应急管理办公室中层干部,应当事先书面征得县级应急管理部门党委的同意;调整应急管理办公室其他人员,应当事先书面征求县级应急管理部门党委的意见。

另外一个特点是车辆配备。我们将车辆的配备、租赁方式、资金解决方式写进《实施意见》。按照一个乡镇(街道)配置一台应急管理工作车辆的比例,全县共配置12辆应急管理工作车辆。车辆通过乡镇(街道)向县交投集团下属的新昌县公务用车服务有限公司租赁的方式予以解决。租赁费用由县财政统一保障。目前已在和财政、公车公司对接车型、报批等问题。

嵊州市:

基层应急管理机构建设情况:建立乡镇(街道)应急管理委员会,明确标准化工作职责,明确由政府第一副职(副镇长、副主任)牵头分管镇街应急管理和消防工作,有利于上下级的沟通协调。设立应急管理站开展实体化运作,履行综合监管职能。

5月6日召开全市基层应急管理规范化建设现场会,通过试点观摩、经验介绍推动下步工作,深化全域建设。按照"撤一建一"要求,督促乡镇和编办加紧对接,加强人员统筹调剂,加快单独设立。

目前,15个镇街已建立乡镇(街道)应急管理委员会并单独设立应急管理站,已有持证安全监管执法人员31名,已基本具备承接市局执法事项赋权和委托执法的能力。另外有11名执法辅助人员,还有消防文员,建立镇街综合应急救援队伍共计389人,组建以党员干部为主体的村(社区)应急突击队274支共计7618人。乡镇应急管理办和应急救援队合署办公,由应急办主任或副主任兼任救援队长,实际管理综合应急救援队。

应急管理局根据年初预算,给每个乡镇配备移动执法终端1套(平板、无线打印机、执法记录仪)。车辆兼顾监管执法和应急救援,选用了四驱工具车后斗加盖。预计能在8月10日左右配备到位,届时,我们将开展一个向乡镇的授车及执法装备的仪式。

柯桥区:

基层应急管理站标准化建设的"柯桥模式"

(一)标准化配备场地。具备四室四库四中心。"四室"指应急值班室、接处警室、档案室、调查室;"四库"指安全生产(消防)救援器材库、防汛防台抗旱器材库、森林防火器材库、救灾物资库,站队合建的应急管理站还应设立消防车库;"四中心"指应急指挥中心(智慧平台)、应急综合体验中心、应急宣传培训中心和训练中心。

(二)标准化配置人员。统一配备正式在编行政或事业的专职工作人员2—5名、辅助工作人员8—15名。柯岩街道应急管理站作为柯桥区第一个试点站,现配有正式在编在岗工作人员3名,设正副站长各1名,专职人员共计16名,由地方党委政府和区应急管理局双重管理。

(三)标准化管理队伍。应急管理站实施"准军事化"管理,每周至少开展1

次队列训练,每月开展1次应急救援知识业务学习培训,每人每年培训时间不少于120学时。建立健全24小时值班备勤制度,明确值班职责,制定值班工作计划。每日(含节假日)安排至少一名正式在编人员带班值班,值班人数不少于5人。

(四)标准化履行职能。按照打造"除患必先、救援最前、应急为民"应急铁军要求,基层应急管理站主要履行安全生产检查及处罚、消防安全检查及处罚、生产安全事故和消防火灾的先期处置、应急预案编写、备案、应急演练(拉练)组织实施、应急工作指挥调度处置和值班值守等10项职责。

(五)标准化指挥信息。按照"大应急"的要求,有效整合各类监控信息。以镇(街道)"基层治理四平台"为基础,将原"智慧安监""智慧消防""防汛管理"和浙江省社会应急联动平台等整合为应急管理智慧平台。应急管理智慧平台是整个应急管理站建设最核心的内容,主要包括智慧监管、应急资源、队伍建设等功能。

三、基层应急管理机构的工作职责是否已经理顺?基层的安委会、消安委、防汛指、减灾委、森防指等各类议事协调机构当前运行情况如何?相关信息化平台是否进行了统一整合?政府各部门的常态应急准备工作与非常态的应急管理工作如何界定和衔接?

越城区:以省厅数字政府建设为指引,实现工业企业在线、危化品全生命周期监管、防汛防台在线等系统贯通,如防汛防台在线与基层综合治理平台整合,实现从"浙政钉—掌上基层"一个口子进。

印发《越城区安全生产委员会及专业安全生产委员会运行管理办法》(越政办发〔2022〕32号),明确安委会工作职责及专委会、专委办的运行管理,常态化统筹推进各行业领域安全生产各项工作,提升行业领域安全生产整体监管水平。

制定"1+56"应急预案,并常态化开展应急演练,确保非常态化突发事件应急处置工作有力有序开展。

上虞区：明确标准化工作职责，乡镇街道应急管理委员会对区域内应急管理重大工作进行统一指挥协调。应急管理委员会办公室设在应急管理办，承担工贸企业安全生产监管以及其他行业安全生产综合监督职责；承担消防安全监督管理和指导工作；统筹协调区域内应急管理和综合防灾减灾救灾工作，督促落实各领域应急管理具体任务，组织协调应急力量建设、应急物资保障、应急救援工作；承担应急管理、消防救援部门依法委托的部门综合行政执法事项。

村社承担上级布置的应急管理具体工作，做好群众的组织动员等。严格按照省市区数字化工作部署和要求，持续深化数字化改革，做好省市应急管理部门各项应用场景承接工作，结合我局实际，依托应急管理综合应用平台，迭代升级可视化应急指挥调度系统；积极推进安全监管与政法委"四个平台"有机融合，强化信息联动共享；持续深化区应急物资智慧管理平台建设，推动实现区域物资分布式储备和区域化统一调度。

健全统筹协调机制。紧紧围绕区委区政府中心工作，立足应急统筹职能，着力构建统一指挥、专常兼备、反应灵敏、上下联动、平战结合的高效综合应急管理体系。立足"两委三部"牵头抓总和统筹协调的功能定位，坚决扛起统筹职能，深入推进应急管理体制机制系统整合重塑。进一步明确细化区安委会"1+16"责任体系，调整优化防汛防台指挥机构，梳理完善现行"两委三部"各类指挥协调工作机制，规范区安委办、防指办、森防指办、减灾委办标准运行；按照"平时会商、急时协调、战时统筹"的要求，建立健全部门工作职责清单，优化灾害事故分级分类响应制度和应急救援协调联动处置程序，强化安全生产综合监管、自然灾害综合防治、应急救援综合协调，全面构建部门高效协同、上下有序联动、区域紧密协作、信息互通共享的应急管理统筹协调工作机制。

新昌县：县编委印发了《中共新昌县委机构编制委员会关于在各乡镇（街道）机关单独设置应急管理办公室等事宜的通知》（新编委〔2022〕6号），对应急管理办公室职责进行了明确。职责包括安全生产工作、防灾减灾救灾工作、应急力量建设、安全教育培训、消防安全(森林消防)等。应急管理办公室起到统筹、协调作用,解决了应急管理工作不知道找谁的问题。目前,各部门的常态应急准备工作仍由原各线承担,非常态的应急管理工作或者涉及条线较多的情况由应急管理办公室承接。

柯桥区:今年区委区政府对基层应急管理责任体系进行了系统重塑,全区16个镇(街道)应急管理和消防安全工作分管领导均已调整落实,由分管社会稳定工作的党委(工委)副书记分管应急管理和消防安全工作。根据省应急管理全覆盖责任体系"一贯到底"的建设要求,梳理并明确各村(居、社区)负责人以及各协助人员在加强风险预测预警、识别管控,协助做好安全生产、消防安全、防灾减灾救灾、应急救援等工作方面的责任清单。同时,进一步压实基层防汛防台责任,全区326个有防汛任务的村(居、社区)全部成立了防汛指挥机构(工作组),共落实防汛责任人3 914人,其中防汛防台责任人2 789人、网格责任人908人、村级转移责任人217人。

针对产业发展现状,投入1 200万元开发安全生产数字化智慧监管系统平台,聚焦危化品、印染行业定型机、有限空间作业、纺织品仓库等安全隐患问题突出、易引发事故的重点环节和领域,通过一个基础信息库及综合监管体系、监测预警体系、风险评价体系、应急处突体系等"一库四体系"的建设,实现综合监督管理、安全风险监测预警、安全隐患闭环处置、企业安全风险四色图及区域安全风险评估四色图等功能,全面推进安全生产重点监管领域"数字智治"。

四、应急管理执法力量下沉情况如何?通过委托执法等,基层没有执法权限或执法力量不足、执法能力不够等问题是否得到了解决?如何加强对委托执法人员的管理及能力提升?

越城区:越城区应急管理局行政执法队16名执法人员中,12名执法人员

(包括科室长等中层干部)以联络员的形式下沉镇街,实际人员下沉率为75%。今年1—6月份,下沉执法力量指导、协助各镇街开展安全生产委托执法,已立案136起,共处罚金137.5万元。

通过"一套班子、两块牌子"统抓镇街应急消防管理工作,应急管理办(消防管理所)61名在编人员(含40名持证人员)、71名编外人员、17辆执法用车基本到位。已开展委托执法培训,通过编制《安全生产违法案例汇编》、执法通报、执法比武、交叉执法等活动,进一步推进安全生产基层委托执法工作。

上虞区:根据《关于安全生产和消防行政执法委托工作的实施意见》和《关于全面推进安全生产和消防行政执法委托工作的通知》文件精神和要求,我区加快推进安全生产和消防行政执法委托全覆盖。制定安全生产和消防委托执法事项目录化清单,依法将34项应急管理、19项消防执法事项委托至乡镇,配套建立执法人员、执法配备、执法程序等规范化标准,并设立简易化执法操作流程,推动执法关口前移。通过先行试点,进而全面推广,解决了基层没有执法权限、执法力量不足等问题。

通过固定各镇街执法人员持证执法办案、集中办公、统一管理等方式,明确委托执法任务责任到人,不断提高执法有效性。

提升委托执法能力:一是强化培训指导工作,推动执法人员认真学习相关法律法规和委托执法指导手册,提升执法人员的执法素质和水平;二是落实应急局、消救援大队的委托执法联系制度,督促镇街落实软硬件设施;三是严格法规审核,牵头办理疑难案件、重点案件,及时会商上报案源;四是曝光典型案例,形成执法威慑力,将委托执法办案任务完成情况纳入应急管理防控指数内容,列入安全生产年度工作目标考核内容,委托执法试点乡镇街道和超额完成办案任务给予适当加分,及时通报工作督导情况。

新昌县:按照新昌县综合执法改革要求,执法单位下沉比例为编制数的65%,经县领导沟通后,我们的下沉比例大概是53%,执法队共15个编制,下沉

8个。目前，人员已经确定但实际还未下沉。

下沉后基层的执法力量较为充沛，局里工作影响较大，目前执法编制内人员均分散在其他职能科室，人员下沉后压力很大。我县近年来一直在开展委托执法工作，多次组织乡镇街道执法人员参加执法培训、案例点评、现场指导执法等，提升基层执法能力。

嵊州市：目前全局有可用执法的参公编16个，实有人员11个，已到退职年龄2个，实际正常在做的9个，根据大综合一体化行政执法改革要求，下沉行政参公编共14人。其他在市区的3个街道采用整合模式，人员以在街道为主，其他12个镇街实行联系制，日常办公场所在局里面，有事到联系镇街，要求随叫随到。通过镇街执法人员一对一搭档、一对一指导，提升镇街应急管理人员监管执法综合能力。下放事权48权，另外再委托执法30项。过渡阶段，实行联合检查办案，逐步转变成以镇街为主，减轻应急管理局人员紧张的困难。

柯桥区：一是整合消防站、安监站、专职消防队的人员力量，将安全生产等执法权委托给基层应急管理站。二是实行两种方式。采用人员实地检查与系统"智慧巡查"相结合的"传统+科技"方式，确保"应查尽查"。三是落实三张清单。建立各类风险隐患点"发现、确认、管控、整改、核销"闭环化管理机制，明确隐患主要内容、整改措施、整改期限、整改责任人，形成"责任清单""隐患清单""整改清单"，确保隐患按时整改到位。

五、基层应急救援力量建设情况如何？政府聘用组建的应急救援队伍、专职消防队等的人员管理、工资待遇等参照什么标准？有无建立相应的考核奖惩机制？

越城区：全区12个镇街成立了应急消防队或专职消防队，已有8个镇街在原有消防队的基础上，整合街道其他专业力量，完成装备提档升级，组建了综合应急救援队伍，装备配备标准参照《浙江省应急救援队伍建设管理办法（试行)》,采用采购和协议储备两种方式。街道应急力量主要由镇街自建,部分街道自建与劳务派遣相结合,工资平均7.6万左右,多参照街道编外用工工资,考核由街道自主考核。

实例如下。马山综合应急救援站:街道严格按照省应急管理厅关于《乡镇综合应急救援队伍基本要求》和建管养训用"十有"组建要求等,依托马山街道综合应急消防站20名专职队员,整合社区民警、民兵、基层网格员、医务人员、物业保安、红十字救护员等30余名兼职队员,组建成一支"对党忠诚、作风过硬、技能熟练、一专多能"的乡镇综合应急救援队伍。现有专职队员20名,其中10名专职队员由街道自行招聘,采用街道合同制编制,其工资收入参照《浙江省公安厅等三部门关于全省合同制消防战斗员工资标准的指导意见》(浙公通字〔2018〕48号)执行,每年不少于10万元(含五险一金)。其他10名专职队员委托第三方派驻,街道每年每人支付8万元。共投入400万元,按照乡镇一级救援站的建设标准,利用街道办事处旧址原有建筑设施,通过科学规划、精心设计、精细施工,完成占地面积约1800平方米的营房改造工作。建成有指挥中心、办公室、学习室、会议室和执勤车库、值班备勤室、健身室、训练塔、训练场及食堂等基础配套设施,确保各库室功能齐全,为队员提供良好的工作、学习、生活环境。在持有原有车辆器材装备的基础上,街道又出资200万元(区应急管理局补助50万元),新购置了五十铃水罐消防车、应急救援车、消防摩托车各1辆,采购了冲锋舟、橡皮艇、破拆工具、对讲机等一批用于水域救援、危化处置、交通事故救援、通信指挥等器材装备,配齐配足所需的应急救援装备和个人防护装备,以应对各类灾害事故应急救援的需要。建立队伍督查考核机制。制定出台队伍督查考核办法和督查落实机制,对接警出警、安全检查、业务培训、救援演练、事故处置、队员考勤等进行全过程督查考核,对督查发现的问题,发出督查通报,并与队员的年终奖励挂钩,有效提升队伍的精细化管理水平。

上虞区:健全镇街应急管理队伍、专业力量、企业队伍、民间力量互补协作工作机制。镇街依托民兵预备役人员、专职消防队、保安员、基层警务人员、医务人员等组建"一专多能、一队多用"的综合性应急救援队伍,加强自治性、志愿性应急管理队伍建设。企区层面,形成15分钟应急救援圈,投资2亿元投用6个综合应急消防救援站,组建270余名消防专业救援力量,实行片区负责和部门、属地双重管理。针对我区化工领域基层应急安全方面,构建了行业专家队伍驻点办公、常态指导机制。目前已有各类救援队伍60支、队员1 784名。龙盛化工应急救援队正创建省级标准危化品专业救援队。

社会公益救援队伍层面:目前全区有四支社会救援队伍,分别是上虞区红十字户外救援队、上虞区杭州湾曙光救援队、上虞区人防蓝天救援队、上虞区四驱救援队,合计成员209人,于2020年6月成立上虞区社会应急救援协会。落实专项资金,建设"全区社会救援力量孵化空间",为社会救援力量在活动场地、办公设施、政策咨询和业务指导等方面提供服务。按照"两权分离、公建民用"的原则,建立全区应急救援共享装备库,区财政一次性保障300万元购置应急搜寻救援装备。按照省、市、区培育标准进行分级培育,对列入省市区培育计划并达到培育标准的,实行以奖代补,分别一次性补助10万元、8万元和5万元。建立社会救援力量成员人身意外保险机制,人保公司牵头建立人身意外商业保险机制。

新昌县:该县在民政局登记备案的民间救援力量有4支,分别是新昌县红十字户外救援队、新昌县陆野户外救援队、新昌县狼牙户外救援队、新昌县越野运动协会,总人数300人左右。其中新昌县红十字户外救援队2020年被评为浙江省首批救援队伍(全省共11支),2021年被评为绍兴市地质灾害专业救援队伍。新昌县陆野户外救援队2020年被评为新昌县防汛专业救援队伍。2021年,新昌县与嵊州市签订了跨区域应急救援联动协议,同时与县人武部签订军地应急联动救援协议,专职消防队人员管理、工资待遇一直由属地管理和发放,参照编外用工标准,考核奖惩均由属地实施。

嵊州市:嵊州市已初步建成以"消防救援大队为主导,乡镇综合应急救援力量为骨干,专业救援队为支撑,社会救援力量为有益补充"的应急救援体系。依托"十五分钟救援圈"站点布局,成立五大集镇综合应急救援队伍共389人,其余乡镇(街道)半专业防汛队伍285人,全市274个行政村(社区)组建了一支以党员干部为主体30人左右的应急突击队,共8 238人。组建市级防汛抗洪、地质灾害、森林防灭火、危化等应急救援队4支共116人。全市共有4支社会救援队伍(红十字、曙光、蓝海、雪豹救援队),骨干队员约300余人,8支森林消防义务服务队约260余人。乡镇(街道)应急救援队员与专职消防队员由属地政府直接管理。

五大集镇综合应急救援队均已制定考核制度,对队员从接处警情、日常训练、技能提升、工作纪律等方面进行考核。为加强社会救援队日常管理和规范化建设,印发了《嵊州市社会救援队伍管理考核办法》,主要从队伍管理、应急装备物资管理、应急救援宣传培训、应急预案制定和演练、应急值守和救援等方面进行考核。

目前,全市市级应急物资储备分6大类436 754件(套)。救援人员工资待遇,市编委办给每个镇5个编外用工的编制,标准与当地编外用工一致,其他部分由乡镇通过劳务外包形式聘请。

柯桥区:统筹整合消防、安监、森防、民间救援队等应急资源,加强应急联动协作,深化行动迅速的"15分钟应急救援圈",目前全区共有7个综合应急消防救援站,11支乡镇专职消防队,258支村(居、社区)志愿消防队、234家消防安全重点单位建立微型消防站,4支民间救援队伍。组建全省首个"应急·救援"慈善公益基金,出台《培育支持社会应急力量健康发展的实施意见》,积极构建政府救援队伍和社会应急力量良性互动、共同发展的"大应急"新格局。

按照"一年建队、二年提高、三年成熟"的工作思路,到2022年11月底前,完成全区20—30个村(居、社区)各组建1支义务性质的基层综合应急救援队伍,财政投入资金预计1 000万元。确定了华舍街道华墟社区、钱清街道三西村、夏履镇莲东村作为城区、村级、山区3个综合应急救援队试点单位,并按相应的建设标准,与镇街配合共同开展样板队伍建设。

目前,已制定《柯桥区基层综合应急救援能力提升工程实施方案》并专题召开各镇街分管建设领导工作推进会议,力争到7月中旬完成采购方案编制并进行挂牌公开招标;7月底完成队伍组建人员招录;8月中旬完成试点建设并召开现场推进会;10月底完成设施设备采购,开展队员培训,全面完成项目建设;11月举行全区基层综合应急救援队阅队仪式,并进行演练比武。

六、基层应急能力建设当前还存在哪些问题?有何建议?

越城区:个别镇街人员配备不到位。根据《实施意见》要求,应急管理办(消防管理所)工作人员不得兼职,且A类镇街不得少于4名行政、事业编制人员,B类镇街不得少于3名行政、事业编制人员。但个别镇街应急管理办(消防管理所)工作人员仍混岗使用,或直接将临近退休人员划入。

执法能力有待提高。少数镇街工作人员隐患排查、案卷制作等执法实务能力较弱,容易在处罚条款适用、罚款额度裁量等环节出现纰漏,因此在个别镇街推广委托执法存在一定的法律风险。

建议:进一步加大应急消防融合力度。上级应急管理、消防部门对融合工作多指导并给予政策上的支持。

进一步加大示范办所创建力度。对完成"枫桥式"示范办所创建的则给予考核加分、资金奖补等激励手段,充分调动其创建积极性。

诸暨市:存在主要问题:

1. 镇乡(街道)综合应急消防队伍力量发挥巡查检查作用有限。目前,基层应急消防综合队伍划归消防救援大队管理,镇乡(街道)暂无法统筹安排日常辅助巡查工作任务。

2. 劳务外包形式实际巡查考评机制不够健全。采用劳务外包形式工作成效未能量化评估,实际巡查效果检验手段不够。

根据前期调研掌握的实际情况，提出如下工作建议：

1. 镇乡（街道）进一步调整优化应急办力量，配足配齐应急办专职人员数量，按规定配足辅助巡查员。

2. 鉴于应急办综合协调工作任务繁重，安全生产和消防安全日常监管巡查工作面广量大，在保持镇乡干部网格巡查基础上，需要配备一定数量的辅助人员开展巡查检查和一般隐患整改工作，采用"应急办干部+专职巡查员（或劳务外包）+网格员巡查"模式落实基层安全生产和消防安全监管。

3. 优化基层应急消防综合救援队管理机制，加强镇乡（街道）与基层消防救援站沟通协作，综合调配基层应急消防综合救援队力量参与日常巡查工作任务。

4. 加强劳务外包形式考核管理。目前，店口镇正着手招标第三方外包服务，采取辅助巡查和落实整改两个标的进行招标，分别进行量化考核，值得借鉴学习。

5. 加强专职巡查员工作管理。一要加强专职巡查员业务培训，根据巡查职责有针对性地开展业务培训，注重提高监管能力。二是严格巡查工作纪律。防止各类专职巡查员利用职务便利，借隐患整改之名推销产品，收受礼品礼卡礼金，从中渔利。

6. 加强巡查工作保障。为各类专职巡查员配备必要的工作服和照相机、劳保安全用品等日常检查装备，巡查任务较重的镇（街）采用租赁形式解决巡查车辆问题。

新昌县：

问题：一是安全风险形势复杂严峻。台风、地质、小流域山洪、森林火灾等自然灾害易发频发。安全生产领域生产经营主体数量庞大，小微企业本质安全水平较低，安全生产管理难度大，潜在安全风险高，企业员工安全素养有待提升。四大新兴产业发展建设，新产业、新业态、新领域带来的新兴风险不断涌现，各类风险的跨界性、关联性、穿透性、放大性显著增强，极易引发系统性风险，进一步增加了基层应急管理工作形势的复杂性。二是应急管理体系建设仍需加强。应急管理办的统筹协调作用还没有完全发挥，上下互动、区域联动等机制还不够健全，信息、数据共享仍需进一步畅通。部分职责边界不够清晰、监管责任无法落实到位等问题依然存在。三是应急管理能力建设仍需提升。基层应急管理体系虽逐渐健全，但执法监管力量软弱、专业水平不高、人员配备不强，应急处置能力比较薄弱，应急物资储备不够、支撑力量不足现象仍较为普遍。

意见、建议：

（一）整合信息化平台。上面千根线，下面一根针，乡镇的信息化平台过多，急需整合。

（二）专业能力亟需加强。基层应急管理人员缺乏系统培训，专业性欠缺。

柯桥区：

意见建议：1.进一步提升基层应急管理智慧化程度。对照上级关于应急管理信息化建设的相关要求，坚持"标准规范、多级联动、高效运行"导向，在高标准建设基层应急管理站的基础上，积极运用大数据、互联网、人工智能等先进技术，依托应急管理智慧平台功能，加快各类基础应急管理信息的互联互通、集成共享，加强企业（村居）智慧监管设施配备管理，启动区级应急管理智慧平台建设，着力构建"企业（村居）—镇街—区中心"三级联动的智慧应急监管网络，切实提升灾害信息共享、预报预警和资源统筹调度能力。

2.进一步发挥基层应急管理集成化优势。突出应急管理站综合保障功能，切实发挥基层应急的"战斗堡垒"作用。构建"统一指挥、反应灵敏、协调有序、运转高效"的应急处置联动机制，根据辖区内安全生产工作实际和突发事件的变化情况，及时充实人员力量、调配装备物资、调整工作职责，确保风险防控、应急救援、决策协调规范科学、及时到位。

3.进一步加强基层应急力量专业化建设。坚持全力支持和规范引导并举，全力保障专职消防救援队、民间和企业救援力量建设，切实发挥"应急·救援"公益基金作用，给予应急救援队伍更多的安全和保障。加强业务指导培训，组织与应急救援专职队伍协同演练,有效发挥专职队伍和社会救援力量就近救援、救早救小、应急及时的作用,着力构建"专业应急救援队伍"和"地方综合应急救援力量"互为补充的新型应急救援体系。

4. 进一步落实应急保障制度系统化目标。加大装备、设施等保障力度,落实好应急管理站工作人员的相应待遇。采取切实有效的激励措施,激发一线工作人员的工作激情。

5. 建立健全履职容错机制,营造敢担当、善担当的良好氛围。强化日常督查考核力度,督促各地基层应急管理站建设工作真正落到实处、取得实效。

附件4

绍兴越城区马山街道、斗门街道实地调研访谈(2022年9月)

马山街道综合应急救援队

9月16日　上午

对话人:徐文标　田恪宗

胡雪峰(马山街道综合应急救援队队长)

张海鹏(马山街道综合应急救援队指导员)

记录人:应蕾

胡:应急消防站是以消防为主的,那么建设的过程中,应急这块也要求带进去,现在我们就搞了一个综合,应急消防救援综合起来的一个消防站和队,相当于说消防以站为主,应急救援以队为主,这样组成的一个综合救援队伍。那么现在我们承担的责任,不仅仅是消防救援,包括那个防汛防台,抗洪抢险啊,还要参与一般性的突发事件。我们当时成立好之后,应急和消防结合以后,浙江省全省的现场会是在我们这儿开的。

徐：那两个之间工作任务怎么划分？

胡：工作职责就两块嘛，一块消防，一块是应急，我们的牌子也写了，应急和消防一体化。

徐：那是怎么一体化的？

胡：防汛防台救灾方面是应急这块来负责的，出警救援、着火救援由消防来负责，相当于我们管理的部门是两个部门。

徐：你们人员有多少？

胡：消防人员有20个。应急这块它的队伍大一点，有50个，除掉我们20个，相当于30个。

徐：总共30个人？

胡：总共50个人，但是有30个兼职的。20个是专职的。相当于我们消防队的20个人是专职的。

田：就是你消防队的是专职的，应急的是兼职的。

胡：对。

张：应急的人员是兼职的，万一有什么事情就通知他们。

胡：我们应急是一个综合体，相当于说应急和消防加在一起，总共人员有50个，我们24小时备勤的是20个，另外30个就是兼职的，由街道的民兵和我们应急成立的7个队伍。

田：你讲一下有哪几个？

张：民兵、防汛救援、水上救援、灭火救援、化工救援、地震救援和山地救援。

徐：地震救援是靠哪些人？

张：地震主要是靠我们自己消防这条线上的。

胡：因为各个地区都不一样，我们是平原地区。

张：我们主要是负责化工、灭火、水上和地震，这些任务都会参与进去，还有防汛这一块也还是以我们为主。

田：你们是个核心。没有这个核心就不能行动。

张：对，他们只是兼职的。

徐：兼职这些人以前是什么身份？

胡：街道的民兵。

张：退伍退役的人，还有医院的护士，我们有一个医疗救护队嘛，医疗救援。

胡：街道我们有个机关民兵营的，都是以退伍军人为主，总的人数有80多人，如果出现情况的话，这些人必须要在两个小时内集合，相当于说是常驻的，不是在外面的，基本上都是在单位上班的，兼职的。我们自己是本职。

田：怎么训练呢？

胡：原先就是一季度一次拉练。

田：那其他的技能呢？比如对于地震，你要不懂，怎么培训呢？

胡：这个目前还没训过。因为刚刚才成立。

徐：那比如地质灾害出现之后该怎么救援？

胡：地质灾害，我们这里是平原地区，地质灾害一般性情况下很少，没有的。

田：像干旱呢？今年干旱，怎么处理？

胡：对于干旱我们消防主要是送水，但是我们没有山区，有些地方断水了是我们送的，主体还是我们。

张：像我们这块，没有森林，所以我们森林灭火也是没有的。

徐：这一块主要是企业多。

田：企业这块有什么心得，或者有什么案例，讲一讲。印象最深刻的救援是哪一次？

张：2020年，恒业成有机硅化工企业。

徐：是搬迁的那个企业吗？

胡：对，搬掉的那个企业，不久前全部拆完了。

胡：那次着火着得很大。应该是2020年5月6号还是6月。

张:这个企业当时火一着起来就很大,我们到现场也就3—5分钟,但它着的速度很快。我们到场以后火已经整个着起来了。虽然我们离得近,三五分钟就到了。

徐:活性炭还是有机硅着火?

张:活性炭。

胡:活性炭这个东西碰到水会浮起来。

张:相当于要大量的水覆盖,给它拖出来,挖掉,挖开。那时我们第一时间到场以后,前面一个人站在前面浇水,后面一个人对着前面的人身上浇水,因为前面的温度太高了。

田:你们有没有在社区里面对家庭进行宣传?或者有没有在社区救火的事情?

胡:现在我们社区一般都成立了微型消防站。

田:他们主要是做宣传?

张:一个是宣传,另一个万一本村发生火灾,他们能够第一时间到场。因为我们绍兴这一块就是河流多,我们给他们配的就是三轮车,三轮车上面是没有水的,配的是一台抽水泵,它只要一到场,几乎100米内,大部分都有河流的,就可以抽水。上次有个村发生火灾,我们还没到场,他们直接自己给灭掉了。微型消防站就起这个效果,就是为了救早救小,在每个村、社区都成立了,下面全覆盖。我们是一个站点,村里面有12个微型消防站。

田:也就是说,平时你们消防站是不动的。如果说有应急救援的事,你们去不去?

胡:去,都去的。像前天的台风,是I级响应。

田:I级响应的时候如果着火了,你们回不来怎么办呢?

胡:我们有三个班,如果有火警的话,值班组就到那边去。

张:始终有一个班的,哪怕是抽水了或者去救援了,两个班出去了,但始终有个班是留着救火备勤的。

田:你们感觉这个消防和应急合到一起是好还是不好啊?

胡:从我们队伍管理上来讲,那肯定是单一的好,但是从大综合角度来讲的话,以后就是这样一个趋势,也有好处的。

张:其实消防和应急干的东西,很多都是一样的。

胡:像台风天气,哪个地方要抽水,还不是打119,还不是消防去,一样的道理。

田:你说原来也是你们去,那现在感觉是调动的资源变多了吗?

张:像以前只能是119消防调度我们,现在应急也可以调度我们,政府也调度。

田:变忙了。

胡:专业的人做专业的事。一般我们这种地方都要专业的人。

张:所以还存在一个问题,流动性大。

田:那怎么保证是不是专业的人呢?

胡:我们招聘进来的人都要先去培训。

田:培训完了,刚培训结束就又走了。

徐:待遇是什么情况?

胡:待遇啊?我们其实是两部分组成的,一个是街道的职工,我们消防队20个人,有12个是劳务派遣制的。劳务派遣制呢,我们定的工资是,包括五险一金呢,是8万4千块钱一年。我们街道合同制呢,包括五险一金大概是10万块一年。现在我们街道合同制流动性少,第三方劳务派遣的人流动性大。因为现在好多地方都成立消防站了,有些地方的企业都成立消防站了,那还是企业消防站的工资高一点。他往高的地方走了。因为作为消防队、综合救援队员,我们每个人都要有点技能对不对?因为我们必要时候出去救火,都比较危险,是需要经过培训的,不是说招一个人进来了就可以直接拉去救火,不是的。

田：他走的原因是什么？

胡：走的原因就是工资低嘛。一个年轻,第二个工作危险性又大。你也知道的,我们全国消防员招得到吗？招不到啊。市里招专职消防员,也招不到多少。你第一次也招,第二次也招,第三次也招,为什么？原因就是现在独生子女多,这个工种也危险。平时没事的时候,我们只要训练训练,工作时间也在办公室,但是真的哪里着火了拉出去,就相当于是打仗,这个风险很大的。这些危险你有些是看不出来的。像天津港,这么多人进去,"轰"的一声就没了。

徐：您两位怎么称呼？

胡：这位是我们指导员,张海鹏,他是安徽人。我叫胡雪峰,本地人。

徐：你是安徽人怎么到这里工作了？

张：我以前是政府专职消防员,在中队里的,以前也是统一培训的,像当兵一样。当了5年,做了5年。后来这边成立了,我们教导员就问我要不要过来。这边刚成立,有些东西,像训练啊、救火啊可以指导一下。因为它刚成立,一个专业的人也没有也不行。

徐：那你招过来就是现役的？

张：也不是现役的,是合同工。

徐：消防队的合同制？

张：对。

徐：好多人跑到企业？企业的消防能用吗？

张：一般技能都是这些技能,都会的。企业就喜欢这种人,都不用培训。

徐：你给他培训,他跳槽,对周边的企业也是好事。

张：对我们来说,是为企业做了贡献,人家企业需要这种人,你培训好,人家走了,到外面去了,是为企业付出了。

田：这等于是消防为社会输送人才,这是有价值的。——"功成不必在我"。

张：但这样子我们就比较累了。都是两三年的老同志的话,其实就很轻松,日常生活啊,包括对救援这方面都很熟悉,也不用怎么教了。

徐:这些队员都来自哪里?

胡:本地的,没有外地的。因为我们是上下班制,所以基本上都要本地的。

徐:你们平时值班怎么办?

胡:三班制。白天20个人全部在,晚上留一个班7个人。

徐:那应急和消防这块值班怎么值?

胡:应急和消防我们是结合,这么多人就在做这个事。

徐:就是混岗,两块内容都干?

胡:对,都做。

张:因为我们属于街道的消防站,不是仅仅涉及消防和应急这一块,哪怕是街道文明城市创建、拆迁啊这些事我们都要参与进去。有时候人手不够就从我们这里拉人去。

徐:就是街道工作都要配合的。

胡:对,综合嘛。都要连起来,就是这个道理。

徐:那你们平时属于越城区?

胡:越城区。

徐:越城区平常对你们是?

胡:业务指导。其他都不管。

张:工资这块也是街道发的,街道办事处发的。

徐:指导是通过什么方式来指导的?

胡:业务指导嘛,就是紧急拉练,平时业务培训,半年、一个季度拉去培训一下,一个月过来指导一下。设备操作这些检查就按照部队要求来检查,相当于也是要求我们军事化管理。但是我们做不到中队跟国家的那种要求。因为我们是上下班制,他们是集中管理。虽然不是集中管理,但是每次我们要去企业检查,去出租房发放宣传单,这些都是要我们去做的,就是民房安全、店铺安全啊,这个东西都要我们去的。他们主要负责训练、出警。我们就是什么东西都要干。

田:那你的工作量很大。

张:就是杂。

徐:现在消防检查,派出所还干不干?

胡:他们不参与。

张:我发现现在有一块,就是出租房那一块可能还是做的。出租房还在检查的。以前公安也可以管消防这一块内容的,都是一个系统的。现在应急消防,他就不来参与这个事情了。

徐:你们这里50个人,有20个属于编外用工?

胡:对。

徐:其他30个属于第三方派遣?

胡:对,是这样。

徐:明白了。就是说,劳务派遣的话,劳务公司可能还要留点利润。

胡:8万4嘛。

张:每年一个人6 000多嘛。

胡:一个月可能567块管理费。如果把这笔费用加到队员每个月的工资里那就好多了,不要说5 000多块钱,一年的收入相差5 000多块钱,其实也不少了。真的。但是全市也好,全省也好,我们这个工资已经普遍算高的,其他地方还要低嘞。

田:越城区算是有钱的。

胡:我们以前开全省现场会的时候,包括去消防培训,大家都在讨论,有些地方工资还要低。就我们这边工资相对高,因为我们这边消费也高嘛,但是流动性比较大,走的人比较多。因为有些企业成立消防队了,他们对外招聘,就必须要专业的、当过兵的,10万一年。那我这里的人肯定跑掉了。我这里培训完了,他也学会了,都学两年了,就这样走了。那我这边损失就很大,无形的损失很大。我招进来的人,都要去消防大队培训一个月。

徐：我有个疑问，你这儿管得严的话，本地的当地的小伙子愿意来吗？

胡：本地的小伙子不来。因为我们这里的值班比较多。一个月必须要值10个班。

田：谈恋爱的机会都少了。

胡：对，就这个道理。一个月大概只休息5天嘛。但是哪怕没事，你也必须在岗。特别是晚上值班，只有一个班7个人，最起码必须保证7个人都一定要在，必须要在。如果说你今天要有事情，你跟他换班，就几个人换，平时的时候，就白天不要紧，上班的时候不要紧，我20个人都在，你有什么事情我都拉得出去的，我有三个班三辆车，随便拉拉出去好了。

徐：那检查的时候不分消防还是安全隐患检查？

胡：不是，现在我们到企业进行检查，沿街店铺检查，这一块我们有应急办嘛，应急办出一个人或两个人，我们消防出一到两个人，配合去检查。因为有些企业并不知道应急，但是他知道是消防，我们穿制服去，他就知道是消防。应急和消防结合起来一起检查。

徐：应急办不是一个非常设机构吗？应急办有办公室？

张：应急办有7个人呢。

胡：应急办成立了，它分那个大的街道和小的街道，大的街道是7个人，现在就是标准，成立了一个部门，应急办，以前是没有的。

田：你这儿算是大的吧？

胡：我这里算是大的。

徐：那应急办成立之后，是单独的，还是合署办公？

胡：单独。以前是合署的，以前是经发办的，在工贸线下面。

徐：建一撤一，那把哪个撤了？

胡：什么意思？

徐：乡镇的机构是定死的六部一室。

胡:八办一中心。就是我们这个街道,有八个办公室,一个中心,便民服务中心。后来就是成立了应急办,变九办一中心。

徐:那把谁撤掉了?不是超编了?

胡:不超编,这个是区政府决定的。又成立一个。

徐:编办同意?

胡:同意。必须要带编制,4个带编的,3个编外。

张:其实很多地方还是合署的,像越城区,今年就是搞了一个挂牌仪式,全部得单独列出来。

胡:相当于应急办是独立的办公室,街道下面一个独立的办公室。

徐:突破了省里面的规定。省里面是六部一中心吧。

胡:其实八办一中心是我们整个绍兴市定下来的,应该是大前年的时候定的。

徐:都是新建的?那确实不容易。非常不容易。

胡:应急办活也多,真的多。

张:主要是企业多。

徐:你们应急办那儿7个人,和其他各条办公线比起来人数算多吗?

胡:最少的。

徐:最少的?其他大概多少人?

胡:其他大概几十个。

张:十几二十个。

胡:我们马山街道现在大概有269个人,工作人员,带编和不带编的。如果加上劳务派遣的话,我估计有300多了,三四百了。

徐:269个,你这儿20个编外用工算不算?

胡:编外用工不算,我说算上去就有300多了。正常来说,街道就是带编的,但有些是合同制职工,相当于是编外的,还有第三方的劳务派遣,还有就是我们街道下面成立的一个公司有四五十号人。

张：就相当于是下面劳务派遣，第三方，都是第三方派遣。

徐：就是说，现在有编制的是两百？

胡：269。

徐：编外用工有多少？

胡：编外用工算起来多了，有七八十个。

徐：你那儿大概是多少个？

张：吃饭都有300多号人。

胡：我们这个街道大。

徐：像这个街道，你这儿总共50个人，不包括应急办的人？

张：不包括的。我们这个应急救援队伍是单独的。每个乡镇都几乎给它单独列出来了。

胡：我们马山街道综合应急救援站是我们越城区第一个应急跟消防结合的队伍，站队合一。

徐：现在各个街道都有？

胡：都有，只有市区街道没有。

张：等级不一样。

胡：等级不一样，我们属于一级的消防站，是一级消防站。

徐：二级、三级有。

张：它要20个人，必须要标配，二级它只有十多个人。

胡：15个。三级它是10个，按这个标准。

徐：10个人怎么值班？

胡：应该也是三班制的，不过有些是做二休一的，有些是做四休二的。因为我们街道事情多嘛，我们只能以双班制的形式来做。

徐：马山街道的主要特点，跟其他街道比，是属于中心镇？

胡：从越城区来讲的话，我们马山街道财政是第二位，17个乡镇里面是第二。

徐：第一是哪儿？

胡：第一是斗门。它大的企业多。

徐：你这儿的经济特点是什么？

张：企业，都是企业。

徐：都有哪些企业？

张：纺织。

胡：印染。

张：现在印染企业全部搬掉了嘛。今年都搬完了。

胡：我们绍兴这边什么企业都有。主要产业还是印染，纺织印染。

张：机械，纺织，印染，化工。

胡：因为我们这离中国轻纺城近。包括斗门也是。

徐：轻纺城不是柯桥的吗？

胡：柯桥就一点点路嘛。

张：其实轻纺城只是个市场，它的很多厂都是分布在其他下面的乡镇的。

胡：相当于它只是成立亚洲最大的一个市场，向周边辐射开来，绍兴原来就是印染企业是最好的，基本上都是印染企业。

徐：滨海是在你这儿还是？

胡：在马鞍街道，是柯桥区的。

张：那个也大。

胡：马鞍是体量最大，因为靠海。

徐：我去过一次，它靠海边也是有一支消防队吗？

张：对，马鞍也有。

徐：企业消防队。

胡：蓝印突击队。

张：那些企业队一般比政府队还要强一点，人也多。

徐：那边是8个企业还是10个企业？

胡：10个企业，蓝印突击队。

张：10个印染企业，都是印染行业的，组成一个队伍，相当于每个企业拿出多少钱，然后加起来一百万到两百万。

胡：我们这个消防队是政府、街道全额拨款的，像它那个企业，就你刚才说的滨海的那个消防站，就是企业组成的消防队，但是街道没有消防队，是企业消防队担任起整个马鞍的救火救灾的责任了。

田：我想问问在基层里面，社区里面，你们对居民的这种意识啊怎么提升？

胡：消防宣传嘛。

田：那么消防宣传下来，你感觉他们的这个意识有所提升呢还是仍然不够呢？

胡：本地居民呢，安全意识是比较强的，现在安全意识最不强的，还是外来人口。其实我们每一次住宅小区火灾，民房火灾，都是由群租房、出租房引起的，90%都是。本地人呢，意识还是可以的。

张：大部分人还是提升的。

胡：对。现在人的素质也好起来了，环境也好起来了，平时我们消防宣传啊，挂横幅啊，到小区里面去宣传啊，这个基本都还是有的，因为现在上面也有要求嘛，宣传要"五进"，进家庭、学校、小区、企业、农村。

张：我们去年出警总共三百多次，今年到目前为止才100多起，下降了很多。

田：你这儿（火灾）报警都是什么人报的，当事人报的警吗？

张：当事人报的警。

胡：要么当事人，要么就是路过的人。

田：大部分是乱扯电？最多的是哪两种？

胡:私拉电线,厨房火灾。

田:厨房火灾是老太太多啊,还是都是外地人多啊?

胡:不是,外地人。

田:都是外地人?

胡:老太太也有几个的,但是外地人多。因为出租房嘛,他不考虑要把自己家里卫生搞干净,你像我家里的话,房子着不起来的,搞得干干净净的。有些地方本身并没有装修,煤气灶也不擦,煤气罐也不擦,托板也不擦,好多事情都是这个托板着起来,就是煤气灶上面点着,人上班去了,走掉了,这个最多。

田:"托板"指的是哪一个?

胡:外油烟机。主要是用了之后从来没有去清洗。不像我家里,搞得干干净净,着都着不起来。

徐:它和饭店那个一样。饭店现在要求定期清洗,规定多长时间要洗一次。

胡:不像我们家庭的那种瓶装管道,有些高层建筑是不允许把瓶装煤气拿到高层的,一定要用管道煤气的,但是有些出租房,房东没有给他开通嘛,那他就用这个瓶装煤气。瓶装煤气这个隐患就更加大了,接口不好,买的质量不好,煤气灶的质量不好,很容易出事情,这种情况很多的。

胡:其实我们算是做得成功的,这个应急和消防结合起来,利用起来了,包括我们这个应急的装备,跟消防的装备不一样,但我们该有的都有,就按照上面的要求,该做的都做起来了。包括人员也好,装备设施也好。

徐:"枫桥经验"你们知道吗?

张:就在绍兴的。

胡:"枫桥经验"我知道啊,诸暨。那边做得可以的。

徐:实际上,"枫桥经验"的精髓,就是把问题、矛盾解决在基层状态,现在说这个小事不出村,大事不出镇,是从治安的角度来说。实际上,应急也差不多。

胡:是差不多,就是把问题消灭在萌芽状态,不要让那个事情越搞越大,是这个道理。

斗门街道应急和消防办公室

9月16日　下午

对话人：徐文标　田恪宗　吴先朝

　　　　邵国富（斗门街道副书记，分管应急消防）

　　　　苏友来（斗门街道应急办主任）

　　　　张冲（越城区应急管理局副局长）

记录人：应蕾

苏：那我简要汇报一下。我们斗门2019年响应区里面、市里面的文件要求，应急管理办从经发办这边独立出来，这是最开始的起点。我们斗门的工业体量比较大，工业线上或者是经发线上跟应急线上的两块工作要兼顾起来比较难，所以把这块工作独立出来了。那么独立出来之后，后面又把消防的一些体制加进去。因为应急独立出来以后，也越来越感觉到大家都在讲安全，原先我们应急办可能主要是以工业企业为主，其他的只是附带一下，但是消防这一块面向的范围和内容越来越广，比原来的工业企业还要广。尽管我们上面是安全委员会，但是其实消安委范围太大了，相当于把民房什么东西全部放进去了，从整体管理角度来说，是实际问题推动我们把这两块工作合在一起了，按照这个套路来走，我们把应急跟消防整个成立一个应急办。

苏：原先的安监站或者是救援站合在一起，那么按照目前的规范，是应急和消防管理办公室，把这一块全部合在一起。

吴：原先的消防站都是各自管各自的，都分开的。

苏：合起来之后，就是我们把所有的人员，反正我们就是一个应急办，一个主任分管这个工作，专门来做这个活了。我们工业体量比较大，我们斗门原先是开发区的。现在主要开发场地基本上开发得差不多了，剩下的正正式式的村,还存在的其实不多了,其他的要么都是改成居,要么就是已经拆迁掉的,或者说是一半有征收过的,所以整个面上来说就是开发区上这种体制遗留下来的问题,从目前的情况来看,就是安全跟消防合起来干。

徐:村居有多少个?

苏:村居我们整体是29个。

徐:29个就剩7个是村?

苏:我们整个街道村居社区都合一起,29个。但是实实在在的完整的村,可能只有7个。我们是10个社区。今年区里面文件发下来之后,我们也是按照原先的站队合一,然后融合发展,按照这个模式在走的。从我们职责上面来说,其实也基本上就几块内容:森林防灭火、防汛抗台、安全生产监管、消防监管、减灾避灾救灾。

徐:民兵这块在你们这吗?

苏:民兵这块不在我们这儿。民兵就是一个应急救援和维稳处突,包括地震救援这些,我们发动民兵去救援,它也是救援力量之一,是综合救援队里面的其中一支力量。我们这边人武部几个办公室,都可以用。

从我们角度来说,确实也很需要把应急和消防两个东西合在一起,特别是今年,我们23家印染企业停掉了,企业在关停的过程中,消防事故跟安全事故也是很容易高发或者多发,设备拆除啊,污水池拆除啊,包括污泥清理啊,往往两个事情是合在一起发生,或者说是这个发生了,另外一个也紧接着出事。就拆除来说,有安全事故隐患。还有比如说切割之类的,往往伴随的就是消防事故,这个时候也是一个高发的态势。从目前来说,日常检查的时候,我们在这块就是原先的安监跟消防联合一起走,是这么个状况。人员上,我们组建了7支综合应急的救援队伍,根据大应急的概念,我们组建了7支队伍。

徐:整个人员架构是?分管情况?

苏:整个的人员是这样子的,比如说上面一个分管领导,第二个比如说我们应急办主任。

徐:就是应急管理办公室。

苏:对,应急管理办公室主任。

徐:目前总共是几个人?

苏:我们目前总共是 16 个人,还在招 4 个人,因为我们消防队招得多。

徐:办公室 16 个人?

苏:办公室 16 个人。

张:我们现在应急和管理办公室有 8 个人,然后专职救援队 8 个人,总共加在一起 16 个人。

徐:在上午(马山街道),他说应急办是 7 个人,另外一个就是编外用工有 20 个,还有第三方劳务派遣的。

张:那就是这支队伍的构成成分了。可能是有一个编制内的,然后街道的合同制,还有劳务派遣或者是其他的类型。

徐:那儿这支队伍是一种什么构成?

张:一般是这样的,有一些是专职救援队,相当于占用正规的街道合同编制,名额比较有限,或者说有些名额不够,但实际工作当中力量又有需要,然后就以劳务派遣这种形式再招一些。

徐:我的意思是,斗门街道这些人员的构成就是这三种用工形式都是有?

张:目前我们就是两种,我们一个是编制内的,就是街道的这个编制,和合同编,目前就这两种。

徐:第三方目前还没有?

张:目前还没有。

徐:以后有这个计划吗?

张:有的。我们下一批招的 4 个人当中,原本的用工性质就是劳务派遣的性质。

徐:就再加4个。

张:对。因为按照消防队的国家标准的话,我们作为二级站应该配备15个人左右。我们原来也是有人的,因为陆陆续续有个别的离职,还有其他原因,现在人员剩的比较少,所以我们再补充一批。补充一批的因为编制有限,所以在没办法的情况下是以劳务派遣的形式。

徐:编外用工这一块,各个乡镇待遇都一样吗?

张:这个也略有区别的。

吴:这个不一样,视各个镇街道的经济实力情况,有的像他们斗门街道的,工业实力比较强的,可能待遇略微好一点,有的是以农业偏重的,相对来说只能是基本的6万一年的那种。

徐:您怎么称呼?

张:张冲,越城区应急管理局副局长。

徐:刚才的书记是?

张:姓邵。邵国富,国家的国,富裕的富。是斗门的副书记,分管应急和消防。

徐:平时他们的工作你们是怎么委派的?往下,比如说是消防的、应急的,比如这次台风。

邵:平时的工作主要是4块内容,一个是平时企业的监管检查,这个我们是通过区安委会下达指令给他们,然后他们实施的。然后是消防安全,通过消安委,然后是抗台的防灾救灾,我们的防治办、防灾减灾办、减灾委下发的。然后是其他的综合救援,应急救援的话都是这个市防指下达的。总共是4条线,我们4个指挥部。

徐:按照这种职能划分,现在队员都是干一样的活?

张:不是,这个我们街道的实际情况是这样的,从2020年开始融合之后,我们街道现在是划分为一个个监管区域,每个监管区域至少有一个负责安监的同志还有两名以上负责消防的同志,由他们组成一个监管室,负责整个监管区域的安全和消防。8月份的时候,我们街道又成立了联地块,联地块以前是联企,现在我们把街道所有地块上的企业,包括监管区域内的一些生产经营主体都涵盖进去。涵盖进去之后,我们下面还有一个联地块的助企指导员,原来我们叫联地指导员。

徐:这种方式用我们的话叫网格化。

张:街道应急管理这一块划分为三个大的安全网格,网格下面还有若干的,应该是有47个联地的指导员,联地指导员相当于负责把日常的一些小的,包括一些会议精神、一些通知精神通知到企业和生产经营主体。在这个区域里面有什么情况发生的话,他们第一时间汇报给我们监管室。

徐:联地指导员是吧?

张:对。

徐:这主要是安全和应急这一块。

张:主要是一些通知,包括一些精神的传达,由他们传达到具体的、所联系的企业。

徐:这个联地,指的是所在区域?

张:它是把整个街道的大的范围分成若干的小的区块。

徐:你们分了多少个区块?

张:160多个地块,300多个小的点位。

苏:这也是我们自己在探索的,今年刚刚弄出来的,原先一般都是联规上企业,那么后面进了一步,也把一些小的园区列进去了,相当于是全覆盖模式,把小园区、规上企业,整个按照一块一块的模式,来全部列出来,这样能够更加压实我们的责任,不会有漏点。

徐:我提个问题。就是说,实际上我们这个工作中间,特别是针对企业的工作,以前存在过一个比较大的问题,特别是企业比较多的一些乡镇,——不知道你们乡镇企业多少?

苏：我们多的。

徐：就是说，往往全覆盖检测是不可能的，有些小企业，一次也没抽查过，往往这些企业安全意识比较弱，安全状况也比较让人担心。如果从未被检查过，它就不知道它做的哪些方面有问题，心中没概念。那么我们通过什么手段，或者有什么合适的方法，可以把这一块给覆盖了，把这一块工作给做了？

苏：我们是这么个模式：因为我们是开发区，村子有些都拆光了，土地基本上都已经变成出让土地了，理论上来说村庄是不能够去管企业的。所以我们刚刚说的联地也是为了把我们街道里面所有的人，把这块土地给覆盖进去，这个是一个总的方案。

徐：你们总共有多少人？

苏：我们总共在编加编外有200多号人吧。

徐：200多人有哪些人联地做这个指导员。

苏：联地指导员是我们经发办各个办公室都合起来，所有人都去联地。

徐：就是说每个人，人人联有地块。

苏：对，一个是联村的，一个是联企的，我们两个是分开的，两个不兼任。

徐：这个联村和联企？

苏：两个是分开的。联村管联村，联企管联企。

徐：像乡镇里面，实际有没有过区分，比如说经发办联系企业，其他条线比如说农业口的联系村庄有没有这个区分？还是说没有？

苏：因为我们这个企业太多了，我们GDP规上企业180多家，小企业加上去的话，至少有3 000多家。

徐：生产型企业有多少？

张：生产型企业有1 400家左右。

苏：经营主体，就这个市场的话，可能5 000—6 000家，它的数字也在变动当中。

徐：怎么称呼您？

苏：我姓苏。

吴：苏友来。朋友的友，来去的来，应急办主任。

徐：那你对"枫桥经验"了解吗？

苏："枫桥经验"，可能我们理解得比较粗浅一点。

徐：没关系。

苏：最少，就是最核心的就是基层治理的小事不出村，大事不出镇，矛盾不上交。我们其实也学了做法，基层治理这一块，联地的全覆盖这么一个模式。对于我们来讲，原来可能只有"四上"企业有人联，现在联地块向下更延伸一步，把一些小的、小微的，或者说是一些规模相对大一点的这种，沿街的，或者这个区块里面的生产经营的，大部分主体都涵盖进去了。

徐：联地指导员。这个是各个地方都有？

苏：联地是我们自己搞的，今年刚刚划出来的。

吴：这是你们新做的一个动作？

苏：原来是驻企指导员，现在就是把它又铺开了，因为我们企业太多了。

吴：就是一个一个网格。

苏：其实就像刚刚说的一些小企业，我们日常是不可能走到的，因为量太多了，我们几个人不可能走到的。所以直接就把它划成一个个地块。

吴：就是相比于小的网格要大，是不是？比原来讲的网格要小，但还是网格，一级网格二级网格是吧？

苏：我们应急办里面按照监管区来划分整个是三个大片区，跟我们整个街道结合在一起，按照联地模式来走。联地跟联企是合在一起的，联村是分开的。联地是在联企的模式上更进了一步，按照这个形式做的。然后联村就是联村，只管村里面的行政事务，其他不来管。这个也是一直在酝酿做的事情。确确实实来说有一些真的走不到，因为我们企业太多，目前省里面除险保安系统里面，我们还有委托第三方,这样才保证能够走一遍,否则光靠我们几个人怎么走都走不完。

徐:那么消防和应急一体化之后,你们感觉工作上还有哪些创新的地方?或者就是符合斗门街道本身特点的一些做法?

苏:应急跟消防,除了消防是救,前面的防是靠检查去的,我们目前按照片区,然后把行政管理这一块的应急跟消防,再加上救援队伍的,按照1∶2这样的配比,把防的跟救的结合在一起,按照这样的模式去检查。

徐:举个例子,如果检查中间另外一个地方出了事,那么救援怎么办?

苏:救援我们还是有人在的。我们消防救援8个人,4个人1组就在这边值班的,另外4个人跟着我们去检查。分两组。

徐:还有一个问题,消防检查,目前派出所还做不做?

张:派出所?派出所现在可能更多关注的是出租房这一块,消防是以我们这边为主。

苏:派出所主要关注流动人口。

徐:就是出租房隐患他们也还管。那是不是要配备什么,现在说什么三件套之类的?

吴:三大件四小件。

徐:因为现在的问题,是与消防有关的。派出所的职责是检查消防,但是很弱。那么基层的,特别是乡镇,来管谁就很麻烦,监督检查的职能该怎么划分?

苏:监督这一块,其实像我们这边,滨海消防大队的,有个联地参谋的,日常的话他们也在检查,日常的规模大一点的,那么反正出租房或其他的小的经营主体,我们的消防,也在检查沿街商铺的,如果查到问题的话,我们也会提示进行整改。

徐:你们有多少个派出所?你们这里派出所力量还不错,力量还比较强。以前他们在消防这一块还有考核,但是改革之后,跟考核的关系就不大了。

苏：目前派出所是以管流动人口为主。体制建制变更以后，市里面当时出过一个出租房的管理条例，这些当时都是以公安为主的。但是把消防独立出来以后，特别是跟应急合在一起之后，这个事情就说不清楚了。目前我们也想往这块方向上面去发展一下。关于出租房管理这一块，我们街道目前是以综治办为主，由它牵头，然后各个部门都去综合执法园区，我们应急消防也去，其他一些相应的部门一起参与。因为出租房往往都是傍晚的时候才会有人，所以都是晚上行动，都是按照这个模式去的。我们出租房有23 000多间，登记的总的数字是23 000多。

田：在应急跟消防这一块，咱们企业比较多，企业里面可能外地员工也比较多，这方面在执行过程中，他们的管理还存在哪些问题？

苏：应该分几个层面吧。第一个是我们这边大的企业，它们往往是自己建有宿舍的，就有自己的内部管理。相对来说，自建宿舍以后，特别是规模比较大的，上千人的企业，那么它自己这方面的意识，也应该说也比较强。在日常的工作布置当中，我们把好多的微信群之类的交流群全部都拉起来了，把企业全部拉在这里面了。日常有什么工作马上就布置下去了，这是一个模式。我们前期也在开展一些比较大的整治，特别是针对刚刚说的企业宿舍，目前来看的话，我们街道层面，包括各个条线上面，其实对企业这方面的制约力或者任务布置是不少的，包括我们说的扫场所码，都是直接布置到企业。第二个是一般的工作人员，或者是企业员工，他们是租房为主，那么这一块我们有一个原先遗留下来叫建设者之家，管委会留下来的。如果是自己租的房子，那么他们租房子就还是以村为主，往往是到村里面。我们几个特别大的一些村，外来出租人口可能达到本地村民的四五倍左右，主要就要靠村里面的日常管理，另外就是我们的抽查检查。我们自己目前面临比较大的难题，也就是出租房，哪些房子可以出租，谁来把关的问题，这个是比较难的一个事情。房子出租了，但是我们应急消防管理办公室不知道它租出去了，那么出租房要配备什么东西，要靠事后去检查,覆盖面就可能覆盖不到,这个也是比较难的一个地方。如果能够在前面租出去的时候能够做到必须配备3小件4小件这种东西,要求符合了才能够住人,这可能会更好一点。目前最大的问题还是在这个地方。

田:还有一个问题。我看咱们基层特别是村社一级,也是支部书记牵头,跟其他相关的党员或者骨干做什么民兵救援队,还有网格员,这个网格员现在落实的情况怎么样?

苏:是这样子的,从我们街道来说,因为网格员是"四个平台""综治"这条线上面的网格员,各方面的职责都放进去了,原先设置网格员的时候有一个职责清单,清单里面的是要干的,其他的可以是额外加进去的,实话实说有点难,因为原先干多少活多少人,都是划好了的。那么消防跟安全,应该是列在里面的,那么往往日常的网格员,一般来说也是以村里面的组长队长为主。

田:我看材料上写,村里面也要建20人还是30人的应急救援队。这样的要求好不好落实?

苏:像这样的救援队,如果在正正式式的编制村,我觉得是可以做的,但是我们往往是里面拆了一半,人少了,或者这样子的。我们过渡遗留下来比较多一点,正式的村是可以干的,没问题的。我们村里面也有义务消防队。

徐:张局,省厅里面下来了文件,是社区和村居的机构建设的文件,现在越城的试点是在哪?

工作人员:这个越城没有试点,现在的话省里的试点是柯桥,市里的试点是上虞。

苏:上虞和嵊州。我们是结合的微型消防站,村里面建设有一部分消防站。然后企业里面,大的企业里面也有建设,是按照这个模式在摆布的。我们内部的话,消防救援站一个,我们有袍中路的正式消防救援站,有正式的消防员。然后我们街道也有一个。然后小的微型救援站,村里面,企业里面,社区里面都有,按照这个模式设置的。

徐：斗门街道有消防力量，以前的国家队现在还在吗？

苏：消防大队。我们这边有一个中队，袍中路中队就在我们这边。

徐：属于以前这个现役。

苏：对，一直在的。

徐：中队一直在？

苏：一直在。

徐：中队有多少人？

张：他们可能有三四十个人。

徐：它可以混编。

吴：它距离这里很近。

苏：它就是个正式的消防救援站。

徐：企业比较多，任务比较重。

苏：它原来其实是个大队，后来体制改革之后，原来的袍江消防大队就隶属于我们现在滨海大队。

徐：除了中队，还有我们这个"15分钟救援圈"。

苏：我们街道的马海还有一个救援队，马海救援队还没有正式运行，所有的架构、人员都到了，但还没挂牌。那边相当于也是一个中队。

吴：就是"15分钟应急救援圈"的应急站。

苏：地图里比较明显，上面这条横的，就是一条高速公路，高速公路以北就设了一个马海的救援站。大概在这个位置。然后这边袍中路下来，袍中路这边有公安分局，一个公安分局。按照这种模式在设置的。然后企业那边。上面大的企业这边有一个，这边还有一家。

徐：分区块？现在总共几个救援站？

苏：不是，正式的消防救援是两个，中间是我们街道的，日常只要是小火或者小的一些救援，都是我们街道出马的。现在我们跟大队，特别是跟袍中中队，群都接起来了,他们收到消息我们也收到了。都是共享的。一般小的东西都是我们主动的。

田:同时收到?

苏:对。像晚上值班的话,他们有警报,我们也会有。

徐:你这15分钟肯定能到位。

苏:我们这边微型消防站总共有56个。

田:一个站里面配30个人?

苏:有些企业多的人还多的。

吴:有些微型消防站是社区里面的,社区里面主要有保安,物业公司这些人。

徐:微型消防站我们这儿有多少个?

苏:我们现在有56个,应该还多的。

徐:就是说消防室的这种算一个?

张:也没有,它就是消控室,然后有些消控室外面也单独设立一个小的区域,包括里面的消防救援的器材,而人员可能就是保安和物业公司的,还有一些像公司的话,有些管理上的人员兼职。

吴:我这两天也在思考这个问题。乡镇这个东西,我给它归纳为两个字,一个功能,枢纽功能。为什么叫枢纽?就是从它的所处的位置来看,是我们行政机关的末端,你下面就没有行政机关了,也就是末端。另外一个,它是联系村、企业上面的首个行政机关,那么在老百姓的心目当中是不一样的,是距离他们最近的一个行政机关。我们要把这个枢纽功能,要把"枢纽"两个字给理解清楚。从我们乡镇街道承接的功能任务来看,一方面作为行政的末端,上级下来的事情都要通过它去落实。村、社区、企业、居民,都要通过它去组织落实,对吧?到乡镇这边以后,乡镇要理解好消化好,理解、消化好了以后,再去领导辖区内的这些企业、居民把工作落实好。另一方面,要把在落实的过程当中出现的一些倾向性的问题,主动地收集起来向上反映。这就意味着枢纽。当然,这个枢纽功能，我们还可以去给它再归纳一下，主要有哪几大枢纽功能。从成效来看，我们各级政府各个部门通过组织开展的工作，让人民群众感知到的一个获得感、幸福感、安全感，很大程度上要通过这个枢纽去传递。那么首先就是一个传递功能，很多东西都需要通过乡镇传递给我们每一个辖区内的居民。从应急消防工作的具体组织实施来看，这些长期以来都是在我们街道的组织领导下来实施的。过去，消防属于派出所，是一个公安机关，但派出所也是街道里面的一个机构，平时业务上面也受到街道的领导。

从机构改革以后，2018年12月26日，我们市局成立，一步一步走到今天。从原来的"15分钟应急救援圈"的提出，然后推进到今天为止，通过这么几年的积累，从量变到质变，今年，我们实行的应急和消防合二为一。追寻这么一个脉络，我们的思想是怎么演变的，做法上又是怎么一步一步推进的，主要是来寻找这么一个东西：在这个过程中，我们是向改革要合力，向改革要办法，解决我们原来无法解决的人少事多、力量分散、多头管理、都可以管也都不管这些矛盾问题。我们绍兴有句话讲"山阴不管，会稽不收"，历史上以解放路为界，西面是山阴，东面是会稽，结果就是解放路成了"山阴不管，会稽不收"的地方。我们的责任调整以后，无论我们的应急工作也好，消防工作也好，出现了一些新的矛盾问题，我们就向改革要合力，由原来的应急消防各一条腿走路，变成了我们今天的一个人走路，把两块工作合二为一，走起来就又快又有力量。改革的核心就是应急消防实现一体化，归纳起来是"四个一体化"，规划建设一体化，责任综合一体化，管理使用一体化，综合保障一体化。这是改革的核心，是这么四个一体化。这是一个化学反应，不是什么简单的叠加，它是一个深度的融合。改革的成效，第一个是职责任务更加清晰，第二个是力量全面整合，第三个是工作的指向性更加单一明确，第四个是工作的时效性迅速提升，第五个是工作保障节约化，第六个是被管理对象的获得感提升。当然，我们后续还有很多工作需要不断深化下去。我们斗门是一个好地方，我们斗门的领导班子也非常坚强，很有改革创新的精神。

附件5

浙江新时代枫桥经验研究院实地调研访谈(2022年9月)

9月16日下午　枫桥研究院

访谈人：徐文标　田恪宗　吴先朝

丁光飞(枫桥研究院执行院长)

田胡杰(教授)

记录人：应蕾

丁：我稍微介绍下这边的情况。我们这里叫浙江新时代枫桥经验研究院，主要职责是做"枫桥经验"的理论研究、总结。

关于这个新时代"枫桥经验"和应急管理这一块，从理论的层面我先思考了几个方面，大概是三个方面。等会我们田老师还有研究院另外两位老师也可以再补充一下。

第一方面就是我们对应急管理工作或者应急消防工作和"枫桥经验"的高度契合认识的把握上，我觉得不仅仅是一种业务上的理解，基层做好消防安全工作和我们"枫桥经验"抓源头，在业务上有一些相通。

我个人觉得，我们要从政治的高度来认识这个问题。习近平总书记他在浙江工作期间就提出了大平安观，所谓的大平安观，就是把包括应急管理在内的很多东西都纳入进去，2004年的时候，他又提出要把创新发展枫桥经验作为总抓手，贯穿于建设平安浙江的始终，努力在融合、结合上下功夫。

所以从这个意义上理解，我们把"枫桥经验"直接与应急消防业务工作结合当然是必要的，但我觉得这高度还欠高。我们要讲政治的高度，也就是贯彻总书记的要求。绍兴作为"枫桥经验"发源地，我觉得我们是有一种政治担当的。怎么样去深化总书记一系列的，特别是在浙江工作期间，以及到中央以后，对

"枫桥经验"这一系列的要求,特别是在浙江工作期间提出的平安浙江建设,已经很明确了,"枫桥经验"是总抓手。

第二个理解就是我们省党代会提出这个平安法治一体推进,风险闭环管控,我觉得这样一些提法实际上和"枫桥经验"是高度契合的。特别是风险闭环管控,实际上是我们"枫桥经验"源头治理的一种深化。我想应急消防工作也要统筹地放到安全与发展的大的视角去审视。

这一方面,我的一个粗浅的认识,也就是,我们绍兴作为发源地,我们这种结合不仅是业务上的一种结合,更是总书记的治国理政,特别是习近平新时代中国特色社会主义思想的深化。

第二方面,我觉得消防应急管理工作与新时代"枫桥经验"这个精神内涵,这个结合点也是非常明确非常明显的。比如说人民至上。前期我到消防大队调研过,在调研当中我也深切感受到,他们是在创"枫桥式"消防站,那么这当中他们的一些做法理念我非常认同。我们的新时代"枫桥经验"讲到,要人民至上,以人民为中心,应急管理工作,讲到底,它最重要的任务那就是救死扶伤,就是生命至上。生命至上那是人民至上的一个最核心,也是最重要的一个突出方面。共建共享,是怎么样让社会力量参与,高度契合。

在消防应急管理工作与新时代"枫桥经验"的结合上,我想主要是三个方面,可能是我们绍兴在工作当中也是这样贯彻的,或者接下去也是可以朝这个方向做好结合的。

一个是价值认同的问题。这里的价值认同,我们去消防大队调研,感到这当中的确是有一种价值认同的转变,这种转变最突出体现在从部门为中心到人民为中心的转变。比如说,以前我们看待消防工作,应急管理我觉得也是一样,它有一种部门为中心的这种格局,无论是对企业的执法也好,罚款也好。一个事故发生了,原来的时候我感觉有些数据是冷冰冰的,死亡三个人以上要怎么样,死亡三个人以下要怎么样,我们对死亡两个人还是三个人这个问题的看法,实际上是以部门为中心。在具体的做法上这两条命三条命好像是有质的区别。但两个人的生命也是生命。我们现在回归到以人民为中心这个立场上,我想这是价值认同上的转变。

据我了解,我们绍兴在应急管理局的工作,还有消防站的工作当中,其实转变是非常明显的。什么叫生命至上？一方面是救死扶伤上,这上面把人民的生命财产,特别是生命放到第一位。第二,我们的消防,比如说在救火这个过程当中,或者是防溺水救人当中,把我们自身的生命安全也是放到一个重要的位置,我觉得这也是以人民为中心的一部分。也就是,我们应急救援队伍也好,消防官兵也好,他的生命也是人民至上的一部分。我们这个体会是有的。80年代,对于我们救火的英雄,我们要提倡学校里给他塑像都竖起来,但在救火过程当中,自己的生命也是很重要的。所以实际上我觉得时代的进步,我们新时代"枫桥经验"以人民为中心,这个理念实际上是一种价值追求,在我们的这个工作体系当中,我觉得是要充分地表达,充分地体现。

第二个我觉得就是专群结合,今天上午我看报纸的时候,看到我们诸暨在"梅花"台风的应急当中,我们救援的力量,有一个叫蓝天救援队,一个叫作民安救援队,还有一个叫什么我忘记了。我们公布的救援队力量的号码都还是民间救援队的号码,还没有一个是自己的号码。我们看到的微信上,请有什么紧急情况就拨打以下电话,好几个好像都还是民间的救援队的号码。我们自己的号码我觉得也要公布一下。不过这也是从一个侧面也反映了我们在力量组织体系当中是专群结合的。可能我们自己专业的力量是拨打110、119。这种号码可能大家都默认是不需要公布的,有事情拨打119和110,这个东西是社会广为人知的,那么这是专业力量。群众的社会的力量就是民安、蓝天这些社会救援队伍。据我所知,这些社会力量的救援技术和装备并不比我们专业的差。义乌他们的民间救援队,甚至有直升机。我们正规部队都还没有直升机。

那么我个人的思考,这种专群结合不光是这种力量的整合,接下去可能我们要做的是一种工作方法上的专群结合。专群结合体现在专和群,专业和群众这个力量的互动的问题上,我们的专业力量是不是专门负责专业性的救援?我们的专业力量需不需要深入群众去做群众工作?比如说,我们一些消防安全的宣传,我们一些救援知识的普及,什么防溺水、防火这些宣传。我们以前往往觉得,这些是社会、我们群众自己宣传。但我个人觉得,我们专群结合,专业力量也要做群众的工作,社会力量达到一定的专业化了,也可以做专业化的工作。所以专群结合这一块,我觉得是要深化。绍兴的基层站所在这方面也是有在做的。上次他们消防站做交流,我们也去调研了,所以有所了解,他们有一个"六大体系",要求乡镇的消防站做什么"九头"宣传,什么灶头、田头、案头,宣传这些都是做到家的。

第三,我想就是服务与执法。我们传统的工作,应急管理局,实际上原来的安管就是安全生产局这样过来的,它的执法功能体现是比较大的。企业有什么东西做不到位,罚单开出去。我觉得在新时代的当下,我们服务与执法这两者之间,要体现"枫桥经验"的理念出来,执法上就要柔性执法,以人为本的执法。这当中我觉得"枫桥经验"以人为本、柔性执法的理念体现到我们的业务工作当中,就是服务与执法这个关系的处理问题,特别是在当下经济下行这样一种宏观环境之下,我们这种柔性执法尤其值得探讨。

像我们诸暨的消防站、消防大队就采用了三级督改这种方法,我觉得很好地体现了"枫桥经验"的精髓。第一次,我们要提醒,第二次,可能就是书面的警告,第三次才处理。那么这种处理就不是"一刀切"的、冷冰冰的处罚,而是当下我们在保护企业生产主体当中处理发展和安全统筹的一个体现,这是"枫桥经验"的一个很好的理念的体现,体现了新时代"枫桥经验"。这是第三个方面。

今后的工作我这里也想了三方面的建议。

第一,我想是融合。做好融合的文章。因为现在正处在一个改革的关键时期,实际上我们也有所了解,消防与应急管理工作的融合,在我们的顶层设计上,消防和应急那是要融合的,但是实际上,部门与部门间界限的破除,它可能有个过程。观念的转变需要一个过程。对老百姓来说,应急的时候,哪里管你是消防还是应急。一个山体塌方了,到底是消防去救,还是应急力量整合去救,老百姓不管那么多的。部门之间一定要进行人员整合,要融合。然后是大综合一体化,一支队伍管执法。我们试点的推进过程当中,可能消防也好,应急管理部门也好,很多执法权可能划归到大综合一体化的一支队伍当中,消防可能有6项,应急管理那里肯定也有几项工作,是划归到大综合一体化里面的。那么这也涉及融合的问题。还有,消防应急工作如何融合到基层社会治理大格局当中,与其他部门属地、乡镇、村、社会组织充分融合的问题,这里面还有很多工作要做。在乡镇一级虽然建立了应急消防站,但实际上这个工作不只是应急管理和消防两家的事情,还关系到乡镇,还有其他部门。公安有没有关系?消防大队本来就脱胎于公安系统的,它本来是公安管的。有些接警的话,它可能是110接进来的,老百姓就打110,但是事情实际上是需要消防做的,所以还有力量的整合。

第二,是数字。运用数字化手段,我想也不多说,我看诸暨的消防站"六大体系"当中就有一个是数字智能,这个数字,我觉得不光是一种技术的应用,实际上,我们浙江的数字化改革在这里是需要有所体现的。我们枫桥也在建立社会治理中心,它实际上是作为一个基层的信息指挥中心,它对上承接了省里的"141"平台,而在镇一级,它形成一个社会治理中心,它实际上承接了基层治理的综合的信息指挥功能。综合信息指挥功能里面的信息当然也包括了应急管理和消防,所以,数字化的东西怎么样融入到这整个"141"平台里面去,就是数字化改革的一个课题。我觉得这个课题现在正在破题,正在推进,但完全要形成一个闭环,按照袁书记说的风险治理管控闭环,那可能还有个过程。

第三,我觉得是要答好人民满意的答卷。其实刚才我也说了,这个部门是系统的一种体制体系,对消防应急管理工作来说,我觉得它应该是开放的。我上午也在看《中国法制报》和《浙江法制报》，那里面我就看到有个应急管理体系，就好像5级还是6级的应急管理体系已经建成，它的应急体系好像要建设到省到村一级为止，这里面有很多信息输入填报，我觉得这个很重要，也很必要，可能也很管用。但我的理解是，这种体系千万不能把它搞成封闭的循环。应急消防工作到底好不好，关键还是要老百姓满意。这种体系一旦形成以后，特别是它的评价体系很容易形成一种封闭的评价。在消防当中，他们的体系大概是5大环节，这里面就有让人民评判、让人民协商的一个体系，也就是说，这个过程当中，消防工作做得好不好，怎么做好，这当中是有老百姓充分参与、充分表达、充分评判的，我觉得这个工作也是我们绍兴应急消防工作的一个显著的特点，同时也是我们共同努力的一个方向，当然这也是我们"枫桥经验"基本精髓融入到消防应急管理工作的一个显著特色。我觉得要打破部门的体系化的东西，自己说好不行，还要老百姓来评判。

田胡杰：丁院长，你刚才已经讲得很全面，很详细了，相对来说，我也不是这个专业的，说实话，也不太关注应急这一块，我们更多关注的是村庄跟社区的这一块。听了我们丁院长刚才大致的论述，我觉得应急管理，应急体系，它是整个国家治理能力跟国家治理体系重要的一个组成部分，"枫桥经验"其实是我们在国家治理体系当中的一个基层的、基础的经验，所以它其实可能更多的是一种基层的基础性工作。它其实跟应急管理之间并不是一个等号的关系，它更多的是如何用"枫桥经验"的这些理念，怎么样去进一步地完善我们的应急管理体系。

绍兴，特别是我们诸暨，其实长期以来都没有发生过一些比较极端的、惊天动地的事情，"枫桥经验"运用在应急管理体系当中，它更多的是起一种事前预防、事中处置，特别是及时处置这样一种作用。把"枫桥经验"运用到我们具体的应急体系建设当中，特别是在基层当中，其中几个核心的要素，如党建统领这一块，我们相对来说都比较熟悉。还有就是人民主体、人民至上等要素，都起一个基层、基础作用。

我们枫桥经验陈列馆里面讲到,"枫桥经验"应用当中有应急五法,它是信息早报告、苗头早预防、隐患早排除、矛盾早化解、事件早处置这样一种事前抓早抓小的预防体系。所以我觉得"枫桥经验"运用到应急管理当中,更多体现的还是一种要么是事先、事前的预防,要么是事中、及时、抓早抓小的特色。在我们现在具体的应用过程当中,整个应急管理体系重心的下移,体现在诸暨、绍兴的特色当中,更多的是夯实它在社区的应急体系的建设当中。

从我的角度来看,我觉得消防体系其实就是应急在社区治理当中很好的一个体现。像关口前移,像"枫桥经验"当中的网格化的一些经验做法,是不是也可以运用到应急体系的基层建设当中?"枫桥经验"中网格化的这种方式中最重要的一个内容,就是群众的主体性作用。

我们怎么样通过群防群治的方式来完善应急体系?我个人理解可以有三个方面,第一个就是依靠和发动群众。特别是前段时间重庆大火的过程当中,我们也很能够看到怎么样把群众发动起来,这对我们整个应急体系的建设完善,其实是一个很好的补充力量。这个是一个方面。

还有就是做好服务群众的工作。关于这方面,刚才丁院长也讲了很多服务好群众这样的一些做法跟理念。我觉得还有一个非常重要的工作,就是群众教育。怎么样让群众懂得自救、互救,或者知道怎么样应急,怎么样让他们成为具备一系列基本的应急知识跟应急能力的这样的一个群体。这个其实跟平时群众教育这一块的工作有关,这些年在农村的精神文明建设过程当中,其实也有这方面的内容在普及的。我大概就讲这几个方面。

徐:关于"枫桥经验",我们更多关注的可能是概念性的东西,实际上对它的精髓内核,包括一些新时代的新的扩展、新的精神,理解得不是很透。我报告的有几点,拿给你说一下。第一个,实际上消防一块从中央层面是应急的涵盖的说法,应急管理部下面所属两个部管局,一个是消防局,一个是煤矿。从省以下就还是两个部门。

丁：原来改革局我了解的，像我们诸暨，消防局本来是要归到应急管理局，后来好像说消防局也是挂正科级，这个等于是和应急管理局是平起平坐，两个平行的，本来是要纳入进去的。

徐：从省到一线还是两个部门，就是部里面合在一起。这是一个。目前从改革来看，最终的结果可能两个部门职能互相交叉。第二个就是，在应急中我们确实对"枫桥经验"精神的学习不够，特别是应急系统和消防通过"枫桥经验"的结合这些方面。

丁：现在我们诸暨的消防大队，实际上不是诸暨，就是省里的消防大队，对创建"枫桥式"消防站所非常重视，省消防大队专门派出一个领导，负责领导文字工作的一个人，专门到这里，到诸暨挂职。

徐：说明我们从以前的安监到现在的应急这一块做的，不说提升，对核心意识一些具体的领会上还是有差距。第三个，也说明我们这次调研设计其实有一块是有道理的，也是我们要补上的这一块，就是我们做的工作，老百姓的感受怎么样？老百姓的满意度怎么样？同时我感觉我们这一块可以稍微做一个创新，老百姓的一些意识一年一年有什么提升，我们可以请一些专家做一些评估性的工作，也是对"枫桥经验"内核性的东西的学习和贯彻。当然这一块回头可以再补上。听了刚才讲的，我的理解是，我们不仅仅是要做这项工作，核心是要服务群众，那么人民至上，到底人民对我们的工作是怎么来评判的，这一块要补上。

丁：按照我的理解，应急管理局它是从安监局这样一点点发展过来的，实际上它本来承担的主要是社会管理，特别是履行政府的安全管理的职能。讲到底是这样，检查你安全工作到底好不好。实际上它是一个监管职能，监管局嘛。哪个企业或者哪个村，哪里着火了，哪里塌方了，这是安监局的主要责任，是要做好安全监管。但现在是要打破这种部门的界限，我们都是围绕着中心，也就是老百姓和社会的利益，管理的思维要向治理的思维去转变。把安全生产的隐患早发现、早解决,这个是我们工作的一个理念。我们以前看新闻总是看到哪里着火了,哪里发生什么安全生产重大事故了,国家安全局的什么副局长成立调查组去了,以前我们接收的信息主要是这样。但是我们"枫桥经验"就是源头治理,讲风险治理闭环,调查解决这是后面的两个环节,但是前面两个环节,源头的预防、预测、预警,前面两个环节你也要介入,对不对?而且这个介入当中就要加入群众力量的发动、组织和参与。

田胡杰:我们家在慈溪那边,以前小时候在老家生活的时候,我们那边办那些小作坊、小型的工厂比较多,那时候叫安监所、安监办,一听到这个,一些小企业主第一反应可能就是罚款来了,直观印象就是这个样子。刚才丁院长也说到,这其实是管理职能的一个体现,在现在的治理时代,怎么样去更好地发挥应急它本身就应该具备的,怎么样把隐患性的东西能够提早地解决或者起到预防的作用,我觉得这可能是理念上的一种转型。

徐:从整个安监到应急呢,工作方式方法应该是有的。最初是事故,大事故中小事故,事故的前端是隐患。隐患造成这个事故。风险是存在的,任何东西都有风险。怎么管控风险,不让它变成事故。那么现在更前进一步,风险辨识,首先要感知到它有风险,给它分辨出来,然后才能往前走,但这个系统是相对比较封闭的系统,再加上安全生产,它所涉及的面太广。仅从企业监管这一块来说,比如说有化工的、器械的、服装的,都涉及安全管理,没法出台一个具体的标准。像消防,关于住宅,它是有消防安全标准的,所以应急系统所属的安全生产板块,确实挺需要我们有一些智慧的方法,比如说怎么让人民也参与到这种危险辨识上来。

丁:我的理解,国家或者省层面专业划分清楚这个条线,我觉得很必要。不分条线,你的专业性就没法体现了。但是到基层到乡镇和村一级,实际上有很多事情,特别到村一级的话,有些事情没法分了,有些事情发生的话,实际上要以事件或者是以老百姓为中心,不好以部门为中心。现在整个体制就处在一个转变的过程当中。我个人这样理解,也就是说基层的消防,我们现在是讲"枫桥经验",讲基层社会治理,在这个结合当中,也不是说把"枫桥经验"和整个应急消防的体系完全这样画等号。我觉得我们关注点可能还是基层的、最末端的,是应急的风险管控。这当中当然也包括企业,我们也讲企业"枫桥经验",所谓的企业"枫桥经验",我觉得它就是一种企业的安全生产的预防。比如说职工当中的安全生产意识的宣传,我以前在总工会的时候,我记得阮氏有一家纺织企业的老板年纪很大了,但他的办法的确是体现枫桥经验的。他说,我们纺织厂如果着火了,光靠消防肯定是不够的。消防车从市区开到阮氏要个把小时,那个时候还没有公路,等到消防车到,纺织厂早就烧没了。所以他把企业里面年纪轻的男职工全部纳入消防救援,平时训练自己厂里的职工,来应付万一发生火灾的情况。我觉得这个就是我们"枫桥经验"的体现。实际上他们老板、企业主早就是在这样做,我们安全部门以前可能就检查消防器具有没有摆好,喷淋有没有出水,对职工怎么样参与消防安全这个东西,安监部门可能是不怎么去管的。但我们的工作也好,体系也好,要做一些拓展。拓展的过程当中,基本的立场,基本的出发点,我觉得就是两个,一个是以人民为中心,一个就是统筹发展与安全。就是不要光是把安全看成安全问题,安全也是发展问题。一方面,你没有安全,发展等于零,另一方面,安全与发展在有些问题上,也是有平衡的,甚至是一个转化问题。我们安监部门,消防部门,它是一个强势部门,可以这么说的,它可以行使权力,在这个过程中,怎么样统筹安全与发展,这也是一个基本的理念,也是新时代"枫桥经验"一个基本的理念的体现。

吴:丁院长的梳理,一个是帮助我们增进了理解,对"枫桥经验"的理解。我们在前面的时候也搞了个调研,讲的是"小事不出村,大事不出镇"这个理念。实际上,新时代"枫桥经验"的内涵是非常丰富的。包括丁院长讲的,企业的"枫桥经验",以后我们还要来请教。我非常认同丁院长讲的,就是我们作为部门,在检查企业安全生产过程中,核心的一个问题是要帮助企业提高它自己管安全的能力。这个是根本的东西,不能光是去查它消防栓怎么样,这个怎么样,那个怎么样,要教它,培养它自己管理的能力,不是光是查的问题。第二个就是帮助我们提高了站位。丁院长传递给我们的信息,既有理论的高度,又有丁院长掌握的一个实际情况,从实际的层面给我们梳理了要怎么去做。第三个就是拓宽了我们的视野。原来应急和消防都不是一家,现在我们是在乡镇街道层面把它们搞成一家了。在乡镇街道层面我们把它合二为一,搞一体化了,这个是一个创新点。今天我们来的目的是什么呢,就是总结这个做法。乡镇街道这个层面,我们给它定位是什么? 是一个枢纽的功能。乡镇街道是一个行政层级的末端,是最低一级的行政机关,也是我们村社区企业直接面对的一个行政机关。很多东西包括我们的国家的政策,都是通过它去传递给我们的老百姓,老百姓的一些信息和想法也要通过它去传递,往上传递,因此我们认为它是个枢纽。那么这个枢纽有极大的功能,同时在"枫桥经验"指导下,我们将应急和消防两者合二为一,有一个新的化学反应,不是1+1的叠加,而是1+1=1。为什么1+1=1? 原来是两个事物,现在变成一个事物,分工更合理了,合二为一了。在这样一个基础上面,我们还可以对新时代的"枫桥经验",对我们应急消防领域,有什么样的深化和拓展,这是我们今天在探讨的问题。

丁:我们也是非常粗浅的。

田:我再请教两个问题,可能之前我们也没怎么深入地去考量过这个问题。今天听你讲了,习主席说的最早的一句话,就是2004年对"枫桥经验"是一个总抓手。从政治站位上来看,对社会治理、基层治理,这句话还是很重要的。

丁:习总书记提出把创新发展"枫桥经验"作为总抓手,贯穿于建设"平安浙江"的始终。我的理解是这样,他这个"平安浙江"当然是个大平安。那么"平安浙江"大平安当中最核心的还是平安,就是我们应急管理消防,平安是工作当中的核心。从总书记的话当中,我们可以这样推演,"枫桥经验"贯穿于建设"平安浙江"始终,进一步可以推导出来"枫桥经验"要贯穿于消防应急管理工作的始终。

田：第二个问题就是应急管理，你刚才讲到应急管理跟消防要作为一个强力部门，比如公安，它就有原来的强力功能，但慢慢的，它的服务意识一年一年有所增长。

丁：上次我们这里枫桥式站所创建，我们做了交流汇报，那么枫桥式警务模式我觉得是可以作为一个标杆和典型。公安在我们老百姓心目当中，它本来是抓坏人的，打击恶势力。但是我们枫桥式公安，派出所的枫桥式警务模式，123456模式，其中1就是民意导向，所谓的民意导向就是警务围着民警转，民警围着群众转，这就是刚才我说的，以人民为中心，依靠群众，发动群众，群众为我所用。

首先要尊重群众，要从人民群众的利益出发来考虑，这样才能真正地做到依靠和发动群众。群众哪里会不懂你其实是在依靠他？这也就是说我们这个前提就是要把群众放在人民至上的位置上。我觉得人民主体，人民为中心，现在我们叫人民至上，这认识在一步步深入。至少要先把人民放到最高的位置，把群众当作一种力量，当然这是一个重要的方面。更进一步，群众作为出发点，枫桥式派出所它的体系设计当中，就很注意民意导向，我们应急管理消防不一定是民意导向，但至少也要体现出这个人民利益至上的理念。那么这当中衍生出来的具体措施、方式方法，就非常丰富了。刚才说，应急管理消防和公安一样，是一个强势部门，就是说，它实际上是掌握了我们，不说是生杀大权，至少有一些处罚、执法、政府的行政权力的这类权力。那么这些权力的行使过程当中，实际上就是要体现"枫桥经验"的一些基本理念，要柔性执法，特别像在当下的经济环境下，要统筹安全与发展，不能因为检查中一个不合格，就让它关门。这在以前是有的，不是说没有一刀切的情况。但在"枫桥经验"当中，它不仅是要安全风险、矛盾减少，它还涉及发展，最终还是要促进发展。

田：还有一个问题。在疫情防控当中和应急救援当中都出现了，就像刚才你说的,我依靠群众,利用他们的资源,利用社会组织来帮忙,那么我们在发动群众,引导群众,做好应急管理这个过程当中,怎么吸引群众来参与到应急管理或者自我管理自治方面?

丁:首先是工作理念上,比如疫情防控也好、应急也好,有些救援或者宣传工作也好,这当中首先是要从引导老百姓出发,动员他们去疫情防控,实际上不只是为了自己,也是为你所在的群体老百姓。比如说我也参加过疫情防控,疫情一开始,我们党员、机关也都到一些小区门口去,去管小门,但并不是我自己所在的小区,这个小区的人我一个都不认识的,让我去管在那里。这个在我看来有一个问题,我的想法是,我们真正的"枫桥经验"应该是动员本小区的党员、干部、群众来参与本小区、本社区范围内的工作。这东西是和自己的利益捆绑的,我们这个小区如果有一个阳性,那我自己也有风险。

第二方面我们要尊重群众,尊重群众是什么意思呢?用马斯洛的价值论讲的话,就是老百姓也有一种参与的需求。社会队伍救援,他们救援哪里能得到利益?但哪里一有灾难他们也往前冲了,实际上这是一种自我存在的价值感。这是自我存在的参与的价值感,我们一定要去唤醒它,而不要去抹杀它,这种社会风尚是需要政府来引导的。我们参与这些活动,那是我们公民的一种义务。另外一方面在我们参与过程当中,赠人玫瑰,手留余香。所以这方面我觉得其实是需要全社会通过教育形成这样一种共识。

第三方面,其实刚才我也提到了,专群结合的问题,结合不光是力量的结合,专群还要互动。群众参与,特别是消防和应急管理,一般群众实际上参与不了的,救火、防溺水实际上都有技能要求的。为什么有的人去救人,反而把自己救没了?这过程当中,实际上是他的专业知识不充足,所以这个过程当中,我们专业的力量要把专业的知识传递给或者是教给群众。这个过程当中,我们消防队,我们应急管理部门,不能光做检查,光救火,而是要把我们这个东西和群众互通,比如企业怎么样救火,小火发生了怎么样,包括家里煤气灶着了怎么样,你教给他们,这些专业力量要深入做这方面工作,群众的动员才有效。那么所以我觉得群众怎么样动员起来的问题,不是一个部门能够解决的,这当中党建引领当然是最主要的,所以这个方面来说,我们要打破部门的界限,我们基层的应急管理,消防应急管理工作,踏实纳入到社会治理整个范畴。我们通过党组织的引领,把群众发动起来,这个是一篇大文章了,可能也不光是我们消防应急管理这个事情。

田:最后一个问题,现在国家有一些新的提法。就像你说的,原来管理部门是来管理的这种意识,而且把主体责任认为是它自己,它该管,到最后是延伸到企业,延伸到地方政府。现在新的理念就提出来,比如说一个省或者市、一个区域、一个县,它作为一个主体,能不能承载应急跟消防的管理责任,是主动作为的还是被动作为的?这个很重要。像咱们绍兴,是主动承担了应急和消防的管理的,把这个主体层层落地,是一种主动的积极的。

丁:我个人粗浅理解,这里一个是理念的转变,另一个是顶层设计的问题。公安工作也好,消防工作也好,实际上有个悖论,比如公安,破命案多好还是少好?有的地方杀人,那么案子多了,公安立功的破案率就比较高,有些县市几年都不发生命案,这方面表现就不用说了,这两个你说是哪个比较好?那么消防也一样。消防队的存在价值,是把大火扑灭了这个价值?还是说连火情都不发生?这是一个价值理念的问题,那么这个价值理念要真正地体现到我们工作当中去,那可能是需要有顶层设计的。

当然,内部的指标体系考核各方面,它不光是为老百姓负责,它也要为自己的部门负责,对上负责。如果上面的考核指标,各方面体系不矫正的话,我觉得这个做法也很难真正改变。我们绍兴,我觉得之所以能这样主动地去承担,也就是在这个理念上有所转变。这和"枫桥经验"是有关系的,我们绍兴是"枫桥经验"的发源地。比如消防,我们是通过消防的专业力量进行群众性的消防安全宣传和自救能力的培养等等,把火灾不发生、少发生,早救援,群众第一时间发现、第一时间自己救援这种能力的提升作为消防工作的重要方面。那么大的火灾或者一些隐患早发现,当然我们也不能排除以后就不发生大的,我们包票不能打的,但是我觉得至少在工作价值理念导向上,我们这个做法肯定是对的,也符合我们中央特别是习总书记的理念。我们现在要打破部门利益格局,有些考核机制指挥棒就要动起来、转起来。悖论的问题首先要给它破解,你说救火多好还是少好,对不对?讲到底是这个问题。

附　录

数字治理时代"枫桥经验"的创新发展[1]

郭晓（浙江大学科技与法律研究中心研究员）

数字治理在当代已成为社会治理的热点内容和重要趋势。数字治理包括"基于数字的治理"与"关于数字的治理"两大类，前者指数字技术作为效能提升工作赋能于各种类型的社会治理，后者则指对于当前数字技术与人工智能的广泛应用所带来的问题的治理。在今天的数字治理时代，"枫桥经验"愈发显示巨大价值、展现勃勃生机。"枫桥经验"诞生于1963年，浙江省诸暨县枫桥区通过创造"矛盾不上交，就地解决"的治理方式，成为新中国基层治理进行社会主义教育的典范。"枫桥经验"先后经历了社会管制、社会管理、社会治理三个阶段，"形成于我国社会主义建设时期，发展于我国改革开放新时期，创新于中国特色社会主义新时代"。习近平总书记要求，要"发扬优良作风，适应时代要求，创新群众工作方法，善于运用法治思维和法治方式解决涉及群众切身利益的矛盾和问题，把'枫桥经验'坚持好、发展好"。[2] 发展数字治理时代的"枫桥经验"，有利

---

[1] 载《民主与法治时报》2023年10月19日第6版"理论"，略有改动：http://e.mzyfz.com/paper/2115/paper_56692_11684.html。

[2] 新华网：《习近平就创新群众工作方法作出重要指示强调：把"枫桥经验"坚持好、发展好 把党的群众路线坚持好、贯彻好》，2013年10月11日，http://www.xinhuanet.com/politics/2013-10/11/c_117677084.htm。

于推进国家治理能力与治理体系的现代化,有利于社会主义现代化强国建设,有利于满足"最后一公里"的广大人民群众对美好生活的需要。

数字治理时代"枫桥经验"基本结构与内在逻辑如下:数字基础设施—常态服务与常规治理—矛盾纠纷化解—非常态、应急态治理。

这一逻辑结构清晰呈现了"日常治理—矛盾治理—危机治理"基层治理数字化、智能化的完整链路和体系,体现了数字治理时代"枫桥经验"的典型特征。当前,"枫桥经验"发源地绍兴市诸暨市的基层治理数字化探索,为数字治理时代"枫桥经验"的创造性转化与创新性发展打下了良好基础。基层治理是"枫桥经验"的"源与汇",也是最值得关注的主题。

首先,是作为数字基础设施的"基层治理四平台"。数字化治理对平台的依赖和要求都比较高,数字化平台是基层治理的基础设施,同时,其制度建设也是"枫桥经验"重要的文明成果。所谓"基层治理四平台",是践行"枫桥经验"的重要抓手之一,是通过整合资源力量,在乡镇(街道)搭建综治工作、市场监管、综合执法、便民服务等四个功能性平台,是功能集成、县乡协同、运行高效的新型基层治理载体。诸暨市"基层治理四平台"的建设运营为基层治理数字化提供了必要的数字平台,是后续数字化网上政务服务、数字化矛盾纠纷化解以及数字化应急管理的必要基础,是"枫桥经验"基层治理数字化的"数字基础设施"。"基层治理四平台"以制度化、规范化为原则,构建了清晰的县乡权责关系、技术标准和制度框架。诸暨各个乡镇(街道)以"四个平台"综合信息指挥中心为中枢,建立了"信息收集—分流交办—执行处置—日常督办—信息反馈—督查考核"运行机制,实现"受理、执行、督办、考核"闭环管理,逐步整合部门信息系统,打造集中统一、信息共享、功能完善的信息平台。

其次,是体现常态服务与常规治理的"网上政务服务"。网上政务服务是数字技术与政务服务的深度融合,以"枫桥经验"为基础的网上政务服务实现了治理方式、治理效益与治理内容的时代创新。"网上枫桥经验"是"枫桥经验"的重要创新,也是其必要组成,是"枫桥经验"和我国网上政务服务的概念性结合。中共中央提出,"要总结推广'网上枫桥经验',推动社情民意在网上了解、矛盾纠纷在网上解决、正面能量在网上聚合,努力使社会治理从单向管理向双向互动、线下向线上线下融合、单纯部门监督向社会协同转变。""网上政务服务"为基层治理数字化提供了常态服务与常规治理,通过有效的常态化服务与治理,化解矛盾、削减冲突,体现了"枫桥经验"的精髓,也展示了"枫桥经验"在数字治理时代的强大生命力。随着我国网上政务服务的推行和信息化的发展,基层治理更需要与"枫桥经验"相融合,为我国治理体系与治理能力现代化的发展进步注入新动力。在"网上政务服务"方面,诸暨以数字化改革为引领,凭借发源地的独特优势,共同推进"一网联动、一码解决、多场景应用",实现"枫桥经验"云提升。诸暨进一步融合"一网联动",提升141体系同162体系贯通,完善"一中心四平台一网格"功能,切实发挥网格员矛盾源头排查的作用,强化突发情况的应急处置功能;进一步推广"码"上解纠纷的"云模式",实行"一案一编码、一码管到底、全程可追溯"机制,"浙江解纷码"上线以来,案件受理率100%、处置率100%,办理速度同比提高60%。绍兴则提出了具体的"最多跑一次"目标,"用数据说话、用数据决策、用数据管理、用数据创新"的机制全面建立。全市政府数字化转型达到"国内一流、省内领先"水平,成为全省乃至全国的政府数字化转型示范区和样板区,提出并努力推进"政府数字化转型的'四横三纵'七大体系"。在与公众关系最密切的公共服务方面,已实现"政务服务事项100%实现网上可办,60%以上实现掌上可办,70%以上民生事项实现'一证通办',网上申报办件超过50%"的既定目标,充分展示了数字治理的"枫桥经验"的当代价值。

再次,是矛盾纠纷化解。从无纠纷的"网上政务服务"之"常态服务与常规治理"过渡到有矛盾纠纷的"在线矛盾纠纷化解","在线矛盾纠纷化解"为基层治理数字化提供了高效便捷的矛盾解决渠道、共识达成方案,是"网上政务服务"之"常态服务与常规治理"的自然延伸与必要"兜底"。当前,社会治理领域对现代化治理模式与机制的需求愈发突出,引入互联网、大数据、人工智能等新兴技术化治理手段为嵌入"枫桥经验"的在线纠纷化解提供了技术支撑。借助现代信息技术的力量突破时空限制,对在线纠纷化解机制进行分析和研究,有助于不断创新信息化管理方式与社会治理模式,最大限度地突显在线纠纷化解机制的治理效能。2016年,诸暨市人民法院建立了"三调合一"的大调解工作机制,通过引导调解、特邀调解和法官调解三方协调合作,形成了一体式矛盾纠纷化解格局,为在线纠纷化解提供了思路和启发。2018年,浙江省高级人民法院基于"枫桥经验"核心理念打造的"浙江在线矛盾纠纷多元化解平台(ODR)"正式上线,为"在线矛盾纠纷化解"提供了良好的技术平台。平台自运营以来取得了十分积极的成效。

最后,是"枫桥式应急管理"。"枫桥式应急管理"为基层治理数字化提供了"危机干预与治理"的"枫桥经验"——这是我们首次提出的理念。数字治理时代,常态的政务服务与矛盾化解之余,"枫桥经验"面对"危机态"与"应急态"表现如何,绍兴的"枫桥式应急管理"给出了答案。"安全"是基层治理的重要目标,也是基层治理所要提供的重要公共产品。基层是安全隐患排查治理的第一关口,是应急救援处置的第一现场,是应急管理的"最后一公里"。浙江绍兴以使群众获得感、幸福感、安全感更有保障作为深化应急管理体制机制改革的导向,以新时代"枫桥经验"作为应急管理人价值观、认识论、方法论的指导基础,形成了基层应急与消防工作深度融合、高效协同、规范有序的工作方法和机制。通过开展基层应急管理和消防救援一体化规范化融合建设,夯实了基层应急管理体系建设基础,塑造了"大安全、大应急、大减灾"的综合治理体系,保障了人民群众的安全需要,为全国提供了基层应急管理的"枫桥经验"。过程中,绍兴勇于"请群众吹哨",构建了完善的"安全吹哨人"制度。"吹哨人"包括"公众吹哨人"与"内部吹哨人"。前者鼓励人民群众通过各种渠道提供安全和应急管理的风险、隐患信息,如通过推广"隐患随手拍"应用、工业企业在线和消防自主管理平台,形成社会群防群治良好氛围;通过深入开展百万员工安全大培训,在线系统培训3大行业9类人员28.3万人次,形成数量庞大且具备一定安全知识的"哨兵",有效弥补专职人力资源与智能设备覆盖不足的问题。"内部吹哨人"指当企业或组织内存在重大致灾问题、严重威胁公众安全时,不怕危险勇于揭露的人,往往是"内部人",掌握着"内部"隐患信息,他们的"哨音"对于安全生产、防灾减灾救灾意义更重大,但也易导致打击报复,对此,绍兴建立严格的"吹哨人保护"与"吹哨奖励"制度。已通过"内部吹哨"渠道获取线索办理安全生产行刑衔接案件16起,兑现"吹哨奖励"资金20余万元、单笔"吹哨奖励"最高1.5万元,有效提高企业安全生产水平,有力削减了潜在的"安全隐患"。这体现了数字治理时代"枫桥经验"的精髓。在应急管理领域坚持和发展新时代"枫桥经验",将风险有效管控在基层、将隐患及时消除在一线,是推进应急管理体系和能力现代化的应有之义,也是打造共建共治共享社会治理格局的必然要求。

参考文献

鲍静、贾开:《数字治理体系和治理能力现代化研究:原则、框架与要素》,《政治学研究》2019 年第 3 期。

陈凯华、冯泽、孙茜:《创新大数据、创新治理效能和数字化转型》,《研究与发展管理》2020 年第 6 期。

陈水生:《城市治理数字化转型:动因、内涵与路径》,《理论与改革》2022 年第 1 期。

冯卫国、苟震:《基层社会治理中的信息治理:以"枫桥经验"为视角》,《河北法学》2019 年第 11 期。

冯献、李瑾、崔凯:《乡村治理数字化:现状、需求与对策研究》,《电子政务》2020 年第 6 期。

韩沙:《基层治理数字化转型的迫切性、挑战性与突破点》,《领导科学》2021 年第 12 期。

韩兆柱、单婷婷:《网络化治理、整体性治理和数字治理理论的比较研究》,《学习论坛》2015 年第 7 期。

贾开:《数字治理的反思与改革研究:三重分离、计算性争论与治理融合创新》,《电子政务》2020 年第 5 期。

贾秀飞:《技术赋能与治理变革:大数据时代政府治理现代化的内在逻辑及策略

回应》,《理论月刊》2021年第6期。

金炜玲、李熠、李佳:《数字化社区治理:应用政务热线大数据创新物业管理》,《电子政务》2021年第2期。

雷晓康、张田:《数字化治理:公众参与社会治理精细化的政策路径研究》,《理论学刊》2021年第3期。

李芳、师英强:《新时代"枫桥经验"融入基层社会治理的现实困境及创新路径》,《新西部》2023年第4期。

李玉轩、郝宇青:《算法赋能社会治理的负外部性及其应对》,《学术交流》2023年第2期。

刘伟、翁俊芳:《撕裂与重塑:社会治理共同体中技术治理的双重效应》,《探索与争鸣》2020年第12期。

刘永谋:《技术治理、反治理与再治理:以智能治理为例》,《云南社会科学》2019年第2期。

卢芳霞:《"枫桥经验"50年辉煌成就》,《观察与思考》2013年第10期。

门理想、王丛虎:《"互联网+基层治理":基层整体性治理的数字化实现路径》,《电子政务》2019年第4期。

孟天广:《政府数字化转型的要素、机制与路径——兼论"技术赋能"与"技术赋权"的双向驱动》,《治理研究》2021年第1期。

彭勃、刘旭:《破解基层治理的协同难题:数字化平台的条块统合路径》,《理论与改革》2022年第5期。

颜佳华、王张华:《数字治理、数据治理、智能治理与智慧治理概念及其关系辨析》,《湘潭大学学报》(哲学社会科学版)2019年第5期。

郁建兴:《社会治理共同体及其建设路径》,《公共管理评论》2019年第3期。

张文静:《"互联网+基层治理":以数字化手段推进整体性治理》,《领导科学》2020年第10期。

编写说明

本卷是《"枫桥经验"基层治理数字化史料与研究》,内容主要呈现以诸暨为核心区域的基层社会在治理数字化领域坚持和发展"枫桥经验"的生动实践,并针对这一实践进行了全面的学理性探索。本卷的研究思路是,通过"基层治理"视角,以"治理数字化"为核心,以"基层治理四平台"、网上政务服务"枫桥经验"、在线纠纷化解"枫桥经验"为框架,翔实梳理"枫桥经验"基层治理数字化史料并展开系统研究;鉴于"数字化"的动态变化与高速发展,以"应急管理领域"为例针对当下的实践史料展开了梳理和研究,以期呈现更加新鲜和真实的基层治理数字化的"枫桥经验"。数字化治理的应用部署深入传统村镇,然而其体系架构和系统建设往往是由(对于传统村镇类"基层"而言)更高行政层级的"基层"如诸暨乃至绍兴推动的,是相对中央和省级政府而言的"地方基层政府"的主动行动。因此,于本卷所关注的主题"数字化治理"而言,"基层"的范围需要有所扩展,既包括具体的村镇街道如大儒村、枫桥镇、暨阳街道这种传统意义上的基层,也包括诸暨市这样相对"国家治理"而言的"基层",这种"基层"是针对"数字化治理"这一主题而言的。就十卷本的系列丛书而言,本卷关注"枫桥经验"基层治理数字化史料,是"枫桥经验"在基层治理和数字化治理相关的具体领域的运用与发展;另外,本卷与第八卷《"枫桥经验"矛盾纠纷多元化解机制史料与研究》的部分内容关系较为紧密,互相形成了有益的补充;而不同之处在于,本卷更加注重"在线"的视角,更加关注"在线矛盾纠纷化解"。此外,对第一卷《"枫桥经验"历史沿革史料与研究》的了解也有助于对本卷的整体把握。

《"枫桥经验"基层治理数字化史料与研究》梳理了诸暨市通过"基层治理四平台"的建设运行、网上政务服务体系建设运行、在线纠纷化解体系的建设运行和以应急管理为中心的基层治理数字化的当代实践相关的大量丰富文献史料。较之其他卷册,由"数字化"主题所决定,本卷史料的辑录范围相对"新",集中于最近十余年,史料主要以规范性文件、档案材料为主,辅以非公开出版物和其他资料,并结合各类史料展开了较为深入的研究,较为全面地描摹了诸暨市坚持发展"枫桥经验"推进基层治理数字化、不断提升基层治理水平与治理能力现代化的生动图景。

作为研究"枫桥经验"的"新手",笔者有幸迈入这一新的、充满活力的社会治理研究领域,要特别感谢浙江省新时代枫桥经验研究院院长胡铭教授、浙江省新时代枫桥经验研究院执行院长汪世荣教授的引领点拨。两位教授都是引领"枫桥经验"研究的深耕厚植者,他们提醒我注意"枫桥经验"基层治理数字化这样一个既具有理论重要性也具有现实指导性的重要议题,并且给予了无私和富有建设性的指导和帮助:无论是对本卷整体架构还是材料的取舍,或是调研过程中具体困难的解决。感谢浙江警察学院卢芳霞教授,作为"枫桥经验"研究的先行者和集大成者之一,卢教授的《"枫桥经验"概论》是"枫桥经验"研究的"入门指南",她的《"枫桥经验":走向社会治理》一书也是研究者的必读书;卢教授还帮我收集了大量档案史料。感谢绍兴枫桥学院"枫桥经验"教研室田胡杰主任,他向我慷慨分享了不少难以获取的珍贵史料。感谢北京大学博雅博士后隋婷婷、清华大学唐兴华博士、中国人民大学唐解云博士、苏州大学刘书文博士、西北政法大学董青梅教授和刘熊擎天博士,他们对相关史料进行了深入的研究,并撰写了相应章节,具体情况如下。导论的"'枫桥经验'的历史内涵与时代价值"由唐兴华博士、唐解云博士撰写;"数字赋能社会治理:途径与方式"由隋婷婷博士撰写。第一章的"'基层治理四平台'"、第二章的"基于'枫桥经验'的政务服务思想源流、发展历程与实践路径"、第三章的"嵌入'枫桥经验'的在线纠纷化解史料研究"由刘书文博士撰写。第三章的"基于'枫桥经验'的在线纠纷多元化解机制研究"由董青梅教授、刘熊擎天博士撰写。该部分内容曾发表于《民间法》(中文社会科学引文索引来源期刊)2018年第1期。编者在使用相关内容之前,已获得该期刊的授权,并在此感谢《民间法》编辑部和主编彭中礼教授。第四章系相应课题组的研究成果,课题组成员包括徐文标、郭晓、周祝承、徐舜、刘向伟、田恪宗、应蕾等。感谢浙江大学曹先瑞博士协助我处理了初稿格式。还要感谢绍兴枫桥学院,以及在调研和采集数据、资料过程中给予支持和帮助的诸暨、枫桥等地的机构组织。感谢商务印书馆编辑团队提供的专业支持。感谢以上所有人的付出与贡献!这些付出与贡献共同凝结于《"枫桥经验"基层治理数字化史料与研究》之中,并将成为"枫桥经验"后续相关研究的重要学术基础。

希望本书的出版将有助于"枫桥经验"基层治理数字化的进一步发展和推广,能为我国国家治理体系与治理能力现代化做出些微贡献。

郭晓

2023年7月28日于浙江大学紫金港校区

图书在版编目(CIP)数据

"枫桥经验"基层治理数字化史料与研究 / 郭喨编著. -- 北京：商务印书馆，2025
（"枫桥经验"史料整理与研究）
ISBN 978-7-100-23064-3

Ⅰ. ①枫… Ⅱ. ①郭… Ⅲ. ①数字技术—应用—社会管理—史料—研究—诸暨 Ⅳ. ① D675.54

中国国家版本馆 CIP 数据核字（2023）第 181566 号

权利保留，侵权必究。

"枫桥经验"史料整理与研究
第十卷
"枫桥经验"基层治理数字化史料与研究
郭喨 编著

商 务 印 书 馆 出 版
（北京王府井大街 36 号 邮政编码 100710）
商 务 印 书 馆 发 行
南 京 爱 德 印 刷 有 限 公 司 印 刷
ISBN 978-7-100-23064-3

2025 年 8 月第 1 版	开本 720×1000 1/16	
2025 年 8 月第 1 次印刷	印张 28	

定价：158.00 元